KB092278

말뭉치 기반

구어 문어 통합 문법 기술 2

- 명사와 명사구 I -

말뭉치 기반
구어 문어 통합 문법 기술 2
- 명사와 명사구 I -

초판 인쇄   2014년 12월 22일
초판 발행   2014년 12월 30일

저   자   배진영 · 최정도 · 손혜옥 · 김민국
펴낸이   박찬익
편집장   권이준
책임편집   김지은

펴낸곳   도서출판 **박이정**
주   소   서울시 동대문구 천호대로 16가길 4
전   화   02) 922 - 1192~3
팩   스   02) 928 - 4683
홈페이지   www.pjbook.com
이메일   pijbook@naver.com
등   록   1991년 3월 12일 제1-1182호

ISBN 978-89-6292-826-6 (93700)

* 책값은 뒤표지에 있습니다.

이 책은 2009년 정부(교육과학기술부)의 재원으로 한국연구재단의 지원을 받아 수행된 연구임 (NRF-2009-361-A00027)

인문지식기반총서 ⑥

말뭉치 기반

구어 문어 통합 문법 기술2

명사와 명사구 I

배진영 · 최정도
손혜옥 · 김민국

도서
출판

서 문

이 책은 '(말뭉치 기반) 구어 문어 통합 문법 기술'이라는 주제 하에 진행된 연구의 세 번째 결과물로서 앞서 출간된 《(말뭉치 기반) 구어 문어 통합 문법 기술의 탐색》, 《(말뭉치 기반) 구어 문어 통합 문법 기술1-어휘부류》에 이은 본격적인 구어 문어 통합 문법 기술서이다. 《(말뭉치 기반) 구어 문어 통합 문법 기술의 탐색》에서는 구어 문어 통합 문법 기술에 필요한 이론적 기반을 마련하기 위해 '구어', '문어'의 개념, '구어 문법', '문어 문법'의 개념과 그 성립 여부, 그리고 '구어 문어 통합 문법 기술'의 개념, 연구 목적, 연구 방법론을 탐색하였고, 《(말뭉치 기반) 구어 문어 통합 문법 기술1-어휘부류》에서는 전체 어휘부류를 대상으로 그 사용 양상을 기술하고 이를 분석·설명하여 구어 문어 통합 문법 기술을 위한 기초를 마련하였다. 이러한 일련의 작업을 기반으로 하여 명사와 명사구의 문법이 기술된 이 책은 본격적인 구어 문어 통합 문법 기술의 시작이라 할 수 있다.

구어 문어 통합 문법 기술이란 구어와 문어의 차이를 사용역의 관점으로 접근하여 각 사용역에서 나타나는 어휘나 문법 구조 등의 실제 사용 양상을 말뭉치 언어학적 방법을 이용하여 계량적으로 기술하고, 이러한 계량적 결과를 다양한 담화·화용적 요인들을 고려하여 기능문법적 관점으로 해석하고 설명하는 문법 기술을 말한다. 이에 이 책에서는 '대화', '소설', '신문', '학술'의 네 사용역으로 구분된 말뭉치를 분석해서 얻은 사실을 바탕으로 하여 명사와 명사구의 문법을 기술할 뿐만 아니라 명사와 명사구의 실제 사용 양상을 제시하고 이를 다양한 담화·화용적 요인들을 고려하여 분석하고 설명하였다. 이 책에서 제시되는 말뭉치 계량 결과와 이에 대한 분석과 설명은 사용의 문법이라는 측면에서 언어 형식의 구조와 이에 대한 기술만을 중요시했던 전통적인 문법 기술을 보완할 수 있을 것이다. 또한 말뭉치 분석을 통한 문법 기술은 실증적인 문법 기술이라는 측면에서 기존 연구에서 미처 다루지 못했던 언어 현상을 제시해 주거나 기존 연구 결과에 대한 문제를 제기해 준다는 점에서 그 의미를 찾을 수 있다. 이 책에서 추구하는 실증적이고도 언어 사용을 중심으로 한 문법 기술이 한국어를 연구하는 문법 연구자들에게 조금이나마 도움이 될 수 있기를 바란다.

우리는 '(말뭉치 기반) 구어 문어 통합 문법 기술'이라는 큰 연구 주제를 잡고 2010년 초부터 2012년 초까지 기초 연구를 위해 약 2년이라는 시간 동안 함께 공부하였다. 그리고 그 연구 결과로 2013년에 두 권의 책을 세상에 내놓게 되었다. 두 번째 책의 초고를 마칠 때쯤에 이미 필자들은 이 책의 출간을 염두에 두고 있었지만 누구 하나 선뜻 마음이 움직이지 않았다. 앞서 출간된 두 책과 달리 이 책을 펴기 위해서 필요한 고된 분석 작업이 우려되었기 때문이었다. 이 책에서 제시되는 말뭉치 분석 결과는 대부분 형태 (의미) 분석 말뭉치를 다시 수작업으로 하나하나 분석하여 얻은 결과를 바탕으로 하고 있다. 언어 자료를 분석하여 한국어의 문법을 자세히 기술하고 그 사용 양상을 제시하기 위해서는 기존의 형태 (의미) 분석 말뭉치만으로는 역부족이고 다양한 의미·기능이 주석된 '기능 분석 말뭉치'가 필요하다. 물론 연구자마다 연구 목적이 달라 다양한 의미·기능이 주석된, 통일된 형식의 말뭉치를 만드는 것은 매우 힘든 작업이 될 것이다. 그러나 누군가가 우리와 같은 목적을 가지고 연구를 진행할 때 우리가 겪어야 했던 그 힘든 과정을 되풀이할 것이기에 안타까운 마음이 생긴다. 이제는 많은 문법 연구자들이 뜻을 모아 더 나은 문법 기술을 위해 새로운 형식의 말뭉치를 구축할 때가 온 것이 아닌가 하는 생각이 드는 것도 이러한 이유이다.

앞서 언급하였듯이 앞서 출간된 책의 초고를 마칠 때쯤에 이미 필자들은 이 책을 구상하고 있었지만 고된 분석 작업이 예상되어 책의 출간을 많이 망설이고 있었다. 그러나 결국 우리는 '(말뭉치 기반) 구어 문어 통합 문법 기술'이 제대로 자리 잡기 위해서는 이 책을 펴는 수밖에 없다고 판단하고 많은 시간이 걸리더라도 함께 해 보자고 마음을 모았다. 그래서 2013년 4월 9일에 첫 회의를 시작하여 2014년 9월 29일에 초고를 탈고할 때까지 우리는 총 70주간 동고동락했다. 매주 만나서 때로는 격렬하게 논쟁을 하기도 하고 때로는 언어 자료가 말해 주는 새로운 문법적 사실에 함께 기뻐하기도 하고 때로는 힘든 작업에 지쳐서 서로에게 하소연을 하기도 하였다. 필자들은 근 2년 동안 이 책을 집필하는 작업에만 매달려 있었다. 그래서 때로는 불안한 마음이 엄습하기도 하였고 주변 사람들의 우려 섞인 목소리를 들어야 하기도 했다. 그러나 우리는 이 일을 하며 늘 설레었고 보람을 느꼈다. 우리는 이제 '(말뭉치 기반) 구어 문어 통합 문법 기술'이라는 긴 여정 중 두 번째 기착지에 온 셈이다. 겨우 두 번째 기착지에 도착했는데 벌써 5년이라는 시간이 훌쩍 지났다. 이제는 다음 연구를 위해 잠시 숨을 고를 때인 듯하다. 우리의 작업은 많은 시간과 노력이 필요할 뿐만 아니라 누구 한 사람의 힘만으로는 불가능하기 때문에 현실적인 여러 상황을 고려한다면 후속 연구 결과가 언제 나올 수 있을지는 장담하기 어렵다. 그러나 우리 필자들은 모두 언어 사용을 중심으로 한 실증적인 한국어 문법 기술을 계속 이어나갈 수 있기를 바라고 있으며 이를 위해서라면 지난하고 고된 작업도 즐거운 마음으로 할 수 있다고 생각한다. 우리들이 처해 있는 상황과 여건들이 조금 더 좋아질 때 우리는 또 다른 '(말뭉치 기반) 구어 문어 통합 문법 기술' 시리즈를 들고 독자들을 찾게 될 것이다.

'(말뭉치 기반) 구어 문어 통합 문법 기술' 시리즈의 기획 단계부터 이론틀의 마련, 문법 기술에 이르기까지 Biber 외(1999), *Longman Grammar of Spoken and Written English*에 힘을 얻은 바가 크다. 지면으로밖에 만날 수 없는 외국의 학자이지만 이 자리를 빌려 감사의 마음을 표한다. 또한 일일이 다 거론할 수 없지만 이 책을 쓸 수 있게끔 많은 가르침을 주신 여러 선생님들께도 감사의 인사를 드린다. 그리고 책에 대해 조언을 아끼지 않으신 언어정보연구원의 서상규 원장님과 언어정보연구원에 계신 여러 선생님들께 감사의 마음을 전하지 않을 수 없다. 이 책의 출판을 기꺼이 허락해 준 박이정 출판사의 정성에 고개 숙여 감사드린다. 무엇보다도 이 책을 출간하기 위해 기획 단계에서부터 집필, 최종 마무리 단계까지 울고 웃으며 함께한 저자들에게 고마운 마음을 서로 전하고, 여러 가지 일들로 힘든 시간이었음에도 포기하지 않고 끝까지 잘 버텨 준 우리 자신들에게도 '진심으로' 고마운 마음을 전한다.

2014년 10월
신촌에서 마지막 회의를 마치며
저자 일동

차례

표 차례

그래프 차례

1장 도입

1.1. 머리말

우리는 일상적인 언어생활을 할 때 무엇을 말할까 못지않게 어떻게 말할까에 대해서도 고민하며 선택한다. 의사소통에 사용되는 어휘와 문법은 의사소통의 이유나 맥락, 의사소통의 주체, 글인지 말인지 등의 매체에 의해 많은 영향을 받기 때문이다. 이러한 요인들에 따라 어휘나 문법 요소의 사용 양상은 일정한 패턴을 보인다(Biber 외 1994: 4). 즉 동일한 기능이나 의미를 가진 문법적 구성이나 어휘도 의사소통상의 이유나 맥락에 따라 실제 사용 양상이 달라질 수 있는 것이다. 문법 구조를 기술하고 이를 만들어 내는 언어 내적 원리를 밝히는 것도 문법 연구에서 중요하지만 문법 구조나 어휘의 실제 사용 양상에 대한 연구도 문법 기술에 필요한 이유는 바로 이 때문이다. 언어의 사용은 (문어이든, 구어이든) 실제 발화 환경 속에서 의사소통을 목적으로 이루어지는바, 발화 환경과 의사소통 목적에 따라 달리 나타나는 언어 구조 선택의 경향성, 사용 양상에 대한 기술과 이에 따른 설명이 필요한 것이다.

이 책은 이러한 연구의 필요성에 의하여 시작된 구어 문어[1] 통합 문법의 본격적인 기술로서 명사와 명사구의 문법을 실제 언어 자료를 바탕으로 실증적으로 기술하며 명사와 명사구의 실제 사용 양상을 제시하고 이를 분석하는 것을 목적으로 한다. 실제 의사소통 상황 속에서 명사와 명사구가 어떻게 사용되는지를 기술하고 설명하기 위해서 이 책에서는 언어 자료를 매체, 의사소통 목적, 의사소통 참여자의 특성, 격식성 등에 따라 크게 '대화', '소설', '신문', '학술'의 4가지 사용역으로 분류하여 언어 사용 환경에 따라 명사와 명사구와 관련된 문법 현상이 어떻게 달리 나타나는지 분석하고 기술한다. 각기 다른 성격을 가진 사용역의 언어 자료를 바탕으로 하여 문법의 사용 양상을 기술한다면 각 사용역이 가진 담화 환경을 고려한 문법 기술이 될 수 있기 때문이다. 또한 이 책에서는 실제 언어 자료를 분석하고 이로부터 일반화된 결과를 얻기 위해 계량적 연구 방법을 취한다. 각 사용역에 따른 문법 현상의 차이를 기술하기 위해서는 특정 문법 구성이나 문법 요소 등의 사용 빈도나 출현 패턴을 확인하고 그 경향성을 관찰해야 하는데 이를 위해서는 계량적 연구 방법이 적절하기 때문이다.

---

[1] 본서에서의 '구어'와 '문어'는 매체로서의 '구어'와 '문어'를 의미한다. '구어성'과 '문어성'이라는 개념과 함께 혼란스럽게 사용되어 왔던 '구어'와 '문어'의 개념에 대한 문제점과 구어 문어 통합 문법 기술을 위한 '구어'와 '문어'의 개념 정립에 대해서는 배진영·손혜옥·김민국(2013: 11-43, 72-76), 배진영·최정도·김민국(2013: 22-25)을 참고하기 바란다.

그리고 계량적 분석의 결과는 언어 형식의 기능과 언어 형식의 사용 환경인 사용역, 때로는 더 넓게는 사회 문화적 요인 등을 고려하여 해석한다.

이 책은 실제 언어 자료에서 나타나는 명사와 명사구의 사용 양상을 기술하고 그 사용 양상을 해석하는 기능주의적 문법 연구이지만, 이 책의 연구 결과는 언어 내적 원리를 밝히는 것을 주된 목적으로 하는 형식주의적 문법 연구에도 도움이 될 수 있다. 실제 언어 자료를 바탕으로 한 문법 현상의 자세한 분석과 기술은 주로 직관에 따라 이루어진 기존의 문법 기술을 실증적으로 뒷받침할 수도 있고, 기존의 문법 기술에서 미처 다루지 못했던 새로운 언어 현상에 대한 발견이 언어 내적 원리를 새롭게 설명해야 할 필요성을 제기할 수도 있기 때문이다.

이 연구는 앞서 출간되었던 두 권의 '구어 문어 통합 문법 기술[2]'의 일환이다. 그런데 사실상 우리가 추구하는 '구어 문어 통합 문법 기술'이란 문법 기술이 당연히 추구해야 할 방향으로 보이지만 그간의 문어 문법, 구어 문법에 대한 다소 혼란스러운 인식 양상을 전제한다면 우리가 왜 '구어 문어 통합 문법 기술'이라는 주제로 문법을 기술하는지 쉽게 이해할 수 있을 것이다. 그간의 문법 연구에서는 구어 문법과 문어 문법은 서로 다른 것이라고 암묵적으로 동의해 왔고 더 나아가 구어 문법과 문어 문법은 서로 다른 각각의 고유한 문법 체계를 지닌다고 주장되기도 했었다. 그러나 구어 문법과 문어 문법이 서로 다르다고 주장하는 주된 근거는 언어 사용 환경에 따른 문법 구조나 어휘의 사용상의 차이일 뿐이어서 구어와 문어가 서로 다른 문법 구조나 문법 체계를 가진다고 보기는 어렵다. 다만 그간의 연구에서 '구어 문법'이라고 했을 때 항상 제기되는 문제의식인 '실제 언어 자료를 바탕으로 한 문법 기술'이라는 측면은 더욱 적극적으로 받아들일 필요가 있다. 따라서 우리는 좀 더 다양한 실제 언어 자료를 바탕으로 한 문법 기술을 '구어 문어 통합 문법 기술'이라는 이름 아래에서 진행하게 된 것이다.

우리는 구어의 문법과 문어의 문법이 서로 다르지 않다고 보기 때문에 문법 설명을 위한 문법 체계와 용어, 기초적 문법 기술과 설명 등은 기존의 문법 연구를 바탕으로 한다. 이러한 점에서 이 책은 과거와 현재의 한국어 문법학자들에게 영향을 받은 바가 크다고 할 수 있다. 특히 문법 체계와 용어는 주로 남기심·고영근(2011)을 따르고 있다. 이는 남기심·고영근(2011)의 용어나 문법 체계를 대다수의 문법서, 교과서, 연구 논문 등에서 '표준'으로 받아들이고 따르고 있기 때문이다. 이를 통해 우리는 문법 체계나 용어가 달라서 생길 수 있는 불필요한 오해를 줄이고자 하였다. 다만 세부적인 연구 주제에 따라 새로운 용어가 필요한 경우나 실제 언어 자료를 아우르는 새로운 문법 체계가 필요한 경우에는 남기심·고영근(2011) 이외의 해당 연구 주제와 관련된 최근의 연구 성과들을 참고하였다. 또한 연구 대상 목록을 확정하거나 해당 어휘 항목의 범주를 결정할 경우에는 국립국어원에서 편찬한 〈표준국어대사전〉을 주요 참고 자료로 삼았다. 〈표준국어대사전〉은 규범 사전의 성격을 지니고 있기 때문에 여러 가지 한계가 있겠지만 국어학계의 여러 학자들이 참여하여 다양한 논의를 거친 결과물이므로 언제나 논란의 여지가 발생할 수밖에 없는 범주의 경계를 결정짓는 데 이보다 더 좋은 참고 자료는 없을 것이다. 다만 〈표준국어대사전〉의 처리와 실제 언어 자료에서 도출되는 문법적 사실이 상충될 경우에는, 논의를 거쳐 실제 언어 자료가 말해 주는 문법적 사실과 체계를

---

2) '구어 문어 통합 문법 기술'의 개념, 연구 목적, 연구 방법론 등에 대한 자세한 논의는 배진영·손혜옥·김민국(2013: 11-43, 77-86)와 배진영·최정도·김민국(2013: 25-31)을 참고하기 바란다.

잘 설명할 수 있는 방향으로 연구 대상의 범주를 결정하였다.

　이 책은 다양한 문법 현상 중 명사와 명사구와 관련된 문법 현상을 다룬다. 품사를 기준으로 한다면 명사, 대명사, 수사와 이들을 핵으로 하는 구 구성이 연구 대상이 되는데, 책의 부제를 '체언과 체언구'라고 하지 않고 '명사와 명사구'라고 하는 것은 '체언구'라는 용어가 일반적으로 잘 사용되지 않기 때문이다. 사실상 체언은 그 분포적 특성이 유사하여 논자에 따라 품사 분류를 할 때 대명사와 수사를 명사에 포함시키기도 할 뿐만 아니라 '용언' 대신 '동사'라는 용어로 동사와 형용사를 포괄적으로 지시하는 것과 마찬가지로 '체언' 대신 '명사'라는 용어로 명사, 대명사, 수사를 포괄적으로 지시하는 것이 일반적이기 때문에 이 책에서 '체언과 체언구' 대신 '명사와 명사구'라는 용어를 사용하는 것은 큰 무리가 없을 것이다.

　구어 문어 통합 문법 기술의 본격적인 시작이라고 할 수 있는 이 책에서 명사와 명사구를 연구 주제로 선정한 것은 명사와 명사구가 문장의 통사 구조를 이루는 가장 기본이 되는 단위이기 때문이다. 실제 언어 자료를 바탕으로 하여 한국어 명사의 의미적, 문법적 특성을 확인하고 이를 핵으로 하는 구 구성이 지닌 특성을 기술하는 것은 이들이 결합하여 이루는 더 큰 구성의 문법적 특성을 파악하고 기술하는 데에 기반이 될 것이다. 그간의 문법 연구에서 제시된 명사와 명사구에 관한 문법 기술은 주로 이들의 문법적 특성과 구조에 중점을 둔 것이었다. 그러나 이 책에서는 이에 더 나아가 실제 사용 양상까지도 매우 자세하게 살펴본다. 예컨대, 단위성 의존명사가 특정 구성을 이루어 사용된다면 이러한 구성의 유형에는 무엇이 있고, 그 중에서 어떠한 구성이 더 자주 사용되는지를 확인하고 이러한 사용상의 차이가 발생하는 이유가 무엇인지 밝히는 것이다. 또 다른 예를 들어보자면, 지시대명사의 경우에는 이들의 지시 양상을 분석하여 지시대명사가 주로 어떤 지시 양상에 사용되는지를 계량적으로 확인해 볼 수 있을 것이다. 한편, 우리는 기존의 문법서에서 기술한 문법적 사실이 실제 언어 자료를 통해 검증되는지 확인하는 작업을 거치는데 만약 기존의 문법 기술이 실제 언어 자료를 설명하기에 부족하다면 더 나은 문법 기술과 설명도 모색하게 될 것이다.

　이 책은 모두 6장으로 구성되어 있다. 1장은 이 책의 도입 부분으로 이 책이 기반으로 삼고 있는 문법 기술의 방향과 연구 목적, 연구 대상 말뭉치의 구성, 말뭉치 분석 방법 및 계량 결과 제시 방법, 계량 결과 해석의 방법, 향후 연구의 계획 등을 제시한다. 2장에서부터 6장까지는 한국어의 명사와 명사구에 대한 기본적인 문법적 사실을 기술하고 4가지 사용역에 나타난 이들의 문법적 현상을 계량적으로 비교·분석한다. 2장은 체언의 사용 양상을 개관하는 장으로 명사(보통명사, 고유명사, 의존명사), 대명사, 수사 각각의 전체 사용 빈도와 사용역에 따른 사용 빈도, 어휘 반복도 등을 제시하여 전체 체언과 체언의 주요 하위 부류의 분포를 개략적으로 살핀다. 3장과 4장은 명사의 문법적 특징과 사용 양상을 기술하는 장으로 3장에서는 일반명사를, 4장에서는 의존명사를 다룬다. 3장은 일반명사의 유형 분류와 그에 따른 각각의 계량적 분석 결과를 제시하고 이에 대한 논의를 다룬다. 이와 함께 명사와 관련된 특징적 문법 현상인 명사의 복수성, 명사의 성, 명사의 의미적 특성과 문법 기능간의 관계에 대해서도 다룬다. 4장에서는 의존명사를 형식성 의존명사와 단위성 의존명사로 나누어 살펴본다. 형식성 의존명사의 경우에는 그 분포와 선·후행 요소, 문법 기능, 구성에 대해 살펴볼 것이다. 단위성 의존명사는 주로 분포와 그 구성 등에 대해서 살펴보는데 특히, 단위성 의존명사는 보통명사가 이들과 동일한 기능을 가지고 사용되는 경우가 많기 때문에 4.2에서는 동일한 기능을 가진 보통명사를 포함하여 단위라는 기능 범주 아래, 단위사의 문법적 특성에 대해 자세하게 다룬다. 5장에서는 대명사를 다루는데, 문법적 특성과 지시적 특성에 따라 분류된 대명사의 유형에 따라 그 사용 양상뿐만 아니라 각각의 대명사의 지시 양상과 문법적 사실에 대해서도 아주 자세하게 논의한다. 6장에서는 수사에 대해서 살펴보는데 수사의 문법적 특징, 분포, 용법, 구성 등에 대해 기술한다.

이 책은 구어 문어 통합 문법 기술의 기초적 연구라고 할 수 있는 《(말뭉치 기반) 구어 문어 통합 문법 기술의 탐색》과 본격적인 구어 문어 통합 문법 기술의 기반 연구의 성격을 띠는 《(말뭉치 기반) 구어 문어 통합 문법 기술1-어휘 부류》를 바탕으로 한다. 《(말뭉치 기반) 구어 문어 통합 문법 기술의 탐색》은 구어 문어 통합 문법 기술을 위한 이론적인 연구 결과로서 그동안 다소 혼란스럽게 사용되어 왔던 '구어'와 '문어'의 개념, '구어 문법'과 '문어 문법'의 개념을 정리하여 구어 문어 통합 문법 기술의 방향, 목적, 연구 방법론 등을 정립하기 위한 것이었다. 《(말뭉치 기반) 구어 문어 통합 문법 기술1-어휘 부류》는 본격적인 구어 문어 통합 문법 기술을 위한 기초 작업으로 볼 수 있는데 본격적인 구어 문어 통합 문법 기술을 위해서는 어휘 부류의 전체적인 사용 양상을 미리 파악하고 이에 대한 기본적인 해석이 필요하기 때문이다. 이 책은 앞서 소개한 두 책에서 보인 연구 성과를 바탕으로 하여 출간되는 본격적인 구어 문어 통합 문법 기술서 중 그 첫 번째 결과물이라고 할 수 있다. 이 책은 실제 언어 자료를 분석하여 기술된 문법서이므로 기존의 문법 현상에 대한 새로운 설명이나 새롭게 제시되는 문법적 사실도 담고 있지만 한편으로는 대규모의 언어 자료를 다루는 데서 오는 오류나 분석적 한계도 담고 있을 것이다. 그러나 이러한 한계도 실제 언어 자료를 통한 문법 기술에서 발생할 수 있는 어려움을 가감 없이 보여 준다는 점에서 이러한 연구 방법론을 취하는 문법 연구에서 참고할 수 있는 귀중한 자료가 될 것이라고 생각된다.

1.2. 사용역의 구별과 말뭉치 구성

앞서 언급하였듯이 '구어 문어 통합 문법 기술'에서는 구어, 문어와 같은 언어 사용상의 환경의 차이를 사용역의 관점으로 접근하기 때문에 실제 언어 사용 환경상의 차이를 반영하는 사용역의 구별과 이러한 사용역의 구별을 잘 구현해 줄 수 있는 말뭉치의 구성은 매우 중요하다. 1.2.1에서는 우리가 채택하고 있는 사용역 구별의 기준을 제시하고 이렇게 구분된 사용역의 특성에 대해 논의하고자 한다. 1.2.2에서는 이를 바탕으로 구성된 연구 대상 말뭉치에 대해 소개할 것이다.

1.2.1. 사용역 구별과 그 특성

사용역은 각각의 언어 자료가 가진 상황적 특성을 기준으로 구별된다. 언어 자료가 가진 상황적 특성은 매체, 상호성, 격식성, 목적, 내용 특성 등 매우 다양한 기준으로 정의될 수 있다. 예컨대, '신문'은 (1) 문어(매체)이고 (2) 격식적(격식성)이며 (3) 실제 사건에 대한 보도(내용 특성)라는 특성을 지닌다. 반면에, '대화'는 (1) 구어(매체)이고 (2) 비격식적(격식성)이며 (3) 일상적(내용 특성)이라는 특성을 지닌다.

사용역을 규정하는 언어 자료의 상황적인 특성은 명사와 명사구가 지닌 의미·기능적 특성과 직접적으로 관련성을 가진다. 따라서 명사와 명사구의 사용 양상은 사용역과 매우 밀접한 관련을 맺는다. 예를 들어, '대화'는 대화 참여자들이 상호 작용을 하고 동일한 담화 공간 내에서 대화 상황을 함께 공유한다. 그 결과 '대화'에서는 '나'와 '너'와 같은 1인칭대명사, 2인칭대명사의 사용 빈도가 다른 사용역 비해 매우 높다는 특성을 지니고 있다. 반면에 필자가 독자들에게 일방적으로 정보를 전달하는 격식적인 문어 사용역인 '신문'에서는 1인칭대명사나 2인칭대명사의 사용 빈도가 낮다. 대신에 '신문'에서는 중요한 인물이나 사건에 대하여 정확한 정보를 제공하고자 하기 때문에 인물, 장소, 단체를 가리키는 고유명사의 사용 빈도가 매우 높다.

사용역은 소설, 편지, 사설, 보도문, 설교, 강의, 토론 등과 같이, 매우 다양한 유형으로, 개별적으로 규정될 수도 있고 구어, 문어와 같이 매우 일반적인 수준으로도 정의될 수 있다. 가령, '사설'이나 '보도문'은 '신문'이라는 더 큰 사용역으로 묶일 수 있고 '설교'나 '강의'는 '독백'이라는 더 큰 사용역 아래에 놓일 수 있는 것이다. 한편, 개별적인 사용역이라도 더 세부적인 범주로 나눌 수 있다. 예컨대, '편지'라고 하더라도 '공적인 편지', '사적인 편지', '이메일' 등 더욱 다양하게 나눌 수 있는 것이다. 그런데 이처럼 세밀하게 사용역을 구분하면 수많은 사용역에서 나타나는 언어 사용 양상을 하나하나 분석하는 것이 매우 어려워진다. 예를 들어, 사용역을 2개로 구별했다면 동일한 문법 현상을 2번만 분석하면 되지만 사용역을 6개로 구별하게 되면 동일한 문법 현상을 6번이나 분석해야 한다. 즉 사용역을 세밀하게 구별하는 만큼 문법 현상의 분석의 양도 늘어나게 되는 것이다. 또한 세밀하게 구분된 사용역들 사이에서는 언어 사용 양상의 차이가 유의미한 결과를 보이지 않을 때도 있다. 이러한 이유로 인해 현실적인 상황과 연구 목적에 맞추어 사용역의 구별을 적절한 수준에서 제한할 필요가 있는 것이다. 따라서 이 책에서는 매우 일반적인 수준에서 사용역을 구분하여 네 가지의 주요 사용역에서 나타나는 명사와 명사구의 사용 양상을 기술하고자 한다. 우리가 다룰 사용역은 '대화', '소설', '신문', '학술'로서 이들 네 사용역은 우리의 언어생활에서 중요한 비중을 차지하고 있어 우리의 실제 언어 사용 양상을 제대로 반영해 주고 있을 뿐만 아니라 각 사용역의 특성이 명확해 사용역 특성이 언어 사용 양상에 미치는 영향을 쉽게 파악할 수 있다. 이 책에서 구분하고 있는 각각의 사용역은 대략적으로 다음과 같은 특성을 지닌다.

	매체	격식성	목적	장르 특성	내용 특성	청자/수신자	상호성 실시간성
대화	구어	비격식	의사소통/친교	.	일상적/사적	개인	+
소설	문어 (일부 대화체)	비격식	흥미	서사 문학	허구적 사건	일반대중	-
신문	문어	격식	정보전달 (사실 전달 위주)	기사, 칼럼 등	정치·경제·사회· 문화 등	일반대중	-
학술	문어	격식	정보전달 (의견, 주장, 평가, 논증 포함)	학술산문	학술적	전문가/대중	-

<표1.2.1-1> 사용역의 주요 특성 구분

우선, '대화'는 그 매체가 구어라는 점, 직접적인 상호성을 가진다는 점, 의사 전달의 가장 기본적인 형태라는 점 등에서 다른 세 사용역과 크게 구별된다. '대화'는 일반적으로 의사소통이라는 목적을 가지는 동시에 대화 참여자들 간의 친교나 일상적인 삶 등에 초점이 맞춰진다. 또한 '대화'는 대화 참여자들이 동일한 담화 상황에 존재하며 담화 맥락을 공유할 뿐만 아니라 개인적으로도 서로의 배경 지식을 폭넓게 공유하고 있다. '대화'를 제외한 세 가지 문어 사용역은 공통적으로 다음과 같이 '대화'와 차이를 보인다. 이들 사용역은 모두 문어이고, 직접적인 상호성을 가지지 않으며 일방향성을 지닌다. 다만 '소설'은 소설 속 인물의 대화를 포함한다는 점에서 '대화'가 가진 특성을 일부 보일 수도 있다. '소설'은 '신문'과 '학술'이 정보 전달에 초점이 맞추어진 것과는 달리 흥미 위주의 독서를 목적으로 한다. 또한 '신문'과 '학술'이 각각 '보도 기사', '학술 산문'이라면 '소설'은 '서사 문학' 장르적 특성을 보인다. 뿐만 아니라, '신문'과 '학술'은 '격식성'을 지니지만 '소설'은 이에 비해서 그 '격식성'이 떨어진다고 할 수 있다. '신문'과 '학술'은 모두 '정보 전달'이라는 목적을 가지지만 전달되는 정보의 특성이 다르다. '신문'은 정보를 사실 그대로 전달하는 보도 기사가 주를 이루지만 '학술'은 전달하는 정보에 대한 의견, 주장, 평가 등이 포함된다.

사용역의 특성을 이해하기 위해서 몇 가지 유의해야 할 점이 있다. 첫째, 각 사용역의 특성은 사용역이 지닌 절대적인 특성인 것도 있지만 상대적인 특성인 것도 있다는 것이다. 예컨대, '소설'은 '일기'나 '블로그'보다는 격식적이지만 '신문'이나 '학술'에 비해서는 비격식적이다. 또한 '신문'이 완전하게 '사실'만을 전달하는 것은 아니지만 그 주된 목적이 '정보 전달'에 있고 '학술'에 비해 '사실' 위주의 정보를 전달한다는 점은 부인할 수 없다. 즉 각 사용역의 특성 구분과 그 차이는 정도성을 지닌 것으로 이해해야 한다는 것이다. 둘째, 사용역의 특성을 제시하는 용어는 엄격하게 이론적 의미를 지니기보다는 일상적인 의미를 지니고 있다는 것이다. 따라서 사용역의 특성을 언어 내적으로 정의하려 하지 않을 것이다. 오히려 이와는 반대로 일반적인 의미에서의 사용역 특성이 어떻게 언어 내적 특성으로 이어지는가를 살펴볼 것이다. 셋째, 여기서 제시된 네 가지 사용역은 매우 일반적인 수준으로 나눠진 것이기 때문에 다양한 기준에 따라 하위 사용역들로 나눌 수 있고 이에 따라 하나의 사용역 내에서도 상당한 양의 변이형들이 존재할 수 있다는 것이다. 예를 들어 '신문'은 보도 기사, 사설, 비평 등을 포함할 뿐만 아니라 그 주제도 정치, 경제, 과학 등 매우 다양하다. 또한 '신문'은 여러 신문사로부터 수집한 것이다. 마찬가지로 '학술'도 주요 학술 분과들로 나뉘어 수집되었다.

1.2.2. 연구 대상 말뭉치 구성

이 책에서 사용된 말뭉치는 《(말뭉치 기반) 구어 문어 통합 문법 기술 1-어휘부류》에서 사용된 '연세 구어 문어 한국어 말뭉치(YSWKC, Yonsei Spoken and Written Korean Corpus)'이다. YSKWC는 이미 널리 사용되고 있는 21세기 세종 계획의 최종 성과물(2010년 수정판)을 재구성하여 만들어진 것이다. Biber 외(1999)에서는 영어 문법 연구를 위해 4천만 단어 이상의 방대한 양의 LSWEC(Longman Spoken and Written English Corpus)를 사용하였으나, 한국어의 경우에는 사용할 수 있는 형태 분석 말뭉치의 최대 양이 1,500만 어절 정도이기 때문에 현실적인 상황을 고려했을 때, 한국어 연구를 위해 LSWEC와 같은 대규모의 말뭉치를 사용할 수 없다. 그러나 BNC를 네 개의 사용역에 따라 총 400만 단어로 축소한 'BNC Baby'가 있다는 것을 참고하여[3] 우리는 각 사용역의 말뭉치가 100만 어절이 되게 총 400만 어절 규모의 YSWKC를 구성하고자 하였다. 일반적인 균형 말뭉치가 다양한 장르를 포괄한 균형성을 통해 보편적인 언어 사실을 밝히려고 한 것이라면 YSWKC는 사용역에 따라 달리 나타나는 언어 사용 양상을 밝히기 위한 목적으로 만들어진 것이다.

YSWKC의 문어 말뭉치는 동형어를 구분한 형태 의미 분석 말뭉치를 기반으로 한 것이지만 구어 말뭉치는 현재 공개된 형태 의미 분석 말뭉치가 없기 때문에 형태 분석 말뭉치를 기반으로 하였다. 이러한 말뭉치 자료를 바탕으로 하고 1.2.1에서 제시한 사용역 구별을 기반으로 하여 해당 사용역을 대표할 수 있는 파일을 최대한 수집하였고 그 파일을 대상으로 100만 어절로 조정하여 말뭉치를 구축하였다. 단, '대화'의 경우는 사용 가능한 전체 말뭉치의 양이 42만 어절밖에 되지 않으므로 현재 배포되어 있는 말뭉치를 모두 사용하되 계량 결과를 100만 어절 말뭉치에 맞추어 정규화하여 사용하였다(1.3.2 참고). '소설', '신문', '학술' 말뭉치는 각각 약 100만 어절의 크기이고 개별 사용역은 다양한 주제와 내용이 들어갈 수 있도록 구성하였다. '대화' 말뭉치의 경우, 일부 방송 녹음 파일을 제외하고는 21세기 세종 계획의 최종 성과물을 모두 활용하였다. '소설'은, 현대국어를 대표할 수 있는 1980년대 이후의 소설을 모두 대상으로 하였다. '신문'은 신문사와 주제를 최대한 다양하게 포함할 수 있도록 하였다. '학술'은 비소설 산문 말뭉치를 하나하나 확인해 보고 학술 산문으로 간주할 수 있는 것들을 간추렸다.[4] 여기서 유의해야 할 것은 '학술'은 '학술 논문'이 아니라 이보다는 덜 전문적인 '학술 산문'을 중심으로 구성되어 있다는 점이다. 연구 대상 말뭉치 구성을 보이면 다음과 같다.

사용역	분류	어절 수	텍스트 표본 수	비율
대화	일상대화	238,110	53	56.31%
	주제대화	131,426	29	31.08%
	토론·회의	39,676	7	9.38%
	전화대화	13,651	10	3.23%
	총계	422,863	98	100%

<표1.2.2-1> YSWKC 구어 말뭉치 전체 구성

<표1.2.2-1>에서 보듯이 '대화'는 사용 가능한 말뭉치가 약 42만 어절밖에 되지 않으므로 21세기 세종 계획에서 배포된 98개의 표본을 모두 사용하였다. 하지만 아래의 <표1.2.2-2>에서 확인할 수 있듯이 문어 말뭉치는 '대화' 말뭉치에 비해 그 크기가 훨씬 크지만 전체 표본수가 117개에 불과하다. 말뭉치의 균형성과 다양성을 확보하기 위해서는 다양한 표본을 포함할 필요가 있는데 21세기 세종 계획에서 구축한 문어 말뭉치는 표본 텍스트가 다양하지 못하다는 현실적인 문제가 있다. 따라서 사용 가능한 말뭉치를 모두 사용하되, 그 범위 내에서 최대한 다양한 표본을 포함하는 방향으로

---

3) BNC Baby에 대해서는 http://www.natcorp.ox.ac.uk/corpus/baby/manual.pdf을 통해 자세히 확인할 수 있다.
4) 각각의 말뭉치를 구성하고 있는 파일에 대한 구체적인 정보는 이 책의 맨 뒤에 제시하는 [붙임]에서 확인할 수 있다.

말뭉치를 구축할 수밖에 없었다. 그 결과 '대화'에 비해 문어 말뭉치의 표본이 상대적으로 적게 추출되었고 어떤 경우에는 한 표본이 5만 어절이 넘기도 한다는 문제점을 안게 되었다.

사용역	분류	어절 수	텍스트 표본 수	비율
소설	총계	1,000,107	36	100%
신문	경제	123,540	7	12.35%
	사설·오피니언·칼럼	123,553	8	12.36%
	문화	123,541	7	12.35%
	생활	123,538	4	12.35%
	과학	72,646	2	7.26%
	사회	123,553	5	12.36%
	외신	79,128	2	7.91%
	종합	123,541	6	12.35%
	스포츠	106,973	6	10.70%
	총계	1,000,013	47	100%
학술	인문	284,668	11	28.32%
	사회	282,222	9	28.07%
	자연	91,519	3	9.10%
	교육	198,949	5	19.79%
	기타(예술+백과사전)	147,945	6	14.72%
	총계	1,005,328	34	100%

<표1.2.2-2> YSWKC 문어 말뭉치 전체 구성

1.3. 말뭉치 분석과 계량 결과의 제시

1.3에서는 연구 대상 말뭉치의 가공 및 계량 결과의 산출 방법을 소개하고 이 책에서 제시하게 되는 계량 결과와 그 제시 방법에 대해 설명한다.

1.3.1. 말뭉치의 분석과 계량 결과 산출

1.3.1에서는 원래의 연구 대상 말뭉치가 어떻게 구성되어 있는지를 살펴보고(1.3.1.1) 이를 연구 목적에 맞게 변환하는 과정을 소개한다(1.3.1.2). 그리고 말뭉치에서 연구 대상을 추출하여 분석하는 방법(1.3.1.3)을 제시한 다음 그 결과를 계량하여 산출하는 과정도 함께 소개한다(1.3.1.4).

1.3.1.1. 말뭉치의 구조 및 분석 표지

말뭉치에서 추출할 수 있는 언어 정보는 자소의 빈도, 음절의 빈도, 형태(및 어휘)의 빈도, 어절의 빈도, 구의 빈도, 절의 빈도, 문장의 빈도 등으로 매우 다양하다. 그러나 언어 정보가 부여되어 있지 않고 단순히 문자열이 입력되어 있는 순수한 텍스트에서는 자소의 빈도와 어절의 빈도 그리고 자소의 연접 빈도와 어절의 연접 빈도만을 추출할 수 있을 뿐이다[5]. 따라서 그 이외의 빈도 정보를 추출하기 위해서는 원시 말뭉치(raw corpus)에 언어 정보를 부여하는 과정(annotate/tagging)이 필요하다. 하지만 우리는 21세기 세종 계획에서 구축된 형태 분석 말뭉치와 이에 동형어 정보를 부여한 형태 의미 분석 말뭉치를 활용하였기 때문에 YSWKC를 구축하기 위한 별도의 형태 분석 과정은 생략된다. 다만 여기서는 구어 말뭉치(형태 분석 말뭉치)와 문어 말뭉치(형태 의미 분석 말뭉치)에서 언어 정보가 어떻게 부여되어 있는지 그 예를 보이고자 한다.

〈예1.3.1.1-1〉
가. 구어 말뭉치의 실제 예
파일명: 대화_전화2.txt / 21세기 세종 계획 원파일명: 5CT_0030.txt

5CT_0030-0007920	〈s n="00108"〉	
5CT_0030-0007930	나는	나/NP + 는/JX
5CT_0030-0007940	진짜	진짜/MAG
5CT_0030-0007950	그~	그/IC
5CT_0030-0007960	뭐~	뭐/IC
5CT_0030-0007970	어떻게	어떻게/MAG
5CT_0030-0007980	구비문학	구비/NNG + 문학/NNG
5CT_0030-0007990	그런	그런/MM
5CT_0030-0008000	것처럼	것/NNB + 처럼/JKB
5CT_0030-0008010	차라리	차라리/MAG
5CT_0030-0008020	목적을	목적/NNG + 을/JKO
5CT_0030-0008030	가지구,	가지/VV + 구/EC + ,/SP
5CT_0030-0008040	〈/s〉	
5CT_0030-0008050	〈s n="00109"〉	
5CT_0030-0008060	인터뷰	인터뷰/NNG
5CT_0030-0008070	형식으로	형식/NNG + 으로/JKB
5CT_0030-0008080	한다면	하/VV + ㄴ다면/EC
5CT_0030-0008090	잘	잘/MAG
5CT_0030-0008100	할	하/VV + ㄹ/ETM
5CT_0030-0008110	수	수/NNB
5CT_0030-0008120	있을	있/VA + 을/ETM
5CT_0030-0008130	거	거/NNB

---

5) 문어의 경우, 문장 부호를 통해서 문장에 대한 빈도 정보를 추출할 수도 있다. 하지만 문장 부호 '.', '?', '!'가 항상 문장을 구분해 주는 기호로만 사용되는 것이 아니므로 원시 말뭉치에서는 문장에 대한 정확한 빈도 정보를 추출하기 어려운 것으로 파악된다.

5CT_0030-0008140	같은데.	같/VA + 은데/EF + ./SF
5CT_0030-0008150	⟨/s⟩	

나. 문어 말뭉치의 실제 예

파일명: 학술_사회3.txt / 21세기 세종 계획 원파일명: BSHO0116.txt

⟨head⟩

BSHO0116-00000002	어떻게	어떻/VA + 게/EC
BSHO0116-00000003	살	살_01/VV + ㄹ/ETM
BSHO0116-00000004	것인가?	것/NNB + 이/VCP + ㄴ가/EF + ?/SF

⟨/head⟩

⟨p⟩

BSHO0116-00000005	이	이/MM
BSHO0116-00000006	고전적인	고전적/NNG + 이/VCP + ㄴ/ETM
BSHO0116-00000007	질문이	질문/NNG + 이/JKS
BSHO0116-00000008	우리에게	우리/NP + 에게/JKB
BSHO0116-00000009	주는	주/VV + 는/ETM
BSHO0116-00000010	무게는	무게/NNG + 는/JX
BSHO0116-00000011	21세기를	21/SN + 세기_03/NNG + 를/JKO
BSHO0116-00000012	눈앞에	눈앞/NNG + 에/JKB
BSHO0116-00000013	둔	두/VV + ㄴ/ETM
BSHO0116-00000014	지금도	지금_03/NNG + 도/JX
BSHO0116-00000015	결코	결코/MAG
BSHO0116-00000016	만만치가	만만하/VA + 지/EC + 가/JX
BSHO0116-00000017	않다.	않/VV + 다/EF + ./SF

⟨/p⟩

위의 예에서 확인할 수 있듯이 구어와 문어 말뭉치는 어절 단위로 세로 형식(vertical form)으로 구성되어 있으며, 각 어절별로 세 번째 칼럼에6) 품사 정보 또는 어휘 정보가 부여되어 있다. 구어 말뭉치는 '억양 단위'로 분석이 되어 있기 때문에 이를 표시해 주는 '⟨s⟩'. '⟨/s⟩' 표지가 부여되어 있는 것을 확인할 수 있고, 문어 말뭉치는 '문장 단위'로 분석이 되어 있기 때문에 '⟨p⟩', '⟨/p⟩' 태그가 부여되어 있는 것을 확인할 수 있다. 다만 문어 말뭉치는 구어 말뭉치와 달리 ⟨표준국어대사전⟩의 의미 번호에 맞추어 동형어를 구분한 정보가 '__숫자' 형식으로 부여되어 있다. 아래의 표는 21세기 세종 말뭉치에 적용된 형태 분석 표지이다.

---

6) 형태(의미) 분석 말뭉치의 첫 번째 칼럼에는 어절에 부여되는 일련번호가, 두 번째 칼럼에는 형태 분석 정보가 들어가지 않은 원어절이 들어간다.

대분류	중분류	소분류	표지
체언	명사	보통명사	NNG
		고유명사	NNP
		의존명사	NNB
	대명사	대명사	NP
	수사	수사	NR
용언	동사	동사	VV
	형용사	형용사	VA
	보조용언	보조용언	VX
	지정사('이다'와 '아니다')	긍정지정사('이다')	VCP
		부정지정사('아니다')	VCN
수식언	관형사	관형사	MM
	부사	일반부사	MAG
		접속부사	MAJ
독립언	감탄사	감탄사	IC
관계언	격조사	주격조사	JKS
		보격조사	JKC
		관형격조사	JKG
		목적격조사	JKO
		부사격조사	JKB
		호격조사	JKV
		인용격조사	JKQ
	보조사	보조사	JX
	접속조사	접속조사	JC
의존형태	어미	선어말어미	EP
		종결어미	EF
		연결어미	EC
		명사형어미	ETN
		관형형어미	ETM
	접두사	체언접두사	XPN
	접미사	명사파생접미사	XSN
		동사파생접미사	XSV
		형용사파생접미사	XSA
	어근	어근	XR
문어 말뭉치 특수 기호	마침표, 물음표, 느낌표		SF
	쉼표, 가운뎃점, 콜론, 빗금		SP
	따옴표, 괄호표, 줄표		SS
	줄임표		SE

	붙임표(물결, 숨김, 빠짐)	SO	
	외국어	SL	
	한자	SH	
	기타 기호(논리 수학기호,화폐 기호 등)	SW	
	명사추정범주	NF	
	용언추정범주	NV	
	숫자	SN	
	분석불능범주	NA	
구어 말뭉치 특수 기호	억양기호	마침표(하강 억양)	SF
		물음표(상승 억양)	
		느낌표(활기에 넘치는 기운찬 어조)	
		쉼표(약한 상승이나 하강 억양)	SP
	분석불능범주	끊어진 어절	UNT
		불분명한 어절	UNC
		기타	UNA

<표1.3.1.1-1> 21세기 세종 말뭉치의 형태 분석 표지

위에서 살펴본 바와 같이 우리는 형태 (의미) 분석 말뭉치를 활용하기 때문에 기본적인 수준에서의 문법 정보를 부여하는 말뭉치 분석 과정은 생략된다.[7] 대신 원래의 말뭉치 내에 포함되어 있는 일부 오류를 수정하고 문어 말뭉치와 구어 말뭉치에서 차이가 나는 분석 결과를 파악하고 이를 일관성 있게 통일하는 작업을 진행하였다. 하지만 말뭉치의 방대한 양으로 인하여 미처 오류를 파악하지 못한 경우에는 명사와 명사구의 분석 과정에서 이를 찾아내어 처리하고 빈도 결과에 반영하는 방법을 택하였다.

1.3.1.2. 말뭉치의 형식 수정 및 변환

《(말뭉치 기반) 구어 문어 통합 문법 기술1-어휘부류》에서는 형태 단위를 중심으로 하여 연구가 진행되었기 때문에 연구 대상 말뭉치도 형태 단위로 분석된 것을 사용하였다. 예컨대, '실질적'이라는 명사가 '실질(명사)+적(명사파생접미사)'으로 분석된 형태 (의미) 분석 말뭉치를 그대로 이용한 것이다. 하지만 이 책에서는 명사와 명사구를 연구 대상으로 하기 때문에 '실질(명사)+적(명사파생접미사)'로 분석된 것을 '실질적'으로 통합할 필요가 있다. 따라서 접두사와 접미사를 모두 어기에 결합시켜 하나의 단위로 통합하는 과정을 거쳤다.

〈예1.3.1.2-1〉 체언파생접두사의 통합 예
가. 헛/XPN + 말_01/NNG + 로/JKB → 헛말/NNG + 로/JKB

---

7) 21세기 세종 계획에서 구축한 말뭉치의 자세한 내용과 설명에 대해서는 국립국어원(2005), 국립국어원(2007)을 참고하기 바란다.

나. 대/XPN + 규모/NNG + 의/JKG　　　　　→　　　대규모/NNG + 의/JKG

다. 불/XPN + 이익_02/NNG + 을/JKO　　　→　　　불이익/NNG + 을/JKO

라. 피/XPN + 상속인/NNG + 이/JKS　　　　→　　　피상속인/NNG + 이/JKS

마. 범/XPN + 슬라브주의/NNG + 를/JKO　　→　　　범슬라브주의/NNG + 를/JKO

〈예1.3.1.2-2〉 체언파생접미사의 통합 예

가. 실질/NNG + 적/XSN + 으로/JKB　　　→　　　실질적/NNG + 으로/JKB

나. 연구/NNG + 직/XSN + 을/JKO　　　　→　　　연구직/NNG + 을/JKO

다. 은연/XR + 중/XSN + 에/JKB　　　　　→　　　은연중/NNG + 에/JKB

라. 취임/NNG + 식/XSN + 만/JX　　　　　→　　　취임식/NNG + 만/JX

마. 대장_01/NNG + 장이/XSN　　　　　　→　　　대장장이/NNG

<예1.3.1.2-1, 2>는 화살표(→)를 기준으로 왼쪽은 원래의 21세기 세종 말뭉치의 형식으로서 형태 단위로 분석된 것이고 오른쪽은 원래의 말뭉치 형식을 수정하여 형태 단위로 분석된 것을 통합한 결과를 보인 것이다. 이와 같이 원래 말뭉치에서 분석된 체언파생접두사나 체언파생접미사를 모두 그 어기에 통합시켜 말뭉치의 형식을 수정하였는데, 그 결과 <예1.3.1.2-2가>의 '실질/NNG'가 연구 대상이 되는 것이 아니라 '실질적/NNG'가 연구 대상이 된다. 이러한 통합 과정은 아래의 예와 같이 용언파생접미사의 경우에도 적용된다.

〈예1.3.1.2-3〉 용언파생접미사의 통합 예

가. 흔들/XR + 거리/XSV + ㅓ/EC　　　　　→　　　흔들거리/VV + 어/EC

나. 끙끙/MAG + 대/XSV + 는/ETM　　　　→　　　끙끙대/VV + 는/ETM

다. 책임/NNG + 지/XSV + ㄴ다/EF　　　　→　　　책임지/VV + ㄴ다/EF

라. 만만/XR + 하/XSA + 지/EC　　　　　　→　　　만만하/VA + 지/EC

마. 불/XPN + 분명/NNG + 하/XSA + ㄴ/ETM　→　　불분명하/VA + ㄴ/ETM

<예1.3.1.2-3>도 역시 화살표(→)를 기준으로 왼쪽은 원래의 21세기 세종 말뭉치의 형식으로서 형태 단위로 분석된 결과이고 오른쪽은 원래의 말뭉치를 수정하여 형태 단위로 분석된 것을 통합한 결과를 보인 것이다. 즉 원래의 말뭉치에서 어기와 용언파생접미사로 분석되어 있는 형태를 모두 통합시켜 하나의 용언으로 수정한 것이다. 이러한 과정을 거치게 되면 <예1.3.1.2-3마>의 '불/XPN + 분명/NNG + 하/XSA + ㄴ/ETM'은 '불분명하/VA+ㄴ/ETM'으로 분석이 되는바, 원래 말뭉치에서의 '분명/NNG'는 수정된 말뭉치에서 명사가 아니기 때문에 이 책의 연구 대상에서 제외된다.

하지만 말뭉치상에서 접미사로 분석이 되어 있고 <표준국어대사전>에서도 접미사로 처리되어 있는 것이라 하더라도, 통사적 구성과 결합할 수 있고 접미사와 통합한 구성이 어휘부에 저장되는 단위가 되기 힘든 것들은 통합 과정을 거치지 않았다.

〈예1.3.1.2-4〉 통사적 구성에 결합하는 접미사의 예

가. 인간_01/NNG + 들/XSN + 이/JKS

나. 하나/NR + 씩/XSN

다. 140/SN + 여/XSN
라. 2/SN + 천/NR + 년_02/NNB + 대/XSN
마. 1938/SN + 년_02/NNB + 생/XSN + 으로/JKB

<예1.3.1.2-4>에서 제시한 '-들', '-씩', '-여', '-대', '-생'은 일반적으로 접미사로 파악되지만, 이들이 결합하는 단위가 단어를 넘어 구에까지 이를 수 있기 때문에 파생 접미사로 보기 어렵다. 또한 이들 접미사가 결합된 구성은 새로운 명사로 파생된 것으로 보기 힘들기 때문에 이들 접미사의 경우에는 통합 과정을 거치지 않았다. 이러한 접미사 중 고빈도 접미사를 보이면 아래와 같다.

〈예1.3.1.2-5〉 통사적 구성에 결합하는 접미사의 목록
-들, -여, -씩, -네, -상, -쯤, -당, -짜리, -째, -끼리 등

1.3.1.3. 말뭉치의 분석 및 분석 과정

앞서 언급하였듯이 이 책에서의 문법 기술은 말뭉치 분석 결과를 기반으로 한다. 그런데 문법 기술에 기본이 되는 말뭉치 분석 결과는 수정된 형태 (의미) 분석 말뭉치에서 얻을 수 있는 결과를 그대로 이용하는 경우와 수정된 형태 (의미) 분석 말뭉치를 다시 수작업으로 분석하여 얻은 결과를 이용하는 경우로 나눌 수 있다. 형태 (의미) 분석 말뭉치에 부여된 품사 정보만으로도 충분히 연구 결과를 얻을 수 있을 때에는 수정된 형태 (의미) 분석 말뭉치에서 얻을 수 있는 결과를 그대로 이용하지만 이외의 경우에는 수정된 형태 (의미) 분석 말뭉치를 바탕으로 하여 연구 주제에 따라 하나하나 수작업을 통하여 분석을 진행하였다.

먼저 수정된 형태 (의미) 분석 말뭉치에서 얻을 수 있는 결과를 그대로 이용하는 경우를 살펴보자. 체언의 전반적인 사용상의 경향을 파악하는 2장에서 제시되는 여러 가지 말뭉치 계량 결과는 모두 수정된 형태 (의미) 분석 말뭉치에서 직접적으로 얻을 수 있는 결과를 기반으로 하는데, 2장의 도입부에서 제시되는 체언별 사용 빈도의 예를 들어 보이면 아래와 같다.

〈예1.3.1.3-1〉 체언별 사용 빈도

		대화	소설	신문	학술
명사	보통명사	227561	356367	545187	497484
	고유명사	23558	36455	93050	33616
	의존명사	63981	58154	89267	66654
소계		315100	450976	727504	597754
대명사		72671	61740	14194	22529
수사		19160	6280	12527	4770
총계		406931	518996	754225	625053

위 예에서 제시한 개별 체언의 사용 빈도는 형태 (의미) 분석 말뭉치에 부여된 품사 정보를 그대로 활용하여 얻은 것이다. 물론 이러한 결과에는 일부 오류가 포함되어 있기도 하고 구어 말뭉치와

문어 말뭉치의 형식상의 차이에서 생기는 일부 문제, 수사의 분석상에서 발견되는 문제 등이 포함되어 있지만 전체적인 사용상의 경향을 파악하는 데에는 큰 무리가 없다. 만약 이러한 문제를 해결하기 위해서 230만 단어에 이르는 체언을 모두 하나하나 다시 분석한다면 아주 많은 시간이 필요할 뿐만 아니라 분석의 일관성을 유지하며 재분석 작업을 하는 것도 쉬운 일은 아니다. 따라서 이와 같이 대량의 언어 정보를 분석하여 사용상의 경향성을 파악하는 경우, 형태 (의미) 분석 말뭉치에서 얻을 수 있는 정보를 그대로 이용하는 것이 논의의 진행상 반드시 필요한 과정이라 할 수 있다.

그러나 형태 (의미) 분석 말뭉치에서 제시되는 정보만으로는 연구 결과를 얻기 어려운 명사구의 의미, 구조, 문법 기능 등에 대해서는 수정된 형태 (의미) 분석 말뭉치를 다시 수작업으로 분석하여야 한다. 대명사를 예로 들어 그 과정을 소개하면 다음과 같다. 먼저 전체 말뭉치에서 대명사를 나타내는 'NP' 표지가 붙어 있는 언어 형식들을 용례 색인과 함께 모두 추출한다. 이렇게 전체 말뭉치에서 추출된 대명사의 목록을 모두 확보한 다음 지시관형사와 (의존)명사의 결합으로 이루어진 대명사가 원전의 띄어쓰기로 인하여 '관형사+(의존)명사'로 분석된 것들도 모두 추출한다. 이러한 과정을 마치고 나면 연구 대상이 되는 대명사의 추출 단계가 끝이 나는데 이러한 단계가 끝이 나면 용례 색인을 하나하나 확인하며 연구 목적에 따라 필요한 언어 정보를 부여하는 수작업 분석 과정을 진행한다. 그런데 수작업 분석 과정 중에는 미처 처리하지 못한 말뭉치상의 분석 오류가 발견되기도 하는데 이러한 오류는 분석 대상에서 제외하게 된다. 대명사의 수작업 분석 과정에서 발견된 말뭉치상의 분석 오류의 예를 보이면 아래와 같다.

〈예1.3.1.3-2〉 단순 오류의 경우[8]
가. "한 태 더 넣으려면 바쁜데 재수 더럽게 없네 그랴(그/NP + 이/VCP + 랴/EF + ./SF)"
나. 그녀가 이를(이/NP + 를/JKO) 악물고 아버지를 불렀다.
다. 읽는 이의(이/NP + 의/JKG) 눈살을 찌푸리게 할 수도 있다.
라. 그러나 각인 인쇄공정은 향후 20년간 무어의(무어/NP + 의/JKG) 법칙을 지속시킬 수 있는 기술이라고 평가했다.

<예1.3.1.3-2가>는 보조사(그랴/JX)가 대명사로 분석된 오류, <예1.3.1.3-2나>는 명사(이/NNG)가 대명사로 분석된 오류, <예1.3.1.3-2다>는 의존명사(이/NNB)가 대명사로 분석된 오류, <예1.3.1.3-2라>는 사람 이름을 나타내는 고유명사(무어/NNP)가 대명사로 분석된 오류이다. 이와 같은 오류 수정 과정으로 인하여 말뭉치 분석 결과를 그대로 이용하여 얻은 대명사의 사용 빈도와 수작업 분석을 통해 얻은 대명사의 사용 빈도가 조금 달라지게 된다. 하지만 그 차이가 크지 않기 때문에 전체적인 경향성을 파악하는 데에는 문제를 야기하지는 않는다.

수작업 분석이 진행되는 과정을 조금 더 자세히 살펴보자. 위와 같은 방법으로 추출된 대명사를 지시대명사와 인칭대명사, 재귀대명사 등으로 구분한다. 이들을 구분할 때에는 형태를 통하여 기계적으로 분석이 가능하지만, 형태는 동일하지만 그 유형이 다른 대명사인 '저(지시대명사/재귀대명사), 그(인칭대명사/지시대명사)' 등은 기계적으로 분석할 수 없으므로 앞뒤 문맥을 살피면서 수작업으로

---

8) 띄어쓰기는 말뭉치에 반영되어 있는 그대로 제시하였다.

분석하는 과정이 뒤따른다. 그 다음 지시대명사의 경우에는 문맥을 하나하나 살피면서 지시 양상의 유형에 따라 '현장 지시', '문맥 지시' 등을 분석하고, '문맥 지시'의 경우에는 지시 대상이 존재하는 문맥의 위치에 따라 '선행 문맥 지시'인지 '후행 문맥 지시'인지를 분석한다. 마지막으로 대명사가 지시하는 대상이 무엇인지를 확인한 다음 그에 따라 대명사의 지시 대상을 '사물', '장소', '명제' 등으로 분석한다. 이러한 수작업 분석 과정을 마친 다음에는 다시 분석 결과를 검토하게 되는데 이러한 검토 작업까지 마치게 되면 비로소 개별 대명사의 사용 빈도, 사용 비율, 사용역 비율 등의 빈도 정보를 산출하게 된다. 이러한 과정은 수작업 분석이 필요한 모든 부분에서 공통적으로 진행되는 것이라 할 수 있다.[9]

1.3.1.4. 계량 결과의 산출

앞서 언급하였듯이 이 책에서 제시되는 말뭉치 계량 결과는 말뭉치 분석 결과를 그대로 이용하는 경우와 수작업 분석 결과를 이용하는 경우에 따라 달라질 수 있음에 유의할 필요가 있다. 말뭉치 분석 방법에 따라 계량 결과가 크게 달라지는 수사의 경우를 예를 들어 보자. 형태 (의미) 분석 말뭉치상에는 수사와 형태가 동일한 수관형사가 수사로 분석되어 있다. 그렇기 때문에 이러한 말뭉치를 그대로 분석하여 산출된 수사의 사용 빈도와 말뭉치의 용례를 확인하며 수작업으로 수사만을 분석하여 산출된 수사의 사용 빈도는 달라질 수밖에 없다[10]. 다음은 말뭉치 분석 방법에 따른 수사의 사용 빈도를 제시한 것이다.

〈예1.3.1.4-1〉 말뭉치 분석 방법에 따른 수사의 사용 빈도

	대화	소설	신문	학술
수사(말뭉치 분석 결과)	19160	6280	12527	4770
수사(수작업 분석 결과)	7201	2866	1128	2912

말뭉치 분석 결과를 그대로 이용하는 경우에는 형태 (의미) 분석 말뭉치에 제시된 정보를 그대로 이용하여 말뭉치 계량 결과가 제시되지만, 수작업 분석 결과를 이용하는 경우에는 수관형사가 제외될 뿐만 아니라 말뭉치상에서의 오류도 제외된다. 또한 '하나둘'과 같이 하나의 수사로 보아야 하지만 '하나'와 '둘'로 분리되어 분석된 경우, '2만 5천', '삼만 사천' 등과 같이 말뭉치 형태 분석상에서 '만', '천', '삼', '사'가 각각의 수사로 분석된 경우도 하나의 수사로 통합하는 과정을 거치게 된다. 따라서 위 표에서 제시한 바와 같이 말뭉치 분석 방법에 따라 수사의 사용 빈도가 크게 달라지는 결과가 나타난다.[11]

---

9) 수작업 분석 과정은 네 명의 필자가 동일한 양으로 분배된 용례 색인을 하나하나 읽어 가면서 진행된다. 따라서 분석 자에 따라 분석의 결과가 달라지는 문제가 생길 수 있는데, 이러한 문제를 해결하기 위하여 분석 작업을 진행하는 동안 계속 회의를 거쳐 서로의 분석 결과를 검토하고 확인하였다.

10) 논자에 따라 수사와 형태가 동일한 수관형사를 수사로 파악할 수도 있으나, 여기서는 수관형사가 수사와 형태가 동일한 경우에도 이를 구분하여 전형적인 체언의 행태를 보이는 것만을 수사로 파악한다.

11) 이에 대해서는 2.3과 6장에서 자세히 다룬다.

이와 같이 말뭉치의 분석을 마치면 분석 대상의 종류와 사용역에 따라 사용 빈도를 산출하게 되는데, 사용 빈도의 산출에는 프로그래밍 언어인 Python으로 작성된 빈도 산출 스크립트를 사용하였다. 이 책에서 제시하는 말뭉치 계량 결과를 얻기 위해 추출되는 사용 빈도는 분석 차원이 하나인 것에서부터 네 개인 것까지 매우 다양한데, 사용 빈도를 추출하기 위해 고려되어야 할 요인의 수만큼 빈도 산출 스크립트가 달리 작성된다. 사용 빈도 추출을 위해 이용된 빈도 산출 스크립트를 대명사의 예를 들어 보이면 다음과 같다.

〈예1.3.1.4-2〉 대명사의 분석 차원에 따른 빈도 산출 스크립트 종류의 예[12]
　가. 1차원 스크립트: 전체 대명사의 사용 빈도, 개별 대명사의 사용 빈도
　나. 2차원 스크립트: 개별 대명사의 용법별(사용역별) 사용 빈도
　다. 3차원 스크립트: 개별 대명사의 용법에 따른 사용역별 사용 빈도
　　　　　　　　　　 개별 대명사의 사용역에 따른 용법별 사용 빈도
　라. 4차원 스크립트: 개별 대명사의 용법에 따른 사용역별 사용 빈도
　　　　　　　　　　 개별 대명사의 사용역에 따른 용법별 사용 빈도

1.3.2. 계량 결과의 제시

여기서는 말뭉치를 통해 추출된 다양한 계량 결과와 그 제시 방법을 소개한다. '사용 빈도', '어휘 반복도', '사용 비율', '사용역 비율'의 개념을 소개하고 이들 계량 결과를 어떻게 산출하여 어떠한 방식으로 제시하였는지 그 예를 들어 보일 것이다.

1.3.2.1. 사용 빈도의 제시

일반적으로 사용 빈도는 말뭉치 분석을 통해 얻은 빈도 결과를 그대로 제시하는 것이 일반적이나 여기서는 실제 사용 빈도가 아니라 사용역에 따른 말뭉치의 크기가 고려된 조정 빈도를 제시할 필요가 있다. 왜냐하면 1.2에서 언급하였듯이 '대화' 말뭉치는 문어 말뭉치 달리 그 크기가 작기 때문이다. 따라서 '대화'에서 분석된 계량 결과는 문어 말뭉치에서 분석된 계량 결과와 직접적으로 비교할 수 없고 '대화'에서 나타나는 사용 빈도를 다른 사용역에서 나타나는 사용 빈도와 비교하기 위해서는 정규화(normalization) 과정이 필요하다. '대화'를 제외한 다른 사용역의 말뭉치의 크기는 모두 약 100만 어절이기 때문에 정규화 작업은 100만 어절을 기준으로 진행된다. 즉 '어떠한 언어 형식이 100만 어절에서 몇 번 나타났다'로 사용 빈도가 정규화되는 것이다. 아래의 식은 사용 빈도의 정규화에 이용된 공식을 보인 것이다.

---

12) 분석 차원은 같으나 제시하고자 하는 대상이 적용되는 순서에 따라 또 다른 경우의 수가 발생한다.

〈예1.3.2.1-1〉 사용 빈도의 정규화 공식

$$\frac{\text{해당 어휘 부류의 실제 사용 빈도}}{\text{해당 사용역의 전체 사용 빈도}} \times 1,000,000$$

위와 같은 정규화 공식을 사용하면 '대화'에서 나타나는 사용 빈도는 모두 실제 사용 빈도의 약 2.5배 정도가 된다. 문어 사용역의 경우는 말뭉치의 크기가 대략 100만 어절이기 때문에 그 사용 빈도가 매우 높은 것이 아닌 이상, 실제 사용 빈도와 정규화된 사용 빈도의 차이가 거의 없다. 아래의 예를 보자.

〈예1.3.2.1-2〉

가. 보통명사의 실제 사용 빈도의 정규화된 사용 빈도

보통명사		대화	소설	신문	학술
	실제 사용 빈도	96227	356405	545194	500131
	정규화된 사용 빈도	227561	356367	545187	497484

나. 보통명사의 정규화 과정
대화: (96,227 ÷ 422,863) × 1,000,000 ≒ 227,561
소설: (356,405 ÷ 1,000,107) × 1,000,000 ≒ 356,367
신문: (545,194 ÷ 1,000,013) × 1,000,000 ≒ 545,187
학술: (500,131 ÷ 1,005,321) × 1,000,000 ≒ 497,484

보통명사의 경우, '대화'에서 실제 사용 빈도가 96,227이지만 100만 어절에서 나타난 사용 빈도가 아니기 때문에 이를 100만 어절을 기준으로 하여 정규화하면 227,561이 된다. 이렇게 사용 빈도를 정규화하는 과정을 거치게 되면 비로소 각 사용역에서 나타나는 보통명사의 사용 빈도를 직접적으로 비교할 수 있게 되는데, 우리는 정규화된 사용 빈도를 보다 쉽게 비교할 수 있도록 아래와 같이 막대그래프나 표로 제시할 것이다.

〈예1.3.2.1-3〉 사용 빈도 제시의 예(전체 보통명사의 경우)

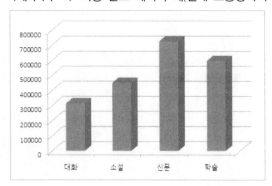

위의 예와 같이 사용 빈도를 막대그래프로 제시하면 보통명사가 '신문 > 학술 > 소설 > 대화'의 순으로 사용된다는 사실과 '신문'에서 사용되는 보통명사의 사용 빈도가 '대화'보다 약 2배 이상 많이 사용된다는 사실을 쉽게 확인할 수 있다. 이처럼 어떠한 언어 형식이 단순히 어느 사용역에서 많이 사용되는지를 절대적 수치로 보여줄 때에는 위와 같은 막대그래프를 이용하여 계량 결과를 제시할 것이다.

한편 개별 어휘의 사용 빈도를 보여줄 때에는 <예1.3.2.1-3>과 같은 막대그래프를 사용할 수 없으므로 고빈도의 어휘를 대상으로 그 사용 빈도를 표로 제시하게 되는데 <예1.3.2.1-4>와 같이 사용 빈도 이외에도 해당 어휘의 빈도 순위, 누적 비율도 제시하여 개별 어휘의 사용 빈도 양상을 쉽게 파악할 수 있게 하였다.

〈예1.3.2.1-4〉 상위 50위까지의 어휘 사용 빈도 제시의 예 (개별 보통명사의 경우)

| | 대화 | | | 소설 | | | 신문 | | | 학술 | | |
	형태	빈도	누적비율	형태	빈도	누적비율	형태	빈도	누적비율	형태	빈도	누적비율
1	사람	5690	2.52%	사람	6344	1.78%	때01	2731	0.50%	사람	4484	0.90%
2	때	5309	4.86%	말01	5719	1.60%	기자05	2693	0.99%	사회07	4372	1.78%
3	애	3644	6.47%	일01	3937	1.10%	문제06	1994	1.36%	때01	3627	2.50%
4	말	3519	8.03%	때01	3930	1.10%	정부08	1827	1.70%	문제06	2795	3.06%
5	애기	2807	9.27%	집01	3036	0.85%	사람	1818	2.03%	경우03	2462	3.56%
6	오빠	1977	10.14%	여자02	2501	0.70%	경우03	1806	2.36%	일01	2212	4.00%
7	생각	1934	11.00%	소리01	2438	0.68%	후보04	1607	2.66%	인간01	2024	4.41%
8	친구	1776	11.78%	어머니	2282	0.64%	대통령	1603	2.95%	말01	1985	4.81%
9	다음	1764	12.56%	속01	2266	0.64%	이번01	1600	3.24%	국가01	1865	5.18%
10	여자	1715	13.32%	눈01	2254	0.63%	뒤01	1551	3.53%	시대02	1830	5.55%
11	그때	1615	14.03%	얼굴	2244	0.63%	팀	1490	3.80%	환경02	1708	5.89%
12	시간	1606	14.74%	앞	2032	0.57%	경기11	1323	4.04%	세계02	1684	6.23%
13	언니	1601	15.45%	자신01	1905	0.53%	지역03	1310	4.28%	글	1677	6.56%
14	정도	1492	16.11%	생각01	1864	0.52%	여성01	1290	4.52%	문화01	1672	6.90%
15	학교	1478	16.76%	아버지	1843	0.52%	기업01	1279	4.75%	언론	1649	7.23%
16	남자	1324	17.35%	손01	1761	0.49%	경제04	1275	4.99%	과학	1623	7.56%
17	돈	1312	17.93%	아이01	1755	0.49%	최근	1258	5.22%	자신01	1584	7.87%
18	문제	1296	18.50%	남자02	1696	0.48%	이상05	1197	5.44%	운동02	1574	8.19%
19	집	1291	19.07%	몸01	1564	0.44%	일01	1180	5.66%	광고02	1481	8.49%
20	선생님	1256	19.63%	위01	1446	0.41%	대회02	1152	5.87%	속01	1476	8.78%
21	형	1239	20.18%	안01	1429	0.40%	세계02	1148	6.08%	나라	1444	9.07%
22	옛날	1081	20.65%	시간04	1425	0.40%	대표	1123	6.28%	방법	1431	9.36%
23	일	1064	21.12%	뒤01	1404	0.39%	정도11	1101	6.49%	정보06	1407	9.64%
24	날	1050	21.59%	전08	1339	0.38%	이날	1099	6.69%	교육	1393	9.92%
25	나라	1019	22.04%	날01	1321	0.37%	시장04	1080	6.88%	정치03	1392	10.20%

26	끝	965	22.47%	방07	1320	0.37%	국민	1060	7.08%	여성01	1382	10.48%
27	경우	929	22.88%	형01	1299	0.36%	이후02	983	7.26%	다음01	1337	10.75%
28	엄마	918	23.28%	입	1201	0.34%	지난해	978	7.44%	사실04	1311	11.01%
29	영화	910	23.68%	마음01	1183	0.33%	전08	976	7.62%	점10	1281	11.27%
30	전	908	24.09%	길01	1124	0.32%	국내02	975	7.80%	관계05	1262	11.52%
31	나중	821	24.45%	고개01	1091	0.31%	환경02	971	7.97%	활동02	1225	11.77%
32	학년	771	24.79%	곳01	1085	0.30%	점10	971	8.15%	과정03	1189	12.00%
33	시험	743	25.12%	자리01	1053	0.30%	의원05	971	8.33%	의미	1172	12.24%
34	처음	738	25.44%	친구02	1051	0.29%	앞	965	8.51%	내용02	1157	12.47%
35	이번	674	25.74%	엄마	1045	0.29%	선수05	960	8.68%	연구03	1148	12.70%
36	소리	650	26.03%	돈01	1028	0.29%	시간04	949	8.86%	생활	1143	12.93%
37	술	641	26.31%	사이01	995	0.28%	사회07	944	9.03%	컴퓨터	1105	13.15%
38	앞	608	26.58%	사실04	942	0.26%	감독02	929	9.20%	시장04	1097	13.37%
39	머리	591	26.84%	목소리	936	0.26%	업체	928	9.37%	정도11	1072	13.59%
40	전화	572	27.10%	모습01	927	0.26%	교수06	922	9.54%	학문02	1050	13.80%
41	밥	570	27.35%	머리01	925	0.26%	운동02	909	9.71%	결과02	1038	14.01%
42	자체	558	27.59%	그때	910	0.26%	월드컵	901	9.87%	경제04	1020	14.21%
43	영어	558	27.84%	처음	907	0.25%	계획01	900	10.04%	지역03	995	14.41%
44	얼마	556	28.09%	동안01	876	0.25%	곳01	869	10.20%	사상15	982	14.61%
45	차	556	28.33%	밖	868	0.24%	결과02	865	10.36%	기술01	975	14.80%
46	공부	534	28.57%	세상01	851	0.24%	동안01	847	10.51%	정부08	971	15.00%
47	수업	532	28.80%	남편01	834	0.23%	회사04	836	10.66%	발전01	965	15.19%
48	이름	513	29.03%	가슴01	831	0.23%	자신01	826	10.82%	언어01	952	15.38%
49	군대	513	29.26%	오늘	827	0.23%	말01	824	10.97%	변화	932	15.57%
50	학기	511	29.48%	선생님	818	0.23%	조사30	806	11.12%	자연01	906	15.75%

이 책에서는 지면의 한계로 인하여 개별 어휘의 사용 빈도는 상위 50위까지의 어휘만을 한정하여 제시하게 되는데, 이러한 한계를 극복하기 위해 사용 빈도 이외에도 누적 비율을 함께 제시하는 것이다. 위의 예에서 확인할 수 있듯이 '대화'에서는 상위 빈도 50위까지의 보통명사의 누적 비율이 29.48%인데 이는 상위 빈도 50위까지의 보통명사의 사용 빈도가 '대화'에서 나타나는 전체 보통명사의 사용 빈도의 약 30%를 차지한다는 사실을 보여주는 것이다. 이와 같이 누적 비율을 제시하여 상위 빈도 50위까지의 개별 언어 형식의 사용 빈도가 전체 언어 형식의 사용 빈도에서 어느 정도의 비중을 차지하는지를 알 수 있게 해 주어 개별 어휘의 사용 빈도를 모두 제시하지 못하는 한계를 어느 정도 보완하고자 하였다.

1.3.2.2. 어휘 반복도의 제시

각 사용역에서 나타나는 언어 형식의 유형 빈도를 비교해 보고자 할 경우에도 역시 '대화' 말뭉치가 문어 사용역의 말뭉치보다 2.5배 작기 때문에 그 유형 빈도를 직접적으로 비교할 수 없다. 이러한 문제를 해결하기 위해 《(말뭉치 기반) 구어 문어 통합 문법 기술1》에서는 '어휘 다양도'라는 개념을 이용한 바 있다. 어휘 다양도는 동일한 크기의 텍스트 내에서 어휘가 얼마나 다양하게 사용되었는가를 나타내는 지수인데, 유형 빈도가 매우 낮은 폐쇄 범주일수록 그 결과가 다소 왜곡된다는 단점이 있으므로 여기서는 '어휘 반복도'를 제시하기로 한다. 어휘 반복도는 해당 어휘가 반복해서 쓰이는 지수를 나타내는 것으로 하나의 어휘가 평균적으로 몇 번 반복되어 사용되는가를 가늠하는 척도가 된다. 예를 들어 어떠한 어휘가 12이라는 어휘 반복도를 보인다면 이는 "어떠한 텍스트 내에서 평균적으로 12회 반복되어 나타났다"는 것을 의미한다. 어휘 반복도를 구하는 공식을 보이면 아래와 같다.

〈예1.3.2.2-1〉 어휘 반복도 산출 공식[13]
어휘의 반복도: 실제 사용 빈도 ÷ 유형 빈도

이러한 공식을 이용해 보통명사의 어휘 반복도를 산출해 보면 다음과 같다.

〈예1.3.2.2-2〉 보통명사의 어휘 반복도
대화: 96,227 ÷ 10,106 ≒ 9.52
소설: 356,405 ÷ 26,232 ≒ 13.59
신문: 545,194 ÷ 34,770 ≒ 15.68
학술: 500,131 ÷ 35,584 ≒ 14.05

어휘 반복도의 수치가 높을수록 해당 어휘가 반복적으로 사용되었다는 것을 나타내고 그 수치가 낮을수록 해당 어휘가 반복적으로 사용되지 않았다는 것을 나타낸다. 따라서 보통명사의 경우, 어휘 반복도가 가장 높은 '신문'에서는 하나의 보통명사가 평균적으로 약 16번 반복되어 사용된 반면 어휘 반복도가 가장 낮은 '대화'에서는 하나의 보통명사가 평균적으로 약 10번 반복되어 쓰였다는 것을 확인할 수 있다.

1.3.2.3. 사용 비율의 제시

사용 비율은 이 책에서 가장 많이 제시하는 계량 결과로서 우리가 일반적으로 알고 있는 비율의 개념과 동일한 것이다. 앞서 살펴본 사용 빈도는 절대적인 수치를 통해 언어의 사용 양상을 살펴볼 수 있는 것이라면, 사용 비율은 어떠한 언어 형식이 사용되는 빈도의 상대적인 비교를 통해 언어의 사용 양상을 살펴볼 수 있는 것이다. 따라서 사용 빈도를 통해서는 어떠한 언어 형식이 어느 사용역에서 더 많이 사용되었는가를 직접적으로 살펴보기에 유용한 반면 사용 비율을 통해서는 어떠한 언어 형식이 각 사용역 내에서 얼마만큼 사용되었는가를 상대적으로 비교해 보기에 유용하다. 사용 비율을 제시하는 것은 이와 같이 어떠한 언어 형식이 각 사용역 내에서 어떠한 분포를 보이는지를 보여주기 위한 목적도 있지만 문어 말뭉치보다 그 크기가 작은 '대화' 말뭉치에서의 분석 결과를 왜곡 없이

---

13) 이 공식에 이용되는 사용 빈도는 정규화된 사용 빈도가 아니라 실제 사용 빈도임에 유의해야 한다.

제시하기 위한 목적도 있다. 특히 후자의 문제로 인하여 사용 빈도의 절대적인 수치를 제시하지 못하는 경우가 많은데 이러한 경우에는 대부분 사용 비율을 제시하게 된다.

형태 (의미) 분석 말뭉치에서 얻은 결과를 그대로 이용하여 제시되는 사용 빈도는 조정 빈도를 통해 절대적인 수치로 나타내는 것이 가능하다. 하지만 수작업 분석에 의한 결과를 이용하여 사용 빈도를 제시할 때에는 절대적인 수치를 보여주는 것이 다소 문제가 되는 경우도 있다. 앞서 언급하였듯이 '대화' 말뭉치는 다른 사용역의 말뭉치에 비하여 그 크기가 작기 때문에 '대화'에서의 분석 결과를 다른 사용역과 비교하기 위해서는 정규화 과정을 거쳐야만 한다. 이때 '대화'에서 수작업으로 분석된 결과를 다른 사용역과 비교해 보기 위해 정규화하는 것이 매우 조심스러워진다. 왜냐하면 여러 가지 기능이나 구조를 복잡하게 분석하여 얻은 결과를 정규화해서 보여주는 것이 빈도 결과를 왜곡하여 제시할 가능성도 있기 때문이다. 따라서 정규화 과정을 거치지 않아도 계량 결과를 제시할 수 있는 사용 비율이 필요하게 되는 것이다. 사용 비율은 각 사용역 내에서의 사용 빈도를 비교하여 상대적인 비율을 제시하는 것이기 때문에 굳이 사용 빈도를 조정할 필요가 없다.[14] 이와 같이 수작업 분석을 통해 얻은 사용 빈도를 통해 계량 결과를 제시할 때에는 절대적인 수치를 보여 주는 막대그래프나 표를 사용하지 않고 원형 그래프나 점 형식의 그래프를 통해서 사용 비율을 보여 주는 방식을 주로 택하게 될 것이다.

예를 들어 지시대명사의 경우 일반적으로 지시하는 대상에 따라 크게 사물 지시대명사와 장소 지시대명사로 구분할 수 있는데 이들의 실제 사용 빈도는 아래에 제시된 <예1.3.2.3-1>과 같다. 이들의 조정 빈도를 구하면 <예1.3.2.3-2, 3>과 같이 되지만 <예1.3.2.3-1>에서 제시된 사용 빈도 결과가 수작업 분석을 통해 얻은 결과이므로 여기서는 그 결과가 왜곡될 수 있는 조정 빈도로 제시하지 않고 <예1.3.2.3-4>와 같이 원래의 사용 빈도를 그대로 이용하여 얻은 사용 비율을 통하여 사용역에 따른 사용 양상을 제시하게 될 것이다. 이때의 사용 비율은 각 사용역 내에서 비교한 백분율이므로 각각의 사용 비율을 합한 결과는 늘 100%가 된다.

〈예1.3.2.3-1〉 사용역에 따른 사물 지시대명사와 장소 지시대명사의 실제 사용 빈도

	사물 지시대명사	장소 지시대명사	말뭉치의 크기(어절)
대화	7,944	2,774	약 420,000
소설	4,749	2,953	약 1,000,000
신문	4,686	609	약 1,000,000
학술	8,324	1,373	약 1,000,000

〈예1.3.2.3-2〉 사용역에 따른 사물 지시대명사의 조정 빈도
대화: (7,944 ÷ 422,863) × 1,000,000 ≒ 18,786
소설: (4,749 ÷ 1,000,107) × 1,000,000 ≒ 4,748
신문: (4,686 ÷ 1,000,013) × 1,000,000 ≒ 4,686
학술: (8,324 ÷ 1,005,321) × 1,000,000 ≒ 8,280

---

14) 그러나 만약 사용역 간의 비교라면 부득이 조정 빈도를 사용해서 비율을 구해야 할 필요가 있는데 이러한 비율을 사용역 비율이라고 한다. 사용역 비율에 대해서는 1.3.2.4에서 자세히 설명할 것이다.

〈예1.3.2.3-3〉 사용역에 따른 장소 지시대명사의 조정 빈도

대화: (2,774 ÷ 422,863) × 1,000,000 ≒ 6,560

소설: (2,953 ÷ 1,000,107) × 1,000,000 ≒ 2,953

신문: (609 ÷ 1,000,013) × 1,000,000 ≒ 609

학술: (1,371 ÷ 1,005,321) × 1,000,000 ≒ 1,364

〈예1.3.2.3-4〉 사용역에 따른 사물 지시대명사와 장소 지시대명사의 사용 비율

	사물 지시대명사		장소 지시대명사	
	실제 사용 빈도	사용 비율	실제 사용 빈도	사용 비율
대화	7,944	74.12%	2,774	25.88%
소설	4,749	61.66%	2,953	38.34%
신문	4,686	88.50%	609	11.50%
학술	8,324	85.86%	1,373	14.14%

　사용 비율은 원형 그래프 형식과 점 형식의 그래프의 형식으로 보여줄 수 있다. 아래는 원형 그래프의 형식으로 인칭대명사별 사용 비율을 제시한 것을 보인 것이다. 사용역에 따라 개별 인칭대명사가 사용되는 비율을 4개의 원형 그래프를 통해 제시함으로써 네 사용역에서 나타나는 개별 인칭대명사의 사용 양상을 한눈에 비교해 볼 수 있도록 하였다.

〈예1.3.2.3-5〉 '대화'의 인칭대명사별 사용 비율

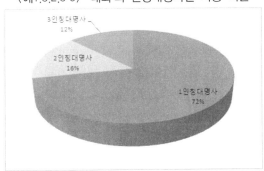

〈예1.3.2.3-6〉 '소설'의 인칭대명사별 사용 비율

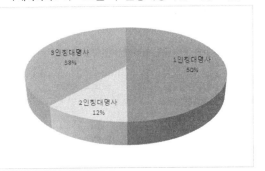

〈예1.3.2.3-7〉 '신문'의 인칭대명사별 사용 비율

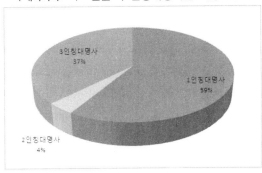

〈예1.3.2.3-8〉 '학술'의 인칭대명사별 사용 비율

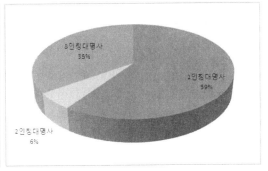

위 그래프를 살펴보면 모든 '대화'에서는 '1인칭대명사 > 2인칭대명사 > 3인칭대명사'의 사용 양상을 보이고 문어 사용역에서는 '1인칭대명사 > 3인칭대명사 > 2인칭대명사'의 사용 양상을 보인다는 차이가 있다. 문어 사용역에서는 공통적으로 '1인칭대명사 > 3인칭대명사 > 2인칭대명사'의 양상을 보이지만 그 세부적인 사용 비율 양상에서는 일정한 차이를 보인다. 이와 같이 원형 그래프를 통해 제시되는 각 사용역에 나타나는 사용 비율은 언어 형식의 사용 양상을 한눈에 살펴볼 수 있다는 장점이 있다.

한편 사용 비율을 점 형식의 그래프를 통해 제시할 경우도 있는데 점 형식의 그래프로 사용 비율이 제시될 때는 주로 아래의 예와 같이 제시해야 할 내용이 매우 많아서 원형 그래프를 통해 사용 비율을 제시하게 되면 그래프의 수가 매우 많아지게 되는 경우에 해당한다.

〈예1.3.2.3-9〉 지시대명사의 지시 양상별 사용 비율

	문맥 지시	현장 지시	텍스트 지시	상맥 지시	지시 대상 확인 불가
	선행 문맥 지시			후행 문맥 지시	

(■/● 5%, ■/● 5% 미만)

〈예1.3.2.3-9〉의 경우는 제시되는 내용이 많아서 원형 그래프로 제시될 때에는 그래프의 수가 10개로 늘어나는데 점 형식의 그래프로 이를 표현하게 되면 매우 간결해진다. 물론 점 형식 그래프는 원형 그래프보다 덜 직관적이라는 단점이 있지만 '■(5%), ▪(5%미만)'와 같은 기호를 사용하여 사용 비율을 나타내어 사용 비율이 한눈에 비교가 가능하도록 하여 이러한 단점을 보완하고자 하였다. 또한 차원이 다른 내용은 '■, ▪' 기호에 더하여 '●, ●'와 같은 구분된 기호를 사용하여 사용 비율을 제시하기도 하였다.[15] 위의 그래프는 같은 사용역 내에서 지시대명사의 지시 양상이 어떠한 비율로 사용되는지 비교해 보기 위하여 제시된 것이기 때문에 사용역을 기준으로 가로로 제시된 지시 양상을 비교해서 사용 비율을 확인할 수 있도록 구성되어 있는데 이러한 제시 방식은 점 형식의 그래프에서 모두 동일하게 적용된다.

1.3.2.4. 사용역 비율의 제시

사용역 비율은 사용역 사이의 비율이라는 의미로서 어떠한 언어 형식이 어느 사용역에서 가장 많이 사용되는지를 비교하기 위해 제시되는 비율을 말하는 것이다. 사용역 비율은 주로 수작업 분석을 통해 얻어지는 결과가 어떠한 사용역에서 더 많이 사용되는가를 보여 주는 것인데 이때 '대화' 말뭉치의 크기로 인해 조정 빈도 값이 필요하게 된다. 하지만 앞서 언급하였듯이 수작업 분석을 통해 얻은 결과는 조정 빈도를 그대로 제시하기 힘든 점이 있기 때문에 조정 빈도를 그대로 보여 주지 못하고 조정 빈도를 상대적으로 비교한 비율로써 제시하게 되는 것이다.

〈예1.3.2.4-1〉 보통명사의 조정 빈도
대화: (96,227 ÷ 422,863) × 1,000,000 ≒ 227,561
소설: (356,405 ÷ 1,000,107) × 1,000,000 ≒ 356,367
신문: (545,194 ÷ 1,000,013) × 1,000,000 ≒ 545,187
학술: (500,131 ÷ 1,005,321) × 1,000,000 ≒ 497,484

〈예1.3.2.4-2〉 보통명사의 사용역 비율 산출 과정
* 각 사용역의 조정 빈도의 합: 1,626,599
대화: 227,561 ÷ 1,626,599 = 13.99%
소설: 356,367 ÷ 1,626,599 = 21.91%
신문: 545,187 ÷ 1,626,599 = 33.52%
학술: 497,484 ÷ 1,626,599 = 30.58%

이러한 사용역 비율은 분석 대상이 하나라면 원형 그래프로 제시할 수 있겠으나, 분석 대상이 많을 경우에는 원형 그래프를 여러 개를 제시해야 한다는 문제가 생긴다. 이러한 경우, 여러 분석 대상이 사용역 사이에서 어떠한 양상을 보이는지 비교해 보기도 힘들고, 그래프로 인해 많은 지면을 할애해야 한다는 문제도 생긴다. 따라서 사용역 비율을 여러 개 제시할 때에는 아래와 같이 점 형식의

---

15) 이와 같이 점 형식의 그래프로 계량 결과를 제시하는 것은 Biber 외(1999)에서도 찾아 볼 수 있다.

그래프를 주로 이용할 것이다.

〈예1.3.2.4-3〉 대명사별 사용역 비율

	대화	소설	신문	학술
전체 대명사	■■■■■■■▪	■■■■■■▪	▪▪	■▪▪
인칭대명사	■■■■■■■	■■■■■■▪	▪▪	■■
지시대명사	■■■■■■▪▪	■■▪	■■▪	■■■■
부정/의문대명사	■■■■■■▪	■■■■■▪	▪▪	■■
재귀대명사	▪■▪	■■■■■■	■▪	■■■■■▪

(■ 5%, ▪ 5% 미만)

사용역 비율을 보인 <예1.3.2.4-3>은 사용역에 따른 사용 비율을 보인 1.3.2.3의 <예1.3.2.3-9>와 달리 어떠한 언어 형식이 어느 사용역에서 가장 많이 사용되었는지를 그 비율을 통해 비교할 수 있다. <예1.3.2.4-3>에서 '인칭 대명사'의 사용역 비율은 '대화 > 소설 > 학술 > 신문'의 양상으로 나타나는데 이는 인칭대명사가 '대화'에서 가장 많이 사용되고 '신문'에서 가장 적게 사용된다는 것을 알려 주는 것이다. 한편, 사용역 비율은 절대적인 수치가 아니라 백분율로써 제시되는 것이므로 '대화, 소설, 신문, 학술'의 사용역 비율을 나타내는 '■', '▪'을 가로로 합하게 되면 모두 100%가 된다.

1.4. 말뭉치 계량 결과의 해석

실제 언어 자료를 바탕으로 하여 명사와 명사구의 사용 양상을 기술하고 분석하는 이 책에서는 말뭉치 계량 결과에 대한 해석이 매우 중요한 의미를 가진다. 이 책의 각 장이나 절은 해당 주제에 대한 문법 현상이나 특징을 실증적으로 기술한 다음, 말뭉치 분석을 통해 얻은 계량 결과를 제시하고 이러한 계량 결과를 논의하는 순서로 내용이 구성되어 있다. 이 중에서 '말뭉치 계량 결과에 대한 논의'는 명사와 명사구의 사용 양상을 계량적으로 보인 결과가 어떠한 함의를 가지는지, 왜 그러한 패턴이나 경향이 나오는지에 대해서 설명하고 해석하는 것이기 때문에 언어 사용 양상의 기술에서 더 나아가 그 '이유'를 밝힌다는 점에서 우리의 문법 기술에서 핵심적인 부분이라고 할 수 있다.

말뭉치 계량 결과에 대한 해석은 언어 형식이 의사소통 상황에서 수행하는 기능, 개별 언어 형식이 지니는 의미적·기능적 특성, 사용역 특성, 언어의 사용상의 패턴과 경향 등의 다양한 요인을 고려하여 이루어진다. 이 외에도 언어 형식의 무표성과 유표성, 언어가 사용되는 사회·문화적 특성, 언어의 통시적 변화 등의 요인도 말뭉치 계량 결과 해석에 고려될 수 있다. 여기서는 말뭉치 계량 결과를 해석하는 데 고려되는 요인을 몇 가지로 구분하여 제시하고 있으나 이들 요인은 그 특성상 서로 겹치는 경우도 있다. 예를 들어, 언어가 의사소통 상황에서 수행하는 기능들은 의사소통 상황에 따라서 더 중요하게 여겨지는 것과 그렇지 않은 것이 있다. 그런데 사용역은 의사소통 상황을 몇 가지로 구분해 놓은 것이므로 사용역 요인은 결국 의사소통 상황에서 수행하는 기능들 간의 중요도를 달라지게 만드는 요인의 메타 변인적 성격을 가진다고 할 수 있다.

또한 실제로 말뭉치 계량 결과를 해석할 때에도 어느 한 가지 요인을 고려하는 경우보다는 여러 가지 요인을 복합적으로 고려해야 하는 경우가 훨씬 더 많다. 예를 들어, '소설'은 다른 사용역에 비해 동일 범주의 형태들이 매우 다양하게 출현하는데, 이러한 결과는 '소설'이라는 사용역이 표현의 심미성을 중시하는 문학 장르이기 때문이라고 설명할 수 있다. 이 설명에는 심미적 기능이라는, 언어 형식이 의사소통 상황에서 수행하는 기능과 문학 장르라는 사용역 특성이 모두 고려되고 있는 것이다. 이와 같이 말뭉치 계량 결과에 대한 해석에 고려되는 요인은 그 성격이 겹칠 뿐만 실제로 말뭉치 계량 해석에 있어서도 여러 가지 요인을 복합적으로 고려해야 하는 경우가 많지만 여기서는 설명의 편의와 독자들의 이해를 위하여 말뭉치 계량 결과의 해석에 고려되는 요인을 구분하여 제시한다.

1.4.1. 의사소통 상황에서의 언어 형식의 기능

언어 형식은 의사소통 상황에서 다양한 기능을 수행한다. 예를 들어 1인칭대명사는 화자나 필자를 구체적으로 지시하지 않고 이를 대용하여 지시하는 기능을 하고, 관형사절은 수식하는 명사를 보다 정교하고 명백하게 한정하는 기능을 하고, 인용절은 발화를 간접적으로 또는 직접적으로 인용하는 기능을 한다. 이와 같은 언어 형식이 의사소통 상황에서 수행하는 기능은 크게 6가지로 구분하여 제시할 수 있는데 관념적(ideational) 기능, 텍스트적(textual) 기능, 개인적(personal) 기능, 대인적(interpersonal) 기능, 맥락적(contextual) 기능, 심미적(aesthetic) 기능이 바로 그것이다.

관념적 기능은 담화상의 지시 대상을 명확히 하고 그 지시 대상에 대한 명제적 정보의 전달과 관련되는 기능으로 언어 형식이 가진 가장 기본적인 기능이라 할 수 있다. 이 책에서 다루는 명사 부류는 모두 명제의 내용 중에서 '무엇'에 해당하는 부분을 나타낸다. 그러나 명사 부류가 관념적 기능을 하는 방식에는 조금씩 차이가 있는데 보통명사가 지시 대상을 직접 가리킨다면 대명사는 간접적인 방식으로 지시 대상을 가리켜 맥락을 통해서만 확인이 가능하다. 보통명사와 대명사의 이러한 차이는 사용역에 따른 보통명사의 사용 빈도와 사용역에 따른 대명사의 사용 빈도를 설명하는 데 가장 우선적으로 고려되는 요인이 된다. 보통명사의 사용 빈도는 '신문'에서 가장 높게 나타나는데, '신문'의 경우에는 정보를 사실적이고 객관적으로 전달하는 것이 주된 목적이기 때문에 지시 대상을 직접적이고 구체적으로 가리키는 보통명사의 사용이 많다. 반면에 대명사의 사용 빈도는 '대화'에서 가장 높은데, 이는 화·청자가 담화 맥락을 서로 공유해야 지시 대상을 쉽게 확인할 수 있어 대명사를 쉽게 사용할 수 있기 때문이다.

텍스트적 기능이란 언어 형식이 문장들이 담화 또는 텍스트 내에서 서로 관련성을 가지게 하는 기능을 말한다. 담화 또는 텍스트 내의 문장들은 별개로 존재하는 것이 아니라 서로 관련성을 가지고 긴밀히 연결되어 있다. 일부 언어 형식들은 절 내에서의 정보의 구성 혹은 텍스트 내에서 문장이나 절 간의 관계를 긴밀하게 하고 관련성을 높이는 데 기여한다. 언어 형식이 가진 텍스트적 기능은 크게 정보 구조(information structure) 표시와 응집성(cohesion) 표시에 이용된다. 정보 구조는 담화 지시체가 신정보이냐 구정보이냐에 따라 혹은 화자나 필자가 청자나 독자의 지식 상태를 어떻게 가정하느냐에 따른 정보 전달 방식과 관련된다. 응집성은 다양한 유형의 지시적, 의미적 연결을 통해 텍스트 내의 다양한 부분들이 하나의 일관된 흐름으로 서로 통합되면서 형성되는 것을 말한다. 말뭉치 계량 결과의 해석에 언어 형식의 텍스트적 기능이 고려되는 경우의 예로는 사물 지시대명사의 문법 기능에 대한 말뭉치 계량 결과의 해석을 들 수 있다. 사물 지시대명사는 유정성 위계가 낮은데도 불구하고 주어로 나타나는 비율이 높은데 이는 지시대명사가 지시하는 대상이 기본적으로 구정보이기 때문이다. 주어는 주로 구정보인 경우가 많은데 이로 인해 지시대명사가 주어로 사용되는 비율이 적지 않게 나오는 것이다. 텍스트적 기능이 말뭉치 계량 결과 해석에 고려되는 또 다른 예는 지시대명사가 텍스트 응집성을 높이는 방법과 관련한 것이다. 지시대명사는 텍스트나 대화 현장에 도입된 개체를 지시적으로 연결하여 텍스트의 응집성을 높이는데, 사용역마다 의사소통의 상황이 다르기 때문에 이러한 지시적 연결의 방법에 차이가 있다. 이러한 차이로 인해 지시대명사의 지시 양상이 사용역에 따라 달리 나타나게 된다.

언어 형식은 화자의 개인적 태도, 생각, 느낌 등을 표현하는 데에도 사용된다. 이를 언어 형식의 개인적 기능이라고 한다. '정말', '진실로', '설마' 등과 같은 부사, '생각하다', '원하다', '행복하다' 등의 동사, '-겠-', '-구나'와 같은 어미 등 개인적 기능을 드러내는 언어 형식은 매우 다양하다. 그 중에서 명사가 개인적 기능과 관련된 대표적인 예로는 형식성 의존명사를 들 수 있다. 형식성 의존명사는 특정 구성을 이루어 화자의 개인적 태도, 생각, 느낌을 표현하는 데 사용되는 경우가 많은데 '-은/는/을 것 같다', '-을 것이다', '-을 수 있다', '-을 리 없다' 등 그 구성의 종류도 매우 다양하다. 개인적 기능을 나타내는 이들 형식성 의존명사들은 주로 특정 구성을 이루어 사용되기 때문에 형식성 의존명사의 선·후행 요소의 분포에도 영향을 미치고 특정 구성이 지니는 의미적 차이로 인해 사용역에 따른 형식성 의존명사의 사용 빈도에도 영향을 미치게 된다.

대인적 기능은 언어 형식이 대화 참여자들 간의 관계의 양상을 드러내는 것을 말한다. 높임법은 대화 참여자들 간의 관계에 따라 달리 실현되기 때문에 언어의 대인적 기능이 반영된 대표적인 예라 할 수 있다. 사용역에 따른 인칭대명사의 사용 비율을 살펴보면, '대화'에서는 인칭대명사 중 '나', '너', '애', '걔', '쟤' 등의 사용 비율이 높게 나타나는데 이러한 대명사는 대화 참여자의 관계가 친구, 가족, 선후배 등과 같은 매우 가까운 사이에서 주로 사용된다.

언어 형식이 화자와 청자가 공유하는 상황의 특정 양상을 지시하거나 혹은 그 의미 해석을 위해 상황에 의존할 때 맥락적 기능을 수행한다고 할 수 있다. 언어의 맥락적 기능을 수행하는 가장 대표적인 예로는 대명사를 들 수 있다. 대명사는 의사소통 참여자가 서로 맥락을 공유해야만 지시 대상을 확인할 수 있는데, 이러한 특성 때문에 대명사의 사용 빈도는 '대화'에서 가장 높게 나타난다. 지시대명사는 다양한 방식으로 지시 대상을 지시하는데, 이러한 지시대명사의 지시 양상은 사용역의 특성에 따라 사용역 비율의 차이를 보인다. 예를 들어, 지시대명사의 현장 지시는 담화 현장에 존재하는 대상을 지시하는 것으로서 화자와 청자가 실제의 담화 공간을 전제로 할 때에만 가능하다. 이로 인해 현장 지시의 사용역 비율은 '대화'에서 가장 높게 나타나는데 이러한 양상은 지시대명사가 수행하는 맥락적 기능을 전형적으로 보여 주는 예라고 할 수 있다.

　마지막으로 언어의 심미적 기능은 언어 형식이 언어 자체의 아름다움을 드러내는 데 기여하는
것이라 할 수 있다. 언어의 심미적 기능은 문장의 표현적 효과나 미적 효과와도 관련될 뿐만 아니라
격식체나 비격식체, 구어체나 문어체와 같은 문체적 관습과도 관련된다. 예컨대, '소설'에서 매우
다양한 형태의 3인칭대명사가 사용되는 것은 언어의 심미적 기능을 통해 설명할 수 있다. '소설'은
문학적 표현 효과를 높이기 위해 일상적으로는 잘 사용되지 않는 표현들도 다양하게 사용되기 때문이다.
문체적 관습과 관련된 언어의 심미적 기능은 '학술'에서 특징적으로 사용되는 표현들을 통해 잘
드러난다. 지시대명사의 텍스트 지시, 필자와 독자를 아우르는 '우리', 울타리(hedge) 표현으로 사용되는
'-을 것이다' 구성 등은 모두 학술적 글쓰기의 문체적 관습과 밀접한 관련을 맺고 있다.

　지금까지 언어 형식이 수행하는 기능을 여섯 가지로 나누어 살펴보고 이들이 말뭉치 계량 결과를
해석하는 데 어떻게 고려되는지에 대해서 살펴보았다. 앞서 언급했듯이, 이해를 돕기 위해 여섯
가지의 기능을 구분하여 제시하였으나 이들 기능도 서로 관련을 맺고 있어 두 가지 혹은 세 가지
기능이 복합적으로 고려되어야 하는 경우도 있다. 예를 들어, '-을 것이다'와 같은 양태 표현은 화자의
개인적 태도나 느낌을 드러낸다는 점에서 개인적 기능을 수행하는 대표적인 언어 형식이지만 화용적으
로는 자신의 주장이나 단언을 약화하여 청자나 독자를 고려하는 대인적 기능도 수행한다. 뿐만 아니라
'-을 것이다'는 학술적 글쓰기에서 일종의 관습적인 표현으로 받아들여지는데 이를 고려하면 '-을
것이다'는 특정 사용역에서 심미적 기능을 수행한다는 것도 알 수 있다. 따라서 여기서는 언어 형식이
수행하는 기능을 여섯 가지로 나누어 제시하고 이들 각각이 말뭉치 계량 결과 해석을 위해 어떻게
고려되는지 그 예를 들어 보였으나 실제로는 이들 기능을 복합적으로 고려하여 말뭉치 계량 결과를
해석하였다는 것을 미리 밝혀 둔다.

1.4.2. 개별 언어 형식의 의미적ㆍ기능적 특성

　말뭉치 계량 결과를 해석할 때에는 의사소통 상황에서 언어 형식이 수행하는 기능을 기본적으로
고려해야 하지만 이와 더불어 개별 언어 형식이 지니는 의미적ㆍ기능적 특성을 고려하는 것도 중요하다.
예를 들어 명사가 주로 어떤 문법 기능으로 나타나는지를 살펴보면 명사의 의미적 특성과 문법
기능상에는 특별한 관련성이 있다는 것을 알 수 있는데, '시간'이나 '장소'를 나타내는 명사는 부사어로
사용되는 비율이 가장 높게 나타난다. 또한 인칭대명사는 '사람'을 지시하는 대명사인 만큼 주어로
사용되는 비율이 가장 높은데, 이는 유정성 위계가 높을수록 주어로 사용되는 경향이 크다는 사실을
반영하는 것이다. 한편, 형식성 의존명사 '것'은 모든 형식성 의존명사 중에서 사용 빈도가 가장
높게 나타나는데, 이는 '것'이 매우 포괄적인 의미를 가지고 있어 다양한 대상을 지시하는 데 두루
사용될 수 있다는 특징을 가질 뿐만 아니라 선ㆍ후행 요소와 함께 다양한 구성을 이루어 문법적
의미를 나타내는 데 많이 사용되기 때문이다. 이상의 예는 개별 언어 형식이 지닌 의미적 특성이
말뭉치 계량 결과 해석에 어떻게 고려되는지를 잘 보여 주는 것이라고 할 수 있다.

　개별 언어 형식이 지닌 기능적 특성이 말뭉치 계량 결과 해석에 고려되는 것은 단위사의 사용
양상에 대한 해석을 통해 살펴볼 수 있다. 단위사로 사용되는 보통명사에는 용기나 집합, 묶음, 형상을

나타내는 명사가 많은데 이들 명사는 어떠한 대상의 양을 한정시켜 줄 수 있는 기능을 하므로 단위사로 사용되는 경우가 많은 것이다. 이와 같이 개별 언어 형식이 지닌 의미적·기능적 특성은 해당 언어 형식이 보이는 말뭉치 계량 결과를 해석하는 데 고려해야 할 주요 요인이 될 수 있다.

1.4.3. 사용역 특성

언어는 의사소통 상황, 즉 어떠한 상황에 사용되느냐에 따라 그 사용 양상이 크게 달라진다. 다음의 예를 보자.

〈예1.4.3-1〉
가. 금융당국이 신용카드사들의 과열 경쟁에 제동을 걸고 나섰음에도 올해 주요 카드사들의 시장 다툼은 더 치열해질 것으로 예상된다. 급증하는 카드사 현금대출 관행과 회원 쟁탈 경쟁이 제어되지 않은 채 금리 상승기와 경기 체기를 맞게 되면 수년 안에 카드발 가계버블 사태를 초래할 것이란 우려도 나오고 있다. [신문 기사]
나. 前項의 債務가 法律行爲를 目的으로 한 때에는 債務者의 意思表示에 가름할 裁判을 請求할 수 있고 債務者의 一身에 專屬하지 아니한 作爲를 目的으로 한 때에는 債務者의 費用으로 第三者에게 이를 하게 할 것을 法院에 請求할 수 있다. [법조문]
다. ○○○는 감기 증상에 필수적인 비피린계 해열진통제, 항히스타민제, 기관지확장제, 대뇌피질흥분제를 기본으로 하고 중추성 진해작용의 약효와 안전성이 공인된 Cloperation이 배합되어 있으며, 특히 소염, 종창완해 및 농즙, 점액용해, 거담작용을 겸한 소염, 진통, 단백분해 효소제인 Serrtiopeptidase가 함유되어 있을 뿐 아니라 비타민 B1, B2를 첨가함으로서 감기로 인해 저하된 체력을 회복시켜 치료효과를 증대시킨 여러 감기증상의 제거에 매우 효과적인 처방제입니다. [의약 사용 설명서]

위의 예는 '신문 기사', '법조문', '의약 사용 설명서'를 보인 것이다. 이들 예는 모두 문어라는 공통성을 지니지만 그 언어적 특징이 매우 다르다는 것을 쉽게 알 수 있다. 앞서 언급했듯이 우리는 실제 언어생활에 나타나는 사용역을 모두 고려할 수 없으므로 비교적 적절한 수준으로 사용역을 나누어 '대화', '소설', '신문', '학술'이라는 네 가지 사용역을 중심으로 명사와 명사구의 사용 양상을 기술한다. 여기서는 이러한 사용역의 차이가 말뭉치 계량 결과를 해석할 때 어떻게 고려되는지 살펴보도록 한다.

'대화'는 먼저 문어 사용역과 달리 그 매체가 구어라는 특징을 가지기 때문에 실시간으로 발화를 산출해야 한다는 압력에 의해 축약, 반복, 생략이 빈번히 일어난다. 또한 대화 참여자가 동일한 담화 공간에 존재하므로 서로 담화 맥락을 공유하고 있어 직접적인 상호성을 지니며, 정보 전달 목적뿐만 아니라 대화 참여자들의 친교적인 목적도 중요하고 비격식적인 특성을 지닌다. '대화'를 제외한 '소설', '신문', '학술'은 문어 사용역이므로 발화 산출의 압박으로부터 자유롭기 때문에 문장이 형식적으로 잘 정제되어 있는 편이며, 필자와 독자가 서로 다른 공간에 존재하고 있어 일방향성을 지닌다. 문어 사용역간의 차이를 살펴보면, 먼저 '소설'은 대화 지문이 있으므로 '대화'의 특성을 일부 공유하기도 하며 독자에게 심미적 즐거움과 감동을 주는 것이 목적이므로 문어 사용역 중에서도 언어 표현의 심미성이 중요시된다. '신문'과 '학술'은 비교적 격식성을 지닌 사용역이다. '신문'은 정확한 정보의 전달이 무엇보다 중요하므로 한정된 지면 안에 최대한 많은 정보를 압축적으로 담으려는 특성이 있다. '학술'은 정보 전달과 함께 필자의 주장을 독자에게 설득시키는 것도 중요하기 때문에 독자를 설득하는 다양한 문체적 장치들이 동원된다. 또한 '학술'은 주로 전문적인 영역을 다루기 때문에 각종 전문 용어가 많이 사용되는 편이다.

이상에서 설명한 사용역 특성은 계량적 결과를 해석하는 데 중요한 바탕이 된다. 몇 가지 예를 들어 보자. 먼저 문어 사용역과 달리 '대화'에서는 지시대명사의 다양한 지시 양상 중 후행 문맥 지시의 비율이 매우 높은데 이는 '대화'의 발화 산출 압력 때문이다. '대화'는 실시간으로 발화를 산출해야 하므로 화자는 잘 떠오르지 않는 대상을 생각한 다음 대화를 이어나가기보다는 생각나지 않는 대상을 먼저 지시대명사로 지시하고 난 다음 후행 문맥에서 지시 대상을 드러내는 경우가 많다. 또한 '대화'는 화·청자가 동일한 담화 공간에 존재하고 공유하는 정보가 많기 때문에 '대화'에서만 지시대명사의 상맥 지시나 지시 대상 확인 불가의 예를 쉽게 찾을 수가 있다. 상맥 지시는 화·청자가 개인적으로 친분이 있어 서로 공유하는 정보가 많을 때에만 가능하고 지시 대상 확인 불가는 화·청자가 동일한 담화 공간에 존재하여 맥락적 정보가 충분히 공유되어야만 의사소통의 실패가 일어나지 않는다. 또한 '대화'는 보통명사나 대명사, 단위사 중에서 비격식적 상황에 어울리는 것들의 사용 빈도가 높은데 이는 '대화'가 지닌 비격식성을 통해 설명할 수 있다.

'소설'은 문학 장르로서 표현의 심미성이 중요한 사용역이므로 대부분의 범주에서 가장 다양한 유형의 표현이 나타나는 경향을 보인다. 예를 들어 각 사용역에서 나타나는 1인칭대명사, 2인칭대명사, 3인칭대명사의 형태를 살펴보면 '소설'에서 가장 다양한 유형의 인칭대명사가 발견된다. 이는 문학 장르인 '소설'에서 표현적 효과를 위해 다양한 표현을 사용하는 데에서 그 이유를 찾을 수 있다. 한편, '소설'에서는 대화 지문의 영향으로 '신문'이나 '학술'과 달리 '대화'에서 나타나는 특징적인 양상을 일부 공유하는 경우가 있는데 이러한 양상 또한 '소설'의 사용역 특성으로 설명할 수 있다.

'신문'은 정보를 최대한 사실적이고 객관적으로 전달하는 것을 목적으로 하기 때문에 한정된 지면 안에 많은 정보를 제시할 필요가 있다. 따라서 많은 정보를 압축적으로 표현해야 하는 경우가 많은데, 정보를 압축적으로 전달하기 위해서는 동사보다는 명사를 많이 사용하는 것이 더 효율적이다. 이에 '신문'은 다른 사용역보다 명사의 사용 빈도가, 특히 보통명사의 사용 빈도가 매우 높게 나타난다. 또한 '신문'은 우리 주변에서 일어나는 사건, 사고를 사실적이고 객관적으로 전달해야 하기 때문에 사건, 사고와 관련된 사람들의 이름, 요일, 구체적인 수치 등을 정확하게 표현해야 하는 경우가 많다. 이로 인해 '신문'에는 고유명사와 단위성 의존명사의 사용 빈도가 다른 사용역보다 매우 높게 나타난다. 반면에 지시 대상을 구체적으로 지시하지 않는 대용 표현의 사용 빈도는 낮은데 이로 인해 형식성 의존명사 '것', 대명사의 사용 빈도가 가장 낮게 나타난다.

'학술'은 학술적 내용을 다루기 때문에 추상명사의 사용 비율이 가장 높다. 또한 '학술'은 필자의 주장을 독자에게 설득하는 것이 주된 목적이기 때문에 독자에게 내용을 이해시키고 필자의 주장을 설득하기 위한 여러 가지 문체적 장치를 사용한다. 그 예 중의 하나가 '학술'에서 주로 나타나는 텍스트 지시이다. 지시대명사의 여러 지시 양상 중 텍스트 자체를 지시하는 기능을 하는 텍스트 지시는 거의 대부분 '학술'에서만 나타나는데, 이는 논의의 지점을 명확하게 표시하여 독자의 이해를 돕기 위한 장치이다. 사용역에 따른 양수사와 서수사의 사용 비율을 살펴보면, 서수사의 사용 비율은 '학술'에서 가장 높게 나타나는데 이 또한 필자가 자신의 논의를 차례대로 정리하여 독자에게 효과적으로 전달하려는 목적에서 기인한다고 볼 수 있다. 또한 '학술'에서는 '-을 것이다'와 같은 울타리(hedge) 표현의 사용 빈도도 높게 나타나고 인칭대명사 '우리'의 사용 빈도도 높게 나타나는데 이는 각각 단언을 약화시켜 독자의 부담을 덜어주고 독자를 필자의 논의에 끌어들이려는 '학술'의 다양한 장치라고 할 수 있다.

이와 같이 각 사용역의 특성은 말뭉치 계량 결과의 해석에 있어 매우 중요하게 고려되어야 할 요소라고 할 수 있다. 상호성, 실시간성, 의사소통의 환경과 목적 등과 관련한 사용역적 특성이 언어 형식의 사용 양상과 밀접히 관련되는 양상은 이 책의 전반을 통해서 자세하게 확인할 수 있을 것이다.

1.4.4. 언어의 사용상의 경향과 패턴들

언어는 일정한 사용상의 경향과 패턴을 가지고 있다. 우리는 이를 계량적으로 분석하여 기술하고 설명하는 것을 주된 목적으로 하고 있는데, 역설적이게도 특정 언어 형식의 말뭉치 계량 결과를 해석하기 위해서 다른 언어 형식의 사용상의 경향을 고려해야 하는 경우도 있다. 특정 언어 형식의 사용상의 경향이 다른 언어 형식의 말뭉치 계량 결과를 해석하는 데 바탕이 되는 대표적인 예로는 사용역에 따른 의존명사의 사용 빈도를 들 수 있다. '신문'은 전체 의존명사의 사용 빈도가 가장 높게 나타나지만 형식성 의존명사의 사용 빈도는 가장 낮게 나타난다. 이는 '신문'에서 나타나는 '것'의 낮은 사용 빈도와 단위성 의존명사의 높은 사용 빈도와 관련이 있다. 즉 '신문'은 형식성 의존명사의 사용 빈도 중 거의 대부분을 차지하는 '것'의 사용 빈도가 가장 낮지만 단위성 의존명사의 사용 빈도가 매우 높기 때문에 형식성 의존명사의 사용 빈도가 가장 낮더라도 단위성 의존명사의 높은 사용 빈도로 인해 전체 의존명사의 사용 빈도는 가장 높게 나타나는 것이다. 이와 같이 사용역에 따른 의존명사의 사용 양상을 분석할 때는 해당 말뭉치 계량 결과만을 가지고 해석하는 것이 아니라 사용역에 따른 '것'의 사용 빈도, 사용역에 따른 형식성 의존명사의 사용 빈도, 사용역에 따른 단위성 의존명사의 사용 빈도와 같은 다른 언어 형식의 사용상의 경향까지도 모두 고려해야 올바른 해석을 이끌어낼 수 있다.

언어 사용상에 나타나는 일정한 패턴도 말뭉치 계량 결과에 영향을 주는데, 그 대표적인 예로 형식성 의존명사가 특정한 구성을 이루어 나타나는 경우를 들 수 있다. 언어 형식은 특정한 구성을 이루어 사용될 때가 많은데, 특히 형식성 의존명사는 어휘적 의미가 불투명하고 단음절인 경우가 많기 때문에 문법적인 의미를 나타내는 우언적 구성을 이루는 경우가 많고 우언적 구성을 이루지 않더라도 특정 구성을 이루어 사용되는 경향이 매우 강하다. 이처럼 형식성 의존명사는 구성을 이루어 나타나는 경향이 강하기 때문에 말뭉치 계량 결과 해석에 있어 이러한 경향을 고려할 수밖에 없다. 예컨대, '것'은 선행 요소로 관형사절이 오는 경우가 대부분이고 후행 요소로는 '이다'나 보조사가 오는 경우가 가장 많다. '때문'은 선행 요소로 명사절이 오는 것이 가장 우세하고 후행 요소는 부사격 조사 '에'나 '이다'가 대부분을 차지한다. 이러한 결과가 나타나는 것은 각각 '것'이 문법적 의미를 나타내는 우언적 구성을 이루는 경우가 많고 '때문'이 '이유'를 나타내는 '-기 때문에', '-기 때문이다' 구성을 이루는 경우가 많기 때문이다. 이처럼 특정 언어 형식의 경우에는 언어의 사용상에서 나타나는 일정한 패턴도 말뭉치 계량 결과에 영향을 미치는 경우가 많기 때문에 말뭉치 계량 결과를 해석할 때에는 언어 사용상의 패턴이 고려될 수밖에 없다.

1.4.5. 말뭉치 계량 결과 해석을 위한 기타 고려 사항들

이상의 요인들 외에도 우리는 말뭉치 계량 결과를 설명하기 위해 다음과 같은 사항들을 추가적으로 고려한다. 이러한 사항들로는 사회·문화적 관습, 언어 형식의 유표성과 무표성, 언어의 통시적 변화, 말뭉치 구성상의 특성 등을 들 수 있다.

언어 형식의 사용 양상은 사회·문화적 관습에도 영향을 받는다. 예를 들어, 명사의 성은 한국어에서 문법 범주로 존재하지 않으나 어휘적으로 성을 드러내는 양상을 살펴보면 여성을 유표적으로 드러내는 경우가 남성을 유표적으로 드러내는 경우보다 훨씬 더 많다. 여성을 유표적인 방식으로 드러내는 경우는 거의 대부분 직업 명사에서 나타나는데, 이는 직업이 남성의 전유물이었던 과거의 전통적 양상이 아직도 보수적으로 언어에 남아 있어 무표적인 직업 명사의 형태는 남성을 지칭하는 것으로 인식되는 경향이 강하기 때문이다. 이는 사회의 변화와 언어의 보수성을 보여 주는 것으로 해석할 수 있는데, 이러한 경우에는 언어의 사용 양상을 해석하기 위해서 언어 공동체의 사회적 특성을 고려할 수밖에 없다.

언어 형식의 무표성과 유표성이 말뭉치 계량 결과의 해석을 위해 사용될 수도 있다. 예를 들어, 전체 명사 중에서 형식성 의존명사 '것'의 사용 빈도가 가장 높은 것은 그 의미가 매우 포괄적인 가장 무표적인 명사 형태이기 때문이다. 또한 3인칭대명사 중 가장 사용 빈도가 높은 '그'도 3인칭대명사 중 그 의미가 가장 무표적인 형태이다. '그'는 주로 남성을 가리키지만 여성을 가리킬 수 있을 뿐만 아니라 복수 접미사 '-들'과 결합했을 때에는 중성적으로 3인칭의 인물을 지시한다. 또한 '높임'이나 '비하'의 의미가 없어 그 사용 범위가 매우 넓다. 이와 같이 '그'는 3인칭대명사 중 가장 무표적이라고 할 수 있는데 이러한 특성으로 인해 '그'는 3인칭대명사 중 그 사용 빈도가 가장 높게 나타난다.

언어 형식의 통시적 변화도 말뭉치 계량 결과를 해석할 때 중요한 고려 사항이 될 수 있다. 예를 들어, 형식성 의존명사는 특정 선·후행 요소와 빈번히 결합하여 나타나는 특성을 가진다. 즉 특정한 구성을 이루어 주로 사용되는 경향을 보이는 것이다. 이처럼 형식성 의존명사가 특정 구성을 이루어 사용되는 것은 이들의 의미가 추상적이고 단음절인 경우가 많아서 문법화되기 쉬운 경향을 가졌기 때문이다. 따라서 어떠한 형식성 의존명사가 선·후행 요소와의 결합 제약이 매우 강하고 합성적 의미로 해석되지 않는다면 문법화가 많이 진행되었다고 판단할 수 있을 것이고 말뭉치 계량 결과를 해석하는 데 이러한 통시적 변화 양상을 고려할 수밖에 없을 것이다. 언어 형식의 통시적 변화는 말뭉치 계량 결과를 분석할 때 가장 우선적으로 고려해야 할 요인일 때도 있다. 예를 들어 '애', '걔', '쟤'는 본래 지시관형사 '이/그/저'에 '아이'가 결합된 통사적 구성이 축약된 것이나 이들은 사실상 3인칭대명사로 발달된 것으로 보인다. '애', '걔', '쟤'는 '대화'에서 매우 일반적으로 사용될 뿐만 아니라, 그 지시 대상이 어린 아이일 때에만 사용되는 것이 아니기 때문이다. 따라서 이들은 <표준국어대사전>에서 3인칭대명사로 보고 있지 않으나 3인칭대명사로 통시적 변화를 겪었다고 판단하고 이들 형식을 포함하여 3인칭대명사의 사용 양상을 분석하는 것이 실제 언어 사용 양상을 제대로 반영하는 것이라고 할 수 있다.

때로는 계량적 결과를 해석할 때 말뭉치 구성상의 특성을 고려해야 하는 경우도 있다. 연구 대상 말뭉치 중 '대화' 말뭉치는 대학생 친구들 간의 일상 대화로 이루어진 경우가 대부분이다. 그렇기 때문에 '대화'에서 고빈도로 사용되는 구체명사로 '사람', '애', '오빠', '친구', '여자', '학교', '술', '선생님' 등이 나타나는 것을 해석하기 위해서는 말뭉치 구성상의 특성을 고려할 수밖에 없다. 또한 '대화'에서는 3인칭대명사 중에서 '애', '개', '재'가 가장 높은 사용 빈도를 보이는데, 이들은 모두 친한 친구 사이에서 또 다른 비슷한 나이의 제3자를 지시할 때 사용할 수 있는 대명사이기 때문에 이들 대명사의 높은 사용 빈도도 말뭉치 구성을 고려하지 않고서는 말뭉치 계량 결과의 해석을 올바르게 도출하기 어렵다.

1.5. 이 책의 활용 및 향후 연구 계획

앞서 언급했듯이 이 책에서 이루어지는 문법 기술은 실제 언어 자료에서 발견되는 양상을 바탕으로 한다. 따라서 이 책은 명사와 명사구와 관련된 매우 잘 알려진 기초적인 문법적 사실뿐만 아니라 아직 그 문제가 완전히 해결되지 않은 문법적 사실까지도 다양하게 포괄하고 있다. 특히 실제 언어 자료가 말해 주는 사실과 기존의 문법 연구 결과가 괴리를 보이는 경우에는 나름대로의 문제 해결 방안을 제시하였지만 그 해석은 언제나 열려 있는 것이다. 이러한 점에서 이 책에서 기술하고 있는 여러 가지 문법적 사실들은 기존 문법 연구에서 미처 다루지 못한 주제들에 대해 새로이 문제를 제기하는 역할을 하는 것이라고 할 수 있다. 명사와 명사구와 관련된, 미처 해결하지 못한 여러 가지 문제들을 이 책에서 발견하고 후속 연구를 위한 발판으로 삼는 데에 활용한다면 큰 도움이 될 것이라고 생각된다. 또한 이 책에서는 실제 언어 자료에서 나타나는 생생한 예를 가공하지 않고 그대로 제시하였는데 풍부하게 제시되는 용례도 문법 연구의 기초적 자료로 활용될 수 있을 것이다.

우리는 명사와 명사구의 문법을 기술하는 데에 그치지 않고 말뭉치를 분석하여 그 사용 양상을 제시하고 다양한 요인들을 고려하여 체계적이고도 합리적으로 설명하는 데에 관심을 둔다. 그래서 이 책에는 명사와 명사구와 관련된 언어 사용 양상을 나타낸 계량 결과가 매우 풍부하게 제시되어 있다. 특히, 4.2에서 다룬 단위사의 사용 양상, 5장 전체에서 다룬 대명사의 사용 양상에서는 기존 연구에서 찾아보기 힘들 만큼의 매우 방대하고도 자세한 말뭉치 계량 결과를 제시하고 있다. 이러한 말뭉치 계량 결과는 문법 기술을 위한 기초적인 참고 자료가 될 수 있다는 점에서 많은 문법 연구자들에게 도움이 될 수 있을 것이다. 또한 말뭉치 분석 결과를 다양한 요인으로 분석했다는 측면에서 문법 연구자들뿐만 문체론, 어휘론, 화용론, 대화 분석, 사회언어학, 심리언어학, 텍스트 언어학 등과 같은 학문 분야에서도 참조될 수 있을 것이며, 특히 사용역에 따라 달리 제시되는 계량적 결과는 외국어로서의 한국어 교육 분야에서도 유용하게 사용될 수 있을 것이다.

우리는 이 책을 출간하기에 앞서 《(말뭉치 기반) 구어 문어 통합 문법 기술의 탐색》을 통해 '구어 문어 통합 문법 기술'을 위한 이론적 토대를 마련하였고 이를 바탕으로 하여 출간된 《(말뭉치 기반) 구어 문어 통합 문법 기술1-어휘부류》를 통해서는 본격적인 '구어 문어 통합 문법 기술'을 위해 필요한 어휘부류의 전반적 사용 양상에 대해 살펴보았다. 《(말뭉치 기반) 구어 문어 통합 문법 기술2-명사와 명사구)는 '구어 문어 통합 문법 기술'의 본격적인 시작으로서 앞으로 '구어 문어 통합 문법 기술'이 나아가야 할 방향을 구체적으로 보여 주고 있다는 점에서 큰 의미를 지니고 있다. 우리는 '명사와 명사구' 이외에도 '격과 조사', '동사와 동사구', '시제·상·서법·높임법', '단어의 형성', '수식언', '내포와 접속', '대화의 문법' 등의 주제를 설정하고 장기적인 목표를 가지고 점진적으로 연구를 진행할 예정이다. 이를 통해 다양한 문법 범주 및 언어 형식이 실제 언어 사용 환경에 따라 어떻게 달리 나타나며 이러한 차이가 발생하는 요인이 무엇인지 자세히 밝혀 기존의 문법 기술과는 다른 언어 사용 중심의 문법 기술을 완성할 수 있을 것으로 생각된다.

2장　체언의 사용 양상 개관

　2장에서는 개별 체언의 문법적 특성과 사용 양상을 자세히 살펴보기 전에 체언의 전체적인 사용 양상에 대해 개괄적으로 논의한다. 각각의 체언들이 담화 상에서 어떠한 기능을 지니는지, 이러한 특성에 따라 각각의 사용역에서 어떠한 특징적인 사용 양상을 보이는지에 대해서 간략히 논의하게 될 것이다. 이는 이후 이어질 각 장의 논의를 이끌어가는 기본적인 내용이 된다는 점에서 중요한 의미를 지닌다. 여기서는 우선 체언을 통사적 특성과 의미적 특성 등을 기준으로 하여 **명사, 대명사, 수사**로 나눈다. 또한 명사는 크게 **일반명사**와 **의존명사**로 나누고 일반명사는 다시 **보통명사**와 **고유명사**로 나눈다(3장 도입부 참고). 2장에서는 이러한 분류 기준에 따라 보통명사, 고유명사, 의존명사, 대명사, 수사의 사용 양상을 차례대로 개관하게 될 것이다.

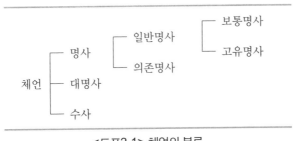

<도표2-1> 체언의 분류

　한편, 1.3에서 이미 제시하였지만 2장에서 제시되는 말뭉치 계량 결과를 살펴볼 때 유의해야 할 두 가지 사실에 대해 다시 언급해 두고자 한다. 첫째, 2장에서 제시되는 말뭉치 계량 결과는 연구 대상 말뭉치의 형태 (의미) 분석 표지를 그대로 이용하여 산출되었다. 따라서 2장에서 제시되는 말뭉치 계량 결과는 2장 이후에 제시되는 말뭉치 계량 결과와 약간의 차이가 생길 수 있다. 2장 이후에 제시되는 말뭉치 계량 결과는 대부분 형태 (의미) 분석 말뭉치를 해당 연구 목적에 맞게 재가공하여 수작업으로 세밀하게 분석한 결과를 바탕으로 하기 때문이다. 이 과정에서 오류나 과잉 분석된 형태들은 제외되고 말뭉치상에서는 다른 형태로 분석되었지만 연구 대상에 포함되어야 할 요소들은 추가되었다. 이로 인해 2장의 말뭉치 계량 결과는 이후에 제시되는 말뭉치 계량 결과와 차이가 날 수도 있지만 그 차이가 크지 않기 때문에 전반적인 경향성이나 말뭉치 계량 결과에 대한 논의에 영향을 미치는 수준은 아니다(1.3.1.4 참고).

둘째, 2장에서 제시되는 말뭉치 계량 결과와 유사한 말뭉치 계량 결과는 〈구어 문어 통합 문법 기술1〉의 3장에서도 이미 제시된 바가 있다. 그러나 〈구어 문어 통합 문법 기술1〉에서는 형태 단위로 분석된 말뭉치를 이용하여 계량 결과가 제시되었지만 여기서는 형태 단위를 단어 단위로 수정한 말뭉치를 바탕으로 하여 계량 결과가 제시되었다. 따라서 2장에서 제시되는 말뭉치 계량 결과는 〈구어 문어 통합 문법 기술1〉의 3장에서 제시되는 말뭉치 계량 결과와 차이가 난다. 그러나 이러한 차이 또한 전반적인 경향성이나 말뭉치 계량 결과에 대한 논의에 영향을 미치는 수준이 아니기 때문에 여기에서 논의되는 사실과 〈구어 문어 통합 문법 기술1〉에서 논의한 사실이 달라지는 부분이 생기지는 않는다(1.3.1.2 참고).

▶ 말뭉치 계량 결과 제시|1

> 1. 전체 체언의 사용 빈도: 신문 〉 학술 〉 소설 〉 대화
> 2. 전체 체언의 유형 빈도: 신문 〉 학술 〉 소설 〉 대화

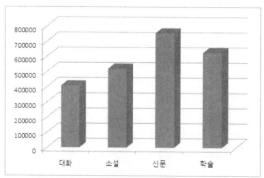

<그래프2-1> 사용역에 따른 전체 체언의 사용 빈도   <그래프2-2> 사용역에 따른 전체 체언의 유형 빈도

▶▶ 말뭉치 계량 결과에 대한 논의1

전체 체언의 사용 빈도는 '신문 > 학술 > 소설 > 대화'의 순서로 나타난다. 이는 아래의 <표2-1>에서 보듯이 전체 체언 중 사용 빈도가 가장 높은 보통명사의 사용 빈도 순서를 그대로 따르는 것이다. 보통명사는 텍스트의 실질적인 정보를 구성하는 데 가장 핵심적인 역할을 하는 요소로서, 정보 전달을 목적으로 하는 '신문'과 '학술'에서 보통명사의 사용 빈도가 높은 것은 이들 사용역이 가진 특징을 반영하는 것이다. '대화'는 전체 체언의 사용 빈도가 가장 낮지만 대명사, 수사의 사용 빈도는 가장 높다는 특징을 보인다. 이 또한 '대화'가 가진 다양한 사용역 특성에서 기인한다. 의존명사는 다양한 기능과 특성을 가지기 때문에 의존명사가 가진 어떠한 특성으로 인해 이러한 사용 양상이 나타나는지 설명하기 어렵다. 다만, 여기서는 전체 체언의 사용 빈도를 고려했을 때 '대화'에서 의존명사의 사용 빈도가 상대적으로 높다는 특징을 지적할 수 있겠다. 이러한 내용들에 대해서는 뒤에서 자세히 살펴보게

될 것이다.

		대화	소설	신문	학술
명사	보통명사	227561	356367	545187	497484
	고유명사	23558	36455	93050	33616
	의존명사	63981	58154	89267	66654
소계		315100	450976	727504	597754
대명사		72671	61740	14194	22529
수사		19160	6280	12527	4770
총계		406931	518996	754225	625053

<표2-1> 체언별 사용 빈도

전체 체언의 유형 빈도는 '신문 > 학술 > 소설 > 대화'의 순서로 나타난다. 이는 아래의 <표2-2>에서 보듯이 전체 체언 중 유형 빈도가 가장 높은 보통명사와 고유명사의 유형 빈도 순서를 거의 그대로 따르는 것이다. 체언 중 보통명사, 고유명사, 수사는 실질(lexical) 어휘이고 대명사, 의존명사는 기능 (functional) 어휘라는 점을 고려했을 때, 개방 범주인 보통명사, 고유명사의 유형 빈도가 곧 전체 체언의 유형 빈도를 거의 대부분 결정할 수밖에 없을 것이다. 한편, 보통명사와 고유명사는 텍스트의 내용을 구성하는 실질 어휘라는 점에서 보통명사와 고유명사의 유형 빈도가 높다는 것은 그만큼 해당 텍스트의 내용이 다양하다는 것을 뜻한다. 따라서 '신문'과 '학술'에서 다루는 주제가 매우 다양하다는 특성을 고려한다면, '신문'과 '학술'에서 보통명사와 고유명사의 유형 빈도가 높은 이유를 쉽게 이해할 수 있을 것이다.

		대화	소설	신문	학술
명사	보통명사	10106	26232	34770	35584
	고유명사	2471	3476	20142	7851
	의존명사	189	289	259	286
대명사		97	139	62	64
수사		376	219	95	97

<표2-2> 체언별 유형 빈도

그런데 '대화' 말뭉치는 약 40만 어절로 다른 사용역의 말뭉치보다 그 규모가 작기 때문에 '대화'에서의 체언 유형 빈도는 다른 사용역에서의 체언 유형 빈도와 직접적으로 비교할 수 없다. 따라서 이어지는 각각의 절에서는 유형 빈도 대신 이와 관련되는 어휘 반복도를 제시하기로 한다(1.3.2.2 참고).

1. '대화'의 체언별 사용 비율: 명사 〉 대명사 〉 수사
2. '소설'의 체언별 사용 비율: 명사 〉 대명사 〉 수사
3. '신문'의 체언별 사용 비율: 명사 〉 대명사 ≧ 수사
4. '학술'의 체언별 사용 비율: 명사 〉 대명사 〉 수사

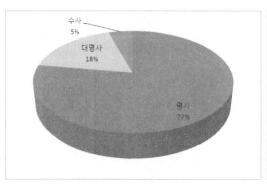

<그래프2-3> '대화'의 체언별 사용 비율

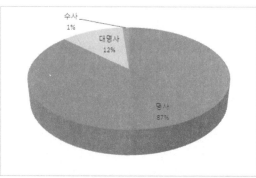

<그래프2-4> '소설'의 체언별 사용 비율

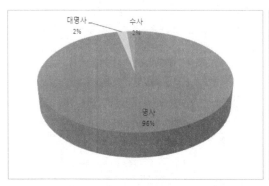

<그래프2-5> '신문'의 체언별 사용 비율

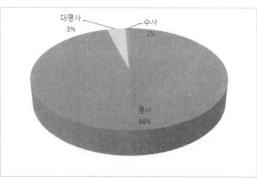

<그래프2-6> '학술'의 체언별 사용 비율

▶▶ 말뭉치 계량 결과에 대한 논의2

사용역에 따른 체언별 사용 비율은 모든 사용역에서 공통적으로 '명사 > 대명사 > 수사'의 순서를 보인다. 그러나 이를 제외하고는 각각의 사용역에서 나타나는 체언별 사용 비율의 양상은 상이하다. 우선 '대화'의 경우, 다른 사용역에 비해 명사의 사용 비율이 낮고 대명사와 수사의 사용 비율이

---

1) '말뭉치 계량 결과 제시'에서 '≧'로 표시되는 것은 두 범주의 사용 빈도의 차이가 크지 않아서 그래프상에서는 동일한 비율을 보이지만 실제로는 왼쪽에 있는 범주가 오른쪽의 범주보다 사용 빈도가 더 높다는 것을 뜻한다. 이는 이후에 제시되는 '말뭉치 계량 결과 제시'에서도 동일하게 적용된다.

높다는 특징이 있다. 이는 '대화'가 가진 사용역 특성에서 기인하는 것이다. '대화'는 화·청자의 정보 공유도가 높기 때문에 다른 사용역에 비해 대명사의 사용 빈도가 높고 그 사용 비율도 높게 나타난다. 또한 '대화'에서는 문어 사용역과 달리 숫자 표기가 나타날 수 없기 때문에 수사의 사용 비율이 높다. 문어 사용역에서는 수량을 표현할 때 문자로 표기되는 수사를 쓰기보다는 숫자로 표기하는 것이 일반적이기 때문에 수사의 사용 비율이 낮게 나타난다(6.2 [참고] 참고). '소설'도 대명사의 사용 비율이 높은데, 이는 '소설'에서 등장인물을 지시할 때 '그'나 '그녀'와 같은 3인칭대명사를 쓰는 것이 매우 일반적이기 때문이다. 한편, '신문'과 '학술'은 명사의 사용 비율이 매우 높고 대명사의 사용 비율이 매우 낮다. 이는 정보 전달을 목적으로 하는 '신문'과 '학술'이 가진 특성에서 기인하는 것이다. 즉, '신문'과 '학술'에서는 어떠한 개체를 나타낼 때, 대용 표현인 대명사를 쓰기보다는 명사를 사용하여 지시 대상을 구체적이고 정확하게 나타내는 것이 일반적이다. 이러한 점에서 '대화'와 '신문', '학술'은 정반대의 양상을 보인다고 할 수 있다.

▶ **개별 어휘 빈도 제시[2]**

1. 누적 빈도 비율 90%까지의 유형 빈도
   대화(3385), 소설(6509), 신문(13188), 학술(9416)
2. 누적 빈도 비율 90%까지의 유형 빈도의 비율
   대화(25.57%), 소설(21.44%), 신문(23.84%), 학술(21.46%)
3. 모든 사용역에서 공통적으로 의존명사 '것(거)'이 체언 중 사용 빈도가 가장 높다.
4. 대명사 '나'는 '대화'에서 의존명사 '것(거)' 다음으로 사용 빈도가 높다.
5. 대명사 '나', '그', '그녀'는 '소설'에서 의존명사 '것(거)' 다음으로 사용 빈도가 높다.
6. 상위 빈도 10위까지의 체언은 대개 의존명사, 대명사가 차지하고 있다.

	대화				소설				신문				학술			
	형태	범주	빈도	누적비율	형태	범주	빈도	누적비율	형태	범주	빈도	누적비율	형태	범주	빈도	누적비율
1	거	의존명사	32602	8.05%	것	의존명사	19838	3.82%	것	의존명사	14617	1.94%	것	의존명사	22510	3.59%
2	나	대명사	10665	10.68%	나	대명사	14143	6.55%	등05	의존명사	8883	3.12%	수02	의존명사	11081	5.36%
3	그거	대명사	10145	13.18%	그	대명사	10492	8.57%	일	의존명사	7700	4.14%	사람	보통명사	4484	6.08%
4	뭐	대명사	8830	15.36%	그녀	대명사	6451	9.81%	수02	의존명사	5565	4.87%	사회07	보통명사	4372	6.78%
5	이거	대명사	5877	16.81%	수02	의존명사	6412	11.05%	년02	의존명사	5459	5.60%	우리	대명사	4369	7.48%
6	사람	보통명사	5690	18.21%	사람	보통명사	6344	12.27%	원01	의존명사	4137	6.15%	이	대명사	4092	8.13%

---

2) 각각의 체언 옆에 제시되는 번호는 동음이의어를 구별하기 위한 의미 번호로서 〈표준국어대사전〉을 기준으로 하여 형태 의미 분석 말뭉치상에서 부여된 것이다. 이는 이후에 이어지는 장에서도 모두 동일하다. 그런데 이때 의미 번호의 기준이 된 〈표준국어대사전〉은 현재 웹으로 확인할 수 있는 〈표준국어대사전〉이 아니라 1999년에 종이 사전으로 간행된 〈표준국어대사전〉 초판이라는 사실에 유의할 필요가 있다. 따라서 각각의 체언 옆에 제시된 의미 번호를 확인하기 위해서는 〈표준국어대사전〉의 초판을 참고하기를 바란다.

7	때	보통명사	5309	19.52%	말01	보통명사	5719	13.37%	명	의존명사	4080	6.69%	년02	의존명사	3922	8.76%
8	우리	대명사	5257	20.82%	일01	보통명사	3937	14.13%	이	대명사	3839	7.20%	때01	보통명사	3627	9.34%
9	내	대명사	5103	22.08%	때01	보통명사	3930	14.89%	씨	의존명사	3606	7.67%	그	대명사	3475	9.89%
10	수	의존명사	3694	22.99%	내	대명사	3198	15.50%	만	수사	3409	8.13%	때문	의존명사	3308	10.42%
11	애	보통명사	3644	23.89%	그것	대명사	3160	16.11%	월	의존명사	3354	8.57%	등05	의존명사	3268	10.94%
12	것	의존명사	3587	24.78%	우리	대명사	3103	16.71%	한국	고유명사	3012	8.97%	문제06	보통명사	2795	11.39%
13	말	보통명사	3519	25.65%	집01	보통명사	3036	17.29%	때01	보통명사	2731	9.33%	경우03	보통명사	2462	11.78%
14	너	대명사	3394	26.48%	거	의존명사	2961	17.86%	기자05	보통명사	2693	9.69%	그것	대명사	2296	12.15%
15	얘기	보통명사	2807	27.18%	여자02	보통명사	2501	18.35%	중04	의존명사	2541	10.03%	일01	보통명사	2212	12.50%
16	거기	대명사	2537	27.80%	너	대명사	2478	18.82%	우리	대명사	2535	10.36%	인간01	보통명사	2024	12.82%
17	여기	대명사	2500	28.42%	소리01	보통명사	2438	19.29%	개	의존명사	2506	10.70%	말01	보통명사	1985	13.14%
18	개	대명사	2209	28.96%	어머니	보통명사	2282	19.73%	그	대명사	2483	11.02%	국가01	보통명사	1865	13.44%
19	일	수사	2038	29.47%	속01	보통명사	2266	20.17%	백	수사	2460	11.35%	가지	의존명사	1836	13.73%
20	오빠	보통명사	1977	29.96%	눈01	보통명사	2254	20.60%	미국	고유명사	2248	11.65%	시대02	보통명사	1830	14.02%
21	생각	보통명사	1934	30.43%	얼굴	보통명사	2244	21.04%	때문	의존명사	2120	11.93%	데	의존명사	1817	14.31%
22	번	의존명사	1911	30.90%	앞	보통명사	2032	21.43%	문제06	보통명사	1994	12.19%	환경02	보통명사	1708	14.59%
23	하나	수사	1854	31.36%	때문	의존명사	1988	21.81%	천	수사	1838	12.44%	세계02	보통명사	1684	14.86%
24	친구	보통명사	1776	31.80%	저	대명사	1923	22.18%	정부08	보통명사	1827	12.68%	글	보통명사	1677	15.12%
25	다음	보통명사	1764	32.24%	자신01	보통명사	1905	22.55%	사람	보통명사	1818	12.92%	문화01	보통명사	1672	15.39%
26	자기	대명사	1715	32.66%	생각01	보통명사	1864	22.91%	경우03	보통명사	1806	13.16%	언론	보통명사	1649	15.65%
27	여자	보통명사	1715	33.08%	아버지	보통명사	1843	23.26%	서울	고유명사	1796	13.40%	과학	보통명사	1623	15.91%
28	그때	보통명사	1615	33.48%	손01	보통명사	1761	23.60%	억	수사	1777	13.63%	하나	수사	1589	16.17%
29	시간	보통명사	1606	33.88%	아이01	보통명사	1755	23.94%	후보04	보통명사	1607	13.85%	자신01	보통명사	1584	16.42%
30	언니	보통명사	1601	34.27%	하나	수사	1713	24.27%	대통령	보통명사	1603	14.06%	운동02	보통명사	1574	16.67%
31	개	의존명사	1525	34.65%	남자02	보통명사	1696	24.60%	이번01	보통명사	1600	14.27%	등	의존명사	1530	16.91%
32	데	의존명사	1504	35.02%	번	의존명사	1655	24.92%	뒤01	보통명사	1551	14.48%	광고02	보통명사	1481	17.15%
33	정도	보통명사	1492	35.39%	누구	대명사	1635	25.23%	일본	고유명사	1501	14.68%	속01	보통명사	1476	17.39%
34	학교	보통명사	1478	35.75%	몸01	보통명사	1564	25.53%	팀	보통명사	1490	14.87%	나라	보통명사	1444	17.62%
35	애	대명사	1466	36.11%	어디	대명사	1516	25.82%	경기11	보통명사	1323	15.05%	방법	보통명사	1431	17.85%
36	니	대명사	1450	36.47%	뭐	대명사	1487	26.11%	지역03	보통명사	1310	15.22%	정보06	보통명사	1407	18.07%
37	어디	대명사	1374	36.81%	위01	보통명사	1446	26.39%	북한	고유명사	1292	15.39%	교육	보통명사	1393	18.29%
38	이	수사	1329	37.14%	안01	보통명사	1429	26.66%	여성01	보통명사	1290	15.57%	정치03	보통명사	1392	18.52%
39	분	의존명사	1327	37.47%	시간04	보통명사	1425	26.94%	기업01	보통명사	1279	15.74%	여성01	보통명사	1382	18.74%
40	남자	보통명사	1324	37.79%	뒤01	보통명사	1404	27.21%	경제04	보통명사	1275	15.90%	다음01	보통명사	1337	18.95%
41	돈	보통명사	1312	38.12%	무엇	대명사	1363	27.47%	데	의존명사	1268	16.07%	사실04	보통명사	1311	19.16%
42	문제	보통명사	1296	38.44%	자기	대명사	1344	27.73%	최근	보통명사	1258	16.24%	이것	대명사	1304	19.37%
43	집	보통명사	1291	38.76%	전08	보통명사	1339	27.99%	시	의존명사	1234	16.40%	한국	고유명사	1283	19.57%
44	선생님	보통명사	1256	39.07%	당신	대명사	1336	28.25%	이상05	보통명사	1197	16.56%	점10	보통명사	1281	19.78%
45	형	보통명사	1239	39.37%	날01	보통명사	1321	28.50%	일01	보통명사	1180	16.72%	관계05	보통명사	1262	19.98%
46	시	의존명사	1211	39.67%	방07	보통명사	1320	28.76%	대회02	보통명사	1152	16.87%	활동02	보통명사	1225	20.17%
47	저	대명사	1102	39.94%	형01	보통명사	1299	29.01%	세계02	보통명사	1148	17.02%	나	대명사	1222	20.37%
48	옛날	보통명사	1081	40.21%	입	보통명사	1201	29.24%	대표	보통명사	1123	17.17%	과정03	보통명사	1189	20.56%

| 49 | 일 | 보통명사 | 1064 | 40.47% | 마음01 | 보통명사 | 1183 | 29.46% | 나 | 대명사 | 1108 | 17.32% | 의미 | 보통명사 | 1172 | 20.75% |
| 50 | 때문 | 의존명사 | 1062 | 40.73% | 씨 | 의존명사 | 1174 | 29.69% | 정도11 | 보통명사 | 1101 | 17.46% | 내용-02 | 보통명사 | 1157 | 20.93% |

<표2-3> 사용역에 따른 고빈도 체언

▶▶ 개별 어휘 빈도에 대한 논의

　상위 빈도 50위까지의 누적 빈도 비율은 약 17%~40%로 사용역에 따라 큰 차이를 보인다. 상위 빈도 50위까지의 누적 빈도 비율이 가장 높은 사용역은 '대화'이고 상위 빈도 50위까지의 누적 빈도 비율이 가장 낮은 사용역은 '신문'이다. '대화'의 경우, 불과 50개에 불과한 체언이 '대화'의 전체 체언 사용 빈도의 약 40%를 포괄하는데 이는 '대화'에서 명사의 사용 빈도와 유형 빈도가 낮다는 사실과 관련된다. 누적 빈도 비율 90%까지의 유형 빈도도 3385~13188로 사용역에 따라 큰 차이를 보인다. 누적 빈도 비율 90%까지의 유형 빈도가 가장 높은 사용역은 '신문'이고 누적 빈도 비율 90%까지의 유형 빈도가 가장 낮은 사용역은 '대화'이다. 이는 상위 빈도 50위까지의 누적 빈도 비율과 정반대의 양상을 보이는 것으로 이 또한 각 사용역에서의 명사의 사용 빈도, 유형 빈도와 관련되는 것이다. 즉, 체언 중 명사가 유형 빈도와 사용 빈도가 가장 높기 때문에 명사의 사용 빈도가 낮은 사용역일수록 소수의 체언이 전체 사용 빈도의 대부분을 차지하게 되는 것이다. 한편, 누적 빈도 비율 90%까지의 유형 빈도가 각 사용역마다 큰 차이를 보이는 것과 달리 누적 빈도 비율 90%까지의 유형 빈도의 비율은 21%~25%로 사용역에 따라 큰 차이를 보이지 않는다. 이는 어떤 사용역에서든 약 25%의 체언이 전체 사용 빈도의 90% 이상을 포괄할 수 있다는 것을 뜻한다.

　모든 사용역에서 공통적으로 의존명사 '것(거)'이 체언 중 사용 빈도가 가장 높은데, 이는 의존명사 '것(거)'이 포괄명사(general noun)이기 때문이다. 포괄적인 의미를 지니는 어휘로는 '것(거)' 이외에도 동사 '하다'를 들 수 있는데 포괄적 의미를 지니는 어휘는 실질적인 어휘 의미가 거의 없어 주로 기능적인 요소로서 사용되기 때문에 그 사용 빈도가 매우 높다. '것(거)'은 다양한 대용 표현으로 쓰일 뿐만 아니라 다양한 문법적 구성에 이용되는데, 이는 '것(거)'의 사용 빈도를 높이는 이유가 된다. 이에 대해서는 2.1.2와 4.1.4에서 자세히 다루게 될 것이다. '대화'에서 대명사 '나'는 의존명사 '것(거)' 다음으로 사용 빈도가 높은데, 이는 '대화'의 사용역적 특성에서 기인하는 것이다. 일상적인 대화는 1인칭인 화자와 2인칭인 청자 사이에서 일어나는 것이 일반적인데, 그 중에서 1인칭인 '나'의 빈도가 월등히 높은 것은 결국 발화는 화자 중심적이기 때문이다. '소설'에서는 '나', '그', '그녀'가 빈도 순위 2, 3, 4위를 차지하는데 이는 소설에서 사용하는 1인칭 시점, 3인칭 시점, 전지적 작가 시점과 관계가 깊다. 주지하다시피, '그'와 '그녀'는 소설에서 특징적으로 사용되는 대명사라고 할 수 있다.

　한편, 상위 빈도 10위까지의 체언은 대개 의존명사, 대명사가 차지하는데 이는 이들 체언이 기능 어휘이기 때문이다. 기능 어휘와 실질 어휘는 일반적으로 다음과 같은 차이를 가지고 있다. 실질 어휘는 텍스트 안에서 내용을 전달하는 주요 매개체로 실질적인 정보를 담고 있다. 반면, 기능 어휘는 실질적인 정보를 지니지 않고 문법적인 의미를 지니거나 대용적인 표현에 사용된다. 또한 실질 어휘는 개방 부류인 반면 기능 어휘는 폐쇄 부류이다. 그리고 기능 어휘는 실질 어휘에 비해 그 의미가 불투명하고 매우 다양하다. 따라서 기능 어휘는 유형 빈도가 낮고 소수의 어휘가 높은 사용 빈도를 보이지만 실질 어휘는 유형 빈도가 높고 기능 어휘에 비해 그 사용 빈도가 낮은 특성이 있다. 기능 어휘가 실질 어휘에 비해 높은 사용 빈도를 보이는 것은 의존명사 '것(거)'이 체언 중 그 사용 빈도가 가장 높게 나타나는 것에서도 확인할 수 있다.

2.1. 명사

▶ 말뭉치 계량 결과 제시1

- • 전체 명사의 사용 빈도: 신문 〉 학술 〉 소설 〉 대화

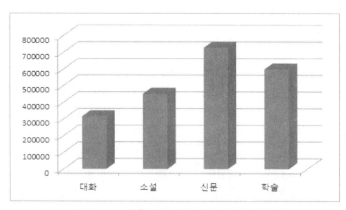

<그래프2.1-1> 사용역에 따른 전체 명사의 사용 빈도

⏩ 말뭉치 계량 결과에 대한 논의1

전체 명사의 사용 빈도는 '신문 > 학술 > 소설 > 대화'의 순서로 나타난다. 앞서 제시한 <표2-1>에서 확인할 수 있듯이 이러한 양상은 전체 체언 중 사용 빈도가 가장 높은 보통명사의 사용 빈도 순서를 그대로 따르는 것일 뿐만 아니라 전체 체언의 사용 양상과도 동일한 것이다. 다시 말해서, 보통명사는 전체 체언 중 사용 빈도가 가장 높기 때문에 보통명사의 사용 양상은 전체 명사의 사용 양상뿐만 아니라 전체 체언의 사용 양상을 결정하는 것이다.

보통명사는 대표적인 실질 어휘로서 정보를 전달하는 주된 요소이다. 따라서 보통명사의 사용 빈도는 어떠한 사용역이 부담하고 있는 정보량을 반영한다고 할 수 있다. 이러한 사실을 고려한다면 보통명사의 사용 빈도가 가장 높은 '신문'이 정보 부담량이 가장 크고 보통명사의 사용 빈도가 가장 낮은 '대화'가 정보 부담량이 가장 적다고 할 수 있다. 즉, 어절을 단위로 하여 텍스트의 크기를

정한다고 했을 때, 동일한 어절을 가지는 텍스트에서 '신문'이 가장 많은 정보를 담고 있고 '대화'가 가장 적은 정보를 담고 있는 것이다. '신문'의 주목적은 가급적 간결하게 많은 정보를 전달하는 것이다. 따라서 '신문'에서 보통명사의 사용 빈도가 가장 높은 것은 당연한 결과일 것이다. '신문' 다음으로 '학술'에서 보통명사의 사용 빈도가 높은 것도 정보 전달을 목적으로 하는 '학술'의 사용역 특성을 잘 반영하는 것이라고 할 수 있다. 반면에 '대화'는 실시간으로 발화가 일어나기 때문에 화·청자는 정보를 밀도 있게 전달하기보다는 매우 느슨한 형태로 포장하여 전달한다. 실시간으로 발화가 오고가는 상황에서 전달하고자 하는 정보를 밀도 있게 포장하기란 매우 어렵기 때문이다. 뿐만 아니라 '대화'는 화·청자 간의 정보 공유도가 높기 때문에 굳이 보통명사를 써서 개체를 구체적으로 지시할 필요가 없는 경우가 많다. 이는 '대화'에서 나타나는 대명사의 사용 비율과 사용 빈도를 통해 알 수 있다(그래프 2-3 참고). '소설'의 경우, 다른 문어 사용역에 비해 보통명사의 사용 빈도가 낮은데 이는 '소설'에 대화 지문이 많이 포함되어 있고 '신문'이나 '학술'과 달리 정보 전달을 목적으로 하고 있지 않기 때문이다. 요컨대, 보통명사는 텍스트의 실질적인 정보를 구성하는 데 가장 핵심적인 역할을 하는 요소이기 때문에 정보 전달을 목적으로 하는 '신문'과 '학술'에서 그 사용 빈도가 높게 나타나는 것은 이들 사용역이 가진 특징을 반영하는 것이라고 하겠다. 반면에 '대화'의 경우에는 해당 사용역이 가진 발화 환경상의 특징에 의해, 다시 말해서 정보 포장 시간이 매우 짧다는 특징과 화·청자 간의 정보 공유도가 높다는 특징 등에 의해 보통명사의 사용 빈도가 낮게 나타난다고 해석할 수 있다.

▶ 말뭉치 계량 결과 제시2

1. '대화'의 명사별 사용 비율: 보통명사 〉 의존명사 〉 고유명사
2. '소설'의 명사별 사용 비율: 보통명사 〉 의존명사 〉 고유명사
3. '신문'의 명사별 사용 비율: 보통명사 〉 고유명사 〉 의존명사
4. '학술'의 명사별 사용 비율: 보통명사 〉 의존명사 〉 고유명사

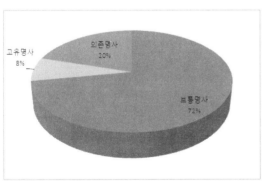

<그래프2.1-2> '대화'의 명사별 사용 비율

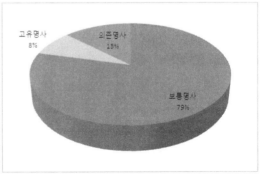

<그래프2.1-3> '소설'의 명사별 사용 비율

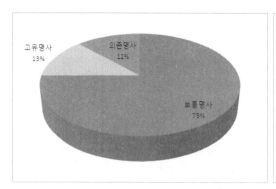

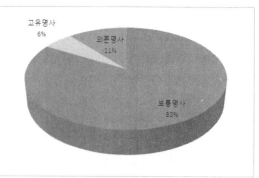

<그래프2.1-4> '신문'의 명사별 사용 비율   <그래프2.1-5> '학술'의 명사별 사용 비율

▶▶ 말뭉치 계량 결과에 대한 논의2

사용역에 따른 명사별 사용 비율을 살펴보면, '신문'을 제외한 모든 사용역에서 '보통명사 > 의존명사 > 고유명사'의 사용 양상을 보인다. '신문'에서 고유명사의 사용 비율이 높은 것은 정보를 객관적으로 전달하는 것이 주된 목적인 '신문'의 사용역 특성에서 기인하는 것으로 볼 수 있다. '신문'이 가진 이러한 사용역 특성은 '신문'에서 대명사의 사용 비율이 가장 낮다는 사실에서도 잘 드러난다(<그래프 2-5> 참고). 즉 정보 전달이 주된 목적인 '신문'에서는 정보를 객관적이고 정확하게 전달하기 위해 어떠한 개체를 지시할 때 대명사와 같은 대용 표현을 쓰기보다는 고유명사를 써서 구체적이고 정확하게 지시 대상을 나타내는 것이 일반적이라는 것이다. 또한 위의 그래프에서 주목할 만한 것은 '대화'에서 나타나는 의존명사의 사용 비율이 다른 사용역에 비해 높은 편에 속한다는 사실이다. 이는 의존명사가 가진 대용적 기능과 관계가 깊은 것으로 보인다. 화·청자 간의 정보 공유도가 높은 '대화'에서는 대명사와 같은 대용 표현의 사용이 매우 빈번한데(<그래프2-3>, <그래프2.2-1> 참고), 이러한 점을 고려한다면 '대화'에서 의존명사의 사용 비율이 다른 사용역에 비해 높게 나타나는 것은 대용적 기능을 하는 의존명사가 높은 사용 비율을 보이기 때문이라고 할 수 있다.

2.1.1. 일반명사

2.1.1.1. 보통명사

▶ 말뭉치 계량 결과 제시

　1. 보통명사의 사용 빈도: 신문 〉 학술 〉 소설 〉 대화
　2. 보통명사의 어휘 반복도: 신문 〉 학술 〉 소설 〉 대화

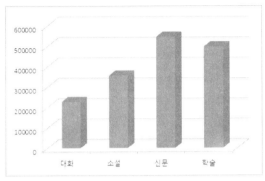
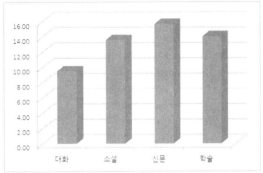

<그래프2.1.1.1-1> 사용역에 따른 보통명사의 사용 빈도   <그래프2.1.1.1-2> 사용역에 따른 보통명사의 어휘 반복도

▶▶ 말뭉치 계량 결과에 대한 논의

보통명사의 사용 빈도는 '신문'에서 가장 높게 나타난다. 이는 보통명사의 사용 빈도가 텍스트가 부담하는 정보량과 관련이 있기 때문이다. 따라서 정보 전달을 목적으로 하는 사용역일수록 정보의 밀도가 높기 때문에 보통명사의 사용 빈도가 높아지게 된다. 다음의 예를 보자.

〈예2.1.1.1-1〉
가. 북한이 10일 당국 간 회담을 위한 국장급 실무접촉과 적십자회담 개최, 경제협력협의사무소 동결해제 및 판문점 적십자채널 복원 등의 내용을 담은 총 3통의 통지문을 우리 측에 보내왔다. [신문]
나. [−]이 [−] [−] [−]을 위한 [−] [−]과 [−] [−], [−] [−] 및 [−] [−] [−] [−]의 [−]을 담은 총 [−]의 [−]을 [−] [−]에 보내왔다.
다. 북한[−] 10일 당국 간 회담[−] [−] 국장급 실무접촉[−] 적십자회담 개최, 경제협력협의사무소 동결해제 [−] 판문점 적십자채널 복원 등[−] 내용[−] [−] [−] 3통[−] 통지문[−] 우리 측[−] [−].

<예2.1.1.1-1나>는 신문 기사 원문에서 명사류를 모두 삭제한 예이고 <예2.1.1.1-1다>는 명사류를 제외한 나머지 요소들을 모두 삭제한 예이다. 이들 예는 모두 의미가 완전히 통하는 것은 아니지만 두 예는 꽤 큰 차이를 보인다. 명사류가 없는 <예2.1.1.1-1나>는 무엇에 관한 텍스트라는 것을 말해 주는 단서가 거의 없어 무슨 내용인지 알 수 없는 반면, 명사류만 있는 <예2.1.1.1-1다>는 <예2.1.1.1-1나>에 비해 훨씬 더 많은 정보가 제공되고 있어 적어도 무슨 내용인지는 파악할 수 있다. 이를 통해 보통명사는 텍스트가 누구, 무엇, 어디, 언제 등에 관한 것인지에 대한 정보를 담고 있는 핵심적인 요소라는 것을 알 수 있다. 따라서 정보 전달을 목적으로 하는 사용역일수록, 그래서 많은 정보를 담고 있는 사용역일수록 보통명사의 사용 빈도가 높아진다.

어휘 반복도는 보통명사의 사용 빈도와 정확하게 일치하는 결과가 나타난다. 그러나 이러한 결과를 두고 '대화'에서 가장 다양한 어휘를 사용하고 '신문'에서 가장 덜 다양한 어휘를 사용한다고 결론 내릴 수는 없을 것이다. 어휘 반복도는 유형 빈도를 고려한 사용 빈도이므로 이에 대한 해석을 조심스럽게 내릴 필요가 있기 때문이다. 앞서 살펴보았듯이 보통명사의 절대적인 유형 빈도는 '학술 > 신문

> 소설 > 대화'의 순서로 나타난다(<표2-2> 참고). 따라서 '신문'에는 매우 다양한 보통명사가 나타나지만 다양한 보통명사를 매우 반복적으로 쓴다고 할 수 있다. '신문'의 어휘 반복도는 약 15로서 하나의 보통명사가 평균 약 15회 반복되어 쓰이는 셈인데, 이는 다양한 유형의 보통명사가 있다고 하더라도 보통명사의 사용 빈도가 매우 높아서 하나의 보통명사가 여러 번 반복적으로 나타날 수밖에 없기 때문이다. 다시 말해서, '신문'에서는 다양한 종류의 보통명사가 나타나지만 매우 빈번히 사용되다 보니 하나의 보통명사가 텍스트에서 반복적으로 나타나는 비율이 높게 나타나는 것이다.

▶ 개별 어휘 빈도 제시

1. 누적 빈도 비율 90%까지 어휘의 유형 빈도
   대화(3484), 소설(7142), 신문(9326), 학술(8541)
2. 누적 빈도 비율 90%까지 어휘의 유형 빈도의 비율
   대화(34.47%), 소설(27.23%), 신문(26.82%), 학술(24.00%)
3. 모든 사용역에서 공통적으로 '사람', '때'가 상위 빈도 5위 내에 존재한다.
4. 각 사용역에서 고빈도로 사용되는 보통명사는 각 사용역의 내용적 특성을 반영한다.

	대화			소설			신문			학술		
	형태	빈도	누적비율	형태	빈도	누적비율	형태	빈도	누적비율	형태	빈도	누적비율
1	사람	5690	2.52%	사람	6344	1.78%	때01	2731	0.50%	사람	4484	0.90%
2	때	5309	4.86%	말01	5719	1.60%	기자05	2693	0.99%	사회07	4372	1.78%
3	애	3644	6.47%	일01	3937	1.10%	문제06	1994	1.36%	때01	3627	2.50%
4	말	3519	8.03%	때01	3930	1.10%	정부08	1827	1.70%	문제06	2795	3.06%
5	얘기	2807	9.27%	집01	3036	0.85%	사람	1818	2.03%	경우03	2462	3.56%
6	오빠	1977	10.14%	여자02	2501	0.70%	경우03	1806	2.36%	일01	2212	4.00%
7	생각	1934	11.00%	소리01	2438	0.68%	후보04	1607	2.66%	인간01	2024	4.41%
8	친구	1776	11.78%	어머니	2282	0.64%	대통령	1603	2.95%	말01	1985	4.81%
9	다음	1764	12.56%	속01	2266	0.64%	이번01	1600	3.24%	국가01	1865	5.18%
10	여자	1715	13.32%	눈01	2254	0.63%	뒤01	1551	3.53%	시대02	1830	5.55%
11	그때	1615	14.03%	얼굴	2244	0.63%	팀	1490	3.80%	환경02	1708	5.89%
12	시간	1606	14.74%	앞	2032	0.57%	경기11	1323	4.04%	세계02	1684	6.23%
13	언니	1601	15.45%	자신01	1905	0.53%	지역03	1310	4.28%	글	1677	6.56%
14	정도	1492	16.11%	생각01	1864	0.52%	여성01	1290	4.52%	문화01	1672	6.90%
15	학교	1478	16.76%	아버지	1843	0.52%	기업01	1279	4.75%	언론	1649	7.23%
16	남자	1324	17.35%	손01	1761	0.49%	경제04	1275	4.99%	과학	1623	7.56%
17	돈	1312	17.93%	아이01	1755	0.49%	최근	1258	5.22%	자신01	1584	7.87%
18	문제	1296	18.50%	남자02	1696	0.48%	이상05	1197	5.44%	운동02	1574	8.19%

19	집	1291	19.07%	몸01	1564	0.44%	일01	1180	5.66%	광고02	1481	8.49%
20	선생님	1256	19.63%	위01	1446	0.41%	대회02	1152	5.87%	속01	1476	8.78%
21	형	1239	20.18%	안01	1429	0.40%	세계02	1148	6.08%	나라	1444	9.07%
22	옛날	1081	20.65%	시간04	1425	0.40%	대표	1123	6.28%	방법	1431	9.36%
23	일	1064	21.12%	뒤01	1404	0.39%	정도11	1101	6.49%	정보06	1407	9.64%
24	날	1050	21.59%	전08	1339	0.38%	이날	1099	6.69%	교육	1393	9.92%
25	나라	1019	22.04%	날01	1321	0.37%	시장04	1080	6.88%	정치03	1392	10.20%
26	끝	965	22.47%	방07	1320	0.37%	국민	1060	7.08%	여성01	1382	10.48%
27	경우	929	22.88%	형01	1299	0.36%	이후02	983	7.26%	다음01	1337	10.75%
28	엄마	918	23.28%	입	1201	0.34%	지난해	978	7.44%	사실04	1311	11.01%
29	영화	910	23.68%	마음01	1183	0.33%	전08	976	7.62%	점10	1281	11.27%
30	전	908	24.09%	길01	1124	0.32%	국내02	975	7.80%	관계05	1262	11.52%
31	나중	821	24.45%	고개01	1091	0.31%	환경02	971	7.97%	활동02	1225	11.77%
32	학년	771	24.79%	곳01	1085	0.30%	점10	971	8.15%	과정03	1189	12.00%
33	시험	743	25.12%	자리01	1053	0.30%	의원05	971	8.33%	의미	1172	12.24%
34	처음	738	25.44%	친구02	1051	0.29%	앞	965	8.51%	내용02	1157	12.47%
35	이번	674	25.74%	엄마	1045	0.29%	선수05	960	8.68%	연구03	1148	12.70%
36	소리	650	26.03%	돈01	1028	0.29%	시간04	949	8.86%	생활	1143	12.93%
37	술	641	26.31%	사이01	995	0.28%	사회07	944	9.03%	컴퓨터	1105	13.15%
38	앞	608	26.58%	사실04	942	0.26%	감독02	929	9.20%	시장04	1097	13.37%
39	머리	591	26.84%	목소리	936	0.26%	업체	928	9.37%	정도11	1072	13.59%
40	전화	572	27.10%	모습01	927	0.26%	교수06	922	9.54%	학문02	1050	13.80%
41	밥	570	27.35%	머리01	925	0.26%	운동02	909	9.71%	결과02	1038	14.01%
42	자체	558	27.59%	그때	910	0.26%	월드컵	901	9.87%	경제04	1020	14.21%
43	영어	558	27.84%	처음	907	0.25%	계획01	900	10.04%	지역03	995	14.41%
44	얼마	556	28.09%	동안01	876	0.25%	곳01	869	10.20%	사상15	982	14.61%
45	차	556	28.33%	밖	868	0.24%	결과02	865	10.36%	기술01	975	14.80%
46	공부	534	28.57%	세상01	851	0.24%	동안01	847	10.51%	정부08	971	15.00%
47	수업	532	28.80%	남편01	834	0.23%	회사04	836	10.66%	발전01	965	15.19%
48	이름	513	29.03%	가슴01	831	0.23%	자신01	826	10.82%	언어01	952	15.38%
49	군대	513	29.26%	오늘	827	0.23%	말01	824	10.97%	변화	932	15.57%
50	학기	511	29.48%	선생님	818	0.23%	조사30	806	11.12%	자연01	906	15.75%

<표2.1.1.1-1> 사용역에 따른 고빈도 보통명사

▶▶ 개별 어휘 빈도에 대한 논의

누적 빈도 비율 90%까지의 유형 빈도는 3484~9326으로 사용역에 따라 큰 차이를 보인다. 누적 빈도 비율 90%까지의 유형 빈도가 가장 높은 사용역은 '신문'이고 누적 빈도 비율 90%까지의 유형 빈도가 가장 낮은 사용역은 '대화'이다. 누적 빈도 비율 90%까지 어휘의 유형 빈도의 비율을 살펴보면 전체 보통명사의 약 24%~35%가 전체 사용 빈도의 90%를 차지한다는 것을 알 수 있다. 즉 어떤 사용역에서든 35%의 보통명사라면 전체 사용 빈도의 90% 이상을 포괄할 수 있다는 것이다. 특히 '대화'의 경우, 누적 빈도 비율 90%까지 어휘의 유형 빈도는 다른 사용역의 절반 이하 수준이지만 전체 유형 빈도의 약 35%를 차지해 그 비율이 가장 높다. 이는 우리가 일상적으로 대화를 할 때, 매우 한정된 어휘를 사용한다는 것을 보여주는 것이라고 할 수 있다. 일상적인 대화는 대개 친교적인 목적으로 이루어지고 그 주제도 우리의 일상생활에서 크게 벗어나지 않는다. 따라서 '대화'에서 사용되는 어휘는 기본 어휘나 우리 일상생활에 관계되는 어휘로 매우 한정적이게 되고 이러한 특성이 누적 빈도 비율 90%까지의 유형 빈도, 누적 빈도 비율 90%까지의 유형 빈도 비율에 반영된 것이라고 할 수 있다.

'사람'과 '때'는 모든 사용역에서 공통적으로 빈도 순위 5위 이내에 나타난다는 것을 특징으로 지적할 수 있다. '사람'은 '신문'을 제외한 모든 사용역에서 사용 빈도가 가장 높고 '신문'에서는 '때'가 빈도 순위 1위를 차지한다. '말'은 '신문'을 제외한 모든 사용역에서 공통적으로 빈도 순위 10위 이내에 나타나는 고빈도 어휘이다. 그런데 '신문'에서 '말'은 49위를 차지하고 있어 다른 사용역에 비해 그 사용 빈도가 상대적으로 낮다는 특징이 있다. '대화'에서는 '오빠', '언니', '엄마', '형'과 같은 친족 어휘라든지 '친구', '학교', '집'과 같은 일상생활과 밀접하게 관련된 보통명사가 높은 사용 빈도를 보인다. '신문'에서도 다른 사용역과 달리 해당 사용역의 특징을 보여주는 보통명사가 존재한다. 예를 들어, '기자', '대통령', '후보', '정부', '경제'와 같은 명사가 그러하다. '학술'은 그 주제가 다양한 만큼 '신문'에서처럼 특징적인 어휘가 발견되지 않으나 '대화'나 '소설'과는 다른 양상이 있음을 확인할 수 있다.

한편, '신문'과 '학술'에서는 다른 사용역과 달리 '문제'와 '경우'의 사용 빈도가 높다는 특징이 있다. 이는 이들 사용역이 가진 내용적 특성과 격식성에서 기인하는 듯하다.

〈예2.1.1.1-2〉
가. 건설 골재 확보에 비상이 걸린 시점에서 팔당호 골재 채취 **문제가** 또 다시 거론되고 있다. [신문]
나. 복지부는 이를 위해 25일 '장애판정위원회'를 열어 장애인 관련 단체와 전문가들의 의견을 듣고 5개의 질환자를 장애인에 포함시키는 **문제를** 확정할 예정이다. [신문]
다. 따라서 이제 인간과 자연의 불균형의 **문제를** 넘어 서서히 적대적인 관계로 변질되어 가고 있다. [학술]
라. 그렇지만 마르크스 사회·경제적 요소에 대한 지나친 강조가 우리의 주의를 인간의 발전을 가로막는 여러 가지 장애물 중에서 단 한 가지에로만 향하게 한다는 점을 **문제로** 지적했다. [학술]

위의 예에서 보듯이 '문제'는 '신문'과 '학술'의 내용 특성상 그 사용 빈도가 높게 나타나는 것으로 볼 수 있다. '신문'은 그 내용 특성상 우리 주변에서 문제가 되는 기사를 주로 다루고 '학술'은 논쟁의 대상이 되는 문제를 주로 다룬다는 점에서 '문제'의 사용 빈도가 자연스럽게 높아지는 것이다.

〈예2.1.1.1-3〉
가. 지난해의 **경우** 미국 지역에 대한 전자 제품 수출 증가율은 9.8%로 88년의 29.7%보다 19.9% 포인트나 떨어졌으며 서유럽 지역의 경우에는 6.2%나 줄어들었다. [신문]

나. 광주 사고의 경우 일요일이란 이유로 안전관리직원조차 출근하지 않아 화재가 처음 발생했을 때 회사직원들조차 초동 진화 방법을 몰라 우왕좌왕했다. [신문]

다. 수선 구분법은 경계선 위에 장애물이 있고, 지형이 좁은 경우에 알맞으므로 농지 측량에 많이 쓰인다. [학술]

라. 이후로 언론들은 문공부 산하 홍보조정실을 통해 전달되는 보도지침을 아무런 저항 없이 충실히 따르는가 하면, 보도지침이 없는 경우에는 지침 여부를 확인한 후에 보도하는 지경에까지 이르렀다. [학술]

'경우'는 주로 관형사절 구성 뒤에 나타나 조건이나 상황을 나타내는데 '신문'이나 '학술'에서는 조건이나 상황을 나타낼 때, '-면'과 같은 연결어미를 쓰기보다는 '경우'를 써서 보다 격식적으로 표현하는 것이 일반적이다.

2.1.1.2. 고유명사

▶ **말뭉치 계량 결과 제시**

1. 고유명사의 사용 빈도: 신문 〉 소설 〉 학술 〉 대화
2. 고유명사의 어휘 반복도: 소설 〉 신문 〉 학술 〉 대화

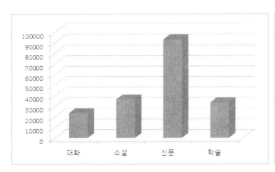 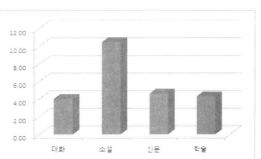

<그래프2.1.1.2-1> 사용역에 따른 고유명사의 사용 빈도   <그래프2.1.1.2-2> 사용역에 따른 고유명사의 어휘 반복도

▶▶ **말뭉치 계량 결과에 대한 논의**

사용역에 따른 고유명사의 사용 빈도를 살펴보면, 고유명사의 사용 빈도는 '신문'에서 가장 높다. 이는 우리 주변에서 일어나는 사건, 사고를 사실적이고 객관적으로 전달하는 '신문'의 사용역 특성에서 비롯된다. '신문'에서 고유명사가 사용되는 양상을 보이면 아래와 같다.

〈예2.1.1.2-1〉 [신문]
가. 서울시는 강동·송파 지역의 교통난을 덜기 위해 지하철 3호선 연장 공사를 올 4/4분기에 착공한다.
나. 이날 토론회에는 이밖에 민주당 이재정 의원, 성균관대 정현백 교수, 〈민족21〉 안영민 기자, 연세대 정재욱 총학생회장 등이 참가했다.

다. 호나우두는 2-2 동점이던 후반 14분 미드필드에서 지네딘 지단의 패스를 받아 10여m를 질주한 뒤 벼락같은 25m 중거리 슛으로 맨체스터 유나이티드 GK 바르테즈의 혼을 빼놓았다.

'소설'에서 고유명사의 사용 빈도가 높은 것은 소설 속 등장인물의 이름을 고유명사로 나타내는 경우가 많기 때문일 것이다. '소설'에서는 대명사를 사용하여 등장인물을 나타내는 것이 더 일반적이지만 다음의 예와 같이 등장인물의 이름을 그대로 써서 등장인물을 지시하는 것도 흔히 발견할 수 있다.

〈예2.1.1.2-2〉[소설]
가. 여경은 잡념이 떠오를 때마다 들곤 하던 수틀을 무릎에 내려놓고 있었다.
나. 완은 끓어오르는 분노를 가라앉히며 침착하게 앉아 있었다.
다. 신중하게 대답하는 다마이의 콧등에 주름이 잡힌다.

'대화'에서 고유명사의 사용 빈도가 가장 낮은 것은 '대화'에서 대명사의 사용 빈도가 가장 높다는 사실과 관련된다. '대화'에서는 화자와 청자가 담화 상황을 공유하기 때문에 구체적인 표현인 고유명사를 써서 대상을 지시하기보다는 대명사나 기타 대용 표현으로 지시 대상을 나타내는 것이 일반적이기 때문이다.

고유명사의 어휘 반복도는 '소설'에서 가장 높다. '소설'에서 나타나는 고유명사의 어휘 반복도는 약 11인데 이는 '소설'에서 하나의 고유명사가 평균적으로 약 11번 반복되어 사용되었다는 것을 뜻한다. 이와 같이 '소설'에서 고유명사의 어휘 반복도가 가장 높게 나타나는 것은 '소설'에서 소설 속의 등장인물을 나타내는 고유명사가 반복되어 사용되는 것과 관련된다. 이러한 양상은 다음의 예를 통해서 확인할 수 있다.

〈예2.1.1.2-3〉[소설]
가. 한밤중, 영월이 책을 읽으면 녀석은 영월이 뭘 하는지 알아내려는 듯 책상 위에 앞발을 척 얹고 바라보았다. 그러다가 영월이 저를 보고 알은 체하면 깜짝이야 다시 책상 밑으로 숨어들었다. 방문을 열었는데도 녀석이 나타나지 않으면 영월은 기웃거리며 찾곤 했다.
나. 당분간은 경지를 독차지하고 싶었다. 자신과 경지를 쏙 빼닮은 조그만 녀석이 생긴다는 사실은 신기하지만, 한동안은 그녀와 단둘이만 지낼 것이다. 경지 동생이 배가 남산만 하다니까 우리 아이들이 외사촌보다 어리겠군,

<예2.1.1.2-3가>에서는 등장인물을 나타내는 고유명사 '영월'이 총 4번 반복되어 사용되었고 <예2.1.1.2-3나>에서는 등장인물을 나타내는 고유명사 '경지'가 총 3번 반복되어 사용되었다. 이처럼 소설 속의 등장인물은 한번 정해지고 나면 소설이 끝날 때까지 반복되어 나타나기 때문에 '소설'에서 고유명사의 어휘 반복도는 자연스레 높아질 수밖에 없다. 사실상, 소설 속에서 나타나는 인물이나 대상은 소설의 특성상 한정될 수밖에 없다. 신문 기사에서는 실세계의 인물이나 대상이 나타나기 때문에 고유명사가 거의 무제한적이지만 소설 속의 인물이나 대상은 작가의 상상 속에 존재하는, 한정된 사건에서만 나타나기 때문에 고유명사가 제한적으로 나타난다.

1. 누적 빈도 비율 90%까지 어휘의 유형 빈도
   대화(1347), 소설(995), 신문(10832), 학술(4475)
2. 누적 빈도 비율 90%까지 어휘의 유형 빈도의 비율
   대화(54.51%), 소설(28.62%), 신문(53.78%), 학술(57.00%)
3. '소설'을 제외한 모든 사용역에서 '한국', '미국', '일본' 등의 국가명이 최상위 빈도를 차지한다.
4. '대화'에서는 다른 사용역에서 볼 수 없는 '〈name〉', '〈name〉이' 등이 나타난다.
5. '소설'에서는 사람 이름을 나타내는 고유명사가 상위 빈도 대부분을 차지한다.
6. '신문'과 '학술'에서 고빈도로 사용되는 고유명사는 각 사용역의 내용적 특성을 반영한다.

	대화			소설			신문			학술		
	형태	빈도	누적비율	형태	빈도	누적비율	형태	빈도	누적비율	형태	빈도	누적비율
1	미국	492	2.12%	수혜	754	2.07%	한국	3012	3.24%	한국	1283	3.80%
2	〈name〉	390	3.80%	경지	562	3.61%	미국	2248	5.65%	일본	1096	7.05%
3	일본	376	5.42%	서울	560	5.15%	서울	1796	7.58%	미국	861	9.60%
4	서울	296	6.69%	예리	525	6.59%	일본	1501	9.20%	중국	583	11.33%
5	한국	291	7.95%	오	498	7.95%	북한	1292	10.58%	고려	491	12.79%
6	중국	272	9.12%	지섭	497	9.31%	중국	1089	11.75%	조선	426	14.05%
7	진아	260	10.24%	건석	484	10.64%	김	811	12.63%	신라	414	15.28%
8	북한	239	11.27%	김	462	11.91%	이라크	780	13.46%	아리스토텔레스	293	16.15%
9	토익	201	12.13%	형기	449	13.14%	미	765	14.29%	공자	277	16.97%
10	〈name1〉	147	12.77%	완	417	14.28%	현대	719	15.06%	아프리카	256	17.73%
11	대구	125	13.31%	진우	368	15.29%	민주당	605	15.71%	영국	246	18.46%
12	열림터	123	13.84%	박	347	16.25%	프랑스	510	16.26%	유럽	236	19.16%
13	〈name1〉이	109	14.30%	신애	337	17.17%	한나라당	465	16.76%	고구려	225	19.82%
14	영국	106	14.76%	여경	323	18.06%	이	430	17.22%	서울	216	20.46%
15	효진이	104	15.21%	효철	302	18.88%	남북	428	17.68%	프랑스	214	21.10%
16	부산	99	15.64%	가르시아	292	19.69%	부산	391	18.10%	맹자	209	21.72%
17	〈name4〉	99	16.06%	다희	283	20.46%	러시아	380	18.51%	플라톤	206	22.33%
18	토플	97	16.48%	규혁	280	21.23%	한	358	18.89%	독일	198	22.91%
19	윤미	95	16.89%	다비	251	21.92%	독일	336	19.25%	순자	171	23.42%
20	〈name〉이	92	17.29%	재우	250	22.60%	유엔	318	19.60%	영어	150	23.87%
21	신영이	92	17.68%	조국	248	23.28%	영국	315	19.93%	장자	150	24.31%
22	티티엘	92	18.08%	성호	236	23.93%	유럽	306	20.26%	데카르트	148	24.75%
23	세현이	90	18.47%	영달이	233	24.57%	박	305	20.59%	백제	147	25.18%
24	공공칠	85	18.83%	혁진	218	25.17%	서해	302	20.92%	원효	138	25.59%
25	웅범이	83	19.19%	두환	210	25.74%	노	295	21.23%	아시아	137	26.00%

26	진혜	83	19.55%	유지	209	26.32%	삼성	286	21.54%	갈릴레오	132	26.39%
27	민자	80	19.89%	승주	208	26.89%	아시아	278	21.84%	노자	125	26.76%
28	유승준	80	20.24%	장윤	207	27.46%	청와대	277	22.14%	인도	119	27.11%
29	강남	78	20.57%	해숙	206	28.02%	일	275	22.43%	묵자	115	27.46%
30	〈name2〉이	78	20.91%	쟝	205	28.58%	대구	261	22.71%	그리스	114	27.79%
31	〈name3〉	76	21.24%	한국	199	29.13%	부시	260	22.99%	맥심	114	28.13%
32	신촌	71	21.54%	안토니	197	29.67%	소련	232	23.24%	코페르니쿠스	114	28.47%
33	〈name4〉이	71	21.85%	금순	182	30.17%	광주	226	23.48%	뉴튼	112	28.80%
34	이라크	69	22.14%	영달	178	30.66%	김대중	207	23.71%	북한	108	29.12%
35	명수	66	22.43%	러이	176	31.14%	조선	206	23.93%	다시다	108	29.44%
36	〈name18〉	66	22.71%	순임이	174	31.62%	최	203	24.15%	퇴계	104	29.75%
37	홍콩	61	22.98%	성진	171	32.09%	인천	202	24.36%	동서식품	101	30.05%
38	논산	61	23.24%	채란	168	32.55%	북	202	24.58%	러시아	99	30.34%
39	은미	61	23.50%	최	160	32.98%	영어	198	24.79%	로마	93	30.62%
40	독일	59	23.76%	소희	160	33.42%	정	195	25.00%	김영삼	91	30.89%
41	연대	59	24.01%	미국	154	33.85%	전남	189	25.21%	소련	87	31.15%
42	유럽	57	24.25%	왕	152	34.26%	뉴욕	188	25.41%	세계은행	80	31.38%
43	삼성	57	24.50%	클레오파트라	152	34.68%	폴란드	184	25.61%	김	78	31.61%
44	천안	57	24.75%	백제	151	35.09%	대우	176	25.79%	발해	77	31.84%
45	형준이	57	24.99%	레지투이	151	35.51%	코리아	176	25.98%	미로	76	32.07%
46	〈name2〉	57	25.24%	홍	150	35.92%	서울대	174	26.17%	의상	74	32.29%
47	웅범	57	25.48%	부칠	149	36.33%	홍콩	168	26.35%	부처	73	32.50%
48	선희	54	25.72%	강신애	148	36.73%	노무현	168	26.53%	대우전자	72	32.72%
49	은지	54	25.95%	순자	138	37.11%	후세인	167	26.71%	한국어	69	32.92%
50	정우성	54	26.18%	발로자	138	37.49%	경기도	166	26.89%	조광조	69	33.13%

<표2.1.1.2-1> 사용역에 따른 고빈도 고유명사

▶▶ 개별 어휘 빈도에 대한 논의

누적 빈도 비율 90%까지의 유형 빈도는 1347~10832으로 사용역에 따라 매우 큰 차이를 보인다. 누적 빈도 비율 90%까지의 유형 빈도가 가장 높은 사용역은 '신문'이고 누적 빈도 비율 90%까지의 유형 빈도가 가장 낮은 사용역은 '대화'이다. 뒤에서 다시 살펴보겠지만 '대화'에서 고유명사의 유형 빈도가 낮은 것은 많은 고유명사가 구어 말뭉치의 특성상 '<name>'으로 표시된 것과 관련이 있다. 누적 빈도 비율 90%까지 어휘의 유형 빈도 비율을 살펴보면 전체 고유명사의 약 28%~57%가 전체 사용 빈도의 90%를 차지한다는 것을 알 수 있다. 즉 어떤 사용역에서든 57%의 고유명사라면 전체 사용 빈도의 90% 이상을 포괄할 수 있다는 것이다. 특히 '소설'의 경우, 누적 빈도 비율 90%까지 어휘의 유형 빈도가 전체 유형 빈도의 약 28%를 차지해 그 비율이 가장 낮다. 이는 '소설'에서 어휘 반복도가 가장 높다는 사실과 관련되는 것으로 '소설'에서 한정적인 고유명사가 매우 반복적으로 사용된다는 특성이 반영된 것이다.

'소설'을 제외한 모든 사용역에서 공통적으로 '한국', '미국', '일본' 등의 국가명이 빈도 순위 5위 이내에 있다. '신문'이나 '학술'에서 이들 고유명사 높은 사용 빈도를 보이는 것은 그리 특이하지 않으나 '대화'에서도 국가명이 최상위를 차지하는 것은 다소 특이하다고 하겠다. 이외에도 '대화'에서는 '북한', '중국', '영국'도 상위 빈도 50위 이내에 포함되어 있다.

한편, '대화'에서는 '<name>', '<name1>', '<name2>' 등과 같은 형태가 나타나는데 이는 아래의 예와 같이 구어 말뭉치에서 개인의 신상 정보를 보호하기 위해 고유명사를 쓰지 않고 이 같은 기호를 대신 썼기 때문이다.

〈예2.1.1.2-4〉 [대화]
가. 그렇다면 지금 〈name2〉 입장에서는. 니가 〈name2〉이한테 말하는 방식으로 과격하게 얘기하는 거보다는 우회적으로 반복해서 얘기하는 게 날 거 같다.
나. 〈name17〉 형이랑 나랑 진짜 어이가 없어 가지고, 〈name17〉 형이, 저 여자 뭐하는 여자냐고 막,
다. 근데 내가 그때, 음. 〈name3〉이랑 있었을 때, 〈name4〉이가 그때 수업이 수요일 날인가 끝났어 오전에 둘 다,

따라서 <name>으로 표현된 것에는 매우 다양한 유형의 고유명사가 포함되는 것이다. 그렇기 때문에 '대화'에서 고유명사의 유형 빈도는 실제로는 더 높을 것으로 예상할 수 있다.

'소설'에서는 다른 사용역과 달리 '수혜', '경지', '예리' 등과 같이 사람 이름의 사용 빈도가 가장 높다. 이는 앞서 설명했듯이 '소설'에서 등장인물을 드러내는 데 고유명사를 주로 쓰기 때문이다. '신문'에서는 '북한', '이라크', '한나라당', '청와대', '삼성', 사람 이름의 성 등이 고빈도로 나타나는 것이 특징적이다. 이들 고유명사는 '신문'의 내용 특성을 잘 보여 주는 것이라고 할 수 있다. '학술'에서는 '조선', '신라', '백제', '고구려'와 같이 역사상 존재했던 국가나 '플라톤', '데카르트', '노자', '맹자', '순자', '장자'와 같은 철학자가 고빈도 어휘로 나타난다. 학술 주제에 따라 고빈도 고유명사는 달라질 수 있겠지만 이들 어휘도 '학술'의 내용 특성을 잘 보여준다고 하겠다.

2.1.2. 의존명사

▶ 말뭉치 계량 결과 제시

1. 의존명사의 사용 빈도: 신문 〉 학술 〉 대화 〉 소설
2. 의존명사의 어휘 반복도: 신문 〉 학술 〉 소설 〉 대화

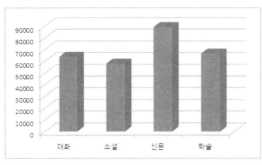
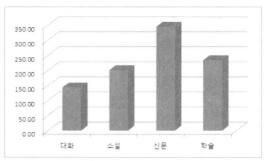

<그래프2.1.2-1> 사용역에 따른 의존명사 사용 빈도　　<그래프2.1.2-2> 사용역에 따른 의존명사의 어휘 반복도

▶▶ 말뭉치 계량 결과에 대한 논의

의존명사의 사용 빈도 양상은 '소설'과 '대화'의 순서가 바뀐 것만 빼면, 보통명사의 사용 빈도 양상과 유사하다. 앞서, 우리는 의존명사를 기능 어휘로 분류하였지만 형식성 의존명사와 달리 단위성 의존명사는 기능 어휘와 실질 어휘의 중간적 성격을 지니고 있다고 볼 수 있다. 예컨대, '것', '수', '바' 등과 같은 형식성 의존명사는 전형적인 기능 어휘이지만 '년', '달러' 등과 같은 단위성 의존명사는 실질 어휘에 가깝다고 할 수 있다. 의존명사의 유형 빈도를 보더라도 의존명사는 개방 범주와 폐쇄 범주의 중간적인 성격을 띤다고 할 수 있다(<표2-2> 참고). 따라서 의존명사의 사용 양상은 실질 어휘인 '보통명사'와 기능 어휘인 '대명사'의 중간적인 사용 양상을 보이는 것이라 할 수 있겠다. 다시 말해서, 의존명사의 사용 양상은 실질 어휘인 보통명사의 사용 양상을 대체로 반영하지만 기능 어휘적 성격으로 인해 '대화'와 '소설'의 빈도 순위가 바뀐 것이다.

'대화'에서 나타나는 의존명사의 사용 빈도는 '학술'과 그리 큰 차이를 보이지 않을 뿐만 아니라 2.1 도입부에서 제시한 <그래프2.1-2>에서 확인할 수 있듯이 전체 체언 중 의존명사의 사용 비율은 '대화'에서 가장 높다. 이와 같이 체언의 사용 빈도가 가장 낮은 '대화'에서 의존명사의 사용 빈도가 비교적 높게 나타나는 것은 의존명사 중 최고빈도를 차지하는 '것(거)'의 사용 빈도가 매우 높기 때문이다. '대화'에서 '것(거)'의 사용 빈도가 매우 높게 나타나는 이유로는 우선 '것(거)'이 지닌 대용 기능을 들 수 있다.

〈예2.1.2-1〉 [대화]

가. 그러구 테이블 매너가, 고급 음식점을... 가면 이런 거를 선반에 놔 주잖아.

나. 음~ 남들이 이렇게 자기가 돈 주고 살 수 있는 거 말고 자기가 돈 주기에는 사기에는 아까운 거 있잖아요 아까운 물건.

다. 근데 나두 감기 걸리면 거의 보리차 오렌지 주스랑 귤이랑 뭐~ 그런 거를 막 사다 놓구 계속 번갈아 가면서 마시는 거야.

위의 예에서 보듯이, '대화'에서는 보통명사나 고유명사가 지시하는 대상을 대신해서 가리키기 위해서 대명사뿐만 아니라 의존명사 '것(거)'도 흔히 사용된다. 의존명사 '것(거)'은 포괄 명사(generic noun)로서 사람을 제외한 어떠한 개체도 지시 가능하다. 따라서 실시간으로 발화가 오고 가기 때문에 구체적으로 지시 대상을 나타내기 힘든 대화 상황에서는 의존명사 '것(거)'으로 대략적으로 개체를 지시하는 경우가 빈번히 나타난다.

뿐만 아니라, '대화'에서는 명사형 어미 '-음', '-기'에 의한 명사절의 사용 빈도가 낮고 그 대신 의존명사 '것(거)'에 의한 명사절이 빈번히 사용되는 것도 '대화'에서 나타나는 '것(거)'의 사용 빈도를 높이는 요인이 된다.

〈예2.1.2-2〉 [대화]
가. 그 이유가 이유 중에 중요한 것 중에 하나는 또 나의 첫 직장이 매우 불안하다는. 그런 걸 느꼈어요.
나. 한 시대의 끝 다음에 새로운 시대가 오는가, 라는 것을 인제 논제 거리로 처음에 문제 제기를 하고 있는데요.
다. 교실 인수 인계야. 그 시간까지 이~ 교실에 아무 이상이 없다는 것을, 그~ 저녁에 숙직한 사람한테. 인계를 해야 할 것 아니냐.

'대화'에서는 명사절을 형성할 때, 명사형 어미 '-음', '-기'를 사용하기보다는 〈예2.1.2-2〉와 같이 의존명사 '것(거)'을 사용하는 것이 더욱 일반적이다. 특히 〈예2.1.2-2가〉의 '나의 첫 직장이 매우 불안하다는 그런 걸'에서 '거'는 명사절을 형성하는 기능뿐만 아니라 대용 표현의 기능까지 함께 지니는 것으로서 '대화'에서 의존명사 '것(거)'이 사용되는 복합적인 양상을 잘 보여주는 예라고 할 수 있다. 지금까지 간략히 살펴본 의존명사 '것(거)'의 대용 기능, 명사절 형성 기능 등에 대해서는 4.1.4에서 보다 자세히 다루기로 한다.

의존명사의 어휘 반복도는 사용 빈도와 동일한 양상을 보이고 있다. 이는 의존명사가 폐쇄 범주에 가까운 성격을 지니고 있어서 모든 사용역에서 의존명사의 유형 빈도가 비슷하게 나타나기 때문이다. 즉 어떠한 사용역이든 의존명사의 유형 빈도는 거의 일정하기 때문에 의존명사의 사용 빈도가 높은 사용역에서 어휘 반복도 높게 나타나는 것이다.

▶ 개별 어휘 빈도 제시

1. 누적 빈도 비율 90%까지 어휘의 유형 빈도
   대화(23), 소설(40), 신문(37), 학술(32)
2. 누적 빈도 비율 90%까지 어휘의 유형 빈도의 비율
   대화(12.17%), 소설(13.84%), 신문(14.29%), 학술(11.19%)
3. 모든 사용역에서 공통적으로 '것(거)'의 사용 빈도가 가장 높다.
4. '때문'과 '등'은 '학술'과 '신문'에서 사용 빈도가 매우 높다.
5. '씨', '원', '달러', '년', '월', '일' 등은 다른 사용역에 비해 '신문'에서 특히 빈번히 쓰인다.

	대화			소설			신문			학술		
	형태	빈도	누적비율	형태	빈도	누적비율	형태	빈도	누적비율	형태	빈도	누적비율
1	거	32602	50.95%	것	19838	34.11%	것	14617	16.37%	것	22510	33.76%
2	수	3694	56.73%	수02	6412	45.14%	등05	8883	26.33%	수02	11081	50.39%
3	것	3587	62.33%	거	2961	50.23%	일	7700	34.95%	년02	3922	56.27%
4	번	1911	65.32%	때문	1988	53.65%	수02	5565	41.18%	때문	3308	61.23%
5	개	1525	67.70%	번	1655	56.49%	년02	5459	47.30%	등05	3268	66.13%
6	데	1504	70.06%	씨	1174	58.51%	원01	4137	51.93%	가지	1836	68.89%
7	분	1327	72.13%	채09	1093	60.39%	명	4080	56.51%	데	1817	71.61%
8	시	1211	74.02%	놈	1084	62.25%	씨	3606	60.54%	등	1530	73.91%
9	때문	1062	75.68%	년02	1060	64.08%	월	3354	64.30%	개	922	75.29%
10	명	1026	77.29%	쪽05	963	65.73%	중04	2541	67.15%	중04	907	76.65%
11	원	934	78.75%	데	925	67.32%	개	2506	69.96%	월	896	78.00%
12	년	873	80.11%	뿐	917	68.90%	때문	2120	72.33%	뿐	821	79.23%
13	식	776	81.32%	듯	916	70.47%	데	1268	73.75%	간10	649	80.20%
14	중	683	82.39%	줄04	874	71.98%	시	1234	75.13%	년대	551	81.03%
15	쪽	665	83.43%	터	849	73.44%	분08	1087	76.35%	일	505	81.78%
16	점	653	84.45%	중04	845	74.89%	측	895	77.35%	명	490	82.52%
17	줄	620	85.42%	월	713	76.12%	회	832	78.29%	번	484	83.25%
18	일	601	86.36%	적03	685	77.29%	위	811	79.19%	자18	460	83.94%
19	대	525	87.18%	일	676	78.46%	차	775	80.06%	바03	416	84.56%
20	씨	454	87.89%	개	531	79.37%	간10	764	80.92%	내	410	85.17%
21	달	355	88.44%	명	472	80.18%	번	690	81.69%	대06	386	85.75%
22	가지	348	88.99%	시	430	80.92%	달러	638	82.41%	점	334	86.25%
23	살	345	89.53%	녀석	429	81.66%	쪽05	604	83.08%	중	298	86.70%
24	적	315	90.02%	대로	405	82.35%	만01	507	83.65%	번째	279	87.12%
25	편	312	90.51%	가지	403	83.05%	대06	503	84.21%	만큼	270	87.52%
26	터	307	90.99%	살	399	83.73%	내	470	84.74%	편09	257	87.91%
27	개월	298	91.45%	만큼	392	84.41%	뿐	465	85.26%	식04	242	88.27%
28	번째	284	91.90%	듯이	379	85.06%	평	448	85.76%	쪽05	239	88.63%
29	땜	258	92.30%	분08	291	85.56%	개월	433	86.25%	차	232	88.98%
30	놈	227	92.65%	지02	278	86.04%	말11	428	86.73%	씨	225	89.32%

<표2.1.2-1> 사용역에 따른 고빈도 의존명사

▶▶ 개별 어휘 빈도에 대한 논의

누적 빈도 비율 90%까지의 유형 빈도는 23~40으로 보통명사나 고유명사에 비해 그 유형 빈도가 매우 낮은 편이다. 이는 의존명사가 지닌 폐쇄 범주로서의 성격을 보이는 것이라 할 수 있다. 하지만 다른 폐쇄 범주인 대명사와 비교했을 때, 의존명사는 그 유형 빈도가 다소 높아서 개방 범주로서의 성격도 함께 보이는데 이는 앞서 언급했듯이, 의존명사에는 실질 어휘의 성격을 띠는 것과 기능 어휘의 성격을 띠는 것이 혼재되어 있어 개방 범주와 폐쇄 범주의 중간적 성격을 띠기 때문이다.

　모든 사용역에서 공통적으로 '것(거)'의 사용 빈도가 가장 높다. 뿐만 아니라 앞서 제시한 <표2-3>에서 확인할 수 있듯이 '것(거)'은 모든 사용역에서 공통적으로 체언 중 그 사용 빈도가 가장 높다. 이는 '것(거)'이 사람을 제외한 거의 모든 대상을 지시할 수 있는 포괄명사이기 때문이다. 특히, '대화'에서 나타나는 '것(거)'의 사용 빈도는 약 36,000으로 모든 사용역을 통틀어 가장 사용 빈도가 높을 뿐만 아니라 '대화'에서 나타나는 전체 의존명사의 사용 빈도 중 50% 이상을 차지하는 수준이다. 이와 같이 '대화'에서 '것(거)'의 사용 빈도가 유독 높은 것은 앞서 언급한 것과 같이 '것(거)'이 지니는 대용적 기능, 명사절 형성 기능과 관련이 있다. 또한 실시간으로 발화가 일어나는 '대화'에서는 발화 생산 시간이 짧기 때문에 다양한 어휘를 이용하여 구체적인 표현을 사용하기보다는 매우 한정적인 그리고 가장 기본적인 어휘를 이용하여 대략적으로 표현하는 경우가 많다는 사실과도 관련된다. 즉 실시간으로 발화를 주고받는 '대화'에서는 즉각적으로 발화를 쉽게 생산할 수 있게 포괄적인 의미를 지닌 명사인 '것(거)'을 이용해 대략적으로 표현하는 것이 일반적인데 이러한 사실도 '대화'에서 '것(거)'의 사용 빈도를 높이는 요인이 된다고 할 수 있다.

　한편, '학술'에서도 '것'의 사용 빈도가 매우 높은데 이는 '학술'에서 주로 사용되는 다음과 같은 표현들 때문이다.

〈예2.1.2-3〉[학술]
가. 국가의 경제적 기능은 사유 재산과 시장을 보호하는 **것뿐이라는 것이다.**
나. 어감과 어조에 따라 식사는 그 의식의 분위기를 좌우할 수 있는 **것이다.**
다. 생명과학의 발전에 상응하는 인간 지혜의 발전이 필요해지고 있는 **것이다.**
라. 그것은 학문의 자유에는 이제 더 무거운 사회적인 윤리적인 책임이 함께 따르게 되었다는 것을 **뜻하는 것이다.**

위의 예는 '학술'에서 '-는 것이다' 구성이 사용된 것을 보인 것인데, 이때 '-는 것이다'를 쓰지 않고 일반적인 평서형인 '-다'로 바꾸어 써도 명제적 의미에는 변함이 없다. 그러나 '학술'에서 '-다' 대신 '-는 것이다'를 쓰게 되면 단정적인 진술의 느낌을 피하면서 필자의 진술을 대상화하여 객관적인 서술인 것처럼 만드는 효과를 지니게 된다. 또한 '학술'에서는 다음과 같은 표현도 빈번하게 사용된다.

〈예2.1.2-4〉[학술]
가. 그러나 가장 보편적인 의사소통의 수단은 언어라고 **할 것이다.**
나. 따라서 객관성이라는 딱딱한 용어는 차라리 순수함이라는 보다 친근한 단어를 통해서 잘 이해될 수 있을 **것이다.**
다. 미국 대중문화엔 다른 나라의 대중문화가 흉내 낼 수 없는 탁월한 장점이 있는 건 분명하지만 대체적으로 보아 지나치게 이윤 추구에 몰두한다는 비판을 면키는 **어려울 것이다.**

이상의 예에서 보인 '-을 것이다'는 모두 '미래'나 '의지'의 표현이 아니라 '추측'의 표현으로 쓰인 것인데, 이때 '추측'의 의미를 지닌 '-을 것이다'는 단정적인 느낌을 약화시켜 주는 효과를 가진다. 다시 말해서, '-을 것이다'가 울타리(hedge) 표현으로 쓰인 것이다. 단정적인 표현을 약화해 주는 울타리 표현을 빈번히 사용하는 것은 '학술'이 가지는 전형적인 특징이다.

'때문'과 '등'은 '학술'과 '신문'에서 사용 빈도가 매우 높다. 그 중에서 '때문'은 '학술'에서 가장 빈번히 사용되고 '등'은 '신문'에서 가장 사용 빈도가 높다. '때문'이 '학술'에서 빈번히 사용되는 것은 아래의 예와 같은 논증 표현이 '학술'에서 자주 사용되기 때문이다.

〈예2.1.2-5〉[학술]
가. 그러므로 이 방면의 과학자들은 연구 활동에 있어서 일체의 가치관을 회피하려고 한다. 자연 관찰에 있어서 과학자 자신의 가치관 내지 선입견이 개입한다면 그것은 과학의 생명인 객관성을 보장할 수 **없기 때문**이다.
나. 특히 정치권력이 과거와 같이 언론에 직접 개입하지 않고 언론 자본과 경영진을 동원하여 우회적 방법으로 언론의 제작과 편집에 **간섭하기 때문에**, 그리고 언론 시장의 경쟁 심화로 수익성을 더 의식하게 된 사주나 경영진이 대광고주를 거스르려 하지 **않기 때문**에 사주와 경영진의 간섭이 더 빈번하게 되었다.

'학술'에서는 이유나 근거를 제시하기 위해 위의 예에서 보인 '-기 때문에', '-기 때문이다'와 같은 표현을 매우 빈번히 쓰는데 이로 인해 '학술'에서 '때문'의 사용 빈도가 가장 높게 나타나는 것이라고 할 수 있다. '신문'에서 '등'의 사용 빈도가 높은 것은 아래의 예와 같은 명사구 나열 표현이 '신문'에서 빈번히 사용되기 때문이다.

〈예2.1.2-6〉[신문]
가. DSS와 DSS 등 민주 세력들은 이미 'SRS와의 연정 불가'를 공언했다.
나. 이밖에 제일 모직, 대현(페페), 나산실업(조이너스), 코오롱 등 다른 기성 신사복 및 숙녀복 업체들도 인하 계획을 수립, 이달 중에 인하를 실시할 계획이다.
다. 〈에이피통신〉, 〈비비시방송〉 등 주요 외신들은 14일 남북한이 서울에서 열린 장관급 회담에서 이산가족 상봉 등에 합의했으나 군사 회담 일정을 확정하지 못했다는 점을 중점 보도했다.

위의 예에서 보듯이 '신문'에서는 어떠한 대상을 나열할 때, 그 대상을 모두 나열하지 않고 '등'을 써서 대표적인 대상 몇 가지만을 나열하는 것이 일반적이다. 객관적인 정보 전달을 목적으로 하는 '신문'의 사용역 특성을 고려한다면 '등'을 쓰지 않고 언급해야 할 대상을 모두 나열하는 것이 정보 전달 목적에 더 부합된다고 생각할 수도 있다. 그러나 '등'을 쓰지 않고 언급해야 할 대상을 하나하나 모두 나열하는 것은 오히려 정보 전달에 방해가 된다. 모든 정보를 일일이 나열하는 것은 독자가 원하는 수준의 정보가 아니기 때문이다. 신문 기사를 읽는 독자들 수준에서는 언급해야 할 대상 중 대표적이고 핵심적인 것만을 전달하는 것이 정보 전달적 측면에서 훨씬 더 효율적이다. 뿐만 아니라 언급해야 할 대상을 전부 나열하게 되면 지면의 부담도 커지게 된다는 문제도 발생한다. 따라서 '등'을 사용하여 일부 대상만을 한정적으로 나열하는 것은 오히려 '신문'의 사용역 특성과 부합하게 되는 것이다.

'씨', '원', '달러', '년', '월', '일' 등의 의존명사는 다른 사용역에 비해 '신문'에서 가장 빈번히 쓰인다. '씨'가 '신문'에서 가장 빈번히 쓰이는 것은 '신문'에서 고유명사의 사용 빈도가 가장 높게 나타난다는 점과 '신문'이 격식성을 띠는 사용역이라는 점과 관련된다. 의존명사 '씨'는 인명이나 사람 이름의 성 뒤에 쓰여 공식적이거나 사무적인 자리, 혹은 격식적인 글에서 그 사람을 높이는 기능을 하기 때문에 일상적으로는 잘 쓰이지 않고 '신문'과 같이 격식성을 띠는 사용역에서 흔히 사용된다.

〈예2.1.2-7〉[신문]

가. 이상민 씨(21, 서울 중구 신당 6동)는 "지금 이곳은 역사의 순간"이라며 연방 카메라 플래시를 터뜨렸다.

나. 검찰의 수사 결과 발표에는 정 씨 일가의 통정 매매 사실과 역외 펀드를 통한 우회 조가 조작 내용이 포함되지 않았다.

다. 이들은 당분간은 고객들로부터 신뢰를 얻는 문제에 주력한다는 방침을 세워 "10년쯤은 고생할 생각을 하고 있다"고 팀장인 송 씨가 말했다.

'원', '달러'와 같은 화폐 단위, '년', '월', '일' 등의 날짜 단위가 '신문'에서 가장 빈번히 사용되는 것은 '신문'에서 '날짜', '연도', '금액'을 나타내는 경우가 많기 때문이다. '신문'은 매일 일어나는 사건, 사고를 사실적으로 전달하는 사용역이기 때문에 '년', '월', '일'과 같은 날짜 단위가 빈번히 사용되는 것은 당연한 결과일 것이다. 또한 '신문'에는 경제 관련 기사가 많이 포함되기 때문에 다른 사용역과 달리 '원', '달러'와 같은 화폐 단위가 나타나는 경우도 매우 빈번하다. 한편, '신문'에서는 '년', '월', '일'의 사용 빈도가 가장 높은 반면, '대화'에서는 '분', '시'와 같이 시간을 나타내는 의존명사의 사용 빈도가 가장 높다. 이는 우리의 일상생활에서 구체적으로 시간을 표현하는 경우는 '분'이나 '시' 같은 작은 단위의 시간에만 한정되기 때문이다. 우리가 일상적으로 대화를 할 때에는 '년', '월', '일'을 구체적으로 표현하기보다는 올해를 기준으로 한 '재작년', '작년', '내년', 이번 달을 기준으로 한 '지난달', '다음 달', 오늘을 기준으로 한 '엊그제', '어제', '내일', '모레'와 같은 화시적 표현을 쓰는 것이 더욱 일반적이다. 그러나 '분'이나 '시간' 단위는 '한 시간 전', '오 분 전'과 같이 화시적으로 표현하기보다는 '두 시 삼십 분'과 같이 구체적인 시간 표현을 쓰는 것이 보통이다.

2.2. 대명사

▶ **말뭉치 계량 결과 제시**

> 1. 대명사의 사용 빈도: 대화 〉 소설 〉 학술 〉 신문
> 2. 대명사의 어휘 반복도: 소설 〉 학술 〉 대화 〉 신문

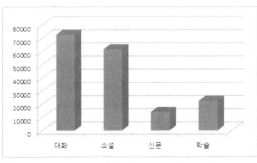

<그래프2.2-1> 사용역에 따른 대명사의 사용 빈도   <그래프2.2-2> 사용역에 따른 대명사의 어휘 반복도

▶▶ **말뭉치 계량 결과에 대한 논의**

대명사의 사용 빈도가 가장 높은 사용역은 '대화'이다. 화자와 청자가 동일한 담화 공간에 존재하고 서로 공유하는 정보가 많을 때에는 구체적인 표현을 이용하여 대상을 지시하기보다는 대용 표현을 이용한 지시가 빈번히 나타나는데 이러한 특성이 '대화'에서 나타나는 대명사의 사용 빈도를 높이는 원인이 된다. 다음의 예를 보자.

〈예2.2-1〉 [대화]

가. 아니 그~ 저쪽 중량천인가 그쪽 많이 범람하잖아. 범람하는 게 거기를 개발해서 그렇대 한강.

나. 그리구 정말 내가 저기도 써 놨지만 진짜 딱 저기 쓰면서 진정한 방학이란 도대체 뭘까.

다. 별루 애들이 거기도 뭐~ 애들이 아현 거기쯤에 내리더라, 학생들이 그쪽 학교 있지? 너두 거기 나왔잖아?

위의 예에서 확인할 수 있듯이 '대화'에서는 대명사나 지시용언 등과 같은 대용 표현이 매우 빈번히 사용된다. 특히 <예2.2-1가>는 '대화'의 전형적인 양상을 잘 보여주는 예라고 할 수 있는데, 예문 내에서 나타나는 체언의 대부분이 대명사로 구성되어 있음을 알 수 있다. '소설'에서 대명사의 사용 빈도가 높은 것은 '그'와 '그녀'와 같이 소설 속 인물을 나타낼 때 사용되는 특정 대명사의 영향이 크다고 할 수 있다.

〈예2.2-2〉[소설]

가. 부정을 하다가 들킨 양 순간적으로 **그녀**는 얼굴을 붉혔다.

나. 그는 출판사나 후배 문인들로부터 보내져 온 책자들을 살펴보면서 하루를 보냈다.

다. 가르시아는 그런 **그녀**를 거의 무시하다시피 기피하고 지냈지만, 가끔 가다 이런 식의 충고를 받고 보면 내심 가슴이 뜨끔하도록 탄복하지 않을 수 없다.

'대화'와 '소설'에서는 대명사의 사용 빈도가 매우 높은 반면에, '신문'과 '학술'에서는 이에 비해 대명사의 사용 빈도가 매우 낮다. '신문'과 '학술'은 정보를 전달하는 것을 목적으로 하므로 대용 표현을 쓰기보다는 보통명사나 고유명사를 사용해 구체적으로 지시 대상을 표현하기 때문이다. 이는 아래의 예를 통해 확인할 수 있다.

〈예2.2-3〉[신문]

가. 일본 소니의 **안도 구니타케** [회장]은 지난 9일([현지] [시각]) 미국 라스베이거스에서의 [가전] [쇼] [기조연설]에서 이렇게 말했다.

나. 25일까지 세종문화회관 [대강당]([오후] 4시 7시, 762-6194)에서 공연한 뒤 [지방] [순회]에 나서는 [극단] **현대극장**의 '**에비타**'(**앤드루** '**에비타**' **로이드 웨버** [작곡], **김덕남** [연출])는 아르헨티나 [대통령] 후안 페론의 두 번째 [부인] 에바 페론의 [일생]을 그린 비장한 [뮤지컬]이다.

다. **김민석 민주당** 서울 [시장] [후보]의 [대변인]인 **김성호** [의원]은 31일 "6월 3일 [오전]에 예정된 (문화방송) [합동] [토론회]를 **이명박 한나라당** [후보]가 거부할 경우, [시민] [단체]와 함께 이 [후보]의 [사퇴]를 요구할 것"이라고 밝혔다.

위의 예는 '신문'에서 체언이 사용되는 양상을 보인 것인데, '신문'은 정보를 객관적으로 전달하는 것이 주된 목적이기 때문에 대명사보다는 고유명사나 보통명사를 이용하여 구체적으로 정보를 전달한다(굵은 글씨: 고유명사, [ ]: 보통명사). 심지어 위의 예에서는 대명사가 하나도 사용되지 않았다. 이러한 이유로 인해 대명사의 사용 양상은 2.1.1.1에서 제시한 보통명사의 사용 양상과 정반대로 나타날 뿐만 2.1.1.2에서 살펴본 고유명사의 사용 양상과도 정반대로 나타난다.

어휘 반복도는 '소설'에서 가장 높게 나타나는데, 이는 고유명사와 마찬가지로 대명사가 소설 속 등장인물을 지시하기 위해 반복적으로 사용되기 때문이다. 대명사는 기능 어휘로 폐쇄 범주이기 때문에 다른 체언에 비해 어휘 반복도가 매우 높다. 모든 사용역에서 하나의 대명사가 평균적으로 최소 250회 이상 반복적으로 사용되는데, 이는 의존명사가 보이는 어휘 반복도보다 더 높은 수치로서 폐쇄 범주인 대명사의 속성을 전형적으로 보여 주는 것이라고 할 수 있다.

▶ **개별 어휘 빈도 제시**

1. 누적 빈도 비율 90%까지 어휘의 유형 빈도
   대화(15), 소설(15), 신문(12), 학술(9)
2. 누적 빈도 비율 90%까지 어휘의 유형 빈도의 비율
   대화(15.46%), 소설(10.79%), 신문(19.35%), 학술(14.06%)

3. '대화'와 '소설'에서는 1인칭대명사 '나'의 사용 빈도가 가장 높다.
4. '대화'에서는 구어에서 특징적으로 사용되는 구어 변이형이 높은 사용 빈도를 보인다.
5. '대화'에서는 '뭐'의 사용 빈도가 다른 사용역에 비해 그 사용 빈도가 특히 높다.
6. '신문'과 '학술'에서는 '그'보다는 '이'의 사용 빈도가 높다.
7. '학술'에서는 복수 1인칭대명사인 '우리'의 사용 빈도가 가장 높다.

	대화			소설			신문			학술		
	형태	빈도	누적비율	형태	빈도	누적비율	형태	빈도	누적비율	형태	빈도	누적비율
1	나	10665	14.68%	나	14143	22.91%	이	3839	27.05%	우리	4369	19.39%
2	그거	10145	28.64%	그	10492	39.90%	우리	2535	44.91%	이	4092	37.55%
3	뭐	8830	40.79%	그녀	6451	50.35%	그	2483	62.40%	그	3475	52.97%
4	이거	5877	48.88%	내	3198	55.53%	나	1108	70.21%	그것	2296	63.16%
5	우리	5257	56.11%	그것	3160	60.64%	그것	586	74.33%	이것	1304	68.95%
6	내	5103	63.14%	우리	3103	65.67%	무엇	420	77.29%	나	1222	74.37%
7	너	3394	67.81%	너	2478	69.68%	누구	397	80.09%	자기	1103	79.27%
8	거기	2537	71.30%	저	1923	72.80%	자기	325	82.38%	무엇	1009	83.75%
9	여기	2500	74.74%	누구	1635	75.45%	내	278	84.34%	여기	883	87.67%
10	걔	2209	77.78%	어디	1516	77.90%	여기	261	86.18%	누구	543	90.08%
11	자기	1715	80.14%	뭐	1487	80.31%	이것	242	87.88%	어디	344	91.60%
12	얘	1466	82.16%	무엇	1363	82.52%	어디	200	89.29%	거기	328	93.06%
13	니	1450	84.15%	자기	1344	84.69%	모	196	90.67%	내	245	94.15%
14	어디	1374	86.04%	당신	1336	86.86%	저	177	91.92%	저	243	95.22%
15	저	1102	87.56%	여기	878	88.28%	이곳	167	93.10%	여러분	148	95.88%
16	누구	1015	88.96%	거기	722	89.45%	아무개	135	94.05%	뭐	117	96.40%
17	그것	816	90.08%	이것	568	90.37%	뭐	127	94.94%	당신	106	96.87%
18	저거	724	91.08%	제	506	91.19%	당신	111	95.72%	너	104	97.33%
19	제	643	91.96%	그곳	452	91.92%	언제	69	96.21%	그녀	82	97.70%
20	저희	456	92.59%	네	417	92.60%	거기	68	96.69%	아무	62	97.97%
21	누	452	93.21%	아무	353	93.17%	그녀	60	97.11%	자네	57	98.22%
22	저기	407	93.77%	자네	319	93.69%	너	55	97.50%	언제	51	98.45%
23	이쪽	369	94.28%	이	308	94.18%	아무	54	97.88%	제	43	98.64%
24	거	359	94.77%	니	290	94.65%	그곳	50	98.23%	그대	41	98.82%
25	이것	350	95.25%	이곳	266	95.08%	여러분	43	98.53%	그곳	35	98.98%
26	그쪽	343	95.73%	언제	225	95.45%	제	37	98.80%	네	29	99.11%
27	언제	336	96.19%	이거	193	95.76%	네	17	98.92%	이곳	26	99.22%
28	요거	286	96.58%	너희	176	96.05%	저희	15	99.02%	저희	22	99.32%
29	당신	210	96.87%	저희	171	96.32%	너희	12	99.11%	그분	19	99.41%
30	쟤	194	97.14%	그놈	158	96.58%	그이	12	99.19%	저것	17	99.48%

<표2.2-1> 사용역에 따른 고빈도 대명사

▶▶ 개별 어휘 빈도에 대한 논의

대명사는 기능 어휘이기 때문에 불과 9~18개의 대명사가 전체 사용 빈도의 90% 이상을 차지한다. 즉, 어떠한 사용역에서든 약 20개의 대명사가 전체 사용 빈도의 90% 이상을 포괄할 수 있는데 이는 대명사가 가진 폐쇄 범주로서 특성을 잘 보여 주는 것이라고 할 수 있다.

'대화'에서는 1인칭대명사 '나'의 사용 빈도가 가장 높다는 것을 특징으로 지적할 수 있다. 이는 일상적인 대화가 1인칭인 화자와 2인칭인 청자 사이에 일어나기 때문이다. 그런데 1인칭대명사와 2인칭대명사 중에서 1인칭대명사의 사용 빈도가 월등히 높은 것은 결국 발화는 화자에서 시작되기 때문에 '너'보다는 '나'를 지시하는 경우가 더 많기 때문일 것이다. 뿐만 아니라 청자는 2인칭대명사를 통해 직접적으로 지시되기보다는 호칭어로 간접적으로 지시되는 것이 더욱 일반적이기 때문에 대화가 화·청자 사이에서 일어나는 것이라고 할지라도 1인칭대명사의 사용 빈도가 훨씬 더 높게 나타나는 것이다. 또한 '대화'에서는 '그거', '이거', '거기', '얘', '니' 등과 같이 구어에서 특징적으로 나타나는 구어 변이형이 주로 사용된다는 특징이 있다. 이는 '대화'가 지닌 구어 사용역의 특성을 잘 보여 주는 예라고 할 수 있다.

한편, '대화'에서는 다른 사용역에 비해 '뭐'의 사용 빈도가 매우 높은데 이러한 결과에 대해서는 '뭐'가 지니는 다음의 세 가지 기능에서 그 원인을 찾을 수 있다. 첫째, '뭐'는 의문대명사로 기능하기 때문에 질문의 화행이 나타날 수 있는 '대화'에서 그 사용 빈도가 높게 나타날 수밖에 없다. '대화'에서는 화자와 청자가 직접적으로 대면하고 있기 때문에 질문의 화행이 가능하지만 '신문'과 '학술'은 정보의 전달이 일방향적이기 때문에 '질문'의 화행이 나타날 수 없고 설령 질문의 화행이 나타난다 할지라도 독자에게 직접적으로 질문을 할 수 없기에 간접 의문, 수사 의문 등이 주로 나타난다. 둘째, '뭐'는 부정대명사로 기능하기 때문에 실시간으로 발화가 생산됨으로 인해 정확하고 구체적으로 표현하기 어려운 '대화'에서 빈번히 사용된다. 아래의 예를 보자.

〈예2.2-4〉 [대화]
가. 두 두 번째 찍는 거야 너무 **뭐**라 하지 마,
나. 오늘까지 **뭐** 하라 그랬대. 좀 다니다가 해도 될 거 같은데.
다. 오빠랑 같이 다니면 아 이게 여자들이 끌릴 만한 **뭔가**가 하나 빠져 있구나.

'대화'에서 화자들은 구체적인 내용을 자세하고 정확하게 표현하기보다는 위의 예와 같이 부정대명사 '뭐'를 사용하여 대략적으로 표현하는 것이 빈번히 나타난다. 특히 구체적인 표현이 쉽게 생각나지 않거나 구체적인 표현을 사용하기 곤란한 상황에서 부정대명사 '뭐'를 사용하는 경향이 있다. 셋째, '뭐'는 의문대명사나 부정대명사로 기능하는 것 이외에도 담화표지로도 기능하는데 이 또한 '대화'에서 '뭐'의 사용 빈도를 높이는 원인이 된다.

〈예2.2-5〉 [대화]
가. 그것도 **뭐** 몇 개 내가 하는 거, 야 어 그저게 못 했던 거 오늘은 했어.
나. 근데 **뭐** 좋은 음식인 거 같애. 개가 좀 불쌍하지만,

다. 빨리 가는데 뭐 어떻게 빨리 건너갈까 말까 하다가 정지선도 넘어 버린다.

위 예에서 보듯이 '뭐'는 감탄사인지 대명사인지 쉽게 구별되지 않는데 말뭉치상의 형태 분석 표지에서도 '뭐'는 대명사 표지와 감탄사 표지가 혼재되어 나타난다. 이는 구어에서 '담화표지'로 기능하는 범주들에서 흔히 나타나는 양상이라 할 수 있다.

'소설'에서는 1인칭대명사 '나', 3인칭대명사 '그', '그녀'의 사용 빈도가 가장 높은데 이는 소설에서 사용하는 일인칭 시점, 전지적 작가 시점과 관계가 깊다. 앞서 언급했듯이 '그'와 '그녀'는 소설에서 특징적으로 사용되는 대명사라고 할 수 있다. '소설'에서 나타나는 1인칭대명사, 3인칭대명사의 사용 양상을 보이면 아래와 같다.

〈예2.2-6〉 [소설]
가. 아버지의 화려한 경력에 어울리는 자식들과는 반대로 나는 생인발처럼 못난 존재였다.
나. 내 사랑을 받아들일 수 있는 내 몫의 삶이 내게는 필요해.
다. 아니, 도통 그가 사람들 앞에 나타나지 않았다는 편이 옳았다.
라. 그러나 그의 직업의식은 여전히 그를 계속해서 멘트를 옳게 했다.
마. 허허로운 감정을 그럴 때마다 느끼면서 그녀는 심한 우울에 빠져 갔다.
바. 내일 당장 벼락을 맞는 한이 있더라도 일단 잠은 자고 봐야 하는 그녀로서는 시험 성적이 좋을 리 없었다.

위의 예에서 확인할 수 있듯이 '소설'에서 인칭대명사는 소설 속의 등장인물을 지시하는 데 전형적으로 쓰이는데 이러한 특징으로 인해 '소설'에서 1인칭대명사 '나', 3인칭대명사 '그', '그녀'의 사용 빈도가 가장 높게 나타나는 것이다.

'신문'과 '학술'에서는 '이', '우리', '그'가 빈도 순위 1, 2, 3위를 차지한다. 여기서 우선 주목할 것은 '신문'과 '학술'에서 지시대명사 '그'보다 '이'의 사용 빈도가 더 높다는 사실이다. 이러한 양상은 '그' 계열 지시사가 '이' 계열 지시사보다 사용 빈도가 높다는 일반적인 사실과 반대되는 결과이기 때문이다. 지시관형사, 지시부사, 지시용언의 경우 일반적으로 '그' 계열이 '이' 계열보다 사용 빈도가 더 높다(5.2.1의 [참고] 참고). 이러한 일반적인 경향과 달리 '신문'과 '학술'에서 지시대명사 '이'가 '그'보다 사용 빈도가 더 높은 것은 지시대명사 '이'가 격식적인 느낌을 주기 때문이다. 이에 대해서는 5.2에서 자세히 논의하게 될 것이다.

'신문'과 '학술'에서 '우리'의 사용 빈도가 높은 것은 이들 사용역이 다수의 독자를 대상으로 하는 공적인 문어 사용역이기 때문이다. 특히 '학술'에서는 대명사 중에서 '우리'의 사용 빈도가 가장 높은데 이는 학술적 글쓰기에서 나타나는 전형적 특징을 잘 보여 주는 것이다. 다음의 예를 보자.

〈예2.2-7〉 [학술]
가. 우리가 수사법을 채택한다는 것은 그런 약속된 기호를 다시 어떤 행동이나 상태에 맞게 구체화시키는 일임을 명심해야 한다.
나. 학문 사이에 유기적 유대관계가 강화되면서 사회과학에 있어서의 연구 방법에 있어서 새로운 발전이 이루어지고 있다는 사실을 우리는 또한 간과할 수 없다.

'학술'에서는 독자나 필자를 직접적으로 가리키는 경우가 거의 없고 위의 예에서와 같이 독자나 필자를 아우르는 표현으로 복수의 1인칭대명사 '우리'를 쓰는 것이 일반적인데 이는 학술적 글쓰기의 특징적인 양상이다. '학술'에서 '우리'를 쓰게 되면 필자를 직접적으로 드러내지 않음으로써 논의의 객관성을 확보할 뿐만 아니라 독자를 논의에 참여시키게 하는 효과를 지닌다. 이에 대해서는 5.1에서 자세히 논의할 것이다.

2.3. 수사

▶ **말뭉치 계량 결과 제시**

1. 수사의 사용 빈도: 대화 〉 신문 〉 소설 〉 학술
2. 수사의 어휘 반복도: 신문 〉 학술 〉 소설 〉 대화

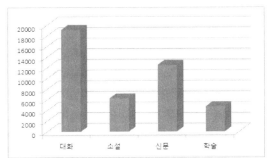

<그래프2.3-1> 사용역에 따른 수사의 사용 빈도

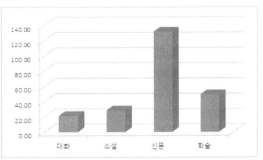

<그래프2.3-2> 사용역에 따른 수사의 어휘 반복도

▶▶ **말뭉치 계량 결과에 대한 논의**

말뭉치 계량 결과에 대한 논의에 앞서, 여기서 제시된 수사의 사용 빈도와 어휘 반복도에 대해 몇 가지 사실을 언급해 두고자 한다. 첫째, 2.3에서 제시되는 말뭉치 계량 결과는 연구 대상 말뭉치의 형태 분석 표지를 그대로 이용하여 추출된 것이라는 점이다. 둘째, 연구 대상 말뭉치상에서 수사로 분석된 것들 중에는 수관형사도 포함되어 있다는 점이다. 예컨대, '다섯' 이상의 고유어 수사, 한자어 수사는 수관형사와 그 형태가 동일한데 연구 대상 말뭉치상에서는 수관형사도 모두 수사로 분석되어 있다. 셋째, 2.3에서 제시되는 말뭉치 계량 결과는 연구 대상 말뭉치의 형태 분석 표지를 그대로 이용했기 때문에 '2만 3천 5백'과 같이 띄어쓰기가 이루어진 경우에는 '만', '천', '백'이 각각의 수사로 분석되었다는 점이다. 따라서 2.3에서 제시되는 말뭉치 계량 결과에 대한 논의는 이러한 사실에 유의해서 살펴볼 필요가 있고 여기서 제시되는 말뭉치 계량 결과는 수작업을 통한 분석 결과를 바탕으로 제시되는 6장의 말뭉치 계량 결과와 차이가 난다는 점에 유의해야 한다.

사용역에 따른 수사의 사용 빈도를 살펴보면, 수사의 사용 빈도는 '대화'에서 가장 높게 나타난다. 이는 '대화'에서 수량 표현이 많이 사용되기 때문이 아니라 구어 사용역인 '대화'에서는 숫자 표기가 나타나지 못하고 문어 사용역에서는 수량 표현이 수사보다는 숫자로 표기되는 것이 더 일반적이기 때문이다. 만약 수사, 숫자 표기, 수관형사 등을 모두 고려하여 수량 표현의 사용 빈도를 살펴보면 '신문 > 학술 > 대화 > 소설'의 순서로 나타난다(6.1 [참고] 참고). 즉, '대화'는 문어 사용역에 비해 수량 표현의 사용 빈도가 높지 않다. 이는 아래의 예에서 보듯이 '대화'에서의 수량 표현은 대략적으로 나타나는 것이 일반적이기 때문이다.

〈예2.3-1〉 [대화]

가. 불가리 중에서도 캐주얼 쪽이라 싼 편이거덩. **백삼십인가?**

나. 그러니까 한 교실에 사물함 하는데 **한 백육십만 원** 들어가지,

다. 내가 **십만 원 넘게** 가지고 있었는데 일차를 내고 났더니 **한 칠만** 얼마가 있었다?

수량 표현은 우리의 실제 생활에서 매우 필수적이지만 우리의 일상 대화에서 정확한 수량 표현이 요구되는 상황은 매우 드물다. 예컨대, '천사백육십칠 원'의 돈이 필요한 경우에 우리는 '천오백 원' 내지는 '이천 원'이라고 대략적으로 표현해도 크게 문제가 되지 않는다. 오히려 정확하고 세밀한 표현은 실시간의 발화가 오고가는 상황에서 의사소통에 방해가 된다. '대화'에서 보통명사나 고유명사 보다는 대명사나 의존명사 '것(거)'의 사용 빈도가 높은 것도 이러한 이유에서 기인하는 것이다. 즉 '대화'에서는 모든 표현이 간결하고 대략적이다.

'소설'은 수사의 사용 빈도가 가장 낮지는 않지만 수량 표현의 사용 빈도가 가장 낮다. 이는 '소설'이 가진 서사(narrative) 장르적 특성과 관련이 있을 것으로 보인다. 등장인물과 이들이 펼치는 사건을 이야기로 풀어 나가는 것이 기본적인 서사 장르에서 수량 표현은 그리 두드러지게 사용되지 않을 것이기 때문이다.

'신문'은 문어 사용역 중에서 수사의 사용 빈도가 가장 높다. 문어 사용역에서 수량 표현은 문자로 표기되는 수사보다는 숫자로 표기되는 것이 더 일반적임에도 불구하고 '신문'은 수량 표현의 사용 빈도가 매우 높기 때문에 수사의 사용 빈도도 문어 사용역 중에서 가장 높게 나타나는 것이다. '신문'에서는 매우 큰 수를 나타내야 하는 경우가 많은데, 이때 '1만 2천 3백 24'와 같이 '백', '천', '만' 등의 단위수는 수사로 나타나고 단위수 앞에 나타나는 정확한 수는 숫자로 표기되는 것이 일반적이다. 이로 인해 '신문'에서는 '백', '천', '만' 등과 같은 비교적 큰 단위수를 나타내는 수사의 사용 빈도가 높게 나타난다.

어휘 반복도는 '신문'에서 가장 높게 나타나는데, 이는 '신문'에서는 단위수의 사용 빈도가 높고 좀 더 정확한 수는 숫자로 나타나는 것이 일반적이기 때문이다. 즉 '신문'에서는 수량 표현을 나타낼 때 단위수를 나타내는 한정된 수사가 반복적으로 쓰이고 그 이외의 정확한 수는 숫자로 나타나는 것이다. 어휘 반복도가 가장 낮은 사용역은 '대화'이다. '대화'에서는 문어 사용역에서와 같은 숫자 표기가 나타날 수 없어 모든 수량 표현이 수사로 나타나기 때문에 어휘 반복도가 낮을 수밖에 없을 것이다.

▶ **개별 어휘 빈도 제시**

1. 누적 빈도 비율 90%까지 어휘의 유형 빈도
   대화(90), 소설(51), 신문(8), 학술(19)
2. 누적 빈도 비율 90%까지 어휘의 유형 빈도의 비율
   대화(23.94%), 소설(23.29%), 신문(8.42%), 학술(20%)
3. '대화'와 '소설'은 '일'에서 '십'까지의 한자어 기본수, '하나'에서 '열'까지의 고유어 기본수가 상위 빈도를
   차지한다.
4. '신문'에서는 '백', '천', '만', '억', '조'와 같이 단위가 큰 단위수가 상위 빈도를 차지하고 있고 '백만',
   '천만' '천억', '백억'과 같은 단위수도 상위 빈도를 차지한다.
5. '학술'에서는 '첫째', '둘째', '셋째'와 같은 서수사가 상위 빈도를 차지하고 있다.

	대화			소설			신문			학술		
	형태	빈도	누적비율	형태	빈도	누적비율	형태	빈도	누적비율	형태	빈도	누적비율
1	일	2038	10.66%	하나	1713	27.27%	만	3409	27.21%	하나	1589	33.28%
2	하나	1854	20.35%	둘	526	35.65%	백	2460	46.85%	만	412	41.91%
3	이	1329	27.30%	열	257	39.74%	천	1838	61.52%	첫째	340	49.03%
4	삼	998	32.52%	십	232	43.43%	억	1777	75.71%	둘째	325	55.83%
5	둘	691	36.14%	백	219	46.92%	하나	684	81.17%	천	215	60.34%
6	오	639	39.48%	일	209	50.25%	조	389	84.27%	셋째	210	64.73%
7	십	617	42.70%	다섯	165	52.87%	백만	356	87.12%	억	190	68.71%
8	사	589	45.78%	천	145	55.18%	천만	351	89.92%	백	185	72.59%
9	열	530	48.56%	삼	145	57.49%	천억	110	90.80%	둘	158	75.90%
10	이십	416	50.73%	이	131	59.58%	백억	107	91.65%	넷째	81	77.59%
11	육	397	52.81%	이십	124	61.55%	둘	84	92.32%	다섯	79	79.25%
12	삼십	322	54.49%	셋	124	63.52%	둘째	81	92.97%	조	78	80.88%
13	다섯	317	56.15%	삼십	105	65.20%	첫째	81	93.61%	백만	74	82.43%
14	여섯	267	57.55%	여섯	102	66.82%	수십	79	94.24%	일	71	83.92%
15	백	246	58.83%	일곱	95	68.33%	다섯	70	94.80%	열	60	85.17%
16	일곱	236	60.07%	둘째	94	69.83%	수백	51	95.21%	천만	58	86.39%
17	여덟	236	61.30%	서른	88	71.23%	일	48	95.59%	십	51	87.46%
18	사십	210	62.40%	오	85	72.58%	셋째	42	95.93%	여섯	51	88.52%
19	영	208	63.49%	아홉	78	73.83%	수천	39	96.24%	다섯째	40	89.36%
20	칠	206	64.56%	만	71	74.96%	여섯	37	96.54%	수십	36	90.12%
21	스물	189	65.55%	사십	70	76.07%	열	31	96.78%	삼	35	90.85%
22	팔	187	66.53%	오십	65	77.11%	수만	29	97.01%	일곱	35	91.58%
23	투	177	67.46%	여덟	58	78.03%	수백만	24	97.21%	수천	29	92.19%
24	아홉	175	68.37%	몇	47	78.78%	십	23	97.39%	수백	28	92.77%

25	오십	156	69.19%	수십	45	79.49%	서른	22	97.57%	세째	24	93.28%
26	원	149	69.97%	넷	42	80.16%	수십억	18	97.71%	여덟	23	93.76%
27	만	132	70.66%	스물	39	80.78%	수천만	17	97.84%	셋	22	94.22%
28	셋	130	71.34%	셋째	36	81.36%	구	16	97.97%	여섯째	19	94.62%
29	구	123	71.98%	사	36	81.93%	셋	14	98.08%	백억	15	94.93%
30	천	121	72.61%	수백	35	82.49%	넷째	12	98.18%	천억	14	95.23%

<표2.3-1> 사용역에 따른 고빈도 수사

▶▶ 개별 어휘 빈도에 대한 논의

누적 빈도 비율 90%까지의 유형 빈도는 8~90으로 사용역에 따라 그 차이가 매우 큰 편이다. 특히 '신문'은 누적 빈도 비율 90%까지의 유형 빈도가 불과 8에 불과하다. 즉 8개의 수사로 수사 사용 빈도의 90%를 포괄한다는 것이다. 이는 '신문'에서의 수량 표현이 숫자로 나타나는 것이 일반적이고 수사는 수의 크기가 큰 단위수에서만 제한적으로 나타나기 때문이다.

'대화'와 '소설'은 '일'에서 '십'까지의 한자어 기본수, '하나'에서 '열'까지의 고유어 기본수가 상위 빈도를 차지하고 있다는 것이 특징이다. 이는 '대화'와 '소설'에서 표현하는 수량 표현의 범위가 한정되어 있기 때문일 것이다. 다시 말해서, '대화'와 '소설'은 '신문'이나 '학술'과 달리 큰 수를 표현하는 경우가 적다는 것이다. 실제로 우리가 일상적으로 대화를 하면서 큰 수를 표현하는 경우는 매우 드물다. 한편 '대화'에서는 기본수의 경우, 고유어 수사보다는 한자어 수사가 더 빈번히 사용된다는 것도 특징으로 지적할 수 있다. 일반적으로 고유어 수사가 한자어 수사보다 더 빈번히 사용될 것이라고 예측되는데 이러한 예측과는 정반대의 결과가 나타났다.

'신문'에서는 '백', '천', '만', '억', '조'와 같이 단위가 큰 단위수가 상위 빈도를 차지하고 있고 '백만', '천만' '천억', '백억'과 같은 수의 크기가 매우 큰 단위수도 상위 빈도를 차지한다. 이는 '신문'에서 다음과 같이 수량을 표현하는 것이 일반적이기 때문이다.

〈예2.3-2〉 [신문]
우선 배정분 가운데 233만 170주가 실권 처리돼 일반 투자자 배정분이 2033만 170주로 늘어났고 3일 동안 모두 4억 6891만 4750주의 청약이 접수됐다.

위의 예에서 보듯이 '신문'에서는 '백', '천', '만' 등의 수의 크기가 큰 단위수에 문자로 표기되는 수사를 쓰고 구체적인 수에는 숫자를 쓰는 것이 일반적이다. '신문'에서 이렇게 수량을 표현하는 것은 가독성의 문제와 관련된다. 가령, 위의 예에서 제시된 '4억 6891만 4750'을 숫자로만 표기하면 '468,914,750'이 되고 이를 수사로만 표기하면 '사억 육천팔백구십일만 사천칠백오십'이 되는데 전자와 후자 모두 숫자와 수사가 혼용된 표현보다 가독성이 현저히 떨어진다.

'학술'에서는 '첫째', '둘째', '셋째'와 같은 서수사가 상위 빈도를 차지하고 있다는 것이 특징이다. 이는 학술적 글쓰기의 특성에서 기인하는 것이라고 할 수 있다.

〈예2.3-3〉 [학술]

취재에는 다음의 몇 가지 사항이 고려되어야 한다. **첫째**, 관찰과 조사, 독서와 사색이 필요하다. **둘째**, 사실에 근거하여 추론된 것, 합리적으로 해석된 것, 주제에 합당한 소재를 선택하도록 해야 한다. **셋째**, 비교, 대조 등의 방법을 활용해야 한다. **넷째**, 독자에게 흥미를 끌 수 있는 斬新 하면서도 친근한 소재를 선택해야 한다.

<예2.3-3>에서 확인할 수 있듯이, '학술'에서는 여러 가지 사실을 나열해야 할 경우, 나열하는 사실들 앞에 서수사를 붙여 그 순서를 명확히 제시하는 것이 일반적이다. 이는 글의 논리성과 명료성이 중요한 '학술'의 사용역 특성 때문이다. '학술'에서는 독자의 이해를 돕기 위해 논의를 순서대로 명료하게 제시할 필요가 있는데 이를 위해 서수사가 많이 사용된다.

3장 일반명사

3.1. 명사의 분류

명사는 일반적으로 '사물의 이름을 나타내는 말'로 정의할 수 있다. 명사는 '무엇이 무엇이다', '무엇이 어찌한다', '무엇이 무엇을 어찌한다'의 문장의 틀에서 '무엇'의 자리를 채울 수 있다. 즉 명사는 문장 내에서 주어, 목적어, 서술어 등의 다양한 문법 기능으로 나타날 수 있다. 그리고 명사는 관형어의 수식을 받을 수 있으며 다양한 격조사와 결합할 수 있다는 문법적 특성을 지닌다.

명사는 문법적, 의미적 특성에 따라 여러 가지 부류로 나눌 수 있는데 우선 통사적인 자립성 여부를 기준으로 하여 크게 **일반명사**와 **의존명사**로 나뉜다. 여기서 일반명사는 의존명사가 아닌 일반적인 **자립명사**를 가리킨다. 일반명사는 다시 의미적 기준을 통해 몇 가지 부류로 나눌 수 있다. 우선, 일반명사는 지시 대상의 범위를 기준으로 크게 **보통명사**와 **고유명사**로 나눌 수 있고 다시 보통명사는 지시 대상의 구체성과 추상성을 기준으로 **구체명사**와 **추상명사**로 나눌 수 있으며, 구체명사는 다시 유정성을 기준으로 **유정명사**와 **무정명사**로 나눌 수 있다. 명사의 분류는 다양한 기준에 따라 더 세분될 수 있지만 여기서는 전통적인 명사의 분류 기준에 따라 그 분류를 아래와 같이 제한하고자 한다.

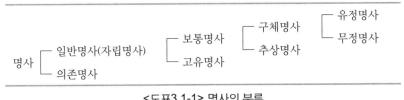

<도표3.1-1> 명사의 분류

사실상, 의미적 기준에 따른 명사의 분류는 유정명사와 무정명사의 구분 이외에는 한국어 문법 기술에서 중요한 의미를 지니지 않는다. 왜냐하면 영어에서와 같이 보통명사/고유명사, 구체명사/추상 명사의 구분이 명사의 문법적 특성에 큰 영향을 주는 것이 아니기 때문이다. 그러나 실제 언어 사용 양상을 기술한다는 측면에서는 의미적 기준에 따른 명사의 분류는 중요한 의미를 지닌다. 왜냐하면 명사의 의미론적 특성이 명사의 사용 양상에 큰 영향을 미치기 때문이다. 따라서 명사의 의미론적

특성이 명사의 사용 양상에 어떠한 영향을 미치는지를 살펴보고 명사의 의미론적 특성에 따른 명사의 사용 양상을 자세히 기술하여 그러한 사용 양상이 나타나는 이유를 밝히는 작업은 사용의 문법을 기술하는 입장에서는 중요한 의의를 가진다.

3.1.1. 보통명사와 고유명사

일반명사는 명사가 지시하는 대상의 범위를 기준으로 보통명사와 고유명사로 나눌 수 있다. 보통명사는 가리키는 대상의 범위에 제한이 없지만 고유명사는 가리키는 대상의 범위가 특정적이거나 유일한 경우가 일반적이다. 고유명사의 유형은 매우 다양한데 다음은 전형적인 고유명사를 간단하게 몇 가지로 유형화하여 그 예를 보인 것이다.

〈예3.1.1-1〉
가. 인명: 김, 이, 박, 수혜, 경지, 진아, 클레오파트라, 아리스토텔레스, 공자 등
나. 지명: 서울, 부산 한국, 미국, 중국, 강원도, 아시아, 유럽, 한강, 지리산, 태평양 등
다. 사물명: 듀라셀, 콘칩, 포카리스웨트, 두루넷, 서울역, 경복궁, 해인사 등
라. 기관명: 한나라당, 삼성, 다저스, 연세대, 적십자, 나토, 노사모 등

위의 예에서 '인명'은 성(姓)이나 사람의 이름을 가리키는 고유명사, '지명'은 국가, 행정구역, 특정 지역이나 산, 강, 호수 등을 가리키는 고유명사이며, '사물명'은 인공적으로 만든 사물을 가리키는 고유명사이고, '기관명'은 집단이나 회사, 모임 등을 가리키는 고유명사이다.

고유명사는 어떠한 대상을 다른 대상과 구별하기 위해 붙여진 이름이므로 어휘적 의미를 가지지 않는 것이 일반적이다. 예컨대, '경지'라는 이름은 특정한 인물을 다른 사람과 구별하기 위해 붙여진 이름으로 어떠한 어휘적 의미를 전달해 주는 것은 아니다. 그러나 고유명사에 어휘적 의미가 전혀 없다고 보기 어려운 경우가 있다. <예3.1.1-1라>의 '노사모'는 '노무현을 사랑하는 사람들의 모임'이라는 뜻을 가지고 있다고 볼 수 있기 때문이다. 한편, 고유명사는 특정한 대상에 붙여진 이름이기 때문에 해당 명사가 가리키는 개체는 유일성을 지니는 것이 일반적이다. 물론, 세상에서 '경지'라는 이름을 가진 개체가 하나 이상일 수도 있지만, 즉 동명이인이 있을 수도 있지만 우리가 현재 '경지'라는 이름으로 부르는 대상은 유일한 것이다. 고유명사는 이러한 특수성을 지니고 있기 때문에 다음의 예에서 보듯이 수량 표현, 복수 표지(접미사 '-들'), 배분 표지(조사 '마다')와 결합할 수 없는 것이 일반적이다.

〈예3.1.1-2〉
가. 아니, 뭐~ {남대문/*남대문들/*남대문마다} 안경 파는 데는 일본 사람들 많이 오드라구. [대화]
나. 자신의 짝사랑이 이루어지나 싶어서 {경지는/*많은 경지들은/*경지마다} 내심 들떠 있었다. [소설]
다. 금리 인상도 {한국의/*한국들의} 금융 시스템이 여전히 취약하기 때문에 쉬운 방법은 아니다. [신문]
라. 컴퓨터를 생산해 내는 사람들은 인텔(Intel)이나 아이비엠(IBM), {삼성이나/*삼성들이나} 대우, 엘지, 세진 혹은 마이크로소프트사나 썬 시스템 같은 곳에서 일한다. [학술]

또한 고유명사는 유일한 대상을 가리키므로 이미 특정적이고 한정적이기 때문에 '어느', '다른', '어떤', '이', '그', '저'와 같은 지시관형사와 함께 나타나지 않는 것이 보통이다.

〈예3.1.1-3〉
가. 넌 나랑 친군 놈이 {*다른/*이/*그/*저} 효진이랑도 친구냐. [대화]
나. {*다른/*이/*그/*저} 서울에도 총각이 널려 있는데 수원까지 시집을 간다고 동창들이 야단이었던 친구들이 머리에 떠올랐다. [소설]
다. {*어느/*다른/*이/*그/*저} 한나라당은 금강산 관광 중단 등 강경책을 주문하면서 현 정부의 대북정책을 신랄히 비판한 반면, 민주당은 안보와 교류 협력의 분리 대응을 주장했다. [신문]
라. 그러자 일본은 군대를 출동시켜 {*다른/*이/*그/*저} 경복궁을 포위하고 대원군을 앞세워 민 씨 세력을 몰아낸 다음, 개화파로 새로운 정부를 구성하여 개혁을 단행하였다. [학술]

다음의 〈예3.1.1-4가, 나〉에서 보듯이 고유명사가 '어느'나 '어떤', '다른'과 결합해도 어색하지 않은 경우는 똑같은 이름을 가진 사람, 기관, 장소, 사물 등이 여럿이 있을 때이다. 그리고 고유명사가 '이', '그', '저'와 같은 지시관형사와 함께 나타나는 경우는 〈예3.1.1-4다, 라〉와 같이 앞서 제시된 고유명사를 다시 강조하여 가리킬 때이다.

〈예3.1.1-4〉 [대화]
가. A: 환타 어떤 환타? B: 환타 오렌지밖에 없어.
나. A: 어떤 지영이? B: 구 번:: 아 구 번이 아니구나 손지영.
다. 근데 그 압구정동에서 모범택시 타고 가는 거 알아요?
라. 아 사건인즉슨, 아 그 박매형 씨가, 그 후배에게 말했는데 그 후배 분이 친구한테 말해서,

〈예3.1.1-4가〉의 '환타'는 '오렌지 맛 환타', '포도 맛 환타'가 있어 똑같은 이름을 가진 사물이 여럿이 있는 경우에 해당되고 〈예3.1.1-4나〉의 동명이인의 '지영이'가 있는 경우에 해당한다. 이때 화자는 동일한 이름을 지니는 둘 이상의 개체 중 어떠한 것을 가리키는지 묻기 위해 '어떤'을 사용하고 있다. 〈예3.1.1-4다, 라〉의 '압구정동', '박매형 씨'는 모두 앞선 발화에서 언급된 장소와 인물인데, 지금 발화하고 있는 장소와 인물이 앞선 발화에서 언급한 것과 동일한 것임을 강조하기 위해 '그'가 결합된 것이다.

'사물명'의 경우, '지시 대상의 유일성'이라는 고유명사의 가장 일반적인 특성에서 벗어날 때가 많다. 예컨대, '초코파이', '호치키스', '포스트잇' 등과 같은 사물명은 원래 상품의 이름을 나타내는 고유명사였지만 이제는 그와 비슷한 사물을 대표적으로 나타내는 보통명사로 쓰인다. 이는 사물의 이름이 그것과 비슷한 속성을 가지는 사물 부류 전체에 확대 적용되었다는 점에서 일종의 추상화 과정을 겪은 것이라고 볼 수 있다. 다음의 예에서 보듯이 '사물명'뿐만 아니라 '인명'도 보통명사화되는 경우가 있는데 '사물명'과는 달리 은유 과정을 통한 것이기는 하지만 이러한 경우도 결국 추상화 과정을 겪은 것이라고 할 수 있다.

〈예3.1.1-5〉

가. 평일인 20일 오후 1시 입질이 뜸한 시간인데도 60여 명의 **강태공들**이 낚싯대를 붙잡고 있었다. [신문]

나. 두레집짓기는 일하는 흥과 사람과 자연에 대한 배려가 있는 **흥부**의 톱질인 반면, 비용과 속도만을 따지는 건설현장은 **놀부**의 톱질이라는 것이다. [신문]

다. 더 이상 결혼을 통해서 **신데렐라가** 되기를 꿈꾸는 여성이 있어서는 안 된다는 것이 현대판 신데렐라가 준 교훈이다. [학술]

위의 예에서 '강태공'과 '흥부', '놀부', '신데렐라'는 세상에서 유일한 인물을 가리키는 것이 아니라 이러한 인물들이 지닌 어떠한 특성을 공유하는 사람 부류 전체를 가리킨다. 여기서 '강태공', '흥부', '놀부', '신데렐라'는 각각 '낚시꾼', '착한 사람', '나쁜 사람', '결혼을 통해 성공을 꿈꾸는 여성'을 가리키는 것으로 보통명사처럼 쓰인 것이라고 할 수 있다.

이러한 예들을 제외하고도 고유명사가 늘 유일한 지시 대상을 가진다고 보기 힘든 경우가 있다. 대량으로 복제되어 생산되는 사물의 이름의 경우가 대표적이다. 이는 동명이인의 경우와 같이 서로 다른 사물이 동일한 이름을 가지는 경우로 보기 힘들고 똑같은 사물이 대량 생산되었기 때문에 동일한 이름을 가지게 된 경우라고 볼 수 있다. 예컨대, 슈퍼마켓에 수많은 '신라면'이 있을지라도 그 '신라면'은 서로 다른 종류의 '신라면'이 아니라 공장에서 대량 복제 생산된, 완전히 동일한 종류의 사물인 것이다. 그래서 이러한 경우에는 일반적인 고유명사가 결합할 수 없는 복수의 접미사 '-들'과도 결합할 수 있다. 뿐만 아니라 '집단'을 나타내는 고유명사도 유일한 지시 대상을 가리킨다고 보기 힘들다. 고유명으로 표시된 해당 '집단'은 유일하지만 그 '집단'에 속한 개체는 복수이기 때문이다. 따라서 아래의 예와 같이 '-들'과도 결합할 수 있다.

〈예3.1.1-6〉

가. "맞다, **베트콩들은** 원래 나무를 잘 탄다더라." [소설]

나. 말이야 바른 말이제 **김가들이** 즈그 살라고 맥없는 **마가들** 꼬나바쳐 한 날 한 시에 마가 열다섯 집이 한 지사를 지내게 된 것은 삼 동네 사람들이 다 아닌 사실인디…… [소설]

다. 그런가 하면 베이징에 사는 탈북자 김명준(21 · 가명)씨는 "**조선족들은** 우리 월급을 떼먹고, 공안에 고발해서 상금까지 타 먹는다"라며 분통을 터뜨렸다. [신문]

라. 즉 서구문화와는 동떨어져 거의 접촉이 없었던 뉴기니아의 Fore와 Dani**족들도** 미국인들의 사진을 보고는 안면 표정의 의미를 정확하게 알아맞히는 것이었다. [학술]

한편, 아래의 예에서와 같이 여러 개의 어휘가 구를 이루어 고유명을 형성하는 경우도 있다. 이러한 고유명은 구의 형식을 이루고 있기 때문에 고유명사라고 보기는 어려울 것이다. 이러한 구 형식의 고유명은 주로 작품명과 기관명, 단체명에서 나타난다.

〈예3.1.1-7〉

가. 작품명: 오페라의 유령, 지구를 지켜라, 복수는 나의 것, 금발이 너무해, 로미오와 줄리엣, 나는 평양에서 희망을 보았다, 우리 아이 경제교육 어떻게 할까, 카메라로 보는 방법 등

나. 기관명, 단체명: 노무현을 사랑하는 사람들의 모임, 노래를 찾는 사람들, 한국 종교 문화 연구소, 한국 교정 교화 사업 연구소, 전국 국어 교사 모임, 서초 강남 교육 시민 모임, 한국 완구 공업 협동조합 등

1. '대화'의 보통/고유명사의 사용 비율: 보통명사 〉 고유명사
2. '소설'의 보통/고유명사의 사용 비율: 보통명사 〉 고유명사
3. '신문'의 보통/고유명사의 사용 비율: 보통명사 〉 고유명사
4. '학술'의 보통/고유명사의 사용 비율: 보통명사 〉 고유명사

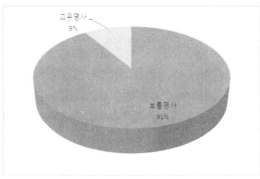

<그래프3.1.1-1> '대화'의 보통/고유명사 사용 비율

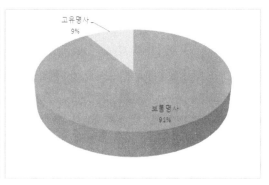

<그래프3.1.1-2> '소설'의 보통/고유명사 사용 비율

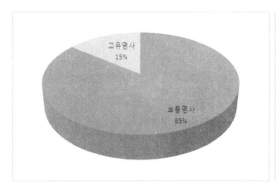

<그래프3.1.1-3> '신문'의 보통/고유명사 사용 비율

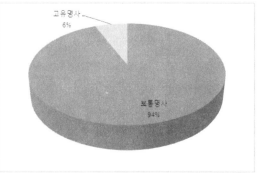

<그래프3.1.1-4> '학술'의 보통/고유명사 사용 비율

▶▶ 말뭉치 계량 결과에 대한 논의1

　일반명사 중 보통명사와 고유명사의 사용 비율을 비교했을 때, 모든 사용역에서 공통적으로 보통명사가 고유명사에 비해 그 사용 비율이 압도적으로 높다. 이는 유일한 개체를 가리키는 고유명사가 개념의 추상성이 높은 보통명사보다 그 사용 범위가 좁기 때문일 것이다. 예컨대, 고유명사 '수혜'는 세상에 존재하는 동명이인까지 모두 포함하더라도 '수혜'라는 이름을 가진, 매우 한정된 사람만을 지시할 수밖에 없는 반면, '사람'이라는 보통명사는 세상에 존재하는 사람이라는 부류를 모두 가리킬 수 있다. 따라서 고유명사는 보통명사에 비해 그 사용 비율이 월등히 높을 수밖에 없다.

　'신문'은 다른 사용역에 비해 고유명사의 사용 비율이 비교적 높게 나타나는데 이는 '신문'에서

고유명사의 사용 빈도가 가장 높다는 사실과(2.1.1.2의 <그래프2.1.1.2-1> 참고) 관련된다. 2.1.1.2에서 논의한 것처럼 '신문'에서 고유명사의 사용 빈도가 가장 높은 것은 우리 주변에서 일어나는 사건, 사고를 사실적이고 객관적으로 전달하는 '신문'의 사용역 특성에서 비롯되는 것이다. 아래의 예에서 확인할 수 있듯이, '수지'라는 고유명사가 가리키는 개체는 유일한 것이기 때문에 그 개체가 무엇인지 명확히 알 수 있는 반면, '여자'라는 보통명사는 그것이 지시하는 범위가 매우 광범위하여 그 개체를 한정해 줄 수 있는 수식어가 결합한다고 하더라도 고유명사로 개체를 나타낼 때보다 그 구체성이 떨어진다.

〈예3.1.1-8〉
가. 수지.
나. 키가 165cm이고 나이는 스무 살이고 얼굴은 예쁘지만 마음씨는 고약한 여자.

따라서 보통명사보다는 고유명사를 써서 정보를 전달할 경우, 그 정보는 더욱 객관적이고 사실적인 것이 된다.

한편, '학술'은 다른 사용역에 비해 고유명사의 사용 비율이 가장 낮다. 이는 '학술'에서 고유명사가 낮은 사용 빈도를 보이기 때문이 아니라 '학술'이 '대화'나 '소설'에 비해 상대적으로 보통명사의 사용 빈도가 높기 때문이다(2.1.1.1의 <그래프 2.1.1.1-1> 참고). 즉 '학술'은 고유명사의 사용 빈도가 낮지 않으나 보통명사의 사용 빈도가 다른 사용역에 비해 높기 때문에 고유명사의 사용 비율이 낮아진 것이라고 볼 수 있다.

▶ **말뭉치 계량 결과 제시2**[1]

1. '대화'의 고유명사별 사용 비율: 인명 〉 지명 〉 기타 〉 사물명 〉 기관명
2. '소설'의 고유명사별 사용 비율: 인명 〉 지명 〉 사물명 〉 기타 〉 기관명
3. '신문'의 고유명사별 사용 비율: 지명 〉 인명 〉 기관명 〉 사물명 〉 기타
4. '학술'의 고유명사별 사용 비율: 지명 〉 인명 〉 기관명 〉 기타 〉 사물명

---

1) 그래프상에서 0%로 표시된 것은 실제 사용 빈도가 0인 것이 아니라 그 사용 비율이 매우 낮아 그래프 작성 시에 0%로 나온 것이다. 실제 사용 빈도가 0인 것은 그래프상에서 그 범주가 제시되지 않는다. 이는 이후 이어지는 '말뭉치 계량 결과 제시'에서도 동일하게 적용된다.

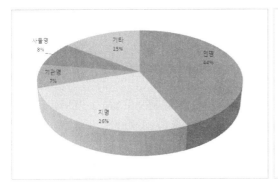

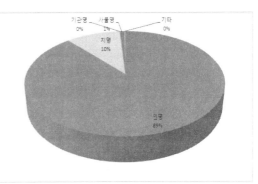

<그래프3.1.1-5> '대화'의 고유명사별 사용 비율

<그래프3.1.1-6> '소설'의 고유명사별 사용 비율

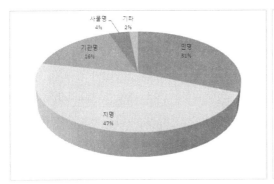

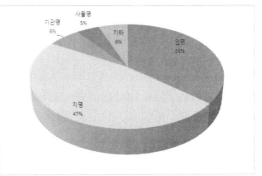

<그래프3.1.1-7> '신문'의 고유명사별 사용 비율

<그래프3.1.1-8> '학술'의 고유명사별 사용 비율

▶▶ 말뭉치 계량 결과에 대한 논의2

　말뭉치 계량 결과에 대한 논의에 앞서, 위에서 제시된 <그래프3.1.1-5~8>에 대해서 미리 언급해 둘 사실이 있다. 위의 그래프는 누적 빈도 비율 80%까지의 고유명사를 대상으로 하여 고유명사별 사용 비율을 보인 것이라는 점이다. 전체 고유명사를 대상으로 한 유형 분류 결과는 아니지만 말뭉치에서 사용된 고유명사의 80%를 대상으로 했다는 점에서 위의 그래프에서 제시되는 말뭉치 계량 결과는 고유명사의 사용 양상을 밝히기에 충분히 유의미하다고 할 수 있다.

　사용역에 따른 고유명사의 유형별 사용 비율을 살펴본 결과, 네 사용역이 모두 각기 다른 사용 양상을 보이고 있다는 것을 알 수 있다. 이러한 결과는 각 사용역의 특성이 반영된 것이라고 볼 수 있다. 우선 모든 사용역에서 공통적으로 '인명'이나 '지명'이 가장 높은 사용 비율을 보이는데 '대화'와 '소설'은 '지명'보다는 '인명'의 사용 비율이 더 높고 '신문'과 '학술'은 '인명'보다는 '지명'의 사용 비율이 더 높다. 다시 말해서, 정보 전달을 목적으로 하는 '신문'과 '학술'은 다른 사용역에 비해 '지명'의 사용 비율이 높은데 이는 정보 전달을 목적으로 하는 사용역이 그렇지 않은 사용역에 비해 '지명'을 구체적으로 드러내야 하는 경우가 훨씬 더 많기 때문인 것으로 보인다. 아래의 예는 '신문'에서 '지명'이 사용되는 예를 보인 것이다.

〈예3.1.1-9〉 [신문]

가. 조지 W 부시 미국 대통령은 18일 야세르 아라파트 **팔레스타인** 자치정부 수반이 "지도자로서 실패했다"며 **팔레스타인**은 새로운 지도자가 필요하다고 말했다.

나. 4일 한국-**폴란드** 전에서는 **한국**이 **폴란드**를 3 대 0 또는 3 대 1로 이긴다고 이 씨는 예측했다.

다. 이사벨이 동부 해안 240km 정도 접근한 17일 **노스캐롤라이나주와 버지니아주는** 비상사태를 선포했다.

라. 포항 역시 허화평 후보(무소속)가 선전하고 있으며 이밖에도 **강릉에선** 최돈웅 후보(무소속)가 최종완 후보 (민자)를, **상주에선** 김상구 후보(무소속)가 김근수 후보(민자)를 각각 앞서고 있는 상태.

<예3.1.1-9>를 통해 확인할 수 있듯이, '신문'에서도 '인명'의 사용 빈도는 결코 낮지 않다. 실제 사용 빈도에 있어서는, '신문'에서 나타나는 '인명'의 사용 빈도가 '소설'에서 나타나는 '인명'의 사용 빈도와 거의 비슷하다. 다만 그 사용 비율이 '지명'에 비해 낮을 뿐이다. '학술'에서 '지명'이 사용되는 예를 보이면 다음과 같다.

〈예3.1.1-10〉 [학술]

가. 산업혁명은 **영국**에 이어 서구라파 여러 나라와 **북미주**에 파급했고 뒤늦게 **日本**, 소련에도 일어났다.

나. 그 뒤 강화를 맺은 **몽고**가 무리한 조공을 요구해 오자, 이에 **고려는 서울을 강화도로** 옮기고 **몽고**에 저항할 태세를 취하였다.

다. **삼랑진 경상남도 밀양군** 남동부에 있는 읍. **낙동강** 기슭에 자리 잡고 있으나 **태백산맥**에 잇닿은 험한 산지가 많아서 평지가 거의 없다.

라. 이 전쟁으로 말미암아 **프랑스**의 **유럽** 제패와 **프랑스** 문화의 **유럽** 지배가 시작되었고 **스위스와 네덜란드**의 독립이 촉진되었으나, **독일**의 국토는 황폐해지고 정치적 분열과 문화 발달이 뒤지는 원인이 되었다.

<예3.1.1-9, 10>에서 확인할 수 있듯이, '신문'과 '학술'은 다른 사용역에 비해 '지명'을 구체적으로 드러내어야 하는 경우가 많은데 '신문'은 사건을 보다 객관적으로 전달하기 위해서 '지명'을 많이 사용하는 반면 '학술'은 그 내용 특성상 '지명'을 많이 사용한다는 것을 알 수 있다. 따라서 '학술'의 경우, 말뭉치를 구성하고 있는 텍스트의 주제에 따라 고유명사별 사용 비율이 달라질 수도 있을 것이다. 예컨대, 역사적 인물이나 사건을 논의의 대상으로 하는 학술 서적이 말뭉치에 많이 포함될 경우, '인명'의 사용 비율이 더 높아질 가능성이 있는 것이다.

'인명'의 사용 비율은 다른 사용역과 비교했을 때 '소설'에서 가장 높게 나타난다. '소설'은 고유명사 사용 빈도의 약 90%가 '인명'으로 나타나 다른 사용역에 비해 그 사용 비율이 압도적으로 높다. 이는 다음의 예에서 보듯이 '소설'에서 '수혜', '경지', '예리' 등과 같이 등장인물을 드러내는 데 고유명사를 주로 쓰기 때문이다.

〈예3.1.1-11〉 [소설]

가. 그다지 우스운 이야기는 아니었지만 **경지**는 배를 쥐고 웃었다.

나. 어느새 **예리**의 꽉 쥔 손이 식은땀에 끈적였다.

다. **수혜**는 마음 놓고 연습에 몰두할 수 있어서 오히려 인기척이 없는 고요한 실내가 좋았다.

라. 지금 살고 있는 집은 새 집을 지어 이사 간 **영철**이네가 빌려준 집입니다.

'인명'은 '대화'에서도 높은 사용 비율을 보이지만 화자와 청자가 동일한 담화 공간에 있어 정보 공유도가 높은 '대화'에서는 한번 고유명사로 지칭된 인물은 대명사로 나타나는 것이 일반적이므로 '소설'에서보다는 그 사용 비율이 낮을 수밖에 없다. 한편, 서사를 목적으로 하는 '소설'에서는 '인명'이 가상의 등장인물을 나타내는 데 주로 사용되는 반면 정보 전달을 목적으로 하는 '신문'과 '학술'에서는 '인명'이 실존 인물을 가리키는 데 주로 사용된다. 그러나 '신문'에서는 '인명'이 현재 살아 있는 인물을 가리키는 데 주로 쓰인다면 '학술'에서는 '인명'이 주로 역사적 인물을 가리킨다는 차이가 있다. 이는 다음의 '신문'과 '학술'의 예의 비교를 통해 쉽게 확인할 수 있다.

〈예3.1.1-12〉
가. **전윤철**(田允喆) 경제 부총리는 이와 관련, "금융권이 예금보험료 부담을 예금자에게 떠넘기지 않도록 하겠다"고 밝혔었다. [신문]
나. **한승수** 상공부 장관은 24일 이 같은 내용의 한중경영정상화 방안을 **노태우** 대통령에게 보고하고, 정부 내에 한중 경영정상화추진협의회(위원장 상공부 차관)를 설치해 경영 정상화 작업을 총괄토록 하겠다고 밝혔다. [신문]
다. **이성계**가 설치했던 삼군 총제부를 1393년 의흥 삼군부로 개칭하였다. [학술]
라. **공자**보다는 장자가 더 재미있고 니체의 철학은 딱딱하지만 그의 '짜라투스트라'가 더 재미있다. [학술]

'신문'은 우리 주변에 일어나는 사건, 사고를 객관적으로 전달하는 것을 주된 목적으로 하기 때문에 현재 살아 있는 인물이 주로 나타나지만 '학술'에서는 인물이 논의나 설명의 대상이 되기 때문에 역사적 인물이 주로 나타난다.

'기관명'은 '신문'에서 그 사용 비율이 가장 높다는 것이 특징이다. 이는 '기관명'에 포함되는 '정당명', '단체명', '기업명'이 '신문'에서 가장 많이 사용되기 때문이다. 정치, 경제, 사회 관련 기사에서 이러한 고유명사가 많이 사용되는데 이는 '신문'의 내용 특성을 반영하는 결과라고 할 수 있다. 아래는 '신문'에서 '기관명'이 사용된 예를 보인 것이다.

〈예3.1.1-13〉 [신문]
가. 또 26일에는 **민주당** 노무현(盧武鉉), **한나라당** 이회창(李會昌) 대통령 후보가 각각 참석해 강연할 예정이다.
나. **포스코**는 최근 이사회를 열고, 타이거풀스 주식 고가매입 혐의로 불구속 기소된 유상부 대표이사 회장을 재신임하기로 결정했다.
다. 전북 정읍군 **여성단체협의회**(회장 이봉진)는 **새마을부녀회**(오덕례) **적십자봉사회**(이봉진) **어린이육영회**(김복심) **주부교실**(회장 최정회) 등 산하 4 개 단체 회원 2만 5천여 명을 조직화, 농촌 쓰레기를 줄이는 데 앞장서고 있다.

'기타'는 '인명', '지명', '기관명', '사물명'을 제외한 나머지 고유명사가 이에 포함되는데 다른 사용역에 비해 '대화'에서 '기타'의 사용 비율이 높은 것은 '대화'에서 '<name>'으로 처리된 것들을 모두 '기타'에 포함시켰기 때문이다. 2.1.1.2에서 밝혔듯이 구어 말뭉치에서는 개인의 신상 정보가 노출될 위험이 있는 경우, 구체적인 고유명사를 밝혀 쓰지 않고 '<name>'과 같은 기호를 썼다. 이러한

'<name>'은 대개 '인명'에 속하는데 이를 고려한다면 '대화'에서의 '인명'의 사용 비율은 더욱 높아질 것이다('대화'에서 '<name>'이 사용된 예에 대해서는 2.1.1.2 참고).

'사물명'은 모든 사용역에서 공통적으로 그 사용 비율이 매우 낮은데 이는 실제 언어생활에서 '사물명'을 나타내는 고유명사가 '인명'이나 '지명'에 비해 그리 많이 사용되지 않기 때문일 것이다. '대화'에서 '사물명'은 특정 상표를 나타내는 경우가 많지만 '학술'을 제외한 사용역에서는 특정 상표를 나타내는 '사물명'이 사용되는 경우는 흔하지 않다. 이는 '신문'이나 '소설'에서 특정 상표를 나타내는 '사물명'을 쓰게 될 때에는 특정 상표의 홍보가 문제가 될 수도 있기 때문이라고 생각된다. 그러나 '학술'에서는 특정 상표의 '사물명'이라고 하더라도 학술적인 논의나 설명의 대상이 되기 때문에 특정 상표의 홍보라는 문제에서 비교적 자유롭다고 할 수 있다. '대화'에서 특정 상표를 나타내는 '사물명'이 쓰인 예를 보이면 아래와 같다.

〈예3.1.1-14〉 [대화]
가. A: 무슨 차 렌트할 거야? B: 우리 이에프쏘나타.
나. A: 야 너 뭐 먹을래 과자. B: 으응? A: 생각나는 과자가 없냐. B: 음, 콘칩.
다. A: 나 시계 봐 줘. 우리는 이게 예물시계야. B: 예물이야? A: 음:. B: 안 보여. 불가리네.
라. A: 근데요 로케트가 쫌 빨리 닳는 거 같애요. 건전지. B: 이거? A: 예. 아무래도. B: 젤 쎈 게 뭔지 아냐?
    B: 알카바. 듀라셀.

한편, '사물명'은 '기관명'이나 '지명'과 쉽게 구별되지 않을 때가 많다.

〈예3.1.1-15〉 [신문]
가. 김금옥 씨(41.주부. 수원시 매탄동 현대아파트 101)는 올 한 해 동안 조선일보에 연재된 '생활 속의 환경 운동'을 꼬박 꼬박 스크랩해 온 주부이다.
나. 또 서울대 법대 출신의 재원으로 조선일보 기자 생활을 박차고 배우의 길에 나선 장윤정으로서는 연기자로서의 사활을 걸겠다는 각오로 밤잠을 설칠 정도
다. 이 씨의 초기 작품은 청계천이나 서울역 대합실 등 삶의 냄새 물씬 풍기는 도시의 이면을 강렬한 표현주의 기법으로 형상화한 사실 계열 회화들.
라. 매주 월요일이면 아침 일찍 지방에서 열차로 서울에 올라와 서울역에서 택시를 타고 서울맹학교까지 아이를 등교시킨다.

<예3.1.1-15가>의 '조선일보'는 신문 이름을 나타내는 '사물명'임이 분명하지만 <예3.1.1-15나>의 '조선일보'는 신문사 이름을 나타내는 '기관명'으로 해석될 수도 있고 신문 이름을 나타내는 '사물명'으로 해석될 수도 있다. 또한 <예3.1.1-15다>의 '서울역'은 역사(驛舍)를 가리키는 '사물명'임이 분명하지만 <예3.1.1-15라>의 '서울역'은 서울역 역사를 가리키는 '사물명'으로도 해석될 수 있고 서울역 근처를 가리키는 '지명'으로도 해석될 수 있다.

이러한 교차 범주적 해석은 '사물명'뿐만 아니라 '지명', '인명' 등의 다른 고유명사에서도 나타난다. 아래의 예는 '지명'이나 '인명'이 '기관명'으로 사용되는 경우를 보인 것이다.

〈예3.1.1-16〉 [신문]

가. 최씨는 2000년 7월1일 프로축구 정규리그 **전북** 현대와 **부천** SK의 경기에서 제1부심으로 심판을 보던 중 실수로 **전북** 현대 교체선수를 경기장에 추가 투입, 20여 초간 12명의 선수가 동시에 뛰는 상황이 빚어지는 바람에 해고당하자 소송을 냈다.

나. 장씨의 1심 유죄 부분인 일해 재단 내 제2 영빈관 건축과 관련된 '직권 남용'이 전 씨 자신의 지시에 의해 이루어진 만큼, 가만히 앉아서 재판 결과를 지켜 볼 심경이 아닐 수도 있다.

위의 예에서 확인할 수 있듯이 '지명'이나 '인명'은 기관명으로도 사용될 수 있다. 그러나 '지명'이나 '인명'이 '기관명'으로 사용된다고 하더라도 여전히 본래의 '지명'이나 '인명'으로도 해석될 수 있다. 〈예3.1.1-16가〉의 '전북', '부천'은 프로축구 팀의 이름이지만 이들 팀의 연고 지방을 여전히 나타내고 있다는 점에서, 〈예3.1.1-16나〉의 '일해'는 재단의 이름이지만 재단을 세운 사람 호(號)를 여전히 나타내고 있다는 점에서 이들 고유명사는 교차 범주적 해석이 적용된다고 할 수 있다. 고유명사가 이러한 교차 범주적 해석을 허용하는 경우는 매우 일반적인데 이는 우리가 어떠한 이름을 지을 때 단순히 개체를 식별하기 위해 자의적으로 이름을 붙이는 것이 아니라 자의성을 최소화하기 위해 일정한 의미적 관련성을 지닐 수 있게 이름을 짓기 때문이다. 프로축구 팀 이름인 '전북', '부천'은 이들 팀과 아무런 상관없는 것이 아니라 해당 팀의 연고 지방과 관련된다는 점에서 일정한 의미적 관련성을 지닌다. 또한 〈예3.1.1-15라〉의 '서울역'이 장소의 이름으로도 해석될 수 있는 것은 우리가 어떠한 장소에 있는 대표적인 사물의 이름으로 장소명을 명명하는 경우가 많기 때문인데 이러한 명명 방식도 해당 장소의 이름이 일정한 의미적 관련성을 지닐 수 있게 하는 하나의 방식인 것이다. 이러한 측면에서 보자면 앞서 논의한 '노사모'와 같은 특수한 고유명사가 아닌 경우라도, 고유명사는 적어도 명명 동기적 측면에서 일정한 의미를 지니고 있다고 볼 수 있다. 고유명사에도 의미가 있느냐 그렇지 않느냐는 고유명사의 의미론에서 논란이 되는 문제로 이에 대해서는 더 이상 자세히 논하지 않는다.

3.1.2. 구체명사와 추상명사

보통명사는 그것이 가리키는 대상의 속성에 따라 크게 구체명사와 추상명사로 나눌 수 있다. 구체명사는 실체가 있어 인지 가능하거나 감각으로 느낄 수 있고, 측정할 수 있는 개체를 지시하는 명사인 반면, 추상명사는 실체가 없어 인지 불가능하거나 감각으로 느낄 수 없고, 측정할 수 없는 것을 지시하는 명사이다. 따라서 구체명사는 시·공간상에 존재하는 것과 관련된 술어(크기, 무게, 색깔 등을 나타내는 술어)나 감각을 나타내는 술어(보다, 듣다 등)와 함께 나타날 수 있으나 추상명사는 그렇지 않다. 예컨대, '개(犬)', '사람(人)' 등은 구체명사이고 '사랑', '행복', '슬픔' 등은 추상명사이다. 그러나 이러한 기준만으로 구체명사와 추상명사의 구분을 명확히 할 수 있는 것은 아니다. 왜냐하면 구체물을 지시하는 구체명사라고 하더라도 어느 정도 추상화 과정을 거친 것이기 때문이다. 예컨대, 크기나 모양 등이 서로 다른 진돗개, 불도그, 치와와 등을 묶어 '개(犬)'라고 하는 것은 개별적인 개체들의 차이를 무시하고 공통점만을 추상화시킨 것이다. 또한 '용', '유니콘' 등과 같은 상상의 동물은 그 실체가 없지만 인간이 그 실체가 있는 것처럼 표현한 것이고 이와는 반대로, '산소', '수소'

등은 그 실체가 있지만 화학적 개념을 나타내는 것으로 구체명사와 추상명사의 구별이 모호하다. 즉, 모든 범주의 구별에서와 마찬가지로 명사의 구체성과 추상성의 구별도 정도성을 지니는 것이다.

〈예3.1.2-1〉
가. 구체명사의 예
- 사람: 사람, 기자, 교수, 선생님, 오빠, 언니, 아버지, 여자, 남자 등
- 동물: 짐승, 새, 물고기, 개, 닭, 비둘기, 원숭이, 쥐, 곰, 상어, 오징어 등
- 식물: 나무, 풀, 꽃, 열매, 오동나무, 벚꽃, 튤립, 사과, 딸기 등
- 공간물: 바다, 강, 산, 하천, 밀림, 농장, 공장, 놀이터, 공원, 댐, 교실, 화장실 등
- 사물: 전화, 컴퓨터, 옷, 버스, 신문, 의자, 책, 시계, 술, 엘리베이터 등

나. 추상명사의 예
- 시간: 시간, 때, 옛날, 과거, 현재, 미래, 오늘날, 날 등
- 사건: 폭발, 사고, 충돌, 추락, 혁명, 운동, 대결, 싸움, 입학, 퇴사, 면접 등
- 상태: 고급, 우수, 최고, 최단, 극대, 정직, 근면, 동일, 대립, 반대, 우세, 열세 등
- 감정: 슬픔, 공포, 즐거움, 부끄러움, 절망, 아쉬움, 시기, 고독, 외로움, 행복 등
- 개념: 변, 모서리, 합집합, 좌표, 자연수, 양수, 중력, 만유인력, 방정식 등
- 관계: 위, 아래, 상, 하, 좌, 우, 왼쪽, 오른쪽, 동, 서, 남, 북, 이상, 이하 등

<예3.1.2-1>은 가장 전형적인 구체명사, 추상명사의 예를 아주 간략하게 구분하여 보인 것일 뿐이고 실제 구체명사, 추상명사의 유형 분류는 이보다 훨씬 더 복잡하고 다양해질 수 있다. 앞서 논의하였듯이 가장 전형적인 구체명사라고 할지라도 추상명사로 볼 수 있는 여지가 있다. 예를 들어, '기자'와 '오빠'는 모두 사람이라는 구체물을 지시하지만 '직업'과 '친척 관계'를 가리킬 때에는 추상명사로 볼 수 있다. 또한 '튤립'과 '개'는 각각 식물과 동물이라는 구체물을 가리키지만 종(種) 부류 전체를 나타낼 때에는 추상명사로 볼 가능성이 있다. 따라서 구체명사와 추상명사를 구분하는 가장 기본적인 기준으로 해당 명사가 가리키는 대상이 구체적인 형체가 존재하느냐 그렇지 않느냐를 들 수 있지만 이러한 기준도 늘 명확한 것은 아니다. 예를 들어, 우리가 맛, 냄새, 소리 등을 통해 감각적으로 느낄 수 있는 대상은 그 형체가 보이지는 않지만 실제 존재하는 것이기 때문에 추상적인 것으로 간주되기 어려운 점이 있다. 따라서 아래에서 제시되는 추상명사와 구체명사의 사용 양상도 이러한 구별의 모호성이 반영된 결과일 수밖에 없을 것이다.

▶ 말뭉치 계량 결과 제시

1. '대화'에서의 구체/추상명사의 사용비율: 구체명사 〈 추상명사
2. '소설'에서의 구체/추상명사의 사용비율: 구체명사 〉 추상명사
3. '신문'에서의 구체/추상명사의 사용비율: 구체명사 〈 추상명사
4. '학술'에서의 구체/추상명사의 사용비율: 구체명사 〈 추상명사

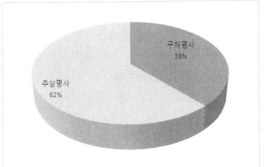
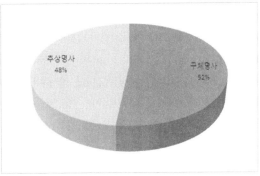

<그래프3.1.2-1> '대화'의 구체/추상명사 사용 비율   <그래프3.1.2-2> '소설'의 구체/추상명사 사용 비율

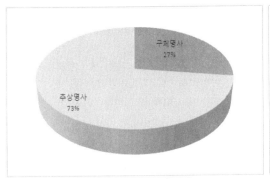
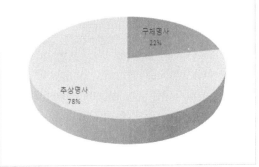

<그래프3.1.2-3> '신문'의 구체/추상명사 사용 비율   <그래프3.1.2-4> '학술'의 구체/추상명사 사용 비율

▶▶ 말뭉치 계량 결과에 대한 논의

위에서 제시한 <그래프3.1.2-1~4>은 3.1.1에서 보인 고유명사의 유형별 사용 비율과 마찬가지로 누적 빈도 비율 80%까지의 보통명사를 대상으로 구체명사와 추상명사의 사용 비율을 보인 것이다. 전체 보통명사를 대상으로 한 유형 분류 결과는 아니지만 말뭉치에서 사용된 보통명사의 80%를 대상으로 했다는 점에서 위의 그래프에서 제시되는 말뭉치 계량 결과는 구체명사와 추상명사의 사용 양상을 밝히기에 충분히 유의미하다고 할 수 있다.

사용역에 따른 구체명사와 추상명사의 사용 비율을 살펴본 결과, '소설'을 제외한 모든 사용역에서 추상명사가 구체명사보다 높은 사용 비율을 보이고 있다. 이렇듯 대부분의 사용역에서 추상명사의 사용 비율이 더 높은 이유는 언어 사용 양상이 현대인의 삶의 모습을 반영하고 있기 때문이라고 할 수 있다. 인간의 삶은 원시 사회를 벗어나 과학과 학문이 발달함에 따라 추상적 사고가 발전하고 인간의 삶의 양식은 매우 복잡해졌는데, 이러한 현대인의 사고와 삶의 양상이 언어생활에 반영된 것이다. 우리의 삶의 양식에 지대한 영향을 미치고 있는 시간, 관계, 사건 등은 모두가 추상적인 것이며, 이는 모두 추상명사로 표현된다. 특히, '신문'과 '학술'은 다른 사용역에 비해 추상명사의 사용 비율이 훨씬 더 높은데 이는 이들 사용역이 전달하는 내용이 매우 복잡하고 고도로 추상화되어 있다는 것을 보여준다고 할 수 있다. 그 중에서도 '학술'은 '신문'보다 추상명사의 사용 비율이 조금 더 높은데 이는 '학술'이 가장 복잡하고 추상화된 내용을 다루고 있기 때문일 것이다. '학술'의 내용은 주로 학술적 논증과 설명으로 이루어져 있는데 학술적 논증과 설명에서는 실제 세계에 존재하는 구체적인 사물을 가리키는 명사보다는 추상적인 개념과 논리적 관계를 나타내는 명사가 주로 사용된다. 아래의 예에서도 확인할 수 있듯이 '학술'에서 사용되는 명사는 거의 대부분이 학술적 개념을 나타내는 추상명사라는 것을 쉽게 알 수 있다.

〈예3.1.2-2〉 [학술]

가. 따라서 원과 접선 사이의 거리 BC는 물체가 A에서 관성에 따르도록 해방되었다면 원으로부터 벗어났을 거리를 나타낸다.

나. 각 개인이 자기의 구체적인 욕구를 드러내고 사회 전체의 욕구가 자유민주주의와 사회평등주의로 통합되면 의견의 차이를 용인하는 원칙과 다수결의 원칙과 타협하고 양보하는 조정의 원칙에 기초한 비판적 토론의 영역이 확대됨으로써 건전한 사회가 형성된다고 볼 수 있다.

다. 만약에 하이테크 혁명의 엄청난 생산성의 이득이 공유되지 않고 주주들, 최고 경영진들, 새로 등장하는 하이테크 지식노동 엘리트들의 배타적인 혜택이 되는 기업 이윤만을 확대시키는 결과를 초래한다면 세상이 가진 자와 갖지 않은 자 사이에 격차가 벌어지면서 글로벌 차원에서 사회적 및 정치적 소요를 일으킬 것이다.

'대화'는 '신문'이나 '학술'만큼은 아니지만 추상명사가 구체명사보다 그 사용 비율이 더 높다. 이러한 결과는 '소설'에서 구체명사의 사용 비율이 조금 더 높다는 것과 비교했을 때 다소 예외적으로 느껴진다. 왜냐하면 우리 주변에서 일상적으로 일어나는 대화에서는 추상적이거나 복잡한 개념을 말하기보다 우리 주변의 구체물을 지시하는 경우가 더 많을 것으로 예상되기 때문이다. 그러나 이러한 예상과 달리 명사의 실제 사용 양상에 있어서는 '대화'에서보다 '소설'에서 구체명사의 사용 비율이 더 높다. 이러한 결과는 '대화'의 사용역 특성에서 기인하는 것으로 보인다. '대화'에서는 화자와 청자가 동일한 담화 공간에 존재하고 서로 공유하는 정보가 많기 때문에 명사를 통한 구체적인 지시를 이용하기보다는 대용 표현을 빈번히 사용한다. 즉 '대화'에서는 구체물을 지시함에 있어 구체명사를 쓰기보다는 대용 표현을 쓰는 것이 일반적이기 때문에 구체명사의 사용 비율이 낮아졌다는 것이다. '대화'는 대용 표현의 사용 빈도가 가장 높은데 이러한 사실은 대명사와 의존명사 '것(거)'의 사용 양상을 통해 알 수 있다(2.2의 〈그래프2.2-1〉, 2.1.2의 〈표2.1.2-1〉 참고). 아래의 예를 살펴보자.

〈예3.1.2-3〉 [대화]

가. A: 무슨 스포츠카 같았어. B: 그래? A: 어. B: 무슨 색깔? A: 색깔은 잘 모르겠는데. B: 음. A: 그까 무슨 보라색 같은 거였는지.

나. A: 어 티티엘 카드 있어? B: 나 말고 우리 오빠 거. A: 음:: 있단 말이지? B: 응 우리 오빠. 아 근데 내 껄루 내가 명의 변경 할라구 그랬는데.

다. A: 아 공책을 여러 권 예쁜 걸 사 줄까? B: 나 그것도 좋아해.

라. A: 프린터라고 그러거든 보통 프린팅 하는 데를, B: 음 음 음 음 A: 프린터라고 그러는데 그건 아니고 컨버터라고 그러더라고, B: 어쨌든 그게 좋은 거지?

마. A: 그 지역 일대 비닐하우스가 잠긴 거야. B: 응응. A: 거기만 잠겼으면 괜찮은데 또 수도 파이프가 나가

버렸네.

바. 그냥 <u>저금통</u> 이렇게 사기로 된 인형 모양 저금통인데, 처음에 딱 봤을 때, 어우 이거 뭐 하러 사 왔냐
   이랬는데, 음 이게 **그** 저금통 이케 딱 두구 보면 항상 뿌듯한 **거**예요.

위의 예에서 확인할 수 있듯이 '대화'에서는 앞서 나온 구체명사를(밑줄 친 부분) 다시 쓰게 될 때에는
의존명사 '것(거)'이나 대명사와 같은 대용 표현을 쓰는 것이(굵은 글씨 부분) 아주 일반적이다. 이러한
양상을 통해 '대화'에서의 빈번한 대용 표현의 사용이 구체명사의 사용 비율을 낮추게 되는 요인이
되었을 것이라고 짐작해 볼 수 있다. 반면, 서사 문학 장르인 '소설'은 '대화'와 마찬가지로 추상적이거나
복잡한 개념을 나타내는 경우가 적지만 소설 속 등장인물을 가리킬 때를 제외하고는 '대화'만큼
대용 표현의 사용이 빈번하지 않기 때문에 구체명사의 사용 비율이 높게 나타난다고 할 수 있을
것이다.

▶ 개별 어휘 빈도 제시

1. 구체명사는 모든 사용역에서 '사람'이 상위 빈도 2위 내에 존재한다.
2. 모든 사용역에서 고빈도의 구체명사 중 사람을 나타내는 명사의 비율이 높다.
3. 추상명사는 모든 사용역에서 '때'가 상위 빈도 3위 내에 존재한다.
4. 각 사용역에서 고빈도로 사용되는 구체/추상명사는 각 사용역의 내용적 특성을 반영한다.

	대화		소설		신문		학술	
	형태	빈도	형태	빈도	형태	빈도	형태	빈도
1	사람	5690	사람	6344	기자05	2693	사람	4484
2	애	3644	집01	3036	사람	1818	인간01	2024
3	오빠	1977	여자02	2501	후보04	1607	글	1677
4	친구	1776	소리01	2438	대통령	1603	자신01	1584
5	여자	1715	어머니	2282	여성01	1290	여성01	1382
6	언니	1601	눈01	2254	기업01	1279	컴퓨터	1105
7	학교	1478	얼굴	2244	대표	1123	시장04	1097
8	남자	1324	자신01	1905	시장04	1080	대학01	875
9	돈	1312	아버지	1843	국민	1060	학생	831
10	집	1291	손01	1761	의원05	971	책01	821
11	선생님	1256	아이01	1755	선수05	960	신문10	817
12	형	1239	남자02	1696	감독02	929	기업01	708
13	엄마	918	몸01	1564	교수06	922	시민	656
14	영화	910	방07	1320	회사04	836	그림01	654
15	소리	650	형01	1299	자신01	826	국민	602

16	술	641	입	1201	장관02	797	개인02	600
17	머리	591	길01	1124	총리01	767	길01	581
18	전화	572	고개01	1091	학교	689	기관11	579
19	밥	570	자리01	1053	책01	659	학교	555
20	차	556	친구02	1051	관계자	655	자료03	550
21	회사	447	엄마	1045	집01	625	물01	549
22	책	433	돈01	1028	회장07	615	소비자	548
23	아빠	426	목소리	936	시민	604	프로그램	540
24	눈	416	머리01	925	아이01	585	제품02	537
25	아이	367	남편01	834	학생	585	논문	536
26	비	341	가슴01	831	대학01	555	문장02	505
27	물	336	선생님	818	은행02	545	텔레비전	473
28	학원	331	애02	780	자리01	540	시13	447
29	얼굴	322	문05	759	제품02	524	인류01	442
30	선배	319	학교	754	영화01	497	영화01	436

<표3.1.2-1> 사용역에 따른 고빈도 구체명사

	대화		소설		신문		학술	
	형태	빈도	형태	빈도	형태	빈도	형태	빈도
1	때	5309	말01	5719	때01	2731	사회07	4372
2	말	3519	일01	3937	문제06	1994	때01	3627
3	얘기	2807	때01	3930	정부08	1827	문제06	2795
4	생각	1934	속01	2266	경우03	1806	경우03	2462
5	다음	1764	앞	2032	이번01	1600	일01	2212
6	그때	1615	생각01	1864	뒤01	1551	말01	1985
7	시간	1606	위01	1446	팀	1490	국가01	1865
8	정도	1492	안01	1429	경기11	1323	시대02	1830
9	문제	1296	시간04	1425	지역03	1310	환경02	1708
10	옛날	1081	뒤01	1404	경제04	1275	세계02	1684
11	일	1064	전08	1339	최근	1258	문화01	1672
12	날	1050	날01	1321	이상05	1197	언론	1649
13	나라	1019	마음01	1183	일01	1180	과학	1623
14	끝	965	곳01	1085	대회02	1152	운동02	1574
15	경우	929	사이01	995	세계02	1148	광고02	1481
16	전	908	사실04	942	정도11	1101	속01	1476
17	나중	821	모습01	927	이날	1099	나라	1444
18	학년	771	그때	910	이후02	983	방법	1431
19	시험	743	처음	907	지난해	978	정보06	1407

20	처음	738	동안01	876	전08	976	교육	1393
21	이번	674	밖	868	국내02	975	정치03	1392
22	앞	608	세상01	851	환경02	971	다음01	1337
23	자체	558	오늘	827	점10	971	사실04	1311
24	영어	558	밤01	814	앞	965	점10	1281
25	얼마	556	정도11	811	시간04	949	관계05	1262
26	공부	534	표정03	799	사회07	944	활동02	1225
27	수업	532	순간03	790	업체	928	과정03	1189
28	이름	513	얘기	787	운동02	909	의미	1172
29	학기	511	혼자01	784	월드컵	901	내용02	1157
30	나이	501	지금03	772	계획01	900	연구03	1148

<표3.1.2-2> 사용역에 따른 고빈도 추상명사

▶▶ 개별 어휘 빈도에 대한 논의

구체명사 '사람'은 모든 사용역에서 상위 빈도 2위 내에 나타나는데 사실상 '사람'은 '신문'을 제외한 모든 사용역에서 구체명사 중 그 사용 빈도가 가장 높다. '신문'에서는 구체명사 중 '기자'의 사용 빈도가 가장 높은데 이는 신문 기사의 형식적 특성을 잘 반영해 주는 것으로 보인다. 신문 기사 마지막에는 해당 기사를 쓴 기자의 이름이 'OOO 기자'와 같은 식으로 항상 붙기 때문이다.

이처럼 '사람', '기자'와 같이 사람을 나타내는 구체명사는 모든 사용역에서 공통적으로 빈도 순위 1위를 차지하는데 '사람', '기자' 이외에도 사람을 나타내는 구체명사는 모든 사용역에서 고빈도로 나타나는 특징이 있다. 다음은 구체명사 중 빈도 순위 10위 내에 나타나는, 사람을 가리키는 명사를 보인 것이다.

〈예3.1.2-4〉 구체명사 중 상위 빈도 10위 이내에 나타나는 사람 명사
대화: 사람, 애, 오빠, 친구, 여자, 언니, 남자
소설: 사람, 여자, 어머니, 자신, 아버지
신문: 기자, 사람, 후보, 대통령, 여성, 대표, 시장, 국민, 의원
학술: 사람, 인간, 자신, 여성, 학생

구체명사 중 사람을 가리키는 명사의 사용 빈도가 높은 것은 우리의 실제 언어생활에서 그만큼 사람을 지시하는 경우가 많기 때문일 것이다. 인간이 살아가는 사회에서는 모든 것의 중심에 사람이 있다. 다시 말해서, 인간 세계에서 일어나는 모든 사건은 인간을 중심으로 하여 이루어지는데 이로 인해 구체명사 중 사람을 나타내는 명사가 높은 사용 빈도를 보인다고 할 수 있다(3.1.3, 4.2.3.1.1 참고). 실제로 모든 사용역에서 공통적으로 '동물'이나 '식물'을 나타내는 구체명사는 그 사용 빈도가 매우 낮다. 한편, <예3.1.2-4>에서 발견되는 흥미로운 점은 사람을 가리키는 구체명사 중 '여자'는 '대화'와 '소설'에서 각각 빈도 순위 4위, 3위에 나타나고 있으나 '신문'과 '학술'에서는 빈도 순위

30위 이내에 나타나지 않고 그 대신 '신문'과 '학술'에서는 '대화'와 '소설'에서 빈도 순위 30위 내에 나타나지 않는 '여성'이 빈도 순위 5위를 차지하고 있다는 사실이다. 이러한 사실은 '여자'는 비격식적인 사용역에서 주로 사용되고 '여성'은 격식적인 사용역에서 주로 사용된다는 것을 보여 준다고 할 수 있다.

추상명사는 모든 사용역에서 '때'가 빈도 순위 3위 이내에 나타난다. 이외에도 '신문'을 제외한 모든 사용역에서 '말'이 빈도 순위 6위 이내에 나타나고 '신문'과 '학술'에서는 '문제'와 '경우'가 빈도 순위 4위 이내에 나타나는 것도 특징이다. 먼저 각 사용역에서 '때'가 사용된 예를 보이면 다음과 같다.

〈예3.1.2-5〉
가. 아 알아요 근데 쟤가 **어렸을 때는**, 되게 말랐거든요. [대화]
나. 그럴 **때면**, 어머니의 소녀 시절이 얼굴에 가득 나타나곤 했다. [소설]
다. 또 호황 **때는** 기업들이 분기별 실적 목표치를 달성하기 쉽지만, **불황 때는** 실적이 당초 예상치를 밑돌게 마련이다. [신문]
라. 제2심 법원의 판결에 **불복이 있는 때에는** 상고를 제기하게 되는데 **상고를 할 때에는** 상고 기간 내에 상고장을 원심 법원에 제출하여야 하며 상고 기간은 항소 기간과 마찬가지로 7일이다. [학술]

이상의 예에서 보듯이 '때'는 '어떤 순간', '어떤 경우', '어떤 시간'의 의미를 나타내는데, '때'는 '시간'을 나타내는 명사 중 그 의미가 가장 추상적이고 불투명하기 때문에 '시간'을 나타내는 명사 중 그 쓰임의 폭이 가장 넓다고 할 수 있다. '때'가 모든 사용역에서 그 사용 빈도가 매우 높은 것은 이러한 이유에서 기인한다고 볼 수 있다. '말'은 대부분의 사용역에서 고빈도로 나타나지만 '신문'에서는 빈도 순위 30위 이내에도 나타나지 않는다. '신문'에서 '말'이 다른 사용역에 비해 사용 빈도가 낮은 것은 그 이유를 찾기 쉽지 않다. '말'은 매우 다양한 용법으로 쓰이고 그 의미가 불투명한 경우가 많기 때문에 '때'와 마찬가지로 모든 사용역에서 공통적으로 고빈도로 사용될 것으로 예상되지만 유독 '신문'에서만 그 사용 빈도가 낮은 것은 예외적이기 때문이다. '신문'과 '학술'에서 '문제'와 '경우'가 높은 사용 빈도를 보이는 것은 2.1.1.1에서 밝혔듯이 '신문'과 '학술'이 담고 있는 내용 특성과 격식성에서 기인한다고 볼 수 있다. '신문'은 그 내용 특성상 우리 주변에서 문제가 되는 기사를 다루고 '학술'은 논쟁의 대상이 되는 문제를 주로 다룬다는 점에서 '문제'의 사용 빈도가 자연스럽게 높아지는 것이다. '경우'는 주로 관형사절 뒤에 쓰여 조건이나 상황을 나타내는데 '신문'이나 '학술'에서는 조건이나 상황을 나타낼 때, 연결어미 '-면'을 쓰기보다는 '경우'를 써서 보다 격식적으로 표현하는 것이 일반적이다.

각 사용역에서 고빈도로 사용되는 구체명사와 추상명사는 각 사용역의 내용적 특성을 반영하는 경우가 많다. 다음의 예는 구체명사, 추상명사 중 상위 빈도 30위 이내에서 사용역별로 중복되어 나타나지 않는 것들을 보인 것이다.

〈예3.1.2-6〉 **구체명사 중 상위 빈도 30위 이내에서 사용역별로 중복되어 나타나지 않는 명사**
대화: 오빠, 언니, 전화, 밥, 차, 아빠, 비, 학원, 선배
소설: 어머니, 아버지, 손, 몸, 방, 입, 고개, 목소리, 남편, 가슴, 애, 문

신문: 기자, 후보, 대통령, 대표, 의원, 선수, 감독, 교수, 장관, 총리, 관계자, 회장, 은행

학술: 인간, 컴퓨터, 신문, 그림, 기관, 자료, 소비자, 프로그램, 논문, 문장, 텔레비전, 시, 인류

〈예3.1.2-7〉 추상명사 중 상위 빈도 30위 이내에서 사용역별로 중복되어 나타나지 않는 명사

대화: 옛날, 끝, 나중, 학년, 시험, 자체, 영어, 얼마, 공부, 수업, 이름, 학기, 나이

소설: 위, 안, 마음, 곳, 사이, 모습, 동안, 밖, 세상, 오늘, 밤, 표정, 순간, 혼자, 지금

신문: 정부, 팀, 경기, 지역, 경제, 최근, 이상, 대회, 이날, 이후, 지난해, 국내, 업체, 월드컵, 계획

학술: 국가, 시대, 문화, 언론, 과학, 광고, 방법, 정보, 교육, 정치, 관계, 활동, 과정, 의미, 내용, 연구

위의 예에서 보는 바와 같이 '대화'에서는 '오빠', '친구', '언니', '선생님', '남자', '여자', '형', '아빠', '엄마' 등과 같이 일상생활에서 흔히 만나는 사람을 나타내는 구체명사가 매우 빈번히 사용된다. 이는 일상 대화의 양상을 잘 보여주는 것이라고 할 수 있겠다. '소설'은 '손', '몸', '입', '고개', '가슴'과 같은 신체 부위를 가리키는 구체명사가 고빈도로 사용된다는 특징을 보인다. 이는 아래의 예와 같이 '소설'에서 신체 부위 명사가 등장인물의 모습이나 심경의 묘사에 많이 이용되기 때문이다.

〈예3.1.2-8〉 [소설]

가. 이명섭의 덩치와 손아귀도 작은 편이 아니었지만 <u>최동식의 손은 고목의 뿌리로 깎아 놓은 듯 크고 투박스러워</u> 그의 손을 한손에 움켜쥐고 마는 것이었다.

나. 그러나 <u>눈가의 잔주름은 작은 눈에</u> 네모진 윤곽을 만들고 부드럽고 지적인 인상을 만들어주었고, 입가의 잔주름은 튀어나온 광대뼈와 주걱턱으로 만들어진 인상을 지워내고 선량한 미소를 만들어주고 있었다.

다. "영어 공부 좀 열심히 하시지 그러셨습니까? 그러니 우리나라 번역물이 모두 엉망인 겁니다." 뭐? <u>기가 막힌 경지는 입을 딱 벌렸다.</u> 아무리 스스로의 실력이 못마땅해도 번역 경력 5년이 넘어서 이제는 슬슬 베테랑 소리까지 듣는 그녀였다.

라. "제발 고함 좀 지르지 말고 차근차근 얘기해요. 여기 귀먹은 사람 아무도 없으니까요. 저 양반은 누가 있으나 없으나 원…!" <u>채란은 민망해서 고개를 숙였다.</u> 정빈은 마지못해 조금 목소리를 낮추기는 했으나 여전히 노기가 가시지 않은 억양으로 부인을 무섭게 몰아붙인다.

<예3.1.2-8가, 나>는 신체 부위 명사인 '손'과 '눈'이 등장인물의 모습을 묘사하는 데 사용된 것을 보인 것이고 <예3.1.2-8다, 라>는 신체 분위 명사 '입', '고개'가 등장인물의 심경을 묘사하는 데 사용된 것을 보인 것이다. '신문'에서는 '기자', '후보', '대통령'과 같은 구체명사가, '정부', '경제', '경기'와 같은 추상명사가 해당 사용역의 내용적 특성을 반영한다고 볼 수 있다. '학술'은 그 주제가 다양한 만큼 '신문'에서처럼 특징적인 어휘가 발견되지 않으나 '대화'나 '소설'과는 다른 양상이 있음을 확인할 수 있다. '대화'에서 고빈도로 사용되는 추상명사는 '학년', '시험', '영어', '공부', '수업', '학기' 등이 매우 특징적인데 이는 '대화' 말뭉치의 화자들이 대부분 대학생이라는 점과 관련된다.

3.1.3. 유정명사와 무정명사

구체명사는 가리키는 대상의 **유정성** 여부에 따라 유정명사와 무정명사로 나눌 수 있다. 한국어에서 명사의 유정성은 명사의 문법적 특성에 큰 영향을 미친다. 첫째, 명사의 유정성 여부에 따라 결합되는 여격조사가 달라진다. 유정명사에는 '에게'나 '한테'가 결합되고 무정명사에는 '에'가 결합되는 것이 일반적이다. 둘째, 한국어에서 주어 명사구의 핵 명사에는 유정 명사가 오는 것이 보통이다. 이러한 사실을 예로 보이면 아래와 같다.

〈예3.1.3-1〉
가. 애들{에게/*에} 많이 하는 십자수 줄을 언니 해 주자. [대화]
나. 이제 소비자들의 선택은 상품의 부침을 결정하고 아울러 기업의 운명{에/*에게} 영향을 준다. [학술]

〈예3.1.3-2〉
가. 엄마가 사과를 깎았다.
가′. [?]사과가 엄마에게 깎였다.
나. 아이가 약을 먹었다.
나′. [?]약이 아이에게 먹혔다.

유정명사는 '사람'과 '동물'을 나타내는 명사에 한정되는 것이 일반적인데 다음과 같은 명사는 유정명사와 무정명사의 구분이 모호하다.

〈예3.1.3-3〉
가. 동식물, 생물, 생물체
나. 미생물: 바이러스, 플랑크톤 등
다. 곤충: 진드기, 벌레, 누에, 모기, 개미, 파리, 꿀벌, 애벌레, 풀벌레 등
라. 패류: 골뱅이, 굴, 전복, 조개, 소라 등
마. 어류: 오징어, 문어, 물고기, 고등어, 명태, 고래, 상어 등

<예3.1.3-3가>의 '동식물', '생물', '생물체'는 동물 이외에도 곤충과 식물까지 포괄하는 상위어들이기 때문에 유정성 판별이 모호하고 문맥에 따라 유정명사, 무정명사의 판단이 달라진다. <예3.1.3-3다>의 '진드기', '개미', '모기' 등과 같은 곤충은 아래의 <예3.1.3-4>에서 보듯이 '에게'와도 결합할 수 있을 뿐만 아니라 '에'와도 결합할 수 있다는 점에서 유정명사와 무정명사의 경계에 있는 요소라고 할 수 있겠지만 <예3.1.3-3나>의 '바이러스'와 '플랑크톤'과 같은 미생물은 '에게'와 결합할 수 없다는 점에서 무정명사라고 할 수 있다. 그런데 아래의 <예3.1.3-5>에서 확인할 수 있는 것처럼 동물임이 분명하지만 활동성이 적은 패류의 경우에도 유정명사와 무정명사의 경계에 있어 유정성 판단이 쉽지 않고 패류보다 더 고등한 동물인 어류의 경우에도 패류와 마찬가지로 유정성 판단에 있어 모호한 경우가 있다.

〈예3.1.3-4〉

가. 진드기(개미, 모기, 벌){에/에게} 물렸다(쏘였다).

나. 바이러스{에/*에게} 감염되다.

다. 독성 플랑크톤{에/*에게} 바닷물이 오염되다.

〈예3.1.3-5〉

가. 도요새가 조개{에/에게} 물린 발을 이리저리 떨치려 했다.

나. 범고래(상어){에/에게} 잡혀 먹은 사람이 기적적으로 살아 돌아왔다.

이상의 사실을 통해, 동물의 경우에는 단세포 생물과 같이 매우 하등한 동물은 무정명사에 가깝고 곤충이나 패류와 같은 하등 동물의 경우는 유정명사와 무정명사의 경계에 있다는 것을 알 수 있다. 그러나 어류와 같은 고등 동물의 경우에도 유정성 판단이 모호한데 이러한 사실은 유정성이 실제 세계의 사실과 어느 정도 관련이 있지만 완전히 일치하지 않는다는 것을 알려 주는 것이라 하겠다.

유정성의 판단이 실세계의 사실과 일치하지 않는 것은 다음과 같은 예를 통해서도 쉽게 알 수 있다.

〈예3.1.3-6〉

가. 귀신에게 홀린 듯 넋이 나가 버린 얼굴이었다.

나. 아이들은 요정에게 소원을 빌기 시작하였다.

다. 사악한 유령에게 목숨을 잃은 사람은 그뿐만이 아니었다.

위의 예에서 보는 것처럼 '요정', '유령', '귀신' 등은 실제로 존재하지도 않고 그 실체도 없지만 인간과 같이 개체화된 유정명사이다. 즉 실체가 없는 것이라고 할지라도 가장 유정성이 높은 인간과 같이 개체화되면 유정성을 띠게 되는 것이다. 이는 '달님'과 같이 의인화된 대상이 유정성을 띠는 것과 유사하다고 할 수 있다. 또한 흥미로운 점은 인간과 관련된 명사라고 할지라도 '영혼', '시신', '주검', '사망자', '고인' 등의 명사는 유정성 여부가 달리 판단된다는 것이다.

〈예3.1.3-7〉

가. 억울하게 죽은 영혼들에게 진혼제를 올려 주기 위해 제단을 차렸다.

나. 의사는 싸늘하게 식은 시신에 하얀 천을 덮어 주었다.

다. 우리는 주검에 가까이 가 죽은 사람이 누구인지를 살펴보았다.

라. 이번 사고로 목숨을 잃은 사망자에게 조의를 표합니다.

마. 중국인들은 고인에게 종이로 만든 물건을 바치는 풍습이 있었다.

<예3.1.3-7>에서 확인할 수 있듯이 '영혼'은 '유령'과 마찬가지로 유정명사로 판단되지만 '시신', '시체', '유해', '주검' 등은 '죽은 사람의 몸'을 가리켜 무정명사로 파악된다. 그러나 '사망자', '고인'은 실제로 생명은 없지만 유정성이 있는 것으로 파악된다는 특성이 있다. 이러한 사실로 미루어 볼 때, 한국어에서 유정성은 생명이나 활동성의 유무보다는 영혼, 생각, 마음의 유무와 더 밀접한 관련을 맺고 있는

것으로 볼 수 있겠다.

한편, '인간'을 나타내는 명사라고 할지라도 인간 개체로 해석되느냐 아니면 집단으로 해석되느냐에 따라 유정성의 판단이 달라져 유정성 판단이 모호해 보이는 경우가 있다.

〈예3.1.3-8〉
가. 범인은 **경찰**에 잡혔다.
나. 범인은 **경찰**에게 잡혔다.

<예3.1.3-8가>의 '경찰'은 인간 개체인 경찰을 나타내는 것이 아니라 경찰 집단으로 해석되는 것이고 <예3.1.3-8나>의 '경찰'은 어떠한 경찰 개인으로 해석되는 것이다. 이러한 이중적인 해석은 모든 구체명사에서 일반적으로 나타나는 것으로서 3.1.2에서 논의하였듯이 '개(犬)'가 구체적인 개체인 개를 가리킬 수도 있지만 개의 부류를 나타낼 수도 있는 것과 동일한 현상이라고 할 수 있다. 따라서 <예3.1.3-8>과 같은 경우는 <예3.1.3-4>나 <예3.1.3-5>와 같이 유정성 판단에 있어 모호한 경우에 해당된다고 보기는 어렵다.

일반적으로 범언어적인 유정성의 위계는 다음과 같이 설정된다.

1인칭대명사 〉 2인칭대명사 〉 3인칭대명사 〉 인간 고유명사 〉 인간 보통명사 〉
유정물 보통명사 〉 무정물 보통명사

<도표3.1.3-1> 유정성의 위계

위의 도표에서 보듯이 인칭대명사는 유정성의 위계에서 가장 높은 위계를 차지하는데 이는 인칭대명사가 유정성이 가장 높은 '사람'을 지시하기 때문이다. 뿐만 아니라 인칭대명사는 그 인칭에 따라 유정성의 위계가 달리 파악되는데 이에 대해서는 대명사의 문법 기능을 다루는 5.5에서 자세히 다루기로 한다.

▶ 말뭉치 계량 결과 제시

1. '대화'에서의 유정/무정명사의 사용비율: 유정명사 〈 무정명사
2. '소설'에서의 유정/무정명사의 사용비율: 유정명사 〈 무정명사
3. '신문'에서의 유정/무정명사의 사용비율: 유정명사 〈 무정명사
4. '학술'에서의 유정/무정명사의 사용비율: 유정명사 〈 무정명사

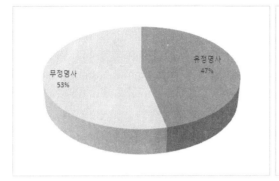

<그래프3.1.3-1> '대화'의 유정/무정명사 사용 비율

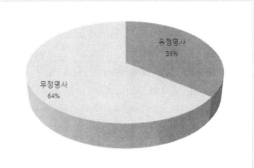

<그래프3.1.3-2> '소설'의 유정/무정명사 사용 비율

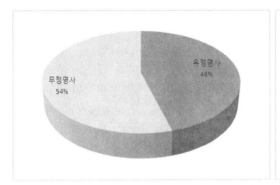

<그래프3.1.3-3> '신문'의 유정/무정명사 사용 비율

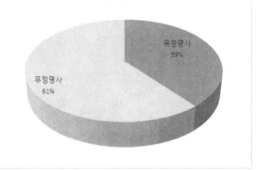

<그래프3.1.3-4> '학술'의 유정/무정명사 사용 비율

▶▶ 말뭉치 계량 결과에 대한 논의

위에서 제시한 <그래프3.1.3-1~4>는 3.1.1의 고유명사, 3.1.2의 구체/추상명사의 경우와 마찬가지로 누적 빈도 비율 80%까지의 보통명사 중에서 구체명사만을 대상으로 하여 그 결과를 보인 것이다. 전체 보통명사를 대상으로 한 것은 아니지만 말뭉치에서 사용된 보통명사의 80%를 대상으로 했다는 점에서 위의 그래프에서 제시되는 말뭉치 계량 결과는 유정명사와 무정명사의 사용 양상을 밝히기에 충분히 유의미하다고 할 수 있다. 한편, <도표3.1.3-1>에서 보였듯이 '인간 고유명사'도 유정성 위계가 높은 유정명사이지만 여기에 제시된 계량 결과는 보통명사 중에서 구체명사만을 대상으로 하였기 때문에 '인간 고유명사'는 포함되지 않았음에 유의할 필요가 있다.

사용역에 따른 유정명사와 무정명사의 사용 비율을 살펴본 결과, 모든 사용역에서 공통적으로 무정명사가 유정명사보다 더 높은 사용 비율을 보인다는 것을 알 수 있다. 이러한 양상이 나타나는 것은 무정명사가 지시하는 개체의 범위가 유정명사가 가리키는 개체의 범위보다 더 넓기 때문이다. 앞서 살펴보았듯이, 유정명사는 생명이 있어 살아 움직일 뿐만 아니라 마음이나 영혼이 있는 개체를 가리키는 명사에만 한정된다. 즉 유정명사는 보통명사 중에서도 의미론적으로 매우 특수한 부류에 속하는 것이다. 실제로, '인명'을 나타내는 고유명사를 유정명사에 포함시키고, 추상명사와 '인명'을 제외한 고유명사를 무정명사에 포함시킨다고 했을 때에는 위에서 제시한 계량 결과보다 훨씬 더 뚜렷하게 무정명사의 사용 비율이 더 높게 나타난다. 유정명사는 주로 '사람'이나 '동물'을 가리키는 명사이지만 '동물'을 지시하는 명사는 그 사용 빈도가 매우 낮다. 따라서 유정명사의 사용 빈도는 '사람'을 가리키는 구체명사의 사용 빈도가 대부분을 차지한다. 이러한 점에서도 유정명사의 사용 비율은 무정명사의 사용 비율보다 낮아질 수밖에 없다.

▶ 개별 어휘 빈도 제시

> 1. 고빈도 유정명사는 모두 '사람'을 가리키는 명사이다.
> 2. 각 사용역에서 보이는 고빈도 유정명사는 격식성과 관계된다.
> 3. 유정명사와는 달리 고빈도 무정명사가 가리키는 대상은 매우 다양하다.
> 4. 각 사용역에서 보이는 고빈도 무정명사는 사용역의 내용 특성을 반영한다.

| | 대화 | | 소설 | | 신문 | | 학술 | |
	형태	빈도	형태	빈도	형태	빈도	형태	빈도
1	사람	5690	사람	6344	기자05	2693	사람	4484
2	애	3644	여자02	2501	사람	1818	인간01	2024
3	오빠	1977	어머니	2282	후보04	1607	자신01	1584
4	친구	1776	자신01	1905	대통령	1603	여성01	1382
5	여자	1715	아버지	1843	여성01	1290	학생	831
6	언니	1601	아이01	1755	대표	1123	시민	656
7	남자	1324	남자02	1696	국민	1060	국민	602
8	선생님	1256	형01	1299	의원05	971	개인02	600
9	형	1239	친구02	1051	선수05	960	소비자	548
10	엄마	918	엄마	1045	감독02	929	인류01	442
11	아빠	426	남편01	834	교수06	922	동물	358
12	아이	367	선생님	818	자신01	826	학자01	339
13	선배	319	애02	780	장관02	797	남01	313
14	아저씨	305	아내01	701	총리01	767	왕04	302
15	동생	272	언니	478	관계자	655	가족01	301
16	아버지	267	학생	470	회장07	615	신09	284
17	학생	234	누나	458	시민	604	귀족01	283
18	남	222	사내01	439	아이01	585	대통령	276
19	할머니	206	오빠	431	학생	585	교수06	274
20	아줌마	192	아기01	419	주민	472	인물	262
21	누나	189	아들	393	사장15	455	독자04	247
22	교수님	182	주인01	385	어린이	452	한국인	245

23	할아버지	163	반장08	377	외국인	440	농민	237
24	교수	158	남01	376	경찰04	432	주민	227
25	인간	144	어미01	369	상대04	424	아이01	216
26	동기	137	선생01	368	직원03	417	친구02	211
27	박사	132	아저씨	341	전문가	393	아버지	203
28	어머니	128	형사02	337	위원장	371	스타	203
29	바보	128	손님	326	회원	370	피고인	199
30	미군	121	동생01	315	미군	338	백성	198

<표3.1.3-1> 사용역에 따른 고빈도 유정명사

| | 대화 | | 소설 | | 신문 | | 학술 | |
	형태	빈도	형태	빈도	형태	빈도	형태	빈도
1	학교	1478	집01	3036	기업01	1279	글	1677
2	돈	1312	소리01	2438	시장04	1080	컴퓨터	1105
3	집	1291	눈01	2254	회사04	836	시장04	1097
4	영화	910	얼굴	2244	학교	689	대학01	875
5	소리	650	손01	1761	책01	659	책01	821
6	술	641	몸01	1564	집01	625	신문10	817
7	머리	591	방07	1320	대학01	555	기업01	708
8	전화	572	입	1201	은행02	545	그림01	654
9	밥	570	길01	1124	자리01	540	길01	581
10	차	556	고개01	1091	제품02	524	기관11	579
11	군대	513	자리01	1053	영화01	497	학교	555
12	회사	447	돈01	1028	기관11	487	자료03	550
13	책	433	목소리	936	전화07	480	물01	549
14	눈	416	머리01	925	사진07	473	프로그램	540
15	비	341	가슴01	831	달05	470	제품02	537
16	물	336	문05	759	돈01	463	논문	536
17	학원	331	학교	754	시설03	454	문장02	505
18	얼굴	322	전화07	724	쓰레기	442	텔레비전	473
19	사진	310	술01	715	아파트	437	시13	447
20	옷	300	물01	709	작품01	429	영화01	436
21	자료	279	차06	634	눈01	427	우주02	418
22	노래	277	담배	598	물01	425	눈01	414
23	배	270	바람01	575	인터넷	414	작품01	392
24	살	260	옷	554	길01	411	상품03	368
25	몸	253	밥01	522	신문10	388	몸01	362
26	대학	251	불01	511	상품03	373	자리01	347

27	자리	236	하늘	510	무대06	372	하늘	342
28	인터넷	218	꽃01	501	컴퓨터	370	물체	325
29	버스	210	눈물01	475	도시03	365	토지02	323
30	컴퓨터	208	발01	449	자동차	364	물질02	320

<표3.1.3-2> 사용역에 따른 고빈도 무정명사

▶▶ 개별 어휘 빈도에 대한 논의

<표3.1.3-1>에서 확인할 수 있듯이 고빈도 유정명사는 모두 '사람'을 가리키는 구체명사이다. 앞서. 생명이 있어 살아 움직일 뿐만 아니라 마음이나 영혼이 있는 개체를 가리키는 유정명사는 주로 '사람'이나 '동물'을 가리키는 명사이지만 '동물'을 지시하는 명사는 그 사용 빈도가 매우 낮다고 언급하였는데 <표3.1.3-1>은 이러한 사실을 잘 보여 주는 것이라고 할 수 있다. 이렇듯 유정명사 중 '사람'을 나타내는 명사만이 고빈도로 사용되는 것은 우리가 실제 언어생활에서 그만큼 사람을 많이 지시하기 때문일 것이다. 실제의 자연 세계가 사람을 중심으로 하여 돌아가는 것은 아니지만 인간이 살아가는 사회에서는 모든 것이 사람을 중심으로 돌아간다. 다시 말해서, 인간 세계에서 일어나는 모든 사건에는 인간이 중심이 되기 때문에 '사람'을 가리키는 유정명사가 다른 유정명사보다 압도적으로 높은 사용 빈도를 보이는 것이라고 해석할 수 있다(3.1.2, 4.2.3.1.1 참고). '신문'을 제외한 모든 사용역에서 유정명사 중 '사람'의 사용 빈도가 가장 높은 것은 사람을 가리키는 유정명사가 고빈도로 사용되는 양상을 가장 특징적으로 보여 주는 것이라고 할 수 있다. 실제로 '신문'에서도 '사람'은 '기자' 다음으로 유정명사 중 가장 사용 빈도가 높다. '신문'에서 유정명사 중 '기자'의 사용 빈도가 가장 높은 것은 3.1.2에서 논의하였듯이 신문 기사 마지막에는 해당 기사를 쓴 기자의 이름이 'OOO 기자'와 같은 식으로 항상 붙기 때문이다.

비격식적인 사용역인 '대화'와 '소설'에서 빈도 순위 30위 내에 나타나는 유정명사들은 '아빠', '엄마', '언니', '형', '어머니', '선생님', '친구', '동생' 등 대부분 가족 관계에 있는 사람이나 사적으로 가까운 사이의 사람을 지시하는 명사들이다. 반면에 격식적인 사용역인 '신문'과 '학술'에서 빈도 순위 30위 내에 나타나는 유정명사들은 '기자', '후보', '대통령', '의원', '소비자', '회장', '왕', '학자', '전문가', '위원장' 등 공적인 직위를 가지는 인물을 가리키는 명사가 대부분이다. 이를 통해 각각의 사용역이 지닌 격식성은 유정명사의 사용 양상과도 밀접한 관련을 맺고 있다는 것을 알 수 있다.

유정명사와는 달리 고빈도 무정명사가 가리키는 대상은 매우 다양하다. 이는 유정명사가 '사람'이나 '동물'로 한정되는 대상을 가리키는 반면, 무정명사가 가리키는 대상은 '사람'과 '동물'을 제외한 개체로서 그 지시 범위가 매우 넓기 때문이다. 각 사용역 별로 무정명사 중 사용 빈도가 가장 높은 명사를 살펴보면, '대화'에서는 '학교', '소설'에서는 '집', '신문'에서는 '기업', '학술'에서는 '글'이다. 이는 대체로 각 사용역의 내용 특성을 반영한다고 볼 수 있다. 대학생들의 일상 대화가 주된 내용인 '대화'에서는 '학교'가 주된 화제가 될 것이고 정치, 경제, 사회와 주로 관련된 '신문'에는 '기업'이 주된 언급 대상이 될 것이다. 이와 마찬가지로 학술적 논의와 설명이 주를 이루는 '학술'에서는 '글'의 사용 빈도가 높아질 것으로 예상할 수 있다.

3.2. 명사의 복수성

한국어에서 수는 문법 범주가 아니다. 그러나 체언에 복수를 표시하기 위한 일정한 문법 표지가 존재하고 복수를 표시하는 방법에 따라 복수 의미가 달라진다는 점에서 체언의 복수성을 드러내는 양상에 대해 살펴보는 것은 중요하다. 한국어에서 복수는 체언 중 명사와 대명사에만 표시되고 수사에는 표시되지 않는다. 체언에 복수성을 표시하는 표지로는 접미사 '-들', '-네', '-희'가 있다. '-희'는 대명사의 복수 표시에만 매우 제한적으로 사용되기 때문에 5장에서 따로 다루기로 하고 여기서는 '-들'과 '-네'만을 살펴보기로 한다.

'-들'은 체언에 복수성을 표시하기 위해 사용되는 가장 전형적인 복수 접미사라고 할 수 있다.

〈예3.2-1〉

가. 비 올라구 그러면 **물고기들두**, **많이** 나와, 숨어 있다가 다 뛰쳐 나오구, [대화]

나. 큰 집을 들어가니까 높다란 곳에 왕이라는 틀림없는 원숭이 한 마리가 앉아 있고 그 아래로 **수많은 원숭이들**이 탕을 짊어지고 늘어서 있다. [소설]

다. 작년 12월 20일 안 씨가 26년간 도립병원장으로 봉직한 티에살레 시 시청 앞 광장에서 열린 정년 퇴임식에는 인근 **20여 개 부족 추장들**이 빠짐없이 참석했다. [신문]

라. 때마침 **일부 음식점들**이 승능용으로 중국에서 누룽지를 수입한다는 소문까지 나돌아 삼라는 서둘러 제품 개발에 들어갔다. [학술]

<예3.2-1가~라>에서 나타나는 수식어 '많이', '수많은', '20여 개', '일부'에서 알 수 있듯이 '물고기', '원숭이', '추장', '음식점'은 모두 복수성을 띠고 있는데 '-들'은 이러한 명사들에 복수의 의미를 표시해 주고 있다.

그러나 다음의 예에서 보듯이 명사의 복수성을 드러내기 위해 '-들'이 필수적으로 사용되는 것은 아니다.

〈예3.2-2〉

가. **옷**은 **많이** 가져갔었어? [대화]

나. 어떤 꽃나무는 100년이 넘었다는 나이에 난쟁이 키를 하고서 **수백 개의 꽃**을 달고 있는 것도 있었습니다. [소설]

다. 김진철 인천교대 교수(영어교육)는 "적어도 듣기와 말하기는 13살 이전, 특히 4~8살 정도의 어린 나이부터 배울수록 엄청난 효과가 있다는 것이 **여러 연구의 결과**"라고 말했다. [신문]

라. 당시에 알려져 있던 63가지의 **원소**를 비교하고 대조하면서 멘델레프는 티타늄을 붕소, 알루미늄 아래에 놓으려다 그 성질이 탄소, 규소와 비슷한 것을 보고 "여기에는 아직 발견되지 않은 원소가 있다. 그것의 원자량은 티타늄보다 적을 것이다."라고 단정했는데, 그 빈 칸은 스칸디움의 발견으로 채워졌다. [학술]

<예3.2-2가~라>의 '많이', '수백 개의', '여러', '63가지의'라는 수식어에서 알 수 있는 것처럼 이들이 수식하는 명사구는 모두 복수성을 띠고 있지만 '-들'이 나타나지는 않는다. 하지만 '-들'이 사용된 문장과 그렇지 않은 문장에는 의미의 차이가 있다. <예3.2-2가>를 들어 설명해 보면, '-들'이 나타나지

않은 '옷'은 복수의 '옷'이 집단적으로 해석되나 '-들'이 나타난 '옷들'은 복수의 '옷' 하나하나가 개체화되어 여러 개로 구분되어 인식될 수 있는 것으로 해석된다는 차이가 있다. 이러한 '-들'의 개체화 기능 때문에 다음과 같이 배분적 해석이 필요하여 대상이 개체적으로 해석되어야 하는 경우에는 '-들'이 반드시 나타나야 한다.

〈예3.2-3〉
가. {사람들이/*사람이} 의견이 <u>저마다</u> 달라 의견을 일치를 보지 못하고 있었다.
나. 선생님은 {아이들의/*아이의} 집을 <u>하나하나씩</u> 돌아다니며 가정 방문을 하였다.

<예3.2-3가, 나>의 '저마다', '하나하나씩'에서 알 수 있듯이 위의 예에서는 문장이 나타내는 사태가 문장의 참여자들 각각에 적용되는, 배분적 해석이 발생한다. 이러한 배분적 해석을 위해서는 문장의 참여자가 집단으로 해석되면 안 되고 하나하나 구분될 수 있는 개체로 해석되어야만 한다. 이와 같이 배분적 해석이 필요한 문맥에서 '-들'이 필수적으로 사용된다는 사실은 '-들'이 개체화의 기능을 가진다는 것을 알려 준다.

'-들'은 명사에 복수성을 나타내어 주는 기능을 하기 때문에 그 수를 셀 수 있는 가산명사와 주로 나타나고, '물', '공기' 등과 같이 수를 셀 수 없는 물질명사, 그 실체가 없는 추상명사와는 잘 결합하지 않는 것이 일반적이다. 그러나 이러한 사실과 어긋나는 경우가 있다. 아래의 예에서 보듯이 '-들'은 추상명사와 결합해도 문법성에는 아무런 문제가 없다.

〈예3.2-4〉
가. 상한가 쳤다고 하여튼 **관심들**이 많어 주식에. [대화]
나. 옷가게 점원들은 엄마의 옷차림과 몸매를 보고 지극히 상식적인 **소리들**을 질러댔다. [소설]
다. "여러분이 집게와 빗자루를 들고 나서면 어른들도 따라 나서지 않을 수 없을 것"이라는 교사들의 설명에 어린이들은 환경전사가 된 듯한 으쓱한 **기분들**이다. [신문]
라. 또한 여성 환경운동은 우리나라가 지탱 가능한 사회에 도달할 수 있도록 시민사회와 지역사회 모두에서 새로운 **운동들**을 해 왔다. [학술]

또한 '-들'은 아래의 예와 같이 명사, 대명사와 같은 체언뿐만 아니라 조사, 어미, 부사 등의 다양한 요소 뒤에도 나타날 수 있다는 특성이 있다.

〈예3.2-5〉
가. 요런 오렌지 컬러 **많이들** 찾으시구요. [대화]
나. "이웃**에서들**은 당신을 뭐라고 하는 줄이나 아세요." [소설]
다. 한국 영화 100년 사상 최초의 **쾌거라고들** 했다. [신문]
라. **흔히들** 법은 규제라든가 통제수단으로만 존재하는 것인 양 잘못 생각하는 경우가 있지만, 법이 있기에 생활의 질서와 안정을 동시에 향유할 수 있는 것이다. [학술]

<예3.2-4>와 <예3.2-5>는 '-들'이 체언의 복수성을 나타낸다는 점을 고려해 볼 때 매우 특이한 예이지만

실제로 이들 예에서 나타나는 '-들'은 체언이 가리키는 개체에 복수성의 의미를 나타내어 주는 것이 아니라 사건의 복수성을 나타내는 것이다. 이때 '-들'은 단순히 복수의 사건이 일어났다는 것만을 나타내는 것이 아니라 복수의 개체에 각각 동일한 사건이 적용된다는 것을 나타내어 준다. 특히 <예3.2-5>에서 나타나는 '-들'의 분포를 고려해 보면, 사건 복수에 나타나는 '-들'은 개체 복수에 나타나는 '-들'과는 달리 접미사가 아니라 보조사로 보아야 할 것으로 보인다.

그러나 '-들'이 물질명사나 추상명사와 결합한다고 해서 이들이 모두 사건 복수를 나타내는 것은 아니다.

〈예3.2-6〉
가. 그 오염된 **물들**이 그냥 하천으로 쏟아져 나오듯이 그냥 나오는 거 같애요 [대화]
나. 그 결별의 아픔과 **외로움들**은 늘 가슴을 때리는 시가 되어 사람들의 마음을 사로잡았다. [소설]
다. 따라서 우리 사회의 정보화에 중대한 영향을 끼칠 '정보화 촉진 기본법'은 현 상태에서 제정을 서두를
　　것이 아니라 정보통신부 신설 이후에 제정해도 늦지 않다는 **지적들**이 많다. [신문]
라. 티코 브라헤는 그때까지는 볼 수 없었던 정확한 **데이터들**을 얻어내었는데 그러한 가운데서 하늘에서 새로운
　　별이 생겨나는 것과 혜성이 달 위 세계의 현상이라는 것을 관측했다. [학술]

<예3.2-6>에서 보듯이 '-들'은 '물', '외로움', '지적', '데이터'와 같은 물질명사, 추상명사와 결합하였지만 이때 '-들'은 사건 복수가 아니라 개체 복수를 나타내는 것이다. 이러한 예들을 볼 때, 한국어의 '-들'은 가산명사가 복수일 때 나타나는 것이 아니라 역으로 화자가 특정 명사를 복수 개체의 합으로 인식하고 있음을 유표적으로 드러내고 싶을 때 나타나는 것으로 보인다. 즉 '-들'은 해당 체언이 복수성을 지니고 있을 때 필수적으로 나타나는 복수 표지가 아니라 화자가 복수성의 의미를 띠고 있는 대상들에 복수의 의미를 더욱 명확하게 드러내거나 개체의 복수로 표시하고 싶을 때 '-들'을 이용한다는 것이다.

'-네'는 '-들'과 달리 모든 체언에 두루 결합하지 못한다는 특성을 가지고 있다. 뒤에서 다시 논하게 되겠지만 '-네'는 대명사나 고유명사와 주로 결합한다.

〈예3.2-7〉
가. 너네, 우리네, 자기네, 당신네 등
나. 금순네, 강 씨네, 영선이네, 서영이네, 석기네 등
다. 여인네, 여편네, 노인네, 둘째네, 고모네, 어르신네 등

'-들'이 개체들의 합으로서의 복수 의미를 나타낸다면, 이와 달리 '-네'는 '-네'와 결합하는 체언을 포함하는, 혹은 그 체언으로 대표되는 집단을 가리키면서 복수의 의미를 나타낸다. 예컨대, '영희네'는 '영희'의 가족 전체를, '여인네'는 여인들의 무리를 나타낸다.

그러나 '-네'가 복수의 의미를 나타내지 않는 경우도 있다.

〈예3.2-8〉 [소설]
가. **금순네는** 뒤도 돌아보지 않고 마을을 향해 걸어갔다.

나. 만두를 만들어 찌고 있는데 그제야 이런 여편네 뭣을 하고 있느냐고 아랫집 **영호네가** 출입복을 입고 찾아오
　　지 않았겠어요.

다. 이 소란을 향해 버럭 고함을 친 이는 보항공 **노인네였다.**

라. 말하는 본새로 보아 주모는 이곳 교도관들과 친분이 제법 두터운 거 같고, 시골 **아낙네치고는** 수단이 야무지
　　고 영악한 것 같았다.

<예3.2-8가, 나>의 '금순네'와 '영호네'는 '금순의 가족', '영호의 가족'을 뜻하기보다는 '금순의 어머니', '영호의 어머니'를 뜻하고 <예3.2-7다, 라>의 '노인네', '아낙네'는 '집단'의 의미가 없고 '노인', '아낙'과 동일하게 단수 개체를 가리킨다. 이처럼 '-네'가 결합한 체언에 복수의 의미가 나타나지 않는 것은 다음과 같은 요인에서 기인하는 것으로 보인다. 첫째, '금순네', '영호네'가 '금순'과 '영호'의 가족 전체를 나타내지 않고 특정 개인을 가리키게 되는 것은 전통적으로 한 집안에 속한 여인들이 자신이 속한 가족이나 집의 이름으로 대신 불릴 때가 많았기 때문이다. 따라서 'XX네'가 개체로 해석될 때에는 그 개체가 가리키는 성(性)은 여성이다. 둘째, '노인네', '아낙네'는 '노인의 무리', '아낙의 무리'를 뜻하지만 이러한 '무리'의 의미는 '부류'의 의미로도 해석될 수 있기 때문에 '노인네'와 '아낙네' 가 '노인'과 '아낙'의 의미로 해석되는 것이다. 그런데 '노인네', '아낙네'는 '노인', '아낙'에 비해 '비하'의 의미가 느껴지거나 비격식적으로 느껴진다는 차이가 있다.

3.2.1. '-들'에 의한 복수 표시

▶ 말뭉치 계량 결과 제시1

　• '-들'의 사용 빈도: 신문 〉 학술 〉 소설 〉 대화

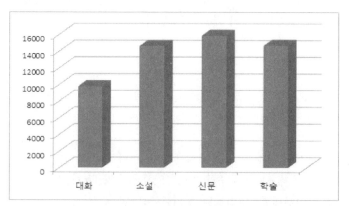

<그래프3.2.1-1> 사용역에 따른 '-들'의 사용 빈도

▶▶ 말뭉치 계량 결과에 대한 논의1

복수 접미사 '-들'의 사용 빈도는 '신문'에서 가장 높고 '대화'에서 가장 낮다. 이러한 사용 양상은 전체 체언의 사용 양상과 거의 일치한다(<그래프2-1> 참고). 앞서 논의하였듯이 '-들'은 수사를 제외한 모든 체언에 결합 가능하다. 따라서 체언의 사용 빈도가 가장 높은 사용역에서 '-들'의 사용 빈도도 가장 높게 나타난다고 할 수 있다.

그러나 '학술'에서 나타나는 체언의 사용 빈도는 '소설'에서 나타나는 체언의 사용 빈도보다 훨씬 더 높지만 '-들'의 사용 빈도에 있어서는 '학술'과 '소설'이 보이는 차이는 매우 미미하다. 뿐만 아니라 '신문'에서 나타나는 체언의 사용 빈도를 고려한다면 '신문'에서 나타나는 '-들'의 사용 빈도는 '소설'과 '학술'에서 나타나는 '-들'의 사용 빈도와 그 차이가 크다고 할 수 없다. 이렇듯 각 사용역에서 보이는 체언의 사용 빈도의 차이보다 각 사용역에서 보이는 '-들'의 사용 빈도의 차이가 더 적은 것은 체언에 복수의 의미를 표시하는 데에 있어 '-들'이 필수적으로 사용되지 않기 때문이라고 볼 수 있다. 다시 말해서, 체언이 복수성을 띠고 있어도 '-들'이 필수적으로 나타나는 것이 아니기 때문에 체언의 사용 빈도가 높아지는 만큼 그에 비례하여 '-들'의 사용 빈도가 높아진다고는 보장할 수 없는 것이다. 그런데 '-들'은 체언 이외에도 '조사', '어미', '부사'와도 결합할 수 있기 때문에 이러한 요인이 '-들'의 사용 빈도에 영향을 미쳤다고 볼 수도 있다. 그러나 뒤에서 살펴보겠지만 '조사', '어미', '부사' 등과 결합하는 '-들'의 빈도는 전체 '-들' 사용 빈도에서 아주 미미한 비중만을 차지한다. 한편, '-들'이 결합한 체언을 복수 형태라고 보고 그렇지 않은 형태를 단수 형태라고 본다면, 전체 체언의 사용 빈도와 '-들'의 사용 빈도를 비교했을 때 단수 형태의 체언이 복수 형태의 체언보다 그 사용 빈도가 압도적으로 높다는 것을 알 수 있다. 이는 무표적인 형태가 유표적인 형태보다 그 사용 빈도가 높다는 일반적인 사실을 반영하는 것이다.

▶ 말뭉치 계량 결과 제시2

1. '대화'의 '-들' 선행 요소의 분포: 보통명사 〉 대명사 〉 의존명사 〉 부사
2. '소설'의 '-들' 선행 요소의 분포: 보통명사 〉 대명사 〉 의존명사 〉 부사
3. '신문'의 '-들' 선행 요소의 분포: 보통명사 〉 대명사 〉 의존명사 〉 부사
4. '학술'의 '-들' 선행 요소의 분포: 보통명사 〉 대명사 〉 의존명사 〉 부사

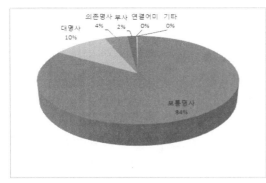

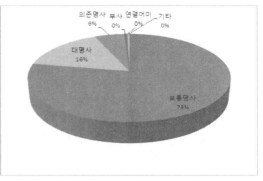

<그래프3.2.1-2> '대화'의 '-들' 선행 요소의 분포　　　<그래프3.2.1-3> '소설'의 '-들' 선행 요소의 분포

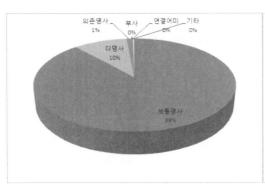

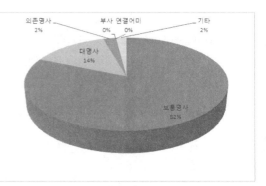

<그래프3.2.1-4> '신문'의 '-들' 선행 요소의 분포　　　<그래프3.2.1-5> '학술'의 '-들' 선행 요소의 분포

▶▶ 말뭉치 계량 결과에 대한 논의2

위에서 제시한 <그래프3.2.1-2~5>는 복수 표지 '-들'과 결합하는 선행 요소의 비율을 보인 것이다. 모든 사용역에서 공통적으로 '-들'은 98% 이상이 '보통명사', '대명사', '의존명사'와 결합하는데 이러한 결과를 통해 '-들'은 '수사'와 '고유명사'를 제외한 체언과 결합하는 것이 가장 일반적이라는 것을 알 수 있다. '부사', '조사', '어미', '고유명사' 뒤에 '-들'이 결합하는 예는 극소수에 불과하다. '부사', '조사', '어미'에 결합하는 '-들'은 모두 사건 복수를 나타내는 예이고 '-들'과 결합하는 고유명사 의 예는 3.1.1에서 논의하였듯이 유일한 지시대상을 가리키지 않는 일부 고유명사에 한정된다.

모든 사용역에서 '-들'과 결합하는 체언의 비율은 '보통명사 > 대명사 > 의존명사'의 순서를 보인다. 체언 중 가장 높은 사용 비율을 보이는 보통명사가 '-들'과 가장 빈번히 결합되는 것은 자연스러운 결과라고 할 수 있다. 하지만 대명사가 의존명사보다 '-들'과 결합하는 비율이 높다는 것은 예외적인 결과라고 할 수 있다. 2장 도입부에 제시한 <표2-1>에서 확인할 수 있듯이 '대화'와 '소설'에서는 대명사의 사용 빈도가 의존명사의 사용 빈도보다 다소 높지만 '신문'과 '학술'에서는 의존명사의 사용 빈도가 대명사의 사용 빈도보다 훨씬 더 높기 때문이다. 다시 말해서, 특정 사용역에서는 의존명사 가 대명사보다 그 사용 빈도가 더 높지만 '-들'과 결합하는 체언의 비율은 모든 사용역에서 의존명사보다

대명사가 더 높다는 점이 예외적으로 보인다는 것이다. 그러나 이는 예외적인 결과가 아니라 자연스러운 결과로 해석된다. 다음의 예를 보자.

〈예3.2.1-1〉
가. A: 어떤 개인적인 이야기들 있죠. B: 음. 그런 **것들**도 종종 방송 거리로 나와 가지고 좀 짜증날 때가 있거든요. [대화]
나. 익산 근처 어디에선 백제의 새 왕궁터도 발견해냈다던가요? 하지만 그쪽 지방엔 뭐가 나온다 해도 백제의 유물이나 유적보다는 **통일기 신라나 고려, 조선의 후세 것들이** 대부분입니다. [소설]
다. 중국의 독특한 컴퓨터 용어들은 한자 문화권 한국이나 일본의 용어와도 **다른 것들이** 많다. [신문]
라. 그러면 그러한 직업들에는 구체적으로 **어떤 것들이** 있을까? 아래에 제시하는 20가지는 정보화 사회에서 유망할 것으로 **예상되는 것들**이다. [학술]

의존명사 중 가장 사용 빈도가 높은 '것'은 〈예3.2.1-1〉에서와 같이 복수화가 가능한 개체를 대용하는 경우 '-들'과 결합할 수 있다. 그러나 '것'은 이러한 대용적 기능으로만 쓰이는 것이 아니다.

〈예3.2.1-2〉
가. 어디 돈도 잘 안 쓰구 막 그럴려구 하다가, 그런 데 가면 또 확 **쓰는 거야**. [대화]
나. 그 때문에 류 씨는 어쩌면 그가 많은 자녀를 거느린 용상골 토박이일 거라고 **믿었던 것이다**. [소설]
다. 그렇게 되면 부동산도 증권시장처럼 아파트를 필두로, 개발 가능한 토지를 중심 삼아 몇 년 만에 기지개를 **켤 것이다**. [신문]
라. 세상은 그렇게 간단한 것이 아니고 분류되지 않는 존재와 쉽게 파악할 수 없는 자연 현상과 사회 현상이 적지 않다는 것을 재인식하게 **된 것이다**. [학술]

위의 예에서 보듯이 '것'은 '-은/-는/-던/-을 것이다'와 같은 문법적 구성에 매우 빈번히 쓰이는데(4.1.4 참고), 이러한 구성에 나타나는 '것'에는 '-들'이 결합될 수 없다. 또한 고빈도의 형식성 의존명사인 '수', '바', '때문', '등', '뿐' 등은 '-들'과 잘 결합하지 않는다. 이들이 '-들'과 결합하는 경우는 사건 복수에 한정된다. 그리고 단위성 의존명사도 '-들'과 결합하는 경우가 거의 없다. 따라서 의존명사는 '-들'과의 결합에 있어 그 제약이 심하다고 할 수 있고 이로 인해 '-들'과 결합하는 체언의 비율에 있어 의존명사가 차지하는 비율이 가장 낮은 것이라고 할 수 있다. 반면에 사물이나 사람 등의 개체를 대신하여 가리키는 대명사의 경우에는 '-들'과의 결합에 있어 거의 제약이 없고 심지어 '우리', '너희', '너네'와 같이 이미 복수 형태인 대명사에도 '-들'이 다시 결합할 수 있다(5.1.4 참고).

▶ 말뭉치 계량 결과 제시3

1. 개체 복수와 사건 복수의 사용 비율: 개체 복수(98.76%) 〉 사건 복수(1.24%)
2. 사건 복수의 사용 빈도: 소설 〉 대화 〉 신문, 학술

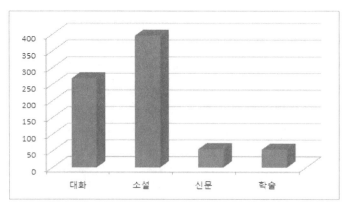

<그래프3.2.1-6> 사용역에 따른 사건 복수의 사용 빈도

▶▶ 말뭉치 계량 결과에 대한 논의3

'-들'이 나타난 전체 예를 대상으로 하여 개체 복수와 사건 복수의 사용 비율을 조사해 본 결과, 사건 복수의 사용 비율은 약 1.2%에 불과하였다. 이러한 사실로 미루어 볼 때, 우리의 실제 언어생활에서 '-들'은 개체 복수를 나타내기 위해 사용되는 것이 가장 일반적이고 '-들'이 사건 복수를 나타내는 것은 매우 특별한 예라고 할 수 있겠다.

앞서 논의했듯이 '-들'이 체언이 아닌 '조사', '어미', '부사' 뒤에 결합하는 경우는 모두 사건 복수의 예에 해당하고 '-들'이 개체화가 불가능한 물질명사나 추상명사 뒤에 결합하여도 사건 복수가 되는 경우가 있다. 사건 복수의 사용 빈도가 비교적 높은 '대화'와 '소설'에서 나타나는 사건 복수의 예를 보이면 다음과 같다.

〈예3.2.1-3〉 [대화]

가. 다 모르는 **표정들**인데.

나. 너네 그~ 가서 찍은 거 보고 싶지 **다들**?

다. 저거 할려구 저 **지랄들** 하구. 병원에서.

라. 기껏해야 **가격들** 만 오천에서 이만 원 사이 되는 거.

〈예3.2.1-4〉 [소설]

가. "다 좋은데, 계속 이렇게 **서서들** 이야기할 겁니까?"

나. "김 씨는 뭔 불만이 그리 많아? 자, 그럼 **수고들** 해."

다. 다 잡아다 처넣어도 모자랄 판에 한 새끼 죽었다고 저 **야단들**이니 원.

라. 이 일은 애초부터 윤형을 믿고 윤형의 헌신에 기댈 **생각으로들** 시작한 격이니 말요.

마. 우리 애들은 오토바이도 잘 타고 **힘들도** 웬만하니 잘 해낼 겁니다.

바. 지섭으로선 차마 듣기 거북한 이야기들을 두 사람이 아무렇지 **않게들** 지껄여대고 있는 것이었다.

그러나 다음의 예에서 보듯이 개체화가 가능한 구체명사에 '-들'이 결합할 때에도 사건 복수로 해석되는 경우가 있다.

〈예3.2.1-5〉 [소설]
가. **담배들** 태우시지요.
나. 자아, **엿들** 사시오, 달고 맛난 찹쌀엿, 빨리빨리 갖고 오쇼.
다. 그들은 대부분 나이가 많은 노인들이었고 아주 낡은 **옷들을** 입고 있었다.
라. 그들은 승용차 문을 열고 무엇이 좋은지 희희덕거리며 세 아이를 향해서 **손들을** 흔들었습니다.

'담배', '엿', '옷', '손'은 모두 개체화가 가능한 구체명사이지만 이때 나타나는 '-들'은 사건 복수를 나타내는 것으로 해석된다. 그러나 <예3.2.1-5나, 다, 라>의 '-들'은 경우에 따라서 개체 복수를 나타낸다고 볼 수도 있다. <예3.2.1-5나>에서 엿장수가 한 사람에게 여러 개의 엿을 사라고 할 때, <예3.2.1-5다>에서 노인들이 여러 벌의 옷을 걸치고 있을 때, <예3.2.1-5라>에서 그들이 한 손이 아니라 양손을 흔들고 있을 때에는 각각의 예에서 나타나는 '-들'은 개체 복수로 해석될 여지가 있다.

한편, 사건 복수의 '-들'이 나타나는 <예3.2.1-3~5>는 모두 주어가 복수의 의미로 해석된다는 특징이 있다. 이러한 특성으로 인해 기존 연구들에서 주어가 복수라면 문장 내의 여러 성분에 '-들'이 자유롭게 나타날 수 있다고 언급되어 온 것이다. 그러나 아래의 <예3.2.1-6가, 나>에서 보듯이 주어가 복수의 의미를 지니고 있더라도 문장 내의 여러 성분들에 '-들'이 늘 자유롭게 나타날 수 있는 것도 아닌 듯하고 <예3.2.1-6다, 라>와 같이 복수의 의미를 지니는 주어가 나타나지 않더라도 문장 내의 여러 성분들에 '-들'이 자유롭게 결합될 수도 있다.

〈예3.2.1-6〉
가. ?**사람들이** **매우들** 많았다.
나. ?**자네들이** **언제들** 결혼했지?
다. 저는 애들한테 **밥들** 차려 주고 오느라고 늦었어요.
라. 남편이 아이들을 **예뻐들** 한다.

그런데 <예3.2.1-6>과 같은 경우도 있겠지만 실제 말뭉치의 예를 살펴보았을 때, '-들'이 사건 복수를 나타내는 것으로 해석되는 경우에는 거의 모든 주어가 복수로 해석되었다. 사실상 주어가 복수라면, 즉 사건의 주체가 복수라면 그 사건은 복수의 사건이 되므로 복수 주어가 나타날 때 사건 복수를 나타내는 '-들'이 나타나는 것이 일반적일 것이기 때문이다.

'대화'와 '소설'에서는 사건 복수를 나타내는 '-들'의 사용 빈도가 높은 편이지만 '신문'과 '학술'에서는 사건 복수로 사용되는 '-들'의 사용 빈도가 매우 낮다. 이러한 양상은 '신문'과 '학술'이 격식성을 지닌 사용역이라는 점과 관련이 깊을 것으로 보인다. 앞서 제시한 예에서 확인할 수 있듯이 사건 복수의 '-들'이 나타나는 문장은 대개 비격식적인 구어체의 문장으로서 격식성을 지닌 사용역인 '신문'과 '학술'에서 이러한 문장들이 사용될 때에는 매우 어색하게 느껴진다. 실제로 '신문'과 '학술'에서 나타나는 사건 복수의 '-들'은 다음의 예에서와 같이 격식체의 기사문이나 학술적인 문체의 문장이 아니라 인용문이나 대화체 예문에서 발견된다.

〈예3.2.1-7〉

가. 이를 지켜보던 韓대표는 "왜들 이러느냐, 나 정말 못하겠다"며 회의장을 떠났다. [신문]

나. "우리나라 이혼율이 최근 세계 1, 2위를 다툴 만큼 높아졌다는 신문 기사를 보고 남성들은 '여성의 법적·경제적 지위가 크게 높아졌기 **때문**'이라고들 합니다." [신문]

다. 공식석상이나 대중 앞에서 "그렇게들 하세요."라고 했다가 정중하고 격식에 맞는 경어법을 쓸 줄 모른다고 무안을 당하는 수도 있다. [학술]

라. 제자: 선생님께서는 중국제 물건을 많이 거래하신다고들 합니다. 정몽주: (그 소리가 듣기 싫었던지 안색이 달라지며) 지금 풍습으로는 혼사 때에 중국제 물건을 많이 쓰지. [학술]

'대화'보다 '소설'에서 사건 복수 '-들'의 사용 빈도가 더 높게 나타나는 것은 '소설'이 서사 문학 장르라는 점과 관련된다고 할 수 있다. 서사 장르는 기본적으로 '사건'을 서술하고 묘사하는 것을 특징으로 하는데, 사건 복수를 나타내는 '-들'은 복수 사건의 서술과 묘사를 더욱 정밀하고 생생하게 해 주는 효과가 있기 때문이다. 앞서 제시한 사건 복수 '-들'의 예에서 확인할 수 있듯이 사건 복수의 '-들'이 나타나지 않더라도 해당 문장은 복수의 사건으로 해석될 수 있다. 그러나 사건 복수의 '-들'이 유표적으로 나타남으로써 해당 사건이 복수의 사건이라는 것이 보다 생생하게 드러나는 효과를 가지게 된다. 이러한 문체상의 효과가 사건을 서술하는 서사 장르인 '소설'에서 사건 복수 '-들'의 사용 빈도를 높이는 요인이 되었을 것이다.

▶ **말뭉치 계량 결과 제시4**

> 1. '-들' 명사구 앞 수량 표현의 출현 빈도(1어절 앞, 2어절 앞): 4,545
> 2. '-들' 명사구 앞 수량 표현의 출현 비율(1어절 앞, 2어절 앞): 약 9%

▶▶ **말뭉치 계량 결과에 대한 논의4**

앞서 언급했듯이 '-들'은 명사의 복수성을 드러내기 위해 필수적으로 사용되는 것은 아니다. 따라서 복수성을 드러내기 위해 '-들'을 사용하는 것은 명사의 복수성을 표현하는 유표적인 방법이라고 할 수 있다. 그렇다면 어떠한 경우에 '-들'에 의한 유표적인 복수 표현이 사용되는 것일까? 이는 '-들'과 결합한 명사구 앞에 나타나는 수량 표현의 분포와 종류를 통해 확인할 수 있다.

'-들'과 결합한 명사구의 1어절 앞과 2어절 앞에 복수의 의미를 드러내어 주는 수량 표현이 출현하는 빈도를 조사해 본 결과, 전체 '-들' 결합 명사구의 약 9%만이 복수의 의미를 드러내 주는 수량 표현이 나타났다. 즉 '-들'과 결합한 명사구의 약 90%는 아래와 같이 수량 표현 없이 나타나는 것이다.

〈예3.2.1-8〉

가. 그 토익 강사들은 뭐라 그러는 줄 알아? [대화]

나. 벤치마다 **남**녀 대학생들이 자연스런 포즈로 앉아 쉬고 있었다. [소설]

다. 면역제품을 판매하는 업체에 **소비자들의** 문의전화도 부쩍 늘고 있다. [신문]

라. 미와 예술이 밀접하다는 건 지금은 상식이지만, **고대인들은** 이상하게도 예술과 미를 전혀 다른 것으로 생각했다. [학술]

수량 표현은 복수성의 의미를 명확히 드러내어 주는 수단이다. 따라서 수량 표현이 선행하는 명사구에는 '-들'이 나타나지 않아도 해당 명사구가 복수의 의미를 가진다는 것을 쉽게 알 수 있다. 반면에 수량 표현이 선행하지 않는 명사구는 단수로도 복수로도 해석될 수 있다. 즉, 명사의 복수성과 관련해서 중의적인 해석이 가능한 것이다. 이러한 경우, 복수성에 대한 중의적인 해석을 피하고 명사구가 복수의 의미를 지닌다는 것을 명확히 드러내기 위해 '-들'이 사용될 수밖에 없을 것이다. '-들'과 결합한 명사구의 1어절 앞과 2어절 앞에 수량 표현이 나타나는 비율이 9%밖에 되지 않는 것은 이러한 이유 때문이라고 할 수 있다.

'-들'이 명사의 복수성을 유표적으로 드러내기 위해 사용된다는 사실은 '-들'과 결합한 명사구 앞에 오는 수량사 표현의 종류를 통해서도 알 수 있다. '-들' 결합 명사구의 1어절, 2어절 앞에 나타나는 고빈도 수량 표현과 그 출현 빈도를 보이면 아래와 같다.

	형태	출현빈도	누적비율
1	많은	718	16.91%
2	모든	384	25.96%
3	~ 등, ~ 등의	381	34.93%
4	여러	315	42.35%
5	일부	251	48.26%
6	~ 명의	137	51.49%
7	대부분의	134	54.65%
8	수많은	131	57.73%
9	다양한	114	60.42%
10	몇몇	106	62.92%

<표3.2.1-1> '-들' 결합 명사구에 선행하는 고빈도 수량 표현

<표3.2.1-1>에서 보듯이 '-들'이 결합한 명사구에 선행하는 수량 표현은 대부분 정확한 수를 나타내는 것이 아니라 '많은', '모든', '~ 등의', '여러' 등과 같이 대략적인 수량을 나타내는 것이다. 따라서 복수 표지 '-들'은 대략적인 수량을 나타내는 복수의 명사구에 결합하는 경향성이 있다고 볼 수 있는데 이는 '-들'이 복수의 대상을 개체적으로 해석하게 하는 복수 표지라는 사실과 관계가 깊다. 정확한 수로 나타난 복수의 명사구는 대략적인 수로 나타난 복수의 명사구보다 개체화되어 인식되기 쉽다. 예컨대, '세 개의 연필'은 '하나의 연필 + 하나의 연필 + 하나의 연필'이라는 개체의 합으로 인식되기 쉬우나 '많은 연필'은 개체의 합보다는 하나의 집합으로 인식되기 쉽다. 이러한 이유로 인해 개체적 해석을 유발하는 '-들'은 정확한 수보다는 대략적인 수를 나타내는 복수의 명사구에 결합되는 경향이 더 크다고 할 수 있다. 왜냐하면 정확한 수로 나타난 표현은 '-들'이 결합되지 않아도 개체화된 복수의 해석이 쉽지만 '많은'과 같은 대략적인 수로 나타나는 명사구는 개체화된 복수의

해석을 보다 명확하게 하기 위해서 '-들'이 유표적으로 결합해야 하기 때문이다. 앞서, 우리는 '-들'이 체언이 복수성을 지니고 있을 때 필수적으로 나타나는 복수 표지가 아니라 화자가 복수성의 의미를 띠고 있는 대상들에 복수의 의미를 더욱 명확하게 드러내거나 개체 복수를 표시하고 싶을 때 '-들'이 이용된다고 언급하였는데 <표3.2.1-1>은 이러한 사실을 잘 보여 준다고 할 수 있다.

3.2.2. '-네'에 의한 복수 표시

▶ 말뭉치 계량 결과 제시1

- '-네'의 사용 빈도: 대화 〉 소설 〉 신문 〉 학술

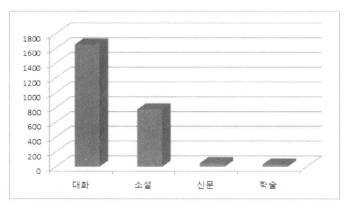

<그래프3.2.2-1> 사용역에 따른 '-네'의 사용 빈도

▶▶ 말뭉치 계량 결과에 대한 논의1

복수 접미사 '-네'는 '대화'에서 가장 높은 사용 빈도를 보이고 '신문'과 '학술'에서는 거의 사용되지 않는다. 이는 복수의 접미사 '-네'가 비격식성을 지니고 있다는 사실과 관련된다. 일반적으로 복수 접미사 '-네'는 대명사와 결합해서 대명사가 가리키는 개체가 포함된 집단 또는 무리를 나타내고 인명을 나타내는 고유명사와 결합해서 고유명사가 지시하는 개체가 포함된 가족을 주로 나타낸다. 그런데 이와 같이 '-네'를 이용하여 집단의 의미를 나타내는 것은 거의 비격식적인 사용역에서만 나타난다. 다음의 예를 보자.

〈예.3.2.2-1〉 [대화]
가. 거기 **오빠네** 회사는 어때요?
나. 근데 개가 저희 집에서 **걔네** 집이 꽈 애들 중에서 제일 가까워요
다. 세현이네 아버지는 교감 됐는데 세현이네 **오빠도** 이번에, 선생님 됐어, 초등학교,

〈예3.2.2-2〉 [신문]

가. 검찰의 수사 결과 발표에는 정 씨 일가의 통정 매매 사실과 역외 펀드를 통한 우회 주가 조작 내용이
포함되지 않았다.

나. '의형제 맺기'는 사원들끼리 의형제를 맺어 월 1~2차례 의형이 **동생 가족을** 집으로 초대, 어울리며 평소
얘기하기 힘든 회사나 개인 문제들을 털어놓고 대화하도록 유도한다.

다. **김 씨의 가족들은** "왜 반품 고객 등에 대해서는 관리를 하면서, 쇼핑 중독 고객을 관리하지 않느냐"며
업체들을 원망한다.

일상 대화의 예를 보인 〈예3.2.2-1〉에서 알 수 있듯이, 〈예3.2.2-2〉의 '정 씨 일가', '동생 가족', '김
씨의 가족'은 '대화'와 같은 비격식적인 사용역에서는 '정 씨네', '동생네', '김 씨네'로 나타나는
것이 일반적이다. 그러나 격식적인 사용역인 '신문'에서 '정 씨네', '동생네', '김 씨네'가 나타난다고
한다면 비격식적인 느낌으로 인해 매우 어색하게 느껴진다. '-네'가 가진 이러한 비격식성은 '노인네',
'아낙네', '여편네', '여인네', '어르신네' 등의 단어에서도 느껴진다. 앞서 논의하였듯이 이러한 단어들
은 '-네'가 결합하지 않은 형태와 비교했을 때, 복수성의 차원에서는 차이가 나지 않는다. 이때 '-네'는
복수성의 의미보다는 '비하'나 '친근성'과 같은 정감적 의미를 더 부각하는 측면이 있다. 그래서
이러한 단어들은 '대화'나 '소설'과 같은 비격식적 사용역에서만 주로 사용된다.

한편, '소설'에서 '-네'가 사용되는 양상은 '대화'에서 '-네'가 사용되는 양상과는 사뭇 다르다.
뒤에서 다시 살펴보겠지만 '대화'에서는 '-네'가 주로 대명사와 결합한다면 '소설'에서는 다음의 예에서
와 같이 '-네'가 주로 고유명사와 결합하여 나타난다.

〈예3.2.2-3〉 [소설]

가. 이러다 우리 집도 경지네처럼 이상한 여자 하나 물색해 놓고 나한테 압력을 넣는 건 아닌가 몰라.

나. 울타리 너머 **호식이네** 감나무 잎이 바람도 안 부는데 자꾸만 떨어져 **순덕이네** 장독대에까지 와서 쌓였습
니다.

다. 몇 년 전만 해도 덕주골에는 여남은 집이 살았었는데 모두들 떠나고 지금은 **호야네, 순주네, 창수네** 이렇게
세 집만 남아서 살고 있습니다.

위의 예에서 보듯이 '소설'에서는 '-네'가 소설 속 등장인물의 가족을 가리키는 데 주로 쓰인다.
이때 'XX네' 형태의 단어는 'XX의 가족', 'XX의 집'보다 정감적 의미가 잘 드러나는데 이러한 정감적
의미는 서사 문학 장르인 '소설'에서 심미적인 문체적 효과를 더해 주는 것으로 보인다.

▶ **말뭉치 계량 결과 제시2**

1. '대화'의 '-네' 선행 요소의 분포: 대명사 〉 보통명사 〉 고유명사 〉 기타
2. '소설'의 '-네' 선행 요소의 분포: 고유명사 〉 보통명사 〉 대명사 〉 기타
3. '신문'의 '-네' 선행 요소의 분포: 대명사 〉 보통명사 〉 고유명사 〉 기타
4. '학술'의 '-네' 선행 요소의 분포: 대명사 〉 보통명사 〉 고유명사 〉 기타

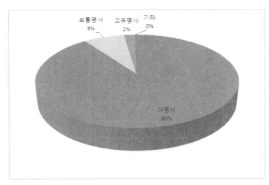

<그래프3.2.2-2> '대화'의 '-네' 선행 요소의 분포

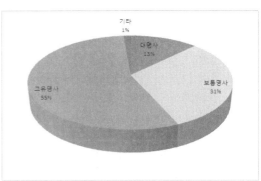

<그래프3.2.2-3> '소설'의 '-네' 선행 요소의 분포

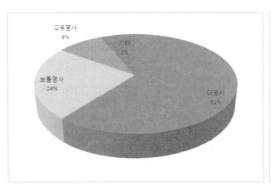

<그래프3.2.2-4> '신문'의 '-네' 선행 요소의 분포

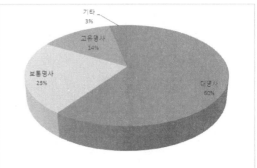

<그래프3.2.2-5> '학술'의 '-네' 선행 요소의 분포

▶▶ 말뭉치 계량 결과에 대한 논의2

사용역에 따른 '-네' 선행 요소의 비율을 살펴본 결과, '소설'을 제외한 모든 사용역에서 '-네'는 대명사와 결합하는 비율이 가장 높다. 그러나 앞서 논의하였듯이 격식적인 사용역인 '신문'과 '학술'에서는 '-네'의 사용 빈도가 매우 낮기 때문에 '-네'는 대명사와 결합하는 것이 가장 일반적이라고 결론을 내리기는 어렵고 각각의 사용역 특성으로 인해 '-네'의 사용 양상이 사용역에 따라 달리 나타난다고 보는 것이 옳을 것으로 보인다.

'대화'에서 '-네'가 대명사와 결합하는 비율이 가장 높은 것은 '대화'에서 특징적으로 나타나는 인칭대명사의 복수 표현 양상과 관련된다(5.1.4 참고). 아래의 <표3.2.2-1>에서 확인할 수 있듯이 '대화'에서는 '걔', '니', '얘'에 '-네'가 결합한 '걔네', '니네', '얘네'가 가장 고빈도로 사용되는데 이들 대명사는 '대화'에서만 특징적으로 나타나는 것이다. 실제로 '-네'와 결합할 수 있는 대명사는 '우리', '너희', '너', '당신', '자기' 등으로 한정적이지만 '대화'에서는 '걔', '얘', '쟤', '니', '지' 등과 같이 다른 사용역에서는 나타나지 않는 형태의 대명사가 '-네'와 결합하여 고빈도로 나타난다. '대화'에서 '-네'가 결합된 인칭대명사가 사용된 예를 보이면 다음과 같다.

⟨3.2.2-4⟩ [대화]

가. 아무튼 걔네가 가자 그랬는데 아 내가 안 간다구 그랬는데,

나. 니네 학교에 후배 중 괜찮은 애 있나?

다. 근데 윤미나 얘네들 다 집안이 좀 살거든,

라. 지네 집에 돈이 없으면 얼마나 없다구 맨날 가난하다 그러냐구 그런 얘길 한 거야.

마. 쟤네 일학년 이학년 아니야?

	대화			소설			신문			학술		
	형태	범주	빈도	형태	범주	빈도	형태	범주	빈도	형태	범주	빈도
1	걔	대명사	688	금순	고유명사	175	우리	대명사	13	자기	대명사	12
2	니	대명사	298	아낙	보통명사	45	자기	대명사	10	당신	대명사	3
3	얘	대명사	210	자기	대명사	36	당신	대명사	3	여인01	보통명사	2
4	자기	대명사	130	여편	보통명사	32	고모01	보통명사	2	맹자	고유명사	1
5	너	대명사	85	노인01	보통명사	19	아낙	보통명사	2	어르신	보통명사	1
6	지	대명사	40	강	고유명사	17	스님	보통명사	1	우리	고유명사	1
7	형	보통명사	35	삼열	고유명사	16	김 씨	의존명사	1	기석이	고유명사	1
8	친구	보통명사	26	여인01	보통명사	16	상기	고유명사	1	남정01	보통명사	1
9	쟤	대명사	21	당신	고유명사	15	누구	대명사	1	서영이	고유명사	1
10	오빠	보통명사	12	댁	보통명사	12	남정01	보통명사	1	월튼	고유명사	1
11	할머니	보통명사	12	니	대명사	12	줌마	보통명사	1	李氏	한자 표기	1
12	⟨name39⟩이	고유명사	7	아들	보통명사	10	신용재 씨	의존명사	1	니	대명사	1
13	언니	보통명사	7	걔	고유명사	9	둘째	보통명사	1	막딸	보통명사	1
14	당신	대명사	7	석기	고유명사	9	여인01	보통명사	1	아낙	보통명사	1
15	⟨name⟩	고유명사	7	이재필이	고유명사	9	올케	보통명사	1	여편	보통명사	1
16	세현이	고유명사	5	병수	고유명사	8	딸01	보통명사	1	너	고유명사	1
17	영선이	고유명사	5	소희	고유명사	8	메리	고유명사	1			
18	노인	보통명사	5	친구02	보통명사	7	영희	고유명사	1			
19	누구	대명사	5	누나	보통명사	6	너	고유명사	1			
20	누나	보통명사	2	두환	고유명사	6	영웅이	고유명사	1			

<표3.2.2-1> 사용역에 따른 고빈도 '-네' 선행 요소

'소설'에서 '-네'가 고유명사와 결합하는 비율이 가장 높은 것은 주로 문체적 효과와 관련된다. 앞서 논의하였듯이 '소설'에서 '-네'는 소설 속 등장인물의 가족을 가리키는 데 주로 쓰이는데 이때 'XX네' 형태의 단어는 'XX의 가족', 'XX의 집'보다 정감적 의미가 더 잘 드러난다. 이러한 정감적 의미는 서사 문학 장르인 '소설'에서 심미적인 문체적 효과를 더해 주는 역할을 한다. 한편, '소설'에서는 고유명사와 '-네'가 결합한 형태가 고유명사가 가리키는 개체가 포함된 가족이나 집단을 지시하지 않고 그 가족이나 집단에 속한 인물 개인을 가리키는 경우가 많이 발견된다.

〈예3.2.2-5〉[소설]

　가. 노들목에다 배를 대고 나서도 자꾸만 뒤돌아봐 가며 연방 웃어 보이는 길수를 향해 입빠른 **삼열네**가 냅다
　　　욕을 질렀다.

　나. 그리고 곧이어 무고한 자기를 엉뚱하게 **금순네**하고 결부시키는 대목까지 단숨에 비약해 버린다.

　다. 일봉 엄마는 분풀이를 하듯 나직이 무어라 중얼거리며 몸을 일으켰다. "**일봉네도** 그만 집으로 건너가게.
　　　이웃 보기 창피하지도 않나. 하루 이틀도 아니고 밤마다 이게 무슨 꼴인가."

　위의 예에서 '삼열네', '금순네', '일봉네'는 가족이나 집단이 아니라 특정 개인을 나타낸다. <예3.2.2-5 다>에서 확인할 수 있듯이 '일봉네'는 '일봉 엄마'를 가리킨다. 앞서 논의한 바와 같이, 'XX네' 형태의 단어가 집단이나 가족을 나타내지 않고 특정 개인을 나타낼 수 있는 것은 전통적으로 한 집안에 속한 여인들이 그 가족이나 가문의 이름으로 대신 불릴 때가 많았기 때문이다. 따라서 'XX네'가 한 개인으로 해석될 때에는 'XX의 엄마'로 해석되는 것이 일반적이다. 'XX의 엄마'를 가리키는 'XX네'는 젊은 세대나 상류 계층 사람들 사이에서는 잘 쓰이지 않는다. 이러한 사실은 '소설'에서 'XX의 엄마'를 가리키는 'XX네'가 많이 발견되는 이유를 설명해 준다. 왜냐하면 특정 계층에서는 잘 쓰이지 않는 표현을 사용함으로써 소설 속 등장인물의 나이나 계층을 드러내 주게 되는데 이는 소설 속의 문학적 표현 효과를 한층 더 풍부하게 해 주기 때문이다. 이러한 점을 고려한다면, 특정 개인으로 해석되는 'XX네'의 사용도 결국 문체적 효과와 밀접한 관련을 맺고 있는 것이라고 볼 수 있다.

3.3. 명사의 성

　수와 마찬가지로 한국어에서 명사의 성은 문법 범주로서 존재하지 않는다. 물론 대명사는 3인칭대명사에 한하여 남성과 여성을 나타내는 형태가 다르지만 이러한 차이가 문법적 특성에 영향을 미치지는 않는다. 따라서 여기서 우리가 살펴보고자 하는 성은 명사의 어휘 의미적으로 나타나는 성을 의미하는 것이다.

　한국어에서 명사의 어휘 의미가 뚜렷한 성별 대립을 이루는 경우는 친족 어휘가 가장 대표적이다. '할아버지-할머니', '아버지-어머니', '이모부-이모', '삼촌-숙모', '형(오빠)-누나(언니)', '아저씨-아줌마' 등의 예에서 알 수 있듯이 가족 관계를 나타내는 친족 어휘는 각각 명사가 나타내는 개체의 성별이 뚜렷이 대조된다. 이와 같이 명사의 어휘 의미가 나타내는 성은 명사가 지시하는 개체의 실제의 성을 반영하는 것이 일반적이지만 명사가 지시하는 개체의 성을 화자가 어떻게 나타낼 것인가 하는 전략과도 관련이 깊다. 아래의 예에서 제시한 명사는 남성과 여성을 각각 유표적으로 나타내는 경우이다.

　〈예3.3-1〉

　가. 남동생-여동생, 남선생-여선생 등

　나. 이혼남-이혼녀, 유부남-유부녀, 미남-미녀, 손자-손녀, 장남-장녀 등

다. 남자배우-여자배우, 남자친구-여자친구, 남성 노동자-여성 노동자, 남성 회원-여성 회원 등

특정 성을 유표적으로 드러내 주는 방식에는 <예3.3-1가>의 '남-', '여-'와 같은 접두사 이외에도 <예3.3-1나>의 접미사 '-남', '-녀', <예3.3-1다>의 '남자(남성)', '여자(여성)'를 이용한 합성어(또는 명사구)가 있다. 동물의 성을 유표적으로 나타내 주는 방법은 접두사 '암-', '수-'가 대표적인데 이에 대해서는 여기에서 다루지 않을 것이다. <예3.3-1>의 '동생', '선생', '배우', '친구' 등과 같은 단어는 성별이 표시되지 않은 무표적 형태가 특정한 성을 나타내지 않지만 어떤 명사들은 무표적 형태가 특정 성별을 가리키는 것으로 해석되는 경우가 있다. 그래서 이들 명사는 그 반대의 성을 나타내기 위해서 성을 유표적으로 표시하는 것이 일반적이다.

〈예3.3-2〉
가. 여의사, 여약사, 여검사, 여교수, 여교사, 여변호사, 여사장, 여주인, 여왕, 여군, 여순경 등.
나. 남간호사, 남승무원 등.

위의 예에서 '의사'나 '간호사'는 실제로 남성이나 여성 중 그 어느 성별도 나타내지 않는다. 그러나 전통적으로 '의사'는 남성의 직업으로 간주되어 왔고 '간호사'는 여성의 직업으로 간주되어 왔기 때문에 각각 남성과 여성을 가리키는 것이 일반적이다. 이로 인해 <예3.3-2가>의 여성을 유표적으로 드러낸 명사는 이와 대립되는 남성형의 명사가 존재하지 않고 <예3.3-2나>의 남성을 유표적으로 드러낸 명사는 이와 대립되는 여성형의 단어가 존재하지 않는다는 특징이 있다. 즉 '남의사, 남약사, 남검사, 남교수, 남교사, 남변호사, 남사장, 남왕, 남군, 남순경'이 불가능한 것은 아니지만 대개 '의사, 약사, 검사, 변호사, 사장, 왕, 군인, 순경'이 남성을 나타내고 '여간호사, 여승무원'도 가능하지만 대개 '간호사, 승무원'이 여성을 나타낸다. 이렇게 파생이나 합성을 통해 특정한 성을 유표적으로 드러내는 경우는 남성보다는 여성의 경우에 훨씬 더 많은데 이러한 비대칭성이 나타나는 것은 전통적으로 우리 사회가 남성 중심적이었고 여성의 사회 참여가 낮았기 때문이다. 특히, 대개의 직업은 전통적으로 남성의 전유물이었기 때문에 직업을 나타내는 명사는 남성을 가리키는 것이 일반적인데 이로 인해 직업 명사는 여성을 유표적으로 드러내어 주는 경우가 훨씬 더 많다.

▶ **말뭉치 계량 결과 제시1**

1. '여-X', '남-X' 형 명사의 사용 빈도: 여-X 〉 남-X
2. 'X-녀', 'X-남' 형 명사의 사용 빈도: X-녀 〉 X-남
3. '여자(여성)+X', '남자(남성)+X' 형 합성명사(명사구)의 사용 빈도: 여자(여성)+X 〉 남자(남성)+X
4. 'X+여자(여성)', 'X+남자(남성)' 형 합성명사(명사구)의 사용 빈도: X+여자(여성) 〉 X+남자(남성)

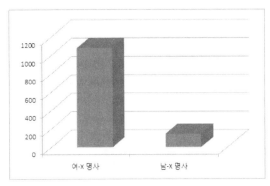

<그래프3.3-1> '여-X', '남-X' 형 명사의 사용 빈도

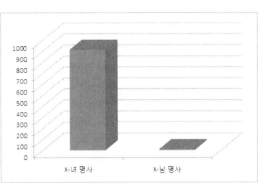

<그래프3.3-2> 'X-녀', 'X-남' 형 명사의 사용 빈도

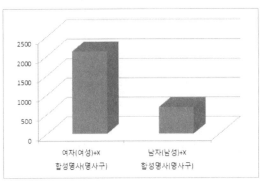

<그래프3.3-3> '여자(여성)+X', '남자(남성)+X' 형
합성명사(명사구)의 사용 빈도

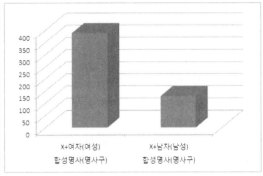

<그래프3.3-4> 'X+여자(여성)', 'X+남자(남성)' 형
합성명사(명사구) 사용 빈도

▶▶ 말뭉치 계량 결과에 대한 논의1

이상에서 제시한 <그래프3.3-1~4>를 통해 알 수 있듯이 여성을 유표적으로 드러내어 주는 명사(명사구)는 남성을 유표적으로 드러내 주는 명사(명사구)보다 그 사용 빈도가 훨씬 더 높다. 앞서, 특정한 성을 유표적으로 드러내는 것은 남성보다는 여성의 경우에 훨씬 더 많다고 언급하였는데 이러한 비대칭성이 남성 명사, 여성 명사의 사용 빈도에도 그대로 드러나는 것이다.

'여자(여성)+X', '남자(남성)+X' 형 합성명사(명사구) 중 말뭉치상에서 대립되는 성별의 형태가 나타나지 않는 예를 제시하면 아래와 같다.

- '여자+X' 합성명사(명사구)의 예

  여자 상사, 여자 대학, 여자 농구, 여자 변호사, 여자 스타, 여자 수련의, 여자 요리사, 여자 월드컵, 여자 장군, 여자 프로복싱, 여자 핸드볼 등

- **'여성+X' 합성명사(명사구)의 예**

  여성 사회운동, 여성 건축가, 여성 검사, 여성 경영자, 여성 경제단체, 여성 경제인, 여성 경찰, 여성 공무원, 여성 공직자, 여성 국방장관, 여성 국장, 여성 근로자, 여성 기업인, 여성 농민, 여성 단체, 여성 대법원판사, 여성 대의원, 여성 대통령출마자, 여성 대표, 여성 도배공, 여성 로비스트, 여성 법조인, 여성 변호사, 여성 부장, 여성 비행사, 여성 근로자, 여성 수학자, 여성 실무자, 여성 언론인, 여성 외교관, 여성 우주비행사, 여성 유권자, 여성 인권, 여성 인력, 여성 자동차, 여성 자영업자, 여성 작가, 여성 장관, 여성 정치가, 여성 중소기업인, 여성 직장인, 여성 채널, 여성 총리 등

- **'남자+X' 합성명사(명사구)의 예**

  남자 미용사, 남자 안내원, 남자 페미니스트, 남자 피겨, 남자 향수 등

- **'남성+X' 합성명사(명사구)의 예**

  남성 캔제품, 남성 우월, 남성 중심, 남성 편향성, 남성 콤플렉스 등

예컨대, '여성 우주비행사'는 여성 형태만 나타나고 남성 형태인 '남성 우주비행사'는 말뭉치상에서 발견되지 않는데 위의 예는 이러한 형태들의 명사(구)를 일부 보인 것이다. '여자(여성)+X' 형 합성명사 (명사구)의 사용 빈도가 '남자(남성)+X' 형 합성명사(명사구)의 사용 빈도보다 압도적으로 높은 것과 동일하게, 여성을 유표적으로 드러내 주는 단어의 종류가 남성을 유표적으로 드러내 주는 단어의 종류보다 훨씬 더 많다. 앞서 논의했듯이 파생이나 합성을 통해 특정한 성을 유표적으로 드러내는 경우가 남성형의 단어보다는 여성형의 단어에서 훨씬 더 많이 발견되는 것은 전통적으로 우리 사회가 남성 중심적이었고 여성의 사회 참여도가 낮았기 때문이다. 전통적으로 여성은 가정의 울타리 내에서만 활동하고 사회적 활동은 남성의 전유물이었기 때문에 직업 명사는 무표적으로 남성을 나타내는 것이 일반적이었다. 이는 위의 예에서 여성을 유표적으로 드러내어 주는 명사가 거의 직업 명사에 해당된다는 사실에서 잘 드러난다.

 이상에서 살펴본 바와 같이 여성을 유표적으로 드러내 주는 단어의 종류가 남성을 유표적으로 드러내 주는 단어의 종류보다 더 많고 그 사용 빈도도 더 높은 것은 여성의 사회 진출이 활발해졌다는 것을 보여 주는 것인 동시에 특정한 분야에서는 여성의 사회 참여가 아직까지 특수한 것으로 간주된다는 것을 뜻한다. 왜냐하면, 우리 사회의 모든 분야에서 여성의 참여가 일반적이라서 특수하게 여겨지지 않는다면 굳이 '여성 비행사', '여성 변호사'와 같은 표현을 쓸 필요가 없을 것이기 때문이다. 한편, 말뭉치상에서 뚜렷하게 나타나지는 않지만 실제 우리 언어생활을 관찰해 보면, 남성을 유표적으로 드러내는 경우도 점점 늘어가고 있다는 것을 알 수 있다. 이는 여성의 전유물이라고 간주되었던 것에 남성의 참여가 늘어나기 때문이기도 하고 남녀평등 사상이 확대되어 여성을 유표적으로 드러내는 단어에 짝을 맞춰 남성을 유표적으로 드러내는 단어가 생겨나고 있기 때문이기도 하다. 예컨대, 위의 예에서 보이는 '남자 미용사', '남자 안내원', '남자 향수' 등과 같은 명사(구)는 여성의 전유물이라고 간주되었던 것에 남성의 참여가 늘어났기 때문에 생겨난 것이라고 볼 수 있다.

▶ 말뭉치 계량 결과 제시

  • '놈'과 '년'의 사용 빈도(대명사 형태 포함): 놈 〉 년

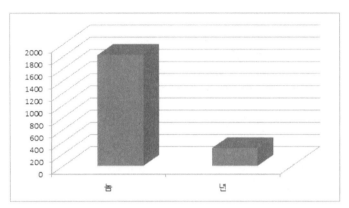

<그래프3.3-5> '놈'과 '년'의 사용 빈도(대명사 형태 포함)

▶▶ 말뭉치 계량 결과에 대한 논의2

여성을 나타내는 단어가 남성을 나타내는 단어보다 더욱 유표적인 경우는 '놈'과 '년'에서도 잘 드러난다. '놈'과 '년'은 각각 남성과 여성을 비하하여 지시할 때 쓰이는데, 이러한 '비하'의 의미는 '놈'보다는 '년'에서 훨씬 더 강하게 나타난다.

〈예3.3-3〉 [대화]
가. 캠페인 하는 것도 자기 자윤데, 그걸 보는 사람을, **나쁜 놈**으로 몰면 안 돼.
나. 애네들의 평균이, 결국에는, **이놈들** 다::, **이놈들**이, 검은 점들의 평균하고 같다.
다. 아니 **이놈**의 사람은 왜 이렇게 많은 거야,

위의 예에서 '놈'은 모두 비하의 의미가 있기는 하지만 욕설로서 기능하지는 않을 뿐만 아니라 남성을 나타내지도 않는다. <예3.3-3가>의 '놈'은 일반적인 사람을 지시하는 것으로, <예3.3-3나>의 '놈'은 '것' 정도의 의미로, <예3.3-3다>의 '놈'은 복수의 사람들을 지시하는 것으로 해석된다. 즉 맥락에 따라 '놈'은 성별에 있어 무표적인 의미를 나타낼 수 있다. 그러나 '년'의 경우에는 그렇지 않다.

〈예3.3-4〉 [소설]
가. 저년은 벌써 우리를 깔보기 시작했어. 눈빛이 이상해.
나. 애는 곧 죽게 생겼는데 어미란 **년**이 잠만 퍼자는구나, 에이 **나쁜 년**.
다. 그렇다고 정식으로 인사도 없고, 생판 모르는 사람을 **미친 년** 널뛰기식으로 찾아볼 만큼 넉살이 수더분한 복내댁은 아니었다.

<예3.3-4>에서 보듯이 '년'은 모두 여성을 나타낼 뿐만 아니라 '놈'에 비해 비하의 의미가 훨씬 더 강하여 욕설로서 기능을 하고 있다.

이러한 차이는 바로 '놈'과 '년'의 사용 빈도의 차이로 이어진다. 우선, 유표성의 관점에서 '놈'은 성별의 의미가 '년'에 비해 무표적이기 때문에 성별의 의미에서 보다 유표적인 '년'보다 그 사용 빈도가 높다. 뿐만 아니라 '년'은 '놈'에 비해 비하의 의미가 더 강한 욕설이기 때문에 그 사용 빈도가 낮아질 수밖에 없다. 남성을 나타내는 명사가 성별과 관계없이 무표적으로 사람을 가리키는 경우는 일반적으로 나타나는 현상이다. 예컨대, 영어에서 'man'은 남자를 가리키기도 하지만 성별에 관계없이 일반적인 사람을 가리키기도 한다. '놈'이 남성을 가리키는 동시에 일반적인 사람을 가리키는 것은 영어의 'man'이 남자를 가리키기도 하고 일반적인 사람을 가리키기도 하는 것과 동일하다고 할 수 있다. 이와 같이 남성을 나타내는 명사가 성별에 있어서 무표적인 의미를 지니는 것도 결국 전통적으로 우리의 사회가 남성 중심적이었기 때문일 것이다. 즉 남성이 모든 것에 중심이었기 때문에 일반적인 사람도 남성으로 대표될 수 있었던 것이다. 이상의 논의들을 종합해 볼 때, 남성과 여성을 나타내는 단어의 사용 양상은 전통 사회와 현대 사회에서의 남성과 여성의 사회적 지위 및 사회 참여 정도와 깊은 관련을 맺고 있다고 할 수 있겠다.

3.4. 명사구의 의미와 문법 기능

명사구는 그 의미역에 따라 문법 기능에 일정한 경향성을 보인다. 이러한 경향성은 의미역 위계로 정리될 수 있다. 학자들마다 이견이 있기는 하지만 일반적으로 문장 내에서 명사구가 가지는 의미역들 사이에는 다음과 같은 위계가 존재한다고 알려져 있다.

행위주(Agent) 〉 경험주(Experiencer) 〉 소유주(Possessor) 〉 대상역(Theme) 〉 피행위주(Patient) 〉 수혜주(Beneficiary)

<도표3.4-1> 명사구의 의미역 위계

<도표3.4-1>의 의미역 위계가 의미하는 바는 의미역의 위계가 높은 행위주나 경험주가 주어가 되는 것이 가장 일반적이며 만약 문장 내에서 이들 의미역이 주어가 되지 않으면 그 다음 위계의 의미역이 주어가 된다는 것이다. 다시 말해서, 의미역 위계상에서 그 위계가 높은 의미역일수록 주어가 되는 경향이 더 강하다는 것이다.

이러한 의미역 위계를 참고하면 '사람'을 지시하는 명사구는 문장 내에서 주로 의미역 위계가 높은 행위주나 경험주의 의미역을 가지기 때문에 다른 명사구에 비해 주어로 나타나는 경향이 강하고 '사물'을 지시하는 명사구는 주로 문장 내에서 의미역 위계가 낮은 대상역이나 피행위주의 의미역을 가지기 때문에 주어보다는 목적어나 부사어로 나타나는 경향이 강하다. 또한 의미역 위계에서 제시되지 않았지만 '장소'나 '시간'을 지시하는 명사구는 그 의미적 특성상 주로 '장소'나 '시간'의 의미를 나타내는 부사어로 주로 나타나는 경향이 있다.

따라서 3.4에서는 명사구의 의미에 따른 문법 기능의 분포 양상을 살펴보고 명사구의 의미적 특성이 문법 기능의 분포에 어떠한 영향을 미치는지 확인해 보고자 한다. 그런데 명사구의 의미와 문법 기능과의 상관관계를 살펴보는 데에는 다음과 같은 문제점이 존재한다. 첫째, 전체 말뭉치에서 나타나는 명사구의 수가 매우 많아서 전체 명사구의 문법 기능을 모두 살펴볼 수 없다. 둘째, 명사구가 나타내는 의미의 종류가 매우 다양하여 그 의미 범주를 한정하기 어렵다. 이러한 문제점으로 인해 여기서는 말뭉치에서 나타나는 모든 명사구를 대상으로 문법 기능의 분포를 살펴보지 않고 '사람' 지시 명사구, '사물' 지시 명사구, '장소' 지시 명사구, '시간' 지시 명사구'로 의미적 범주를 먼저 설정하고 이에 해당하는 대표적 명사를 선별하여 그 명사를 핵으로 하는 명사구의 문법 기능을 살펴보기로 한다. 해당 의미적 범주를 대표하는 명사는 3.1.2의 <표3.1.2-1>과 <표3.1.2-2>를 참고하여 고빈도 명사를 대상으로 하였다. '사람' 지시 명사구의 문법 기능 분포는 명사 '사람', '남자', '여자'가 핵인 명사구를 대상으로 하였고 '사물' 지시 명사구의 문법 기능 분포는 '일', '말', '밥', '차', '돈', '책', '술'을 핵으로 하는 명사구를 대상으로 살펴보았다. '사물' 지시 명사구에 '일'이나 '말'과 같은 추상명사가 들어가는 것은 '일'이나 '말'과 같은 추상적 대상도 넓은 범위에서 '사물'로 볼 수 있기 때문이다(5.2의 도입부 참고). '장소' 지시 명사구는 '앞', '뒤', '학교', '집', '회사'가 핵인 명사구를 대상으로 하였으며 '시간' 지시 명사구는 '때', '어제', '오늘', '내일'이 핵인 명사구를 대상으로 하였다.

▶ **말뭉치 계량 결과 제시**

1. '사람' 지시 명사구의 문법 기능의 분포
   주어 〉 관형어 〉 부사어 〉 목적어 〉 서술어 〉 접속 및 동격 〉 보어 〉 기타 〉 독립어
2. '사물' 지시 명사구의 문법 기능의 분포
   목적어 〉 주어 〉 서술어 〉 부사어 〉 관형어 〉 접속 및 동격 〉 보어 〉 기타
3. '장소' 지시 명사구의 문법 기능의 분포
   부사어 〉 관형어 〉 목적어 〉 주어 〉 접속 및 동격 〉 서술어 〉 기타 〉 보어
4. '시간' 지시 명사구의 문법 기능의 분포
   부사어 〉 관형어 〉 주어 〉 서술어 〉 목적어 〉 접속 및 동격 〉 보어 〉 기타 〉 독립어

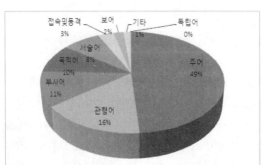
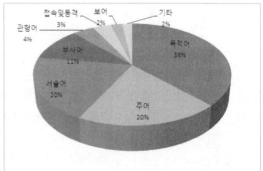

<그래프3.4-1> '사람' 지시 명사구의 문법 기능의 분포　　<그래프3.4-2> '사물' 지시 명사구의 문법 기능의 분포

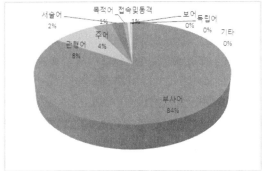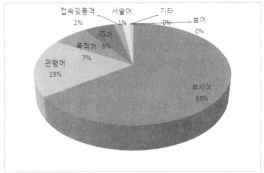

<그래프3.4-3> '장소' 지시 명사구의 문법 기능의 분포   <그래프3.4-4> '시간' 지시 명사구의 문법 기능의 분포

▶▶ 말뭉치 계량 결과에 대한 논의

먼저, <그래프3.4-1~4>에서 제시된 문법 기능에 대해서 간단히 설명하도록 한다. '보어'는 '되다'와 '아니다'가 취하는 주어 이외의 필수적 논항을 가리키고 그 이외의 부사격을 취하는 필수적 논항들은 모두 부사어로 처리하였다. '접속 및 동격'은 아래의 예와 같이 명사구 접속 구성이나 동격 구성 내에 명사구가 나타나서 그 문법 기능을 설정하기 어려운 경우이다.

〈예3.4-1〉
가. 근까 앞 **남자** 둘이 진행을 개그맨 둘이 진행하던 프로에 여자 아나운서가 새로 들어왔다. [대화]
나. 사내의 목소리는 높지 않았지만 **사무실 안의 사람들 모두가** 알아들을 수 있을 만큼 또렷했다. [소설]
다. 맷 데이먼이 맡음으로써 리플리는 **좋은 사람, 나쁜 사람의** 단순 경계를 넘어서 동정받을 만한, 관객들도 동일시할 수 있는 인간 존재가 될 수 있다. [신문]
라. 이와 같은 문제적인 상황은 **앞과** 뒤로 충분히 우리의 호기심을 자극하는 원인과 결과를 가지고 있으리라 짐작된다. [학술]

<예3.4-1가, 나>는 명사구 '남자', '사무실 안의 사람들'이 동격 구성 내에 나타난 것을 보인 것이고 <예3.4-1다, 라>는 명사구 '좋은 사람'과 '앞'이 명사구 접속 구성 내에 나타난 것을 보인 것이다. 이들 명사구는 동격 구성과 명사구 접속 구성 내에 있기 때문에 그 문법 기능을 설정할 수 없다. 이러한 경우에는 동격 구성과 접속 구성의 맨 마지막에 나타나는 명사구에만 문법 기능을 설정하여 계량 결과를 제시하였다. 즉, <예3.4-1다>에서 '좋은 사람'은 '접속 및 동격'으로 처리하였지만 '나쁜 사람'은 관형어로 처리하였고 <예3.4-1라>의 '앞'은 '접속 및 동격'으로 처리하였지만 '뒤'는 부사어로 처리하였다는 것이다. '기타'는 아래의 예와 같이 명사구의 문법 기능을 판별할 수 없는 경우이다.

〈예3.4-2〉
가. A: 언니 아까 발표했을 때 **다른** 사람… B: 흐흠? [대화]
나. 단단한 체격에 허스키한 음성으로 사랑을 고백하던 남자. 내가 부르면 언제 어디서든지 그대로 달려올 **사람.** 나만의 애인……. 효철은 헝클어진 다희의 긴 퍼머머리 사이로 깊숙이 손가락을 찔러 넣었다. [소설]

다. 신이 옥수수로 사람을 만들었다고 믿는 마야의 사람들. 그들에게 옥수수는 우리의 그것과는 다른 의미를 지니게 된다. [신문]

라. 목적 및 **참여 학교**: 글로벌 랩은 에코넷(EcoNet)이라는 텔레컨퍼런스를 통해 세계 각국의 학생 및 과학자들이 서로 의사소통 및 메시지를 보낼 수 있는 네트워크로 연결된 과학 연구실이라 볼 수 있다. [학술]

<예3.4-2가>에서 명사구 '다른 사람'은 발화가 중단되어 문법 기능을 알 수 없는데, 이와 같이 여러 가지 요인으로 인해 발화가 중단되는 경우는 명사구의 문법 기능을 상정하기 힘들다. <예3.4-2나, 다, 라>에서 굵은 글씨로 표시된 명사구는 문장상에 나타나지 않고 독립적으로 나타났기 때문에 그 문법적 기능을 파악할 수 없다. 이와 같이 명사구가 명사구 접속 구성이나 동격 구성에 나타나거나 문장과 독립되어 따로 나타나는 경우는 그 문법 기능을 상정할 수 없는데 이러한 요소의 비율은 모든 명사구에서 5% 미만에 불과하다. 따라서 이러한 요소들의 사용 비율은 문법 기능 분포에 유의미한 영향을 미칠 만한 수준은 아니다. 한편, 이상에서 언급한 사실은 형식성 의존명사의 문법 기능에 대해 논의한 4.1.3, 대명사의 문법 기능에 대해 논의한 5.5에서도 동일하게 적용된다.

명사구의 의미에 따른 문법 기능의 분포를 살펴보면, 앞서 논의한 바와 같이 명사구의 의미적 특성에 따라 문법 기능의 분포에 있어 그 경향성이 뚜렷하게 드러난다. '사람' 지시 명사구는 문장 내에서 주로 의미역 위계가 높은 행위주나 경험주의 의미역을 가지기 때문에 다른 명사구에 비해 주어로 나타나는 경향이 강하다고 언급하였는데, 이러한 경향성은 주어의 비율이 약 50%로 나타나는 <그래프3.4-1>을 통해 확인할 수 있다. '사람' 지시 명사구는 주어 다음으로 관형어의 비율이 높은데, 이는 유정성이 높은 '사람' 지시 명사구가 행위주나 경험주 이외에도 소유주로 나타나는 비율이 높다는 것을 보여 주는 것이라 할 수 있다. 왜냐하면 관형어는 대개 그 의미역이 소유주로 나타나기 때문이다. 그러나 이에 대해서는 명사의 유정성 자질과 소유주 의미역과의 관계에 대한 더 정밀한 고찰이 이루어질 때 확실한 결론을 내릴 수 있을 것으로 보이는데 '사람' 지시 명사구와 관형어와의 관계는 인칭대명사의 문법 기능 분포, 재귀대명사의 문법 기능 분포에서도 확인할 수 있다(5.5.1, 5.5.4 참고).

'사물' 지시 명사구는 주로 문장 내에서 의미역 위계가 낮은 대상역이나 피행위주의 의미역을 가지기 때문에 주어보다는 목적어나 부사어로 나타나는 경향이 강한데, 이러한 경향성은 목적어의 비율이 가장 높게 나타나는 <그래프3.4-2>를 통해서도 확인할 수 있다. 다만, '사물' 지시 명사구는 목적어의 비율이 다소 낮아서 '사람' 지시 명사구에 비해 명사구의 의미에 따른 문법 기능의 경향성이 덜 명확한 측면이 있다. 이러한 양상은 뒤에서 살펴보게 될 5.5.2의 사물 지시대명사의 문법 기능 분포에서도 확인할 수 있다. 그러나 대명사의 경우에는 정보 구조적 특성을 통해 문법 기능 분포 양상을 설명할 수 있지만 일반 명사구의 경우에는 이러한 양상을 설명하기 어렵다. 하지만 '사물' 지시 명사구에 포함된 명사 중 일부가 '사물'의 특성을 대표적으로 드러내기에는 다소 부적합한 측면이 있기 때문에 이러한 결과가 나왔을 것이라고 추측해 볼 수는 있다.

'장소'나 '시간'을 지시하는 명사구는 그 의미적 특성상 주로 '장소'나 '시간'의 의미를 나타내는 부사어로 주로 나타나는 경향이 있는데 이러한 경향성 또한 부사어의 비율이 압도적으로 높게 나타나는 <그래프3.4-3>과 <그래프3.4-4>를 통해 확인할 수 있다. '장소' 지시의 명사구는 부사어로 나타나는 비율이 약 84%이고, '시간' 지시 명사구는 부사어로 나타나는 비율이 약 65%로 명사구의 의미와 문법 기능의 상관관계가 '사람' 지시 명사구나 '사물' 지시 명사구에 비해 더 뚜렷이 드러난다. 이는 '장소'나 '시간'의 명사구는 '사람' 지시 명사구나 '사물' 지시 명사구에 비해 그 의미적 특성이 문법 기능에 미치는 영향이 더 크다는 것을 알려 주는 것이다. 이러한 사실에서 대해서는 대명사의 문법 기능 분포를 다룬 5.5에서 더욱 명확히 확인할 수 있을 것이다.

요컨대, 명사구의 의미와 문법 기능은 일정한 상관관계를 지니는데 '사람' 지시 명사구는 주어로 나타나는 경향이 강하고 '사물' 지시 명사구는 목적어로 나타나는 경향이 강하며 '장소'나 '시간' 지시 명사구는 부사어로 나타나는 경향이 강하다. 이러한 경향성은 의존명사의 문법 기능을 다룬 4.1.3과 대명사의 문법 기능을 다룬 5.5에서 다시 확인할 수 있을 것이다.

4장 의존명사

명사는 통사적 자립성을 기준으로 하여 크게 **자립명사**와 **의존명사**로 나뉜다. 의존명사는 통사적 자립성이 없기 때문에 관형어의 수식을 받아야 문장에서 쓰일 수 있다. 이러한 문법적 특성을 지닌 의존명사는 그 의미와 기능에 따라 크게 **형식성 의존명사**와 **단위성 의존명사**로 나눌 수 있다.

형식성 의존명사는 그 의미가 형식적이고 추상적이라서 대용 기능, 다양한 문법적 기능 등을 나타내는 데 쓰이는 반면, 단위성 의존명사는 단위사의 기능으로 쓰인다. 이러한 의미, 기능상의 차이로 인해 형식성 의존명사와 단위성 의존명사는 문법적 특성에 있어서도 차이를 보인다. 일반적으로 형식성 의존명사는 수량사의 수식을 받지 못하지만 단위성 의존명사는 수량사의 수식만 받을 수 있다.

〈예4-1〉
가. 실내 코트라고 해야 되나? 그런{*두/*이/*백/*천/*만} 것두 만들어 주구 그랬대. [대화]
나. 사실대로 말하고 있는데 누가 무어라고 할{*두/*이/*백/*천/*만} 수 있느냐 이거야. [소설]
다. 정 명예회장 확대 지시{*두/*이/*백/*천/*만} 때문이었다. 그{*두/*이/*백/*천/*만} 바람에 분리 대상에 포함된 것이 현대해상화재보험. [신문]
라. 대상을 합리적으로 이해하는{*두/*이/*백/*천/*만} 데 있어서 분석적 사고는 매우 유용하고 또 주로 사용되는 방식이다. [학술]

〈예4-2〉
가. 근데, 딸랑 강아지 한{*이/*그/*저/*예쁜/*좋아하는} 마리만 데리고, [대화]
나. 그 광장들은 두{*이/*그/*저/*예쁜/*좋아하는} 개의 간선도로를 따라 나뉘었다가 제5호 광장에서 다시 만나게 되어 있다. [소설]
다. 세{*이/*그/*저/*예쁜/*좋아하는} 달에 두{*이/*그/*저/*예쁜/*좋아하는} 번 꼴로 실시하는 한진그룹과 삼성의 일사 일산 가꾸기 운동도 넘쳐나는 쓰레기를 처리하는 데로는 역부족이다. [신문]
라. 이산화탄소는 25{*이/*그/*저/*예쁜/*좋아하는} 퍼센트 산화질소는 19 퍼센트 메탄은 100 퍼센트 증가했다. [학술]

<예4-1>에서 보듯이 '것', '수', '때문', '바람', '데' 등과 같은 형식성 의존명사는 수량사의 수식을 받지 못하는 반면, <예4-2>에서 확인할 수 있듯이 '마리', '개', '달', '번', '퍼센트' 등과 같은 단위성 의존명사는 수량사의 수식만을 받을 수 있다. 그러나 일부 의존명사는 아래의 예에서 보듯이 형식성 의존명사와 단위성 의존명사의 기능을 모두 지니는 경우도 있다.

〈예4-3〉

가. 어떤 **놈**이 와서 실수를 할지 모르겠어. [대화]

가′. 둘이 동시에, 두 **놈**이 동시에 죽는, 가능성은? [대화]

나. "자 여기 봐요. 오늘은 귀한 **분**이 오셨습니다." [소설]

나′. 아버지와의 신혼 시절에서부터 장례까지 말하자면 두 **분**이 공동으로 꾸미신 인생의 황금기가 모두 이 집에서였으니까. [소설]

다. '**해외여행**' **편**의 시리즈 광고 이와 같은 상황 하에서 (주)태평양의 광고 대행사인 동방기획은 모델에 의존한 아르드포의 광고를 이길 수 있는 전략을 수립하기 위해 고심하였다. [학술]

다′. 먼저 선명한 주제를 선택하고, 다음에 그 주장에 뒷받침할 수 있는 논리를 세우고, 문체나 수사를 사용하여 **한 편**의 글을 완성한다고 생각하면 된다. [학술]

의존명사 '놈', '분', '편' 등의 의존명사는 <예4-3가~다>에서 보듯이 수량사 이외의 관형어의 수식을 받아 형식성 의존명사의 기능을 하기도 하고 <예4-3가′~다′>에서처럼 수량사의 수식을 받아 단위성 의존명사의 기능을 하기도 한다.

▶ **말뭉치 계량 결과 제시**

1. 대화: 형식성 의존명사 〉 단위성 의존명사 〉 형식성/단위성 의존명사
2. 소설: 형식성 의존명사 〉 단위성 의존명사 〉 형식성/단위성 의존명사
3. 신문: 형식성 의존명사 〉 단위성 의존명사 〉 형식성/단위성 의존명사
4. 학술: 형식성 의존명사 〉 단위성 의존명사 〉 형식성/단위성 의존명사

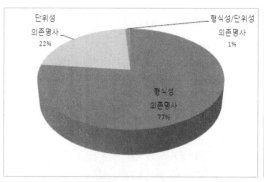

<그래프4-1> '대화'의 의존명사별 사용 비율

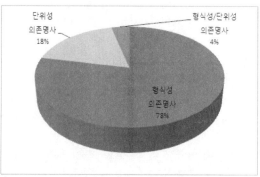

<그래프4-2> '소설'의 의존명사별 사용 비율

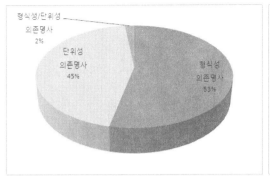

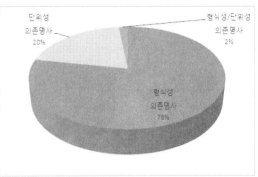

<그래프4-3> '신문'의 의존명사별 사용 비율　　　　<그래프4-4> '학술'의 의존명사별 사용 비율

▶▶ 말뭉치 계량 결과에 대한 논의

　위의 <그래프4-1~4>를 통해 알 수 있듯이 모든 사용역에서 공통적으로 형식성 의존명사는 단위성 의존명사보다 높은 사용 비율을 보인다. 이러한 결과는 형식성 의존명사가 단위성 의존명사에 비해 그 의미적, 기능적 측면에서 그 쓰임이 훨씬 더 넓기 때문이다. 형식성 의존명사는 대용 기능 이외에도 다양한 구성으로 나타나 문법적 의미를 나타내는 데 쓰이지만 단위성 의존명사는 단위사의 기능만을 한다. 앞서 2장에서 제시한 <표2.1.2-1>에서 알 수 있듯이 형식성 의존명사 중 가장 대표적인 '것(거)'의 사용 빈도만 하더라도 '신문'을 제외한 모든 사용역에서 전체 의존명사의 사용 빈도에서 차지하는 비율이 30% 이상인데 이러한 사용 비율은 '신문'을 제외한 모든 사용역에서 단위성 의존명사 전체의 사용 비율보다 높은 것이다.

　그런데 '신문'에서는 단위성 의존명사의 사용 비율이 다른 사용역에 비해 2배 이상 높은데 이는 단위사를 이용한 수량 표현이 정보를 객관적으로 전달하는 수단이기 때문이다.

〈예4-4〉
　가. 1,200여 명의 사람들이 사고로 죽거나 다쳤다.
　나. 수많은 사람들이 사고로 죽거나 다쳤다.

<예4-4가>는 단위사를 이용하여 수량을 표현한 예이고 <예4-4나>는 형용사를 이용하여 수량을 표현한 예이다. 이때 전자는 구체적인 수량을 표현함으로써 후자의 경우보다 객관적으로 정보를 전달해 주고 있다. 특히 단위성 의존명사는 구체적인 수량을 나타내는 수량사와만 어울려 쓰이는데 이러한 특성으로 인해 '신문'은 수량 표현의 사용 빈도가 가장 높다(2.3, 6.1의 [참고] 참고). 또한 뒤에서 다시 논하게 되겠지만 '신문'에서는 '년', '월', '일' 등의 날짜 단위도 매우 빈번히 사용되는데 이는 '신문'이 매일 일어나는 사건, 사고를 사실적으로 전달하는 사용역이기 때문이다. 시간을 나타내는 방법은 여러 가지가 있는데 '어제', '오늘', '지난달', '작년'과 같은 화시적 표현을 사용하는 것보다 달력상의 구체적인 날짜를 이용한 표현 방법이 사건 전달에 있어 그 객관성을 보다 높일 수 있다.

4.1. 형식성 의존명사

그 의미가 추상적이고도 형식적인 형식성 의존명사는 대용 기능을 하거나, 선·후행 요소와 어울려 다양한 문법적 기능을 나타내는 데 주로 쓰인다.

〈예4.1-1〉

가. 퓨전 재즈도 좋아하구요, **댄스 음악 같은 것도** 들으면 신나잖아요. [대화]

나. 때문에 지식을 전함에 있어서도 가장 민감한 단서만을 남김으로써 **전해 듣는** 이가 상상하고 느끼도록 하지. [소설]

다. Y2K는 관련되지 않는 분야가 거의 없지만 군사 분야만큼 **폭발적 위험성을** 안고 있는 **데는** 없을 것이다. [신문]

라. **전하는 바에** 의하면 그의 제자는 천 명에 이르렀으며, 그 가운데에는 뛰어난 고승이 많았다. [학술]

<예4.1-1가~라>의 의존명사 '것', '이', '데', '바'는 모두 대용의 기능을 하는데 각각 '음악', '사람', '분야', '내용'을 대신하여 나타내고 있다.

그러나 아래의 예에서 보듯이 대용적 기능을 가진 의존명사라고 하더라도 문법적 구성에 사용되어 지시 대상을 가지지 않는 경우도 흔히 나타난다.

〈예4.1-2〉

가. 차라리 그냥 이렇게 일반 사병으로 **갈 바에는**, 알티로 가 가지고 그냥, [대화]

나. 채란이 그녀와 헤어져 방에 들어가 강욱에게 주인 여자가 눈치를 **챈 것 같다고** 이야기하자 그는 심각한 표정으로 이렇게 말했다. [소설]

다. 빈자리가 **있는 데도** 입장권을 구하지 못한 축구 팬들의 항의도 거세다. [신문]

라. 깨끗하다라는 말 자체가 지시적이란 뜻이 아니라, 그 말이 눈썹이란 대상에 붙음으로써 나타난 **현상일 것이다.** [학술]

<예4.1.2가~라>의 '바', '것', '데'는 구체적인 지시 대상이 있다고 보기 힘들고 이들은 선·후행 요소와 함께 하나의 구성을 이루어 문법적 의미를 나타내고 있다고 볼 수밖에 없다. '-을 바에는', '-는 데도'는 각각 '비교', '양보'의 의미를 나타내면서 연결어미와 같은 기능을 하고 있고 '-은 것 같다', '-을 것이다'는 인식 양태적 의미를 나타내는 대표적인 우언적 구성이다. 한편, 아래의 예에서 보인 의존명사는 대용적 기능으로는 거의 사용되지 않고 선·후행 요소와 함께 구성을 이루어 문법적 기능을 드러내는 데에 주로 사용된다.

〈예4.1-3〉

가. 저게 너무나 자연스러운 거기 **때문에** 내가 사용해도 상관없다고 생각하고 그걸 일반화시켜 버리는 문제가 생긴다는 거지. [대화]

나. 용술이 문득 어떤 심상찮은 생각이 **떠오르는 듯** 모처럼 만에 다시 한 마디를 건네 왔다. [소설]

다. 남들이 흥청망청할 때 없는 사람은 더 기가 죽고 가슴이 **아픈 법이다.** [신문]

라. 글쓰기는 이 같은, 우리가 부닥친 문제에 대하여 구체적으로 사고하고 인식할 근거를 **제공할 수 있는** 가장 긴요한 방식이다. [학술]

<예4.1.3가~라>의 '때문', '듯', '법', '수'는 하나의 구성을 이루어 문법적 의미를 나타내고 있는데, '-기 때문에', '-은 듯'는 각각 '이유'와 '추측'의 의미를 나타내면서 연결어미와 같은 기능을 하고 있고 '-은 법이다', '-을 수 있다'는 각각 '당위', '가능'의 양태적 의미를 나타낸다. 이외에도 의존명사가 이루는 구성은 매우 다양한데 이는 4.1.5에서 자세히 다루기로 한다.

4.1.1. 형식성 의존명사의 분포

▶ 말뭉치 계량 결과 제시

• 형식성 의존명사의 사용 빈도: 학술 〉 대화 〉 신문 〉 소설

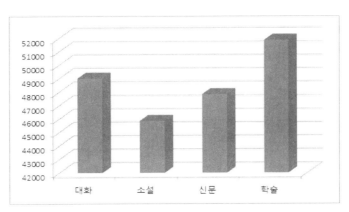

<그래프4.1.1-1> 사용역에 따른 형식성 의존명사의 사용 빈도

▶▶ 말뭉치 계량 결과에 대한 논의

형식성 의존명사의 사용 빈도가 가장 높은 사용역은 '학술'이고 그 사용 빈도가 가장 낮은 사용역은 '소설'이다. 전체 의존명사의 사용 빈도가 가장 낮은 '소설'에서 형식성 의존명사의 사용 빈도도 가장 낮게 나타나는 것은 자연스러운 결과라고 할 수 있다(2.1.2의 <그래프2.1.2-1> 참고). 그러나 전체 의존명사의 사용 빈도를 고려한다면 '신문'에서 형식성 의존명사의 사용 빈도가 매우 낮다는 점은 다소 특이하다. '신문'은 전체 의존명사의 사용 빈도가 가장 높지만 형식성 의존명사는 '소설' 다음으로 그 사용 빈도가 낮기 때문이다. 이와 같이 전체 의존명사의 사용 빈도가 가장 높은 '신문'에서 형식성 의존명사의 사용 빈도가 낮은 것은 의존명사 '것'의 사용 빈도가 '신문'에서 가장 낮기 때문이다. 의존명사 '것'은 전체 의존명사의 사용 빈도 중 30% 이상을 차지할 정도로 그 사용 빈도가 가장 높은데 '신문'에서 나타나는 '것'의 사용 빈도는 '대화'에서 나타나는 '것'의 사용 빈도의 절반에도 미치지 못한다(4.1.4의 <그래프4.1.4-1> 참고). '신문'에서 '것'의 사용 빈도가 낮은 것은 '것'이 지닌 대용 기능과 관련이 깊다. '신문'은 정보를 객관적이고 사실적으로 전달하는 것이 주된 목적이기

때문에 대용 표현을 사용하기보다는 고유명사나 보통명사를 이용하여 그 대상이 무엇인지 구체적으로 나타내는 것이 일반적이다. 다시 말해서, '신문'에서 '것'의 사용 빈도가 가장 낮은 것은 '것'이 가진 대용적 기능이 정보의 객관적 전달이라는 목적과 상충되기 때문이다.

'학술'에서 형식성 의존명사의 사용 빈도가 가장 높은 것은 '것'의 사용 빈도가 '대화'에 이어 가장 높고 다른 사용역에 비해 '수', '때문', '등'의 사용 빈도가 높기 때문이다. '것'의 사용 빈도는 '학술'보다 '대화'에서 월등히 높다(4.1.4의 <그래프4.1.4-1> 참고). 그러나 '수', '때문', '등'의 사용 빈도는 '대화'보다 '학술'에서 훨씬 더 높기 때문에(<표4.1.1-1> 참고) '학술'에서 형식성 의존명사의 사용 빈도가 가장 높게 나타나는 것이다. '학술'에서 '수', '때문', '등'의 사용 빈도가 높은 것은 '학술'의 사용역 특성에서 기인한다. 우선 '수'가 '학술'에서 사용 빈도가 높은 것은 '학술'에서 '-을 수 있다' 구성이 매우 빈번히 쓰이기 때문이다.

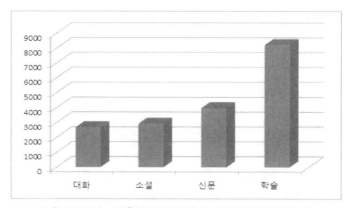

<그래프4.1.1-2> 사용역에 따른 '-을 수 있다' 구성의 사용 빈도

<그래프4.1.1-2>에서 확인할 수 있듯이 '-을 수 있다' 구성의 사용 빈도는 '학술'에서 가장 높다. 이처럼 '학술'에서 '-을 수 있다' 구성의 사용 빈도가 가장 높은 것은 '가능'의 의미를 나타내는 '-을 수 있다' 구성이 단정적인 진술을 피하고 주장하는 바를 보다 완곡하게 전달할 수 있게 하는 울타리 (hedge) 표현으로 사용되기 때문이다. 이러한 울타리 표현은 '학술'과 같이 필자의 개인적 주장을 많이 포함하는 텍스트에서 전형적으로 나타난다. 다음의 예를 보자.

〈예4.1.1-1〉 [학술]
가. 촘스키의 '이기 원리'와 '태만 원리'도 개인과 사회에 두루 통하는 내용이라고 할 수 있다.
나. 문장이 정확한가 그렇지 않은가 하는 문제는 그 문장을 생성한 인격의 가치를 시험하는 수단이 될 수 있다.
다. 인간의 사회생활을 말하기·듣기·읽기·짓기의 순환적 행동이라고 전제한다면, 그러한 순환에 장애가 생기는 것이 소외이고 억압이라고 할 수 있다.
라. aA + bB + cC + ... -〉 a'A' +b'B' + c'C' ...의 반응에서 반응 속도 V는 농도 함수로서 다음과 같이 나타낼 수 있다.

<예4.1.1-1>에서 '-을 수 있다' 구성은 명제적 내용 전달에 있어서는 아무런 영향을 주지 않는다. 따라서 위의 예에서 '-을 수 있다' 구성이 생략되어도 명제적 내용에는 아무런 차이가 없다. 그러나 '-을 수 있다' 구성이 없을 때에는 문장이 나타내는 명제적 내용이 보다 단정적으로 전달된다는 느낌을 준다. 즉, '-을 수 있다' 구성은 명제에 '가능'의 의미를 더해 필자가 전달하는 내용을 단언하는 것이 아니라 여러 가지 가능성 중의 하나라고 표현함으로써 필자의 주장을 보다 완곡하게 만드는 울타리 표현으로 기능하는 것이다. 이러한 울타리 표현은 학술적 글쓰기에서 특징적으로 나타나는 양상이다.

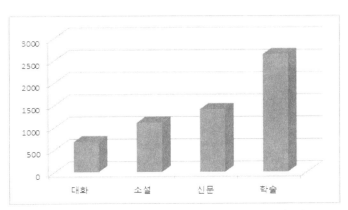

<그래프4.1.1-3> 사용역에 따른 '-기 때문' 구성의 사용 빈도

'때문'의 사용 빈도가 '학술'에서 가장 높은 것은 아래의 예와 같은 논증 표현이 '학술'에서 자주 사용되기 때문이다. '때문'은 주로 '-기 때문에', '-기 때문이다'의 구성을 이루어 '이유/원인'을 나타내는 데 '원인'이나 '이유'를 나타내는 표현은 논증과 설명을 주를 이루는 '학술'에서 매우 중요하다.

〈예4.1.1-2〉[학술]
가. 배의 폭이 깊이에 비해 작은 것이나 키가 높은 배 등은, 무게 중심이 높고 복원력이 **작기 때문**에 그다지 안전하지 못하다.
나. 브라운 운동은 액체 분자가 자유롭게 끊임없이 운동하여 액체 속의 작은 알갱이와 **충돌하기 때문**에 일어나는 현상이다.
다. 그것은 센물 속에 녹아 있는 마그네슘, 칼슘 따위의 이온이 비누 분자와 반응하여 물에 녹지 않는 물질을 **만들기 때문**이다.
라. 인물은 오히려 이집트 조각상보다 더 딱딱해 보이는데, 그건 시각적 환영의 효과보다 신체부분들 사이의 기하학적 대칭을 **중시했기 때문**이다.

'이유'나 '원인'을 나타내는 표현인 '-기 때문에', '-기 때문이다'는 <그래프4.1.1-3>에서 확인할 수 있듯이 '신문'이나 '학술'과 같은 격식적인 사용역에서 주로 사용되는데 이러한 특성은 '학술'에서 나타나는 '때문'의 사용 빈도를 높이는 또 다른 요인이 된다.
'등'은 '신문'에서 가장 빈번히 사용되지만 '학술'에서도 그 사용 빈도가 높다(<표4.1.1-1> 참고).

이와 같이 '등'은 '신문'이나 '학술'과 같이 정보 전달을 목적으로 하는 사용역에서 주로 사용되는데 '학술'에서 '등'이 사용된 예를 살펴보자.

〈예4.1.1-3〉 [학술]

가. 물론 이 경우 바로크는 플랑드르의 루벤스, 프랑스의 푸생, 네덜란드의 렘브란트, 스페인의 벨라스케즈 등 매우 다른 흐름들을 모두 포괄한다.

나. 예를 들어 천문학 물리학 철학 음악 등 여러 학문의 추상적 공식들에서 내용에 관계없이 '형식'만 취한다고 하자.

다. 헌법 교과서에 따르면, 소비자의 권리, 일조권, 수면권, 스포츠권, 저항권 등이 위 규정에 의해 보장된 기본권의 예이다.

라. 뒤이어 **李齊賢** 및 그 후 **李穡, 鄭夢周** 등으로 이어지는 학자들의 출현기에는 성리학의 이해가 피상적 섭취의 차원을 넘어 전문적 연구의 수준에 오르게 된다.

위의 예에서 보듯이 '등'은 어떠한 대상을 나열할 때 그 대상을 모두 나열하지 않고 그 이외의 것이 있을 수 있음을 나타낼 때 사용된다. '등'을 써서 일부 대상만을 나열하지 않고 모든 대상을 나열하는 것이 정보 전달의 목적에 더 부합하는 것처럼 생각될 수도 있지만 모든 대상을 나열하는 것은 오히려 정보 전달에 방해가 된다. 독자가 요구하는 수준의 정보는 대상의 전부가 아니라 대표적인 몇몇 개에 불과하기 때문이다. 또한 필자는 '등'을 씀으로써 자신이 전달하는 정보 이외에도 다른 정보가 더 포함될 수 있다는 것을 나타낼 수 있기 때문에 '등'은 필자로 하여금 잘못된 정보를 전달할 수 있다는 부담을 없애는 장치가 된다. 이러한 특성으로 인해 '등'은 정보 전달을 목적으로 하는 '신문'이나 '학술'에서 그 사용 빈도가 높아지게 되는 것이다.

'대화'는 '학술' 다음으로 형식성 의존명사의 사용 빈도가 높은데 이는 의존명사 '것(거)'의 높은 사용 빈도에서 기인하는 것이다. 의존명사 '것(거)'의 사용 빈도는 '대화'에서 가장 높은데 '신문'에서 나타나는 '것'의 사용 빈도의 2배 이상이다. '대화'에서 '것(거)'의 사용 빈도가 다른 사용역에 비해 압도적으로 높은 것은 '것(거)'이 가진 대용적 기능과 관련이 깊다. 이에 대해서는 4.1.4에서 자세히 다루기로 한다.

▶ 개별 어휘 빈도 제시

1. 모든 사용역에서 공통적으로 '것(거)'의 사용 빈도가 가장 높다.
2. '것'의 구어 변이형인 '거'는 '대화'와 '소설'에서만 고빈도로 나타난다.
3. '등'은 '신문'과 '학술'에서 고빈도로 나타나지만 '대화'와 '소설'에서는 그렇지 않다.
4. '것', '수', '때문', '데'는 모든 사용역에서 공통적으로 고빈도로 나타난다.

	대화		소설		신문		학술	
	형태	빈도	형태	빈도	형태	빈도	형태	빈도
1	거	32602	것	19838	것	14617	것	22510
2	수	3694	수02	6412	등05	8883	수02	11081
3	것	3587	거	2961	수02	5565	때문	3308
4	데	1504	때문	1988	씨	3606	등05	3268
5	때문	1062	씨	1174	중04	2541	데	1817
6	식	776	채09	1093	때문	2120	등	1530
7	중	683	쪽05	963	데	1268	중04	907
8	쪽	665	데	925	측	895	뿐	821
9	점	653	뿐	917	간10	764	간10	649
10	줄	620	듯	916	쪽05	604	자18	460
11	씨	454	줄04	874	만01	507	바03	416
12	적	315	터	849	내	470	내	410
13	터	307	중04	845	뿐	465	중	298
14	땜	258	대로	405	말11	428	만큼	270
15	나름	192	만큼	392	만큼	402	식04	242
16	간	168	듯이	379	대11	396	쪽05	239
17	지	140	지02	278	초03	363	씨	225
18	차	128	따위	277	채09	356	말11	210
19	내	114	식04	227	외	223	채09	202
20	짓	111	편04	222	바03	212	외	200
21	대로	102	리06	196	듯	211	따위	179
22	만	92	바03	190	적03	207	대로	159
23	뿐	69	무렵	187	셈	202	셈	154
24	만큼	64	셈	182	지02	172	줄04	145
25	등	61	등05	177	식04	146	나름	139
26	외	52	바람01	168	군	128	적03	127
27	측	45	자18	157	줄04	125	측	120
28	투	43	만01	155	바람01	119	이	112
29	법	38	법01	130	대로	116	거	101
30	척	38	지경	128	편04	112	마련	99

<표4.1.1-1> 사용역에 따른 고빈도 형식성 의존명사

　의존명사 '것(거)'은 모든 사용역에서 사용 빈도가 가장 높다. 2.1.2의 <그래프2.1.2-1>에서 확인할 수 있듯이 '것(거)'은 형식성 의존명사뿐만 아니라 전체 의존명사 중에서도 그 사용 빈도가 가장 높다. '것'과 구어 변이형 '거'는 기본적으로 모든 사용역에 걸쳐 높은 빈도로 사용되고 있지만 그 사용 양상에는 약간의 차이가 있다. 문어 사용역인 '소설', '신문', '학술'에서는 '것'이 빈도 순위 1위를 차지하고 있지만 '대화'에서는 '거'가 빈도 순위 1위를 차지한다. 이는 구어 변이형 '거'의 특징을 전형적으로 보여주는 사용 양상이라 할 수 있다.

　또한 '것'과 '거'의 사용 양상은 '대화'와 '소설', '신문'과 '학술'이 각각 비슷한 양상을 보인다는 점이 특징적이다. '대화'와 '소설'에서는 '것'과 '거'가 모두 빈도 순위 3위 안에 나타나서 두 형태가 모두 매우 고빈도로 사용되지만 '신문'과 '학술'에서는 '것'과 '거'의 사용 빈도 차이가 매우 크게 나타난다. '신문'과 '학술'에서 '것'은 형식성 의존명사 중 가장 사용 빈도가 높지만 '거'는 '신문'에서 빈도 순위 30위 내에 나타나지 않고 '학술'에서는 빈도 순위 29위를 차지하고 있다. 이는 '신문'과 '학술'에서는 '거'의 사용이 '대화'와 '소설'에 비해 매우 제약되고 있다는 것을 보여주는 것인데 이러한 사용 양상이 나타나는 것은 구어 변이형인 '거'가 주로 구어 사용역이나 비격식적인 사용역에서 사용되기 때문이다. '소설'은 문어 사용역이지만 대화 지문을 포함하기 때문에 다른 문어 사용역에 비해 구어 사용역의 특성이 많이 반영될 뿐만 아니라 '신문'이나 '학술'에 비해 비격식적인 사용역이기 때문에 다른 문어 사용역보다 '거'의 사용 빈도가 더 높은 것이다.

　'거' 이외에도 '대화', '소설'과 '신문', '학술' 간의 사용역 차이를 반영하는 형식성 의존명사로는 '등'을 들 수 있다. '등'은 '신문'과 '학술'에서 각각 빈도 순위 2위, 4위를 차지하고 있어 그 사용 빈도가 매우 높지만, '대화'와 '소설'에서는 모두 빈도 순위 25위로 '신문'과 '학술'에 비해 상대적으로 낮은 사용 빈도를 보인다. '대화', '소설'과 '신문', '학술' 간에 이러한 차이를 보이는 것은 '등'이 정보 전달을 목적으로 하는 사용역에서 주로 사용되기 때문이다. 앞서 설명하였듯이 '등'은 필자가 여러 대상을 나열할 때 그 대상을 모두 제시해야 하는 부담을 덜어 주고 대표적인 것을 선택하여 간략히 표시하는 표현의 경제성을 확보해 주는 동시에 자신이 전달하는 정보 이외에도 포함될 수 있는, 같은 부류의 다른 대상이 더 있다는 것을 나타내 주어 잘못된 정보 전달에 대한 부담도 덜어준다. 따라서 정보 전달을 목적으로 하는 '신문'과 '학술'에서 '등'의 사용 빈도가 높게 나타나는 것이다.

　모든 사용역에 걸쳐 사용 빈도가 높은 형식성 의존명사에는 '것' 이외에도 '수', '때문', '데'가 있다. 이들 의존명사는 모든 사용역에서 빈도 순위 10위 이내에 나타난다. 이들 의존명사 이외에도 '식', '중', '쪽', '줄', '씨', '만', '뿐', '만큼', '등'은 모든 사용역에서 빈도 순위 30위 이내에 나타난다. 각 사용역에 따라 달리 나타나는 고빈도 형식성 의존명사도 있다. 형식성 의존명사 중에서 특정 사용역에서만 빈도 순위 30위 내에 나타나는 것들을 살펴보면, 다음과 같다. 먼저 '대화'에서만 빈도 순위 30위 이내에 나타나는 형식성 의존명사로는 '점', '땜', '차', '짓', '투', '척'이 있다. 여기서 '땜'은 '때문'의 축약형으로 구어 사용역인 '대화'의 특징을 잘 보여 주는 것이라고 할 수 있다. '소설'에서는 '듯이', '리', '무렵', '지경'이, '신문'에서는 '초03', '군'이, '학술'에서는 '이', '마련'이 각각 이들 사용역에서만 빈도 순위 30위 안에 나타난다.

4.1.2. 형식성 의존명사의 선·후행 요소

의존명사는 통사적 자립성이 없기 때문에 관형어의 수식을 받아야만 문장에 나타날 수 있다. 단위성 의존명사는 수량사의 수식만을 받을 수 있다는 제약이 있는 반면, 형식성 의존명사는 수량사를 제외한, 다양한 종류의 관형어의 수식을 받을 수 있다. 그러나 모든 형식성 의존명사가 다양한 종류의 관형어의 수식을 받는 것은 아니다.

〈예4.1.2-1〉
가. 선을 밟은 듯 안 밟은 듯 안 밟은 듯하게 갔는데, [대화]
나. 아마도 규혁의 얼굴이 눈 뜨고 볼 수 없을 만큼 험악해진 모양이었다. [소설]
다. 재무부는 이달 말까지 자동차 보험 제도 개편안을 마련, 8월까지 관계 부처와의 법 개정 협의를 거쳐 사안별로 확정되는 대로 시행해 나가겠다고 밝혔다. [신문]
라. 도시 지역의 네트워크는 반상회와 아파트 관리회, 아파트 부녀회, 동네 체육 대화, 척사 대화 등 몇 개의 영역에서만 빈곤하게 남아 있을 뿐이다. [학술]

위의 예에서 제시한 것처럼 '듯', '만큼', '대로', '뿐' 등의 의존명사는 관형사절의 수식만을 받을 수 있고 다른 종류의 관형어의 수식을 받을 수가 없다. 이렇게 선행 요소의 제약이 있는 의존명사뿐만 아니라 다양한 종류의 관형어의 수식을 받을 수 있는 의존명사라고 할지라도 실제 사용 양상에 있어서는 특정한 종류의 관형어의 수식을 주로 받는 것이 더 일반적이다.

〈예4.1.2-2〉
가. 그래프를 딱 때려 보자. 애가 막 이렇게 가지 지금? 싸인 엑스가 가는 중이야. [대화]
나. 따르는 절색이 하나둘이 아닌데, 그 중에 정말 마음 쓰이는 계집이 하나도 없는 거야? [소설]
다. 외환 시장은 인간이 만들어낸 시장 중에서 가장 투기성이 드센 터다. [신문]
라. 2차 대전 중 미국을 방문 중이던 소련 영화인인 에이젠슈쩨인은 마침 스크린 사이즈에 대한 논의가 되는 장소에서 역동적인 정사각형 스크린을 제안한 일이 있다. [학술]
마. 선배님 친구 분 중에, 아이 있으신 분 없으세요? [대화]
바. 그 자식들인 우리는, 그 우리 중의 나는, 어머니 아버지가 한참 낭떠러지로 추락하고 있던 그 순간에도 당신을, 보고 싶어 했습니다. [소설]

<예4.1.2-2>에서 확인할 수 있듯이 '중'은 관형사절, 관형사, 보통명사, 고유명사, 의존명사, 대명사 등 다양한 종류의 관형어의 수식을 받을 수 있다. 그러나 4.1.2.1에서 확인할 수 있듯이 실제 사용 양상에 있어서는 '중'은 여러 종류의 관형어 중에서도 주로 보통명사의 수식을 받는다.

이러한 양상은 형식성 의존명사의 후행 요소인 조사와의 결합 양상에서도 나타난다. 다음의 예에서도 보듯이 '듯이'는 조사와 결합하지 않고 '채'는 조사와 결합하지 않거나 조사와 결합할 때에는 부사격조사 '로'와만 결합하며, '따름'은 '이다'와만 결합하고 '김'은 부사격조사 '에'와만 결합한다.

〈예4.1.2-3〉
가. 지겨운 듯이 막 흰색하고 검정색만 보여 주다가, 반짝 유토가 딱 나오잖아 XX 깨지고 [대화]

나. 몸을 가누지 **못한 채** 아버지는 같은 소리만 반복했다. [소설]

다. 기운 **채로** 시드는 태양이 시쁜한 겨울에 자신마저도 지쳤는지 금방 꼬리를 감추려 하고 있다. [소설]

라. 해당 지역에서 꾸준하게 봉사 활동이나 지역 발전을 위해 밑거름이 되어 왔던 지도급 인사들보다는 사업이 나 투기를 통해서 부를 축적한 사람들이 대거 후보자로 부상되고 있으니 **답답할 따름이다**. [신문]

마. 예를 들면, 부부싸움 끝에 화를 참고 마당에 나와서 화가 **난 김에** 애꿎은 강아지를 걷어차는 것과 같은 형태이다. [학술]

또한 선행 요소의 제약 양상과 마찬가지로 후행 요소의 제약이 있는 의존명사뿐만 아니라 다양한 종류의 후행 요소가 올 수 있는 의존명사라 할지라도 실제 사용 양상에 있어서는 특정한 종류의 후행 요소가 주로 오는 경우가 많다.

〈예4.1.2-4〉

가. 딱 이렇게 보구서 학생이 있는 **데에** 앞에 딱 가거나, 아니면은 이건 정말 잘 골라야 되는데, [대화]

나. "도청이야? 야야 내가 그 징한 **데를** 뭘라고 간다냐? 뭐 존 일 있다냐?" [소설]

다. 하지만 당내에서 "친노, 반노 양쪽 다 갈 **데까지** 간 것 같다"는 말이 나왔다. [신문]

라. 또한 공장을 보유하지 **않는 데서** 얻어지는 연구 개발 등 핵심 능력을 강화하는 데로 돌려 경쟁력을 확보하고 있다. [학술]

위의 예에서 알 수 있듯이 '데'는 다양한 조사와 결합하여 나타날 수 있지만 4.1.2.2에서 확인할 수 있듯이 실제 사용 양상에 있어서는 조사와 결합하지 않고 나타나는 비율이 훨씬 더 높다.

요컨대, 형식성 의존명사는 선·후행 요소에 있어 일정한 제약을 보이거나, 제약을 보이지 않는 의존명사라고 하더라도 실제 사용 양상에 있어서는 선·후행 요소에 있어 일정한 경향성을 보이는 경우가 많은데 여기서는 고빈도 78개의 형식성 의존명사를 대상으로 하여 선행 요소와 후행 요소의 분포와 그 제약에 대해서 살펴보기로 한다.

4.1.2.1. 형식성 의존명사의 선행 요소

▶ 말뭉치 계량 결과 제시

1. 전체 형식성 의존명사의 선행 요소의 분포
   관형사절 〉 보통명사 〉 고유명사 〉 관형사 〉 명사절 〉 의존명사 〉 대명사

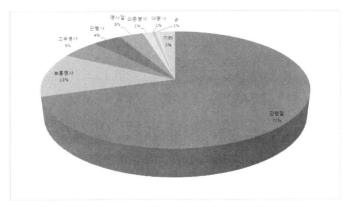

<그래프4.1.2.1-1> 전체 형식성 의존명사의 선행 요소의 분포

| 2. 개별 형식성 의존명사의 선행 요소의 분포 (굵은 글씨는 두 가지 이상의 경우에 해당)

• 관형사절의 수식을 주로 받는 형식성 의존명사

> 것, 수, 데, 뿐, 채09, 줄09, 적03, 듯, 터, 놈, 만큼, 식04, 비03. 대로, 자18, 셈, 지02, 듯이, 녀석, 편04, 분01, 무렵, 바람01, 리06, 법01, 이09, 지경, 이래, 따름, 년01, 거리02, 양02, 판01, 참, 둥, 척01, 격01, 여지, 김, 즈음, 겨를, 모양, 투, 마당, 만02, **짓**, **차**, 나위, 체02, 턱, 통06, 곳

• 보통명사의 수식을 주로 받는 형식성 의존명사

> 등05, 중, 쪽, 간10, 측, 내09, 말11, 외, 따위, 초03, 이래, 거리02, 겸, 척01, 등등, 격01, **차**, 남짓, 편05

• 고유명사의 수식을 주로 받는 형식성 의존명사

> 씨, 측, 군, 양25, 등지

• 관형사의 수식을 주로 받는 형식성 의존명사

> 식04, 녀석, 무렵, **짓**, 켠

• 명사절의 수식을 주로 받는 형식성 의존명사

> 때문, 마련

• 의존명사의 수식을 주로 받는 형식성 의존명사

> 만01, 말11, 초03, 남짓, 가량

- 기타 요소의 수식을 주로 받는 형식성 의존명사

    - 수사나 숫자: 대06, 대11
    - 종결어미로 끝나는 문장: 등등
    - 부사절: 마련
    - 관형격 명사구: 여지

- 선행 요소의 수식을 받지 않고 주로 자립적으로 나타나는 형식성 의존명사

    녀석, 나름

▶▶ 말뭉치 계량 결과에 대한 논의

형식성 의존명사는 다양한 종류의 수식어 중에서 관형사절의 수식을 받는 경우가 70% 이상으로 다른 종류의 관형어에 비해 그 비율이 압도적으로 높다. 이러한 결과는 고빈도 78개의 형식성 의존명사 중 50개 이상이 관형사절의 수식을 주로 받는다는 사실과 직접적으로 관련된다고 할 수 있다. 즉 관형사절의 수식만을 받을 수 있는 의존명사뿐만 아니라 다양한 종류의 수식어의 수식을 받을 수 있는 형식성 의존명사의 경우에도 실제 사용 양상에 있어서는 관형사절의 수식을 받는 것이 가장 일반적이라는 것이다. 관형사절 다음으로 그 비율이 높은 수식어는 보통명사로서 고빈도 78개의 형식성 의존명사 중 20개가 보통명사의 수식을 주로 받는다. 그 이외에는 고유명사, 관형사, 명사절, 의존명사, 기타 요소의 수식을 주로 받는 의존명사로서 고빈도 78개 의존명사 중 약 30개가 이에 해당된다. 한편, 몇몇 의존명사는 두 가지 종류 이상의 관형어의 수식을 주로 받는데 고유명사, 관형사, 명사절, 의존명사, 기타 요소의 수식을 주로 받는 의존명사는 대부분 두 가지 종류 이상의 관형어의 수식을 받는 경우에 해당된다. 다시 말해서, 고유명사, 관형사, 명사절, 의존명사, 기타 요소의 수식만을 받을 수 있는 의존명사는 그리 많지 않다.

- **관형사절의 수식을 주로 받는 의존명사**

관형사절의 수식을 주로 받는 형식성 의존명사는 고빈도 78개 형식성 의존명사 중 50개 이상이다. 이 중 몇몇 의존명사는 특정 관형사절의 수식을 주로 받는다. 특정 관형사절의 수식을 주로 받는 의존명사의 예를 보이면 다음과 같다.

- '-을' 관형사절: 수, 뿐, 줄04, 터, 만큼, 여지, 무렵, 리06, 지경, **따름**, 여지, 즈음, **겨를**, 만02, 나위
- '-은' 관형사절: 채09, 척01, 체02, 적03, 듯, 김, 바03, 셈, 지02, 이래, 양02, 김
- '-는' 관형사절: 격, 데, 대로, 바람01, 법01, 등, 통06
- '-던' 관형사절: 차

여기서 유의해야 할 점은 이들 의존명사 중 선행 요소의 제약이 심해서 특정 관형사절만의 수식을 받는 것도 있지만 다른 관형사절의 수식을 받을 수 있는 것도 있다는 것이다. 선행 요소의 제약이

심해서 특정 관형사절의 수식만을 받는 의존명사는 '뿐', '따름', '겨를', '만02', '나위', '지02', '이래' 7개에 불과하다(위의 예에서 굵은 글씨로 표시된 의존명사). 한편, 특정 관형사절의 수식만을 받는 의존명사 중에는 '-을' 관형사절의 수식을 받는 의존명사가 가장 많은데 이는 형식성 의존명사를 수식하는 관형사절에 나타나는 관형사형 어미의 분포와 정확히 일치하는 것이다.

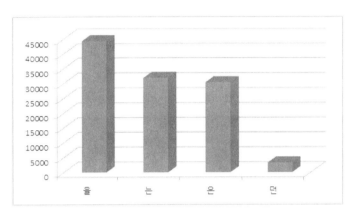

<그래프4.1.2.1-2> 형식성 의존명사의 선행 관형사절별 사용 빈도

위의 그래프는 형식성 의존명사를 수식하는 관형사절에 나타나는 관형사형 어미의 사용 빈도를 보인 것이다. 이 그래프에서 확인할 수 있듯이 형식성 의존명사를 수식하는 관형사절은 '-을' 관형사절의 사용 빈도가 가장 높다. 이러한 사실을 고려한다면, 형식성 의존명사는 관형사절의 수식을 받는 것이 가장 일반적인데 관형사절 중에서도 '-을' 관형사절의 수식을 받는 것이 가장 일반적이라고 결론을 내릴 수 있다.

• **보통명사의 수식을 주로 받는 의존명사**
보통명사의 수식을 주로 받는 의존명사는 관형사절의 수식을 주로 받는 의존명사 다음으로 가장 많은데 보통명사의 수식을 주로 받는 의존명사 중 보통명사의 수식만을 받을 수 있는 의존명사는 없다.

지금까지 우리는 형식성 의존명사가 선행 요소의 '수식'을 받는다고 기술하였지만 보통명사의 수식을 주로 받는 의존명사 중 '등', '따위', '등등', '겸'은 보통명사의 '수식'을 받는다기보다는 선행 명사구와 접속 구성을 이루거나 선행 명사구와 후행 명사구를 연결하여 동격 구성을 이룬다고 기술하는 것이 더 정확할 것이다. 다음의 예를 보자.

〈예4.1.2.1-1〉 [학술]
가. 컴퓨터 기술의 발전은 사무 **자동화**, 공장 **자동화**, 가정 **자동화 등**을 통해 단순하고 힘든 노동을 덜어 준다.
나. 그 시대에 나눗셈은 주로 **수확한 곡물**이나 **가축 따위**를 골고루 나누는 데 사용되었을 것이다.
다. 이를테면 기하학만 생각하여 보더라도 유클리드 공간, 아파인 공간, 사영 공간, 리이만 공간, 위상 공간, **힐버트 공간 등등** 도저히 여기서 그것을 모두 열거한다는 것은 불가능할 정도로 다양하다.

위의 예에서 확인할 수 있듯이 '등', '따위', '등등'은 선행 명사구의 수식을 받는다기보다는 선행 명사구와 같은 종류의 것을 나타내며, 선행 명사구와 함께 접속 구성의 한 요소를 이룬다고 할 수 있다. 그런데 아래에 제시한 <예4.1.2.1-2>의 '등', '따위', '등등'은 <예4.1.2.1-1>의 '등', '따위', '등등'과 유사해 보이지만 약간의 차이가 있다.

〈예4.1.2.1-2〉[학술]
가. 정보화 사회의 기술적 토대가 되는 종합 정보통신망(ISDN, integrated service digital network)의 구축은 한 가닥의 통신 회선을 통해 음성, 문자, 데이터, 화상 등 각종 정보를 종합적으로 주고받을 수 있게 할 것이다.
나. 그 대표적인 예가 일반 군현제 하부에서 개별적인 편성을 보이고 있던 속현(屬縣)이라든가 향(鄕)·소(所)·부곡(部曲)·장(莊)·처(處) 따위 여러 단위 임내(任內) 지역들이 그 특수성에서 벗어나 일반 군현제 가운데의 일반적 단위 지역 형태로 보편화되었다는 사실이다.
다. 민족적 증오심, 경제적 파탄, 이념의 충돌, 배타적 민족주의, 종교적 갈등, 제국주의, 굴욕적 평화에 대한 거부 등등 수많은 요인들이 전쟁의 발발 원인으로 검토될 수 있을 것이다.

<예4.1.2.1-2>의 '등', '따위', '등등'은 선행 명사구와 같은 종류의 것임을 나타내며 선행 명사구와 함께 접속 구성을 이룬다는 점에서는 <예4.1.2.1-1>의 '등', '따위', '등등'과 동일한 성격을 지니지만 후행 명사구와 선행 명사구를 동격으로 연결해 주는 역할을 한다는 점에서는 차이가 난다. 다시 말해서, <예4.1.2.1-2>의 '등', '따위', '등등'은 선행 요소와 함께 접속 구성을 이루는 동시에 선행 요소와 후행하는 명사구를 동격으로 연결해 주는 기능을 하는 것이다.

한편, '겸'은 '등', '따위', '등등'과 달리 접속부사와 동일한 양상을 보인다.

〈예4.1.2.1-3〉[신문]
가. 전윤철 부총리 겸 재정경제부 장관은 4일 "서울은행은 7~8월 중 매각 양해각서(MOU) 체결이 가능할 것"이라고 말했다.
나. 총리실은 9일 장대환 매일경제신문사 사장 겸 발행인이 총리서리에 임명되자 일단 '의외'라는 반응을 보였다.

위의 예를 통해 알 수 있듯이 '겸'은 명사구들 사이에 쓰여 그 명사구들이 나타내는 의미를 동시에 지니고 있음을 나타내는 기능을 한다. 그런데 이때 '겸'은 일반적인 접속부사와 같이 '순접'이나 '이접'의 의미를 나타내는 것은 아니지만 접속부사와 동일하게 두 명사구를 나란히 연결하는 접속의 기능을 수행하고 있다.

• **고유명사의 수식을 주로 받는 형식성 의존명사**

고유명사의 수식을 주로 받는 형식성 의존명사는 모두 5개로 이 중 '씨', '군', '양', '등지'는 거의 고유명사의 수식만을 받는다. '씨', '군', '양'은 주로 인명을 나타내는 고유명사의 수식을 받고, '등지'는 지명을 나타내는 고유명사의 수식을 주로 받는다. '씨', '군', '양'이 고유명사 이외의 요소의 수식을 받는 경우는 아래의 예에서와 같이 '아무개', '모' 등의 부정대명사, 사람 이름의 성을 나타내는 영어

이니셜의 수식을 받는 경우이다.

〈예4.1.2.1-4〉 [신문]

가. 경찰은 또 이 사이트를 통해 일삼아 노름을 한 혐의(상습 도박)로 구청 공무원 **황 아무개(27) 씨** 등 9명의 구속 영장을 신청했다.

나. 중견 회사원 **배 모 씨(46)**는 "부산의 부모님에게 설 선물을 택배로 보내려고 했더니 주문이 밀려 4일이나 걸린다는 말을 듣고 포기했다"고 말했다.

다. 검찰은 **K 씨**가 기양 건설의 로비에 관여했는지 조사하기 위해 **K 씨**를 소환하는 방안을 검토 중이다.

라. 그러자 허 경장은 이 씨의 동네의 후배인 **김 아무개(19) 군** 등 미성년자 2명을 돈을 빌린 당사자로 둔갑시켰다.

마. **H고 2년 김 모 군(18)**은 "당시 모두가 비슷한 옷차림을 하고 있었기 때문에 아무런 신분증 확인 절차 없이 술과 담배를 살 수 있었다."고 말했다.

바. 지난 15일 서울 종로구 M 아파트에서 발생한 여중 1년생 **송 모(12) 양** 살해 사건의 범행 용의자는 같은 아파트 단지에 사는 중3 남학생이었다.

사. 서울 은평구에 사는 결식 아동 **J(12, 초등5) 양**은 학기 중에는 점심을 무료 학교 급식으로 먹었고 아침, 저녁은 동사무소에서 급식권을 받아 해결했다.

'등지'는 장소를 나타내는 보통명사의 수식을 받을 수도 있지만 아래의 예에서처럼 지명을 나타내는 고유명사 뒤에 주로 나타난다.

〈예4.1.2.1-5〉 [신문]

가. 이 중 서울 인천에는 액화천연가스(LNG)가 **광주 부산 등지**의 지방에는 액화석유가스(LPG)가 공급되고 있다.

나. 그는 "가죽 쓰레기는 대부분 **한국과 일본 등지**에서 수입된 것으로 알고 있다"면서 "지난 수개월간 수십의 젤라틴을 만들어 식품 회사와 제약 회사에 납품했다"고 털어놓았다.

한편, '씨', '군', '양', '등지'에 대해서도 선행 요소의 '수식'을 받는다고 기술하였지만 이들 의존명사 또한 선행 요소의 '수식'을 받는다고 보기는 어렵다. 우선 '등지'의 경우는 앞서 살펴본 '등', '따위', '등등'과 동일한 성격을 띠는 것이다. '등지'는 선행 고유명사와 같은 종류의 지역을 나타내며, 선행 고유명사와 함께 접속 구성의 한 요소를 이룬다. '씨', '군', '양'은 선행 고유명사를 높이거나 낮춰 가리킬 때 또는 부를 때 쓰는 말이기 때문에 '김 선생', '박 사장' 등과 같이 선행 고유명사와 동격 구성을 이룬다고 보아야 할 것이다.

• 관형사의 수식을 주로 받는 형식성 의존명사

관형사의 수식을 주로 받는 형식성 의존명사는 '식', '녀석', '무렵', '짓', '컨'으로 총 5개인데 이 중에서 관형사의 수식만을 받는 형식성 의존명사는 없다. 이들 의존명사 중 '식', '녀석', '무렵'은 관형사 중에서도 '이런', '그런', '이', '그'와 같은 지시관형사의 수식을 주로 받는다. 이들 의존명사가 사용된 예를 보이면 다음과 같다.

〈예4.1.2.1-6〉

가. 오빠 오빠 항상 이런 식이야. [대화]

나. 이렇게 인제 선배들은 인제 쉬는 거고, 그런 식으로 계속해서 돌아가서 그러는 거잖아. [대화]

다. 누가 뭐라 해도 이 녀석은 KS 마크의 연애술사인 데다가 이번 공연의 기획이다. [소설]

라. "아무튼 자초지종은 잘 모르겠는데, 아무튼 고 녀석 이번에 확실히 꿰었다니까. 올케가 왜 집을 나갔겠어? 다 그 녀석 바람기 때문이지." [소설]

마. 그 무렵에는 그나마 약간의 보탬이 되던 형마저 글을 쓴다고 아주 멀리 떠나 버려 월세조차 낼 수 없는 지경이었다. [소설]

'켠'은 '방향'의 의미를 나타낸다는 점에서 '쪽'과 유사한 의미를 지니지만 '쪽'은 보통명사의 수식을 주로 받고 '켠'은 관형사의 수식을 주로 받는다는 차이가 있다. '켠'은 관형사 이외에도 보통명사와 대명사의 수식을 받을 수 있지만 연구 대상 말뭉치에서 '켠'이 보통명사와 대명사의 수식을 받는 예로는 '뒤 켠', '저쪽 켠'밖에 없다.

● **명사절 수식을 주로 받는 형식성 의존명사**

명사절의 수식을 주로 받는 형식성 의존명사에는 '때문'과 '마련'이 있는데 이들 의존명사 모두 '-기' 명사절의 수식을 주로 받는다. 뒤에서 다시 기술하겠지만 '마련'은 '-기' 명사절 이외에도 '-게' 부사절의 수식을 받는 경우도 일반적이다.

● **의존명사의 수식을 주로 받는 형식성 의존명사**

의존명사의 수식을 주로 받는 형식성 의존명사에는 '만', '말', '초', '남짓', '가량'이 있다. 그런데 이들 형식성 의존명사는 사실상 의존명사의 수식을 받는다기보다는 수량 표현과 단위성 의존명사가 결합된 단위사 구성 전체의 수식을 받는다고 보아야 한다.

〈예4.1.2.1-7〉

가. 작년에 여름 농활 갔다가, 오 일 만에 도망쳤잖아. [대화]

나. 하지만 5월 말경은 자귀나무가 붉은 꽃을 피우기에는 철이 일렀다. [소설]

다. 김 순경은 98년 초 무도 경관으로 특채된 무예 전문가다. [신문]

라. 지난 해 같은 기간의 159만 5140명에 비해 6% 가량 늘어났다. [신문]

마. 한 마지기라면 2백 평 남짓의 별반 넓지 않은 땅이다. [학술]

위의 예에서 확인할 수 있듯이 '만'은 '기간'을 나타내는 '년', '월', '일' 등과 같은 단위성 의존명사가 포함된 단위사 구성의 수식을 받고 '말'과 '초'는 달력상의 날짜를 나타내는 '년', '년대', '월', '일' 등과 같은 단위성 의존명사 포함된 단위사 구성의 수식을 받아 '어떠한 기간의 마지막', '어떠한 기간의 처음'이라는 뜻을 나타내며 '남짓'과 '가량'은 다양한 단위사 구성의 수식을 받아 '크기, 부피 수량 등이 어느 한도에 차고 조금 남는 정도'라는 뜻을 나타낸다.

• 기타 요소의 수식을 주로 받는 형식성 의존명사

- 수사나 숫자

수사와 숫자의 수식을 주로 받는 형식성 의존명사에는 '대06', '대11'이 있다. 이들 의존명사는 수사나 숫자의 수식을 받기 때문에 단위성 의존명사로도 볼 수 있다. 그러나 아래의 예에서 보듯이 이들 의존명사는 단위성 의존명사와 같이 단위를 나타내는 것이 아니기 때문에 단위성 의존명사로 보기 어렵다.

〈예4.1.2.1-8〉 [신문]
　가. 한국화된 우동 전문점은 우동과 함께 만두, 떡볶이, 김밥 등을 함께 판매하면서 주로 신세대 상권에서
　　　10~20대로부터 인기를 끌고 있다.
　나. 미도파는 앞으로 주식을 10 대 1로 감자한 뒤 3천 2백 1억원어치의 유상 증자를 실시, 롯데 쇼핑 컨소시엄
　　　에 제3자 인수 방식으로 넘기게 된다.

'대06'은 나이를 십 년 단위로 끊어 나타내는 말로 그 나이 언저리임을 나타내고 '대11'은 '대비'나 '대립'의 의미를 나타내는 것이기 때문에 수사나 숫자의 수식을 주로 받더라도 단위성 의존명사로 볼 수 없을 것이다. 여기서 '대11'은 '겸'과 마찬가지로 접속부사와 동일하게 두 명사구를 나란히 연결하는 접속의 기능을 수행한다고 할 수 있는데, 이러한 기능상의 특성도 '대11'을 단위성 의존명사로 보기 어려운 근거가 된다.

- 종결어미로 끝나는 문장

종결어미로 끝나는 문장의 수식을 주로 받는 의존명사에는 '등등'이 있다.

〈예4.1.2.1-9〉
　가. "경상도 사람들이 중요한 직책에서 다 쫓겨났다" "빅딜이란 이름으로 영남 기업 하나하나가 다 거둬가고
　　　있다" "내가 대통령에 취임했을 때 경상도, 전라도 문제로 가장 고통스러워했다" 등등. [신문]
　나. 물론 여기에서 욕심이라는 것이 무엇인지, 그리고 수요 곡선이 무엇인지 등등에 관하여 과학적인 정의(定
　　　義, definitions)를 내려야 하는 것은 물론이다. [학술]

그 예가 그리 많지는 않지만 다음의 예에서 보듯이 '등'도 종결어미로 끝나는 문장의 수식을 받을 수 있다.

〈예4.1.2.1-10〉
　가. 조선일보 관련 기사는 "DJ 교전 지침이 문제였다"(3면), "누가 우리 군의 손발을 묶었나"(사설) 등이었고,
　　　동아일보는 "DJ 99년 지시 '4대 수칙' 논란"(4면), "햇볕정책 '허점' 드러낸 싸움이냐"(사설) 등이었다. [신문]
　나. 전체적으로 볼 때 논리적이고 상상력을 자극할 만한가? 등의 질문에 따라 검토한다. [학술]

이와 같이 종결어미로 끝나는 문장의 수식을 받는 '등등', '등'의 예는 '신문'과 '학술'에서 주로 나타나고 '소설'이나 '대화'에서는 잘 나타나지 않는다. 이는 '등등', '등'이 '대화'와 같은 구어 사용역에

서 잘 쓰이지 않을 뿐만 아니라 종결어미로 끝나는 문장의 수식을 받는 '등등', '등'은 그 구조가 매우 복잡하고 길어서 전형적인 문어 사용역에서만 주로 나타나기 때문이다.

한편, <예4.1.2.1-9>와 <예4.1.2.1-10>의 '등등'과 '등'은 그 선행 요소가 표면적인 형태로만 보자면 종결어미로 끝나는 문장이지만 사실상 선행 요소로 나타나는 문장은 명사구와 같은 역할을 하는 것이다. 예컨대. "'죽느냐 사느냐' 그것이 문제로다."에서와 같이 '죽느냐 사느냐'는 문장의 형태를 띠고 있지만 상위 언어적으로 명사구의 역할을 한다. 다시 말해서, '등등'과 '등'이 종결어미로 끝나는 문장의 수식을 받는 경우라고 할지라도 실제로는 보통명사의 수식을 받는 '등등', '등'과 크게 다를 바가 없는 것이다. 또한 여기서도 '수식'이라는 용어를 썼지만 문장의 수식을 받는 '등등', '등'의 경우도 앞서 살펴본 '등등', '등'과 마찬가지로 선행 요소와 함께 접속 구성의 한 요소를 이루거나 선행 요소와 함께 접속 구성을 이루는 동시에 후행 요소를 선행 요소와 동격으로 연결해 주는 역할을 한다.

- 부사절

'마련'은 '-기' 명사절의 수식을 받는 경우도 많지만 '-게' 부사절의 수식을 받는 경우가 더 많다.

〈예4.1.2.1-11〉
가. 그 사람이 뭐~ 잘생겼기 때문에 뭐~ 돈이 많기 때문에, 그런 거 어떤 그 이유가 되는 게 떠나 버리고 나면은 사랑은 식게 **마련이거든**. [대화]
나. 그리고 진실이라는 게 언젠가는 제 모습을 **드러내 놓게 마련인** 것이고 보면 그때 가서 자신의 죗값을 몇 배나 더 늘려 치러야 할 처지구. [소설]
다. 불황 속에 감원 사태가 속출하고 있지만 이런 때일수록 기업들은 고급 기술 인력뿐 아니라 더럽고 힘들고 위험한 이른바 '3D' 업무를 처리해 줄 사람들을 부지런히 **찾게 마련이다**. [신문]
라. 그러나 어떤 사람에 대한 평가는 그 사람의 느낌과 생각과 행동을 대중 삼아 내리는 것인데, 섬세한 느낌과 바른 생각은 반드시 좋은 글을 **이루게 마련이다**. [학술]

부사절의 수식을 받는 경우는 '마련' 이외에도 '간'이 있다. '간'이 부사절의 수식을 받는 비율은 매우 낮지만 '간'이 부사절의 수식을 받는 경우를 보이면 다음과 같다.

〈예4.1.2.1-12〉
가. 손님이 있건 **없건 간에** 거기서 상당히 이케 혼내킨대요 애를. [대화]
나. 그런 여자 중에는 욕망과 거기에서 생긴 성취동기 덕분에 공부를 잘하든 장사를 **잘하든 간에** 능력을 갖춘 여자들이 많고 자기가 원하는 게 뭔지 알고 있는 현실적인 여자들이 대부분이다. [소설]
다. 전화 자의 의도가 **어떠했든 간에** 이 같은 양 김 비판, 정치 전반에 대한 불신과 혐오가 국민의 공감대와 전혀 무관하다고 단정지을 수 있을까. [신문]
라. **싫건 좋건 간에** 강요된 것이라고는 하지만, 이것을 긍정하여 받아들이고, 주어진 것에서 최대한의 생의 보람을 찾으려는 시기이기도 했다. [학술]

이상의 예를 통해 알 수 있듯이 '간'이 부사절의 수식을 받을 경우에는 '-건', '-거나', '-든', '-든지'와 같이 여러 가지 중에서 어느 것이 선택되어도 상관이 없다는 '자유 선택'의 의미를 나타내는 부사형

어미가 이끄는 부사절의 수식을 받는다.

- 관형격 명사구

'여지'는 '-을' 관형사절의 수식도 주로 받지만 관형격 '의' 명사구의 수식을 받는 경우도 일반적이다.

〈예4.1.2.1-13〉
가. 언니 오 번이야. 선택의 여지가 없어. [대화]
나. 그가 도심 한복판에 있으리라는 사실은 의심의 여지가 없었다. [소설]
다. 그는 "미국과의 우호 관계는 공고하다"면서도 파병은 재고의 여지가 없음을 강하게 시사했다. [신문]
라. 체육 선수에게 연금을 주는 것이 잘 하는 일인가에 관해서는 논란의 여지가 있다. [학술]

형식성 의존명사가 관형격 '의' 명사구의 수식을 받는 것은 일반적일 것이라고 생각되지만 '것'과 '여지'를 제외하고는 형식성 의존명사가 관형격 '의' 명사구의 수식을 받는 경우는 거의 없다.

• 선행 요소의 수식을 받지 않고 주로 자립적으로 나타나는 형식성 의존명사

선행 요소의 수식을 받지 않고 주로 자립적으로 나타나는 형식성 의존명사에는 '녀석'과 '나름'이 있다. 먼저 '녀석'이 선행 요소의 수식을 받지 않고 자립적으로 나타나는 예를 보이면 다음과 같다.

〈예4.1.2.1-14〉 [소설]
가. "저런, 저런, 녀석 하고는…"
나. 녀석은 일단 덩치가 컸다. 그저 크기만 했어도 이렇게까지 되지는 않았을 것이다.

위의 예에서 확인할 수 있듯이 '녀석'은 선행 요소의 수식을 받지 않고도 나타날 수 있기 때문에 의존명사보다는 자립명사로 볼 수도 있다. '녀석'과 유사한 의미를 나타내며 선행 요소의 수식을 받지 않고 자립명사와 같은 행태를 보이는 의존명사로는 '놈'을 들 수 있다. 다음의 예는 '놈'이 자립적으로 쓰인 것을 보인 것이다.

〈예4.1.2.1-15〉 [소설]
가. 역시 놈들은 날랬다.
나. 놈은 비틀하며 간신히 균형을 잡았다.

'놈'이 자립적으로 쓰이는 비율은 '놈'의 전체 사용 빈도에서 낮은 비율을 차지하지만 '놈'은 '녀석'과 동일한 문법적 특성을 보인다고 할 수 있다. 그런데 자립적으로 쓰이는 '녀석'과 '놈'은 주로 '소설'에서만 나타나고 다른 사용역에서는 거의 나타나지 않는다. 이는 자립적으로 나타나는 '녀석'과 '놈'이 모든 사용역에서 일반적으로 나타나는 것이 아니고 문학적 표현에서 특수하게 나타나는 것임을 알려 주는 것이라고 할 수 있다.

'나름'이 선행 요소의 수식을 받지 않고 나타날 때에는 대부분 '나름대로', '나름의'의 형태로 나타나는데 이때는 선행 요소가 생략된 경우라고 볼 수 있다. 다음의 예를 보자.

〈예4.1.2.1-16〉
가. 자기 딴에 **나름대로** 열심히 하고? [대화]
나. 물론 보는 눈과 말하는 입의 주체가 **나름의** 시각이나 입장을 가지고 있다는 사실은 무시될 수 없다. [소설]
다. 이들 존재하는 모든 사물은 각기 **나름의** 특성을 가지고 있다. [신문]
라. 이상적으로 말하자면 개개 인간은 음과 양이 상대적 평형을 이룬 존재이며, 여성적 원리와 남성적 원리가 **나름대로** 어우러져 있는 존재이다. [학술]

<예4.1.2.1-16가, 나>는 '나름'의 선행 요소 '자기' 또는 '저'가 생략된 것으로 볼 수 있고 <예4.1.2.1-16 다, 라>는 '나름'의 선행 요소 '그'가 생략된 것으로 볼 수 있다. 그럼에도 불구하고 '나름'은 선행 요소의 수식을 받지 않고 나타날 수 있기 때문에 자립명사로도 볼 수 있을 것이다. 이렇게 선행 요소가 생략됨에 따라 자립적으로 쓰이는 의존명사로는 '나름' 이외에도 '뿐'과 '때문'을 들 수 있다. '뿐'과 '때문'이 자립적으로 쓰이는 비율은 '뿐'과 '때문'의 전체 사용 빈도 중에서 그리 높은 비율을 차지하지 않는다.

〈예4.1.2.1-17〉
가. **뿐만 아니라** 한국은 세계 1위의 조선 국가이면서 자동차 생산에선 5위로 발돋움하는 등 눈부신 발전을 거듭하고 있다. [신문]
나. **뿐만 아니라** 경기장 곳곳에 설치돼 있는 광고는 TV중계를 염두에 둔 것이며, 당연히 광고비도 TV카메라에 잡히기 유리한 정도에 따라 매겨진다. [학술]

〈예4.1.2.1-18〉
가. **때문에** 관람객들은 11월 7일 이후 철거되는 국제전시구역의 국제관과 일부 국내임시전시관을 보는 것이 바람직하다. [신문]
나. **때문에** 국제경쟁력을 강화하기 위해서는 기업은 물론이고 정치와 정부도 효율성을 확보하지 않으면 안 되었다. [학술]

위의 예에서 '뿐'과 '때문'은 모두 지시관형사 '이'나 '그'가 생략됨에 따라 자립적으로 쓰인 것이라고 볼 수 있는데 이들이 자립적으로 쓰일 때에는 대부분 '뿐만(이) 아니라', '때문에'의 형태로 나타나서 각각 '첨가'와 '인과'의 의미를 지니고 선행 문맥과 후행 문맥을 접속하는 역할을 한다.

개별 형식성 의존명사의 선행 요소의 분포 (■ 5%, ▪ 1% 이상 5% 미만)

	관형사절	관형사	보통명사	고유명사	의존명사	대명사	명사절	Ø	기타
것									
수									
들05									
때문									
씨									
중									
데									
뿐									
쪽									
채09									
줄04									
간10									
적03									
듯									
터									
놈									

	관형사절	관형사	보통명사	고유명사	의존명사	대명사	명사절	Ø	기타
만큼	■■■■■■■ ■■■■■■ ■■■■		■						■
측	■	■	■■■■■■■ ■■	■■■■■■	■	■			■
식04	■■■■■ ■	■■■■■■ ■■	■■		■	■		■	
내			■■■■■■■ ■■■■■	■■■■	■			■	
바03	■■■■■■ ■■■■■ ■■■■■								
대06					■				■■■■■■■ ■■■■■■ ■■■■■
만01		■	■■■■		■■■■■■■ ■■■■■■■				■
대로	■■■■■■■ ■■■■■■■ ■■■■■		■						
자18	■■■■■■ ■■■■■ ■■■■		■						
말11			■■■■■■■ ■■■	■■		■■■■■■■ ■			
셈	■■■■■■■ ■■■■■■ ■■■■ ■								
지02	■■■■■ ■■■■■ ■■■■■ ■								
외	■	■■■ ■	■■■■■■■ ■■■■	■■	■■	■			■
따위	■■	■	■■■■■■■ ■■■■■■■ ■■		■	■			
대11			■■	■				■	■■■■■■■ ■■■■■■■ ■■
초03		■	■■■■■■■ ■■■		■■■■■■■			■	
듯이	■■■■■■ ■■■■■■ ■■■■■								

	관형사절	관형사	보통명사	고유명사	의존명사	대명사	명사절	Ø	기타
녀석	■■■■■■	■■■■■■■	■■	■				■■■■■■■	
편04	■■■■■■■■ ■■■■■■■■ ■■	■■		■		■			
분01	■■■■■■■■ ■■■■	■■■■■	■■■■						
나름		■■■	■■■	■		■■	■	■■■■■■■ ■■■■■	■■
무렵	■■■■■■■■ ■■■	■■■■■	■■■		■■				
바람01	■■■■■■■■ ■■■■■■■ ■■■	■■	■■						
리06	■■■■■■ ■■■■■■ ■■■■■■								
마련							■■■■■■■		■■■■■■■ ■■■■■
법01	■■■■■■■ ■■■■■■■ ■■■■■	■■							
군		■	■■	■■■■■■■ ■■■■■■■ ■■■■		■■			■
이09	■■■■■■■ ■■■■■■■ ■■	■■■							
지경	■■■■■■■ ■■■ ■■	■■■■	■	■					■
이래	■■■■		■■■■■■■ ■	■■■■	■■■■				
양25	■			■■■■■■■ ■■■■■■■ ■■■■■		■■			
따름	■■■■■■ ■■■■■■ ■■■■■■								
등지			■■■	■■■■■■■ ■■■■■■■ ■■					■
년01	■■■■■■■ ■■■■■■■ ■	■■■	■■■	■		■		■	■

	관형사절	관형사	보통명사	고유명사	의존명사	대명사	명사절	Ø	기타
거리02	■■■■■■		■■■■■■ ■■■■■■		■			■	
양02	■■■■■■ ■■■■■■ ■■■■■■								
판01	■■■■■■ ■■■■■■ ■■■	■	■						
참	■■■■■■ ■■■■■■ ■■■■		■						■
둥	■■■■■■ ■■■■■■ ■■■■■								
겸	■■■		■■■■■■ ■■■■■■ ■■						
척01	■■■■■■ ■■■■■■ ■■■■■■								
등등	■	■	■■■■■■ ■■■	■	■■	■		■	■■■■■
가량			■■		■■■■■■ ■■■■■■ ■■		■		
격01	■■■■■■ ■		■■■■■■ ■■■	■					
여지	■■■			■					■■■■■■■ ■■
김	■■■■■■ ■■■■■■ ■■■■■	■							■
즈음	■■■■■■ ■■■■■ ■	■■■■	■	■	■				
겨를	■■■■■■ ■■■■■■ ■■■■		■						
모양	■■■■■■ ■■■■■■ ■■■■■■	■							
투	■■■■■■ ■■■■■■ ■■	■■	■						
마당	■■■■■■ ■■■■■■ ■■■	■■							■

	관형사절	관형사	보통명사	고유명사	의존명사	대명사	명사절	Ø	기타
만02	■■■■■■ ■■■■■■ ■■■■■		■						
짓	■■■■■■■ ■■■	■■■■■■■ ■■■■							
차	■■■■■■ ■■■	■	■■■■■■■ ■■■■		■■■				■
나위	■■■■■■ ■■■■■■ ■■■■■								
남짓			■■■■■■		■■■■■■■ ■■■■■				■
체02	■■■■■■ ■■■■■■ ■■■■■								
틱	■■■■■■ ■■■■■■ ■■■							■■■	
통06	■■■■■■■ ■■■■■■ ■■■	■■	■■■						
곳	■■■■■■■ ■■■■■■ ■	■■■■						■	■
편05			■■■■■■■ ■■■	■■■■					■■■■■
컨		■■■■■■■ ■■■■■■ ■■	■■■			■			

4.1.2.2. 형식성 의존명사의 후행 요소

▶ **말뭉치 계량 결과 제시**

1. 전체 형식성 의존명사의 후행 요소의 분포
∅ 〉 이다 〉 보조사 〉 부사격 〉 주격 〉 목적격 〉 관형격 〉 보격 〉 인용격/호격/접속조사

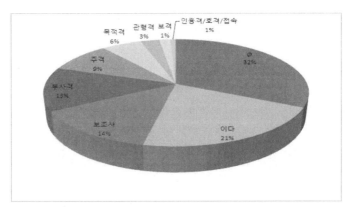

<그래프4.1.2.2-1> 전체 형식성 의존명사의 후행 요소의 분포

2. 개별 형식성 의존명사의 후행 요소의 분포 (굵은 글씨는 두 가지 이상의 경우에 해당)

• **주격조사와 주로 결합하는 형식성 의존명사**

   적03, 리06, 여지, **겨를**, 나위, 턱

• **목적격조사와 주로 결합하는 형식성 의존명사**

   체02, 짓

• **관형격조사와 주로 결합하는 형식성 의존명사**

   간10

• **부사격조사와 주로 결합하는 형식성 의존명사**

   때문, 중04, 간10, 쪽05, 식04, 내09, 바03, 만01, 외, 바람01, 등지, 판01, 김, 즈음, 투, 마당, 차, 통06, 곳, 편05, 켠

• **'이다'와 주로 결합하는 형식성 의존명사**

   것, **때문**, 중04, 뿐, 터, 셈, 편04, 마련, 법01, 따름, 판01, 참, 격01, 모양, 가량

- 보조사와 주로 결합하는 형식성 의존명사

  말11, 나름, 겨를, 만02, 나위

- 후행 요소 없이 주로 나타나는 형식성 의존명사

  수02, 등05, 중04, 뿐, 채09, 줄04, 간10, 듯, 만큼, 내09, 바03, 대로, 말11, 지02, 대11, 초03, 듯이, 무렵, 리06, 이래, 양02, 등, 겸, 척01, 등등, 즈음, 차, 나위, 남짓, 체02, 짓

- 특별한 경향성을 보이지 않는 형식성 의존명사

  씨, 놈, 측, 자18, 따위, 녀석, 분01, 군, 이, 지경, 양25, 년01, 거리02

▶▶ 말뭉치 계량 결과에 대한 논의

형식성 의존명사는 보조사, 격조사, '이다' 등의 다양한 요소와 결합할 수 있으며 후행 요소와 결합하지 않고 나타날 수도 있다. 그러나 형식성 의존명사가 후행 요소와 결합하는 실제 양상을 살펴보면 후행 요소 없이 나타나는 경우와 '이다'와 결합하여 나타나는 경우가 50% 이상을 차지하고 있다. 특히, 후행 요소와 결합하지 않는 경우가 가장 많은데 개별 형식성 의존명사가 어떤 후행 요소와 주로 결합하는지를 살펴보아도 주로 후행 요소와 결합하지 않고 나타나는 형식성 의존명사의 종류가 가장 많다. 형식성 의존명사와 결합하는 후행 요소 중에서는 '이다'의 비율이 가장 높다. 형식성 의존명사가 '이다'와 결합하여 사용되는 비율이 높은 것은 형식성 의존명사가 선행하는 관형사형 어미, 후행하는 '이다'와 함께 다양한 문법적 구성으로 사용되는 경우가 많기 때문이다.

보조사와 부사격조사는 '이다' 다음으로 형식성 의존명사와 빈번히 결합한다. 그러나 보조사와 주로 결합하여 사용되는 형식성 의존명사의 종류는 많지 않다. 즉 보조사와 주로 결합하여 나타나는 형식성 의존명사의 종류는 많지 않지만 형식성 의존명사가 보조사와 결합하여 사용되는 경우는 많은 것이다. 형식성 의존명사가 부사격조사와 결합하여 사용되는 비율이 높은 것은 부사격조사와 주로 결합하는 형식성 의존명사의 종류가 많기 때문이다. 부사격조사와 주로 결합하는 형식성 의존명사는 '장소', '방향', '시간', '원인', '방법', '형편' 등의 의미를 가지는데 이들 의존명사가 지닌 의미 특성으로 인해 부사격조사 '에'나 '으로'와 주로 결합한다.

주격조사, 목적격조사, 보격조사, 관형격조사 등은 형식성 의존명사와 결합하여 사용되는 비율이 매우 낮다. 목적격조사, 관형격조사와 주로 결합하는 형식성 의존명사는 각각 2개, 1개뿐이다. 보격조사와 주로 결합하는 형식성 의존명사는 없다.

이와 같이 형식성 의존명사가 후행 요소와의 결합에 있어서 특정한 경향성을 보이는 것은 형식성 의존명사가 선·후행 요소와 함께 문법적 구성이나 어휘적 구성을 이루어 사용되는 경우가 많다는 사실과 형식성 의존명사가 지닌 의미적 특성과 관련이 있다.

- **주격조사와 주로 결합하는 형식성 의존명사**

주격조사와 주로 결합하는 형식성 의존명사는 6개이다. 주격조사와 주로 결합하는 형식성 의존명사

의 종류가 적은 이유는 형식성 의존명사의 의미가 추상적이기 때문이다. 주격조사는 행위나 사건의 주체가 될 수 있는 유정명사와 주로 결합하는데 형식성 의존명사의 의미는 대개 추상적이거나 형식적이므로 주격조사와 결합하는 경우가 드물다. 주격조사와 주로 결합하는 의존명사는 아래와 같이 '있다', '없다'와 결합한 구성으로 사용되는 것이 일반적이다.

- **주격조사와 주로 결합하는 형식성 의존명사 구성**

  -은/을 적이 있다, -은 적이 없다, -을 리가 없다, ~의 여지가 없다, -을 여지가 없다, -을 겨를이 없다, -을 나위가 없다, -을 턱이 없다

이상에서 제시한 구성이 '소설'에서 사용된 예를 보이면 다음과 같다.

〈예4.1.2.2-1〉[소설]
가. 최동식은 한 번도 온전한 정신으로 **나타난 적이 없었고** 한번 제대로 인사를 하고 헤어진 적도 없다.
나. 아무리 권세가 세더라도 두들겨 팬 당사자가 이렇게 버젓이 **나타날 리가 없었다.**
다. 박이사의 약속이 진정에서 나온 것임에는 의심의 **여지가 없었다.**
라. 이것저것 **생각할 겨를이 없었다.**
마. 물론 기준이가 잘하고 있으리라는 건 의심할 **나위가 없겠지만** 아무래도 여러 사람이 보고 조언을 준다면 더 낫지 않겠어요

위의 구성 중에서 '-을 리가 없다', '-을 나위가 없다'는 주격조사가 생략되어 사용되는 경우도 많으며, '-을 겨를이 없다', '-을 나위가 없다'는 '-을 겨를도 없다, -을 나위도 없다'와 같이 보조사 '도'와 결합하여 사용되는 경우도 많다. 이로 인해 '리'는 후행 요소 없이 주로 나타나는 의존명사에도 포함되며, '나위'는 후행 요소 없이 주로 나타나는 의존명사에도, 보조사와 주로 결합하는 의존명사에도 포함되고, '겨를'은 보조사와 주로 결합하는 의존명사에도 포함된다.

- **목적격조사와 주로 결합하는 형식성 의존명사**
  목적격조사와 주로 결합하는 형식성 의존명사는 '체'와 '짓'뿐이다. <예4.1.2.2-2>에서와 같이 '체'는 주로 '-은/는 체를 하다' 구성으로 사용되거나 조사와 결합되지 않고 '-은/는 체'의 형태로 마치 부사형 어미처럼 사용된다. '동작'이나 '행위'의 의미를 나타내는 '짓'은 서술성 명사와 유사하게 목적격조사와 주로 결합하여 '~ 짓을 하다' 구성으로 주로 사용되지만 <4.1.2.2-3나>와 같이 후행 요소 없이 사용되는 경향도 우세하다.

〈예4.1.2.2-2〉[소설]
가. 내가 커피를 타 가지고 들어가는데도 아버지는 **아는 체를** 하지 않았다.
나. 아르세모는 말 없이 고개를 조금 끄덕거렸고 가르시아는 **못 들은 체** 외면했다.

〈예4.1.2.2-3〉[대화]
가. 왜 여기 와서 이 **짓을** 하는데,

나. 난 그런 짓 못한다.

목적격조사와 주로 결합하는 형식성 의존명사의 수가 적은 이유도 주격조사와 주로 결합하는 형식성 의존명사가 적은 이유와 마찬가지이다. 목적격조사는 주로 행위의 대상이 되는 명사와 결합하는데, 형식성 의존명사는 그 의미가 추상적이고 형식적이어서 행위의 대상이 될 수 있는 의미를 가지는 경우가 드물기 때문이다. '짓'은 행위의 대상이 될 수 있는 말로서 예외적인 경우에 속하는데, 이러한 의미적 특성으로 인해 '짓'은 목적격조사와 결합하는 비율이 높은 것이다.

- **관형격조사와 주로 결합하는 형식성 의존명사**

관형격조사와 주로 결합하는 형식성 의존명사는 '간' 하나뿐이다. '간'은 <예4.1.2.2-4>에서 제시한 바와 같이 '간의'의 형태뿐만 아니라 '간에'의 형태나 '간Ø'의 형태로도 주로 나타나서 부사격조사와 주로 결합하는 형식성 의존명사에도 포함되고 후행 요소 없이 주로 나타나는 형식성 의존명사에도 포함된다. '간의', '간에', '간Ø'이 사용되는 비율은 거의 비슷하지만 이 중 '간의'의 형태로 사용되는 비율이 가장 높다.

〈예4.1.2.2-4〉 [신문]
가. 거래는 등락을 거듭하는 과정에서 **매도 매수 간의** 활발한 공방으로 오랜만에 1천6백만 주를 웃돌았다.
나. 일본방송가에 개인 시청률 측정기의 도입을 놓고 **광고 업계와 민방업계 간에** 신경전이 벌어지고 있다.
다. 최근 서울에서 개최된 한·미 쇠고기 협상이 결렬됨에 따라 미 쇠고기 수출 업계가 **업계 간** 직접 협상을 모색하고 있는 것으로 알려졌다.

- **부사격조사와 주로 결합하는 형식성 의존명사**

부사격조사와 주로 결합하는 형식성 의존명사의 수는 꽤 많은 편인데, 후행 요소 없이 주로 나타나는 형식성 의존명사 다음으로 그 종류가 많다. 부사격조사와 주로 결합하여 부사어로서 기능하는 형식성 의존명사들은 '시간', '장소/방향', '방법', '원인', '형편' 등의 의미를 지니는 것들이다. 이러한 의미적 특성이 이들 형식성 의존명사가 주로 부사격조사와 결합하는 원인이 된다고 볼 수 있다. 부사격조사와 주로 결합하는 형식성 의존명사를 그 의미에 따라 분류하여 보이면 아래와 같다. 다만 '시간'과 '장소/방향'은 '중', '내', '즈음' 등과 같이 두 가지 의미에 모두 해당되는 경우가 많아 함께 제시하였다.

- 시간, 장소/방향: 중04, 간10, 쪽05, 내09, 만01, 외, 등지, 즈음, 곳, 편05, 켠
- 방법: 식04, 투
- 원인: 때문, 바람01, 차, 통06
- 형편: 비03, 판01, 김, 마당

이상에서 제시한 형식성 의존명사들이 부사격조사와 주로 결합하지만 다양한 부사격조사와 결합하는 것이 아니라 특정 부사격조사를 주로 취하는 경향이 있다. 각각의 형식성 의존명사들과 주로 결합하는 부사격조사를 제시하면 다음과 같다.

- 시간, 장소/방향

    중(에, 에서), 간에, 쪽(으로, 에서, 에), 내(에서, 에), 만에, 외에, 등지(에서, 에), 즈음에, 곳(에서, 에), 편으로, 켠(에, 에서)

- 방법

    식으로, 투로

- 원인

    때문에, 바람에, 차에, 통에

- 형편

    바에, 판에, 김에, 마당에

위의 사실을 통해 부사격조사와 주로 결합하는 형식성 의존명사들은 부사격조사 '에'와 주로 결합하는 경우가 가장 많음을 알 수 있다. 이는 '에'가 '시간', '장소', '원인', '배경'이나 '형편' 등 나타낼 수 있는 의미가 매우 다양하기 때문일 것이다. 다만 '장소/방향'의 의미를 나타내는 형식성 의존명사들은 부사격조사 '에서'와도 자주 결합하며, '방법'의 의미를 나타내는 형식성 의존명사는 주로 부사격조사 '으로'와 결합하는 것도 확인할 수 있다.

- **'이다'와 주로 결합하는 형식성 의존명사**

'이다'와 주로 결합하는 형식성 의존명사는 주로 다음과 같은 구성을 이루어 사용된다.

- '이다'와 주로 결합하는 형식성 의존명사 구성

    -을 것이다, -은/-는 것이다, ~ 때문이다, -기 때문이다, ~ 중이다, -는/-던 중이다, -을 뿐이다, -을 터이다, -은/-는 셈이다, -은/-는 편이다, -기 마련이다, -게 마련이다, -은/-는 법이다, -을 판이다, -을/-던 참이다, -은/-는 격이다, -은/-는/-을 모양이다

'이다'와 주로 결합하는 형식성 의존명사는 '때문'과 '마련'을 제외하고는 모두 관형사절의 수식을 받는다. '때문'은 '-기' 명사절의 수식을 받고 '마련'은 '-기' 명사절이나 '-게' 부사절의 수식을 받는다. 이를 통해 '이다'와 주로 결합하는 형식성 의존명사는 공통적으로 명제를 나타내는 절과 함께 구성을 이룬다는 것을 알 수 있는데, 이때 '형식성 의존명사+이다' 구성은 절이 나타내는 명제 내용에 대한 화자의 태도나 명제가 나타내는 사건의 상적(aspectual) 특성을 나타내는 역할을 주로 한다. 예를 들어 '-는/-던 중이다', '-을/-던 참이다'는 각각 '어떤 사건이 종료되지 않았음', '어떤 사건이 막 시작되려 함'이라는 상적 의미를 나타낸다. '-을 것이다', '-은/-는/-을 모양이다'는 명제가 나타내는 사건의 가능성에 대한 화자의 판단을 나타내고 '-을 터이다', '-을 참이다'는 명제 내용에 대한 화자의 의도를 나타낸다. 이와 같이 '이다'와 결합한 형식성 의존명사의 문법적 구성은 '-기 때문이다'를 제외하고는

대개 화자의 태도나 상적인 의미를 나타내는 데 사용된다. '-기 때문이다'는 화자의 태도가 아니라 '원인'이나 '이유'를 나타내는 데 사용된다. '이다'와 주로 결합하는 형식성 의존명사의 예문을 일부 보이면 아래와 같다.

〈예4.1.2.2-5〉[학술]
가. 말이 통하지 않는 것은 대화의 앞뒤에 어긋남이 있기 **때문이다**.
나. 돛대에는 그 배가 속한 나라의 적십자기를 다는데, **전쟁 중일지라도** 적이 공격할 수 없도록 되어 있다.
다. 주장은 글의 처음이나 끝부분에서 간명하게 **제시될 뿐이고**, 섬세한 추론 과정이 글의 대부분을 차지하게 된다.
라. 이 정치가는 잘못된 비유를 사용하여 또 한 번 국민들을 **우롱한 셈이다**.

〈예4.1.2.2-6〉[소설]
가. 꽃이 짐은 언제나 사람의 마음을 **아프게 하게 마련이지만**, 낙화암 절벽 위의 그 궁녀들의 최후보다 사람의 마음을 아프게 하는 낙화가 있을 수 있으랴
나. 아이들 학교도 그만두라고 하실 **참이로군요**
다. 요새 장군님이 사랑에 빠져 정신을 못 차리는 **모양인데** 너무 지나치시단 말씀이야.

• **보조사와 주로 결합하는 형식성 의존명사**
　보조사는 형식성 의존명사와 결합하는 후행 요소 중 그 비율이 높은 편이다. 그러나 실제로 보조사와 주로 결합하는 형식성 의존명사의 종류는 그리 많지 않다. 다시 말해서, 보조사가 여러 형식성 의존명사에 두루 결합되어 사용되기는 하지만 형식성 의존명사가 특정 보조사와 주로 결합하여 사용되는 경우는 드문 것이다. 하지만 일부 형식성 의존명사는 몇 가지 한정된 보조사와 결합하여 사용된다. 형식성 의존명사가 주로 보조사와 결합하여 구성을 이루는 경우를 보이면 아래와 같다.

• **보조사와 주로 결합하는 형식성 의존명사 구성**
　　～ 말부터/까지, ～ 나름대로, -을 겨를도/조차 없다, -을 만도/은 하다, -을 나위도 없다

　'말'은 '시기'를 나타내는 의존명사로 후행 요소 없이 나타나는 경우도 많지만 그 의미 특성상 기간의 범위를 나타내는 보조사 '까지'나 '부터'와 자주 결합한다. 이때 '까지'와 '부터'는 보조사로 볼 수도 있지만 부사격조사로 볼 수도 있다. '나름'은 '대로'와 함께 자주 사용되면서 '나름대로'가 거의 하나의 단어로 굳어진 것처럼 보인다. '겨를'과 '나위'는 주격조사와 주로 결합하는 의존명사로 각각 '-을 겨를(이) 없다', '-을 나위(가) 없다' 구성으로 나타나 각각 '시간이 없다', '여유/필요가 없다'의 의미를 나타낸다. 이때 주격조사 대신 보조사 '도', '조차'를 사용하면 부정의 의미를 더 강화하는 효과를 주는데, 이러한 효과 때문에 이들 구성은 '첨가'의 의미를 나타내는 '도'나 '조차'와 결합하여 나타나는 경우도 많다. '만'은 '-을 만도/은 하다' 구성으로 주로 나타나 '당연성'이나 '가능성'의 의미를 나타낸다. '소설'에서 '겨를', '나위', '만'이 보조사와 결합하여 사용된 예를 보이면 아래와 같다.

〈예4.1.2.2-7〉[소설]

가. 인사할 겨를도 없이 모두들 가 버렸다.

나. 비상계엄령이 내려졌다면 검색과 문책이 엄중하고 살벌해질 것은 **말할 나위도 없는** 일이다.

다. 그래, 생각해 보면 화가 날 **만도** 해.

• 후행 요소 없이 주로 나타나는 형식성 의존명사

형식성 의존명사는 후행 요소 없이 나타나는 비율이 가장 높을 뿐만 아니라 후행 요소 없이 주로 나타나는 형식성 의존명사의 종류도 가장 많다. 후행 요소 없이 나타나는 형식성 의존명사들은 그 사용 양상에 따라 크게 세 가지로 구분된다. 첫째, 단순히 조사가 생략되는 경우, 둘째, 명사구 연결의 기능을 하는 것들, 셋째, 조사와 결합하지 않고 부사형 어미처럼 기능하는 것들이다.

먼저 조사가 생략되어 사용되는 경향이 강한 형식성 의존명사를 보이면 아래와 같다. 주로 구성을 이루어 사용되는 의존명사들은 구성의 형태로 제시하였다.

- 주격조사 생략: -을 수 있다/없다, -을 리 없다, -을 나위 없다, -은 지, -은/-는 바
- 목적격조사 생략: -은/-는-을 줄 알다/모르다, 짓
- 부사격조사 생략: 중04, 말11, 무렵, 이래, 초03, 즈음
- 관형격조사 생략: 중04, 간10, 내09

이상에서 제시한 의존명사 중에서 '수', '리', '나위', '줄'은 각각 '-을 수 있다/없다', '-을 리 없다', '-을 나위 없다', '-은/-는-을 줄 알다/모르다'와 같이 선행 요소인 관형사절, 후행하는 '있다/없다', '알다/모르다' 등의 동사와 함께 구성을 이루어 '능력'이나 '가능성' 의미를 나타낸다. '-을 나위 없다'는 앞서도 언급했듯이 주격조사, 보조사와도 주로 결합한다. 그러나 '-을 수 있다/없다', '-은/-는-을 줄 알다/모르다'는 후행 요소 없이 사용되는 경향이 훨씬 더 강하다. 이는 이들 구성이 문법화를 겪으면서 조사가 없는 형태의 구성으로 발전하고 있기 때문인 것으로 보인다.

〈예4.1.2.2-8〉[학술]

가. 일단 정보를 찾게 되면 그 중에서 쓸모 있는 정보와 그렇지 않은 정보를 **구분할 수 있어야** 한다.

나. 논리적 현상과 비논리적 현상은 함께 문장에 뿌리박고 있는 것으로 어느 하나를 쉽사리 **제거할 수 없다.**

다. 인상적인 일이 많다는 것은 그가 삶에 의미를 **부여할 줄 아는** 사람이라는 뜻도 된다.

라. 그는 자기 마음이 **참된 부처인 줄 모르고,** 자기 성이 **참된 법인 줄 알지 못하고,** 법을 구하면서 멀리 성인에게 미루고, 부처를 구하면서 자기 마음은 보지 못했다고 개탄했다.

'지'는 기간을 나타내는 말이 나오고 그 뒤에 '오래다', '지나다', '되다' 등의 동사가 결합하여 '-은 지 오래다', '-은 지 ~가 지나다/되다'와 같은 구성으로 주로 사용된다. 이때 '지'는 주격조사와 결합하여 나타나기도 하지만 주격조사가 실현되는 경우보다 생략되는 경우가 훨씬 더 많다. '지'는 대부분 주어로 나타나지만(4.1.3 참고) 주격조사가 후행하는 경우보다 후행 요소가 없는 경우가 압도적으로 많다. '바'는 주로 '-은 바 있다/없다' 구성으로 사용되는데 이때 주격조사가 생략되는 것이

일반적이다. 즉, '바'가 주어로 나타날 때에는 주격조사가 생략되는 경우가 더 많다는 것인데, 이는 '바'가 주어로 사용되는 비율에 비해(4.1.3 참고) 주격조사와 결합하는 비율이 낮고 후행 요소 없이 나타나는 비율이 높다는 사실을 통해 알 수 있다. '지'와 '바'가 주격조사 없이 사용된 예를 보이면 아래와 같다.

〈예4.1.2.2-9〉 [학술]
가. 나라들 사이에 저작권을 무시하는 이른바 해적행위는 전 세계적인 문제로 대두된 지 오래다.
나. 라디오가 발명된 지 100여 년이 넘었지만 아직도 아프리카에는 10여 집마다 한 대씩밖에 라디오가 없는 나라가 적지 않다고 한다.
다. 이러한 현상은 당제를 모방하여 중앙집권체제를 운영하고 유학교육기관으로써 주자감을 설치한 바 있는 발해의 경우도 마찬가지였을 것으로 추측된다.
라. 그러므로 녹읍의 지배 방법은 과거의 수취관계를 청산하지 못한 까닭에 조세는 물론 공부와 역역까지 수취하는 고대적인 지배양식으로서 식읍에 대한 수취 내용과 다를 바 없었다.

'짓'은 '소설', '신문', '학술'에서는 잘 사용되지 않고 '대화'에서 주로 나타난다. '짓'은 '비하'의 의미를 지니고 있기 때문에 비격식적인 사용역에서만 나타나고 특히 '대화'에서 '짓'은 주로 동사 '하다' 앞에서 목적격조사가 생략된 채로 사용되는 경우가 많은데, 이는 '대화'에서 조사가 자주 생략되어 사용되는 것과 관련이 있다.

〈예2.1.3.3-10〉 [대화]
가. 막상 은행 가서 이 짓 하고 있어.
나. 그 짓 하며 다섯 시간 때웠어.

'중', '말', '무렵', '이래', '초', '즈음'도 주로 후행 요소 없이 사용되는데, 이들은 '시간'의 의미를 나타낸다는 공통점이 있다. 이들 형식성 의존명사는 그 의미 특성상 부사격조사와 결합되어 사용되는 비율도 높지만 아래의 예와 같이 부사격조사가 생략되어 사용되는 경우도 빈번히 나타난다.

〈예4.1.2.2-11〉 [신문]
가. 그는 박 부장을 공무원 자격 사칭 교사 및 직권남용 혐의로 5일 중 형사고발하겠다고 밝혔다.
나. 오전 조업을 하고 있을 무렵 해군에서 무선을 통해 모두 철수하라는 명령이 떨어졌습니다.
다. 우리나라의 라돈 오염이 1990년대 초 라돈 공포를 불러일으켰던 미국이나 영국보다 훨씬 높고 건강 영향도 적지 않은 것으로 드러나 기준 제정과 피해를 줄일 조처가 시급히 요청되고 있다.

그런데 '중'은 부사격조사뿐만 아니라 관형격조사가 생략되어 사용되는 비율도 높다고 볼 수 있다. 왜냐하면 '중'이 관형격조사나 부사격조사와 결합하는 비율이 관형어나 부사어로 사용되는 비율보다 낮게 나타나기 때문이다(4.1.3 참고). 다시 말해서, '중∅'은 문장 내에서 관형어로 실현되는 비율도 높은데 '중'이 관형어로 사용되는 비율이 관형격조사와 결합하는 비율보다 높게 나타나는 것은 '중∅'이 부사격조사뿐만 아니라 관형격조사가 생략되어 사용되는 비율도 높다는 것을 말해 주는 것이다.

'간'은 관형격조사가 후행하는 경우, 부사격조사가 후행하는 경우, 후행 요소가 없이 나타나는 경우가 모두 우세하다. 다시 말해서, '간'은 '간의', '간에', '간Ø'의 세 가지 형태로만 주로 사용된다는 것이다. 여기서 '간Ø'은 부사격조사 '에'나 관형격조사 '의'가 생략된 형태인데, '간'의 문법 기능을 참고해 보면(4.1.3 참고) '간'이 부사어로 사용될 때에는 주로 부사격조사가 실현되지만, '간'이 관형어로 사용될 때에는 관형격조사가 생략되는 비율과 관형격조사가 실현되는 비율이 비슷하다는 것을 알 수 있다. 즉 후행 요소 없이 나타나는 '간'은 거의 대부분 관형어의 기능을 한다는 것이다. '내'도 역시 관형어나 부사어로 주로 사용되는 형식성 의존명사인데 아래의 예에서 확인할 수 있듯이 '내'가 부사어로 사용될 때는 주로 부사격조사와 결합하지만 관형어로 사용될 때는 조사와 결합하지 않고 나타나는 것이 일반적이다.

《예4.1.2.2-12》 [신문]

가. 정치권에서는 김 의원의 거취 문제가 **당 내**에서 논란이 되고 있는 미묘한 시점에 그가 중국을 방문하게 된 점에 주목하고 있다.

나. 북한이 이 밖에도 5차 이산가족 방문단 교환 사업과 4차 적십자 회담 개최에도 합의를 한 것은 북한이 **남쪽 내** 여론을 의식하고 있음을 보여 준다.

'간'이 관형어로 사용될 때 관형격조사와 결합하지 않고 나타나는 비율이 약 50%라면, '내'는 관형격조사와 결합하지 않고 관형어로 사용되는 비율이 훨씬 더 높다. 따라서 여기서는 '간'을 관형격조사와 주로 결합하는 형식성 의존명사에 포함시켰지만 '내'는 그렇게 하지 않았다.

이와 같이 형식성 의존명사 중에는 조사가 생략되어 나타나기 때문에 후행 요소 없이 나타나는 경향이 큰 경우들도 있지만 단순히 후행 요소의 생략으로 볼 수 없는 형식성 의존명사도 있다. '등등'이 바로 그 대표적 예이다. '등등'은 문장 내에서 다양한 문법 기능으로 사용되는 편이므로 문법 기능 분포에서는 특별한 경향성을 보이지 않는다(4.1.3 참고). 다만 그 문법 기능을 정확히 파악하기 어려운 경우인 '기타'의 비율이 높다는 것을 특징으로 지적할 수 있는데, 이는 아무런 후행 요소 없이 '등등'으로 문장이 끝나는 경우가 많기 때문이다. 즉, '등등'은 비교적 다양한 조사와 결합하여 나타날 수 있지만 후행 요소가 없는 경우의 비율이 높은 것은 조사의 생략 때문이 아니라 다음의 예에서와 같이 '등등'으로 문장이 끝나는 경우가 많기 때문인 것이다.

《4.1.2.2-13》 [신문]

가. 한국 가정에는 평균 5개 통장이 있다는 통계도 있다. 이 중에는 아들 명의, 부인 명의는 물론 대가족이라면 할머니, 손자, 손녀 명의 **등등**.

나. 그러나 어렴풋이 드러난 사실 외에도 꼭 규명해야 할 97년의 미스터리는 숱하다. '모 재벌의 1억7천만 달러 대북 제공설, 특별기로 평양에 잠입한 K 회장, 저지로 무산된 청와대 친서전달 시도 **등등**.

후행 요소 없이 주로 나타나는 형식성 의존명사 중에는 명사구들을 서로 연결해 주는 기능을 하는 것들이 있는데 '등', '대', '겸'이 이에 해당한다. 특히 '대', '겸'은 접속사와 같이 두 명사구를 나란히 연결하는 접속의 기능을 하기 때문에 조사와 결합하는 경우가 전혀 없다. '등'은 '대', '겸'과 달리 다양한 조사와 결합할 수 있으나 <예4.1.2.2-1가>와 같이 선·후행 명사구를 동격으로 연결할 때는 주로 후행 요소 없이 사용된다.

〈예4.1.2.2-14〉 [신문]
가. 넘치는 쌀을 소비하려고 최근 쌀 막걸리가 나왔지만 문배주, 안동 소주 등 질 높은 명주들은 아직도 제조가
　　허용되지 않고 있다.
나. 한국 남자 컬링은 영국을 6 대 4로 꺾고 동메달을 차지했다.
다. 가수 전 씨는 최근 방송진행자 겸 연기자로 변신했다.

　후행 요소 없이 주로 사용되는 형식성 의존명사들 중에는 개별 의존명사에 따라 조금씩 차이는
있으나 조사와의 결합이 오히려 어색하고, 선행 관형사절과 결합하여 그 전체가 하나의 부사절처럼
기능하는 특징을 가지고 있는 것들이 있다.

• 부사절 형성 형식성 의존명사

　　　-은/-는/-을 듯, -은/-는/-을 만큼, -은/-는/-을 대로, -은/-는/-을 듯이, -은/-는 양, -을 겸,
　　　-은/-는 척, -은/-는/-을 차, -은/-는 채, -을 뿐/ -은/-는 체, -은/-는 척, -은/-는/-을 등

위에서 제시한 형식성 의존명사는 모두 선행 관형사절과 결합한 구성 전체가 부사절과 같은 기능을
한다. 이들 형식성 의존명사들이 이러한 구성으로 사용될 때에는 조사와의 결합이 아예 불가능하거나
어색한 경우가 많다. 그 예를 보이면 아래와 같다.

〈예4.1.2.2-15〉 [소설]
가. 그 이삿짐들은 휘황한 샹드리에에 기가 죽은 듯이 을씨년스럽기까지 했다.
나. 그 후로는 은철은 그가 편할 대로 내버려두었다.
다. 아무리 죽을 둥 살 둥 달려도 현실은 점점 더 멀리 붙잡을 수 없는 곳으로 달아났다.
라. 아르세모는 말 없이 고개를 조금 끄덕거렸고 가르시아는 못 들은 체 외면했다.
마. 며칠 전 밤중에 집으로 걸어온 전화에서 그는 오는 토요일이 자기의 생일인데 살고 있는 집도 알아둘
　　겸 한번 찾아와 식구들과 저녁을 함께 먹자고 제의했던 것이다.
바. 오빠는 석상이 되어 버린 양 그대로 서 있었다.

　이상에서 보인 형식성 의존명사 이외에도 '남짓'도 부사어로 사용될 때에는 조사와의 결합이 어색하
다. 그러나 '남짓'은 위에서 제시한 형식성 의존명사와 달리 관형사절이 선행하는 구성을 이루지
않으며 아래의 예에서 보듯이 수량이나 크기를 나타내는 명사구가 선행하는 경향이 있다.

〈예4.1.2.2-16〉 [신문]
가. 인천에서 지하철을 타고 종착역인 동막역에 내려 집까지 13Km를 하루도 빠짐없이 3시간 남짓 걸었다.
나. 결국 1달 남짓 시간이 흐른 뒤, 나는 가던 미용실에서 새로운 '언니'를 찾아보기로 결심한다. 일본 대표팀은
　　이날 오후 인천 국제공항을 통해 입국한 뒤 서울월드컵 경기장 보조 경기장에서 한 시간 남짓 몸을 풀었다.
다. 미국 오하이오주에서 10년 남짓 환경운동을 해오다 지난해 10월 이라크를 방문하면서 반전 평화 운동을
　　펼치고 있는 기시는 현지에서 알게 된 유 씨의 소개로 한국에 전자우편을 보내게 됐다고 한국아나뱁티스트

센터는 설명했다.

- **특별한 경향성을 보이지 않는 형식성 의존명사**

형식성 의존명사가 다양한 후행 요소와 두루 결합하여 사용될 수 있다고 하더라도 실제로 그 사용 양상을 살펴보면 대부분 특정 후행 요소와 주로 결합하는 경향성을 보인다. 정도성의 차이는 있지만 대부분 한 가지 혹은 두 가지의 후행 요소와 주로 결합한다. 하지만 후행 요소와의 결합 양상에서 특별한 경향성이 보이지 않는 형식성 의존명사도 있다. 이러한 특성을 보이는 형식성 의존명사는 아래에 제시한 것과 같이 사람을 나타내는 것이 대부분이다.

- **사람을 나타내는 형식성 의존명사**
  씨, 놈, 자18, 녀석, 분01, 군, 이, 양, 년

특별한 경향성을 보이지 않는 형식성 의존명사는 총 13개인데, 이 중 '측', '따위', '거리', '지경'을 제외한 9개의 명사는 모두 사람을 나타내는 의존명사들이다. 사람을 나타내는 명사들은 전반적으로 주어로 사용되는 경향이 우세하기는 하나(3.4, 4.1.3 참고) 후행 요소와의 결합 양상에 있어서는 상대적으로 어떤 요소와 주로 결합한다고 말하기는 어렵다.

개별 형식성 의존명사의 후행 요소의 분포 (■ 5%, ▪1% 이상 5% 미만)

	주격	보격	목적격	관형격	부사격	이다	보조사	Ø	인용격/호격/접속조사
것	■▪	▪	■▪		■■	■■■■■■▪	■■■	■■	▪
수02	■▪						■■■	■■■■■■ ■■■■■■	
등05	■■		■▪	■■	■▪	▪	▪	■■■■■■ ■■	
때문		▪			■■■■■■■■ ■■■	■■■■■■■ ■▪		▪	
씨	■■▪		■▪	■▪	▪	▪	■■■■■▪	■■■▪	▪
중04				■▪	■■■■■	■■■▪		■■■■■▪ ■▪	
데	▪		▪		■■▪	▪	■■■	■■■■■■ ■■■▪	
뿐		▪			▪	■■■■■■■■■ ■■ ■■▪		■■■■■▪	▪

	주격	보격	목적격	관형격	부사격	이다	보조사	Ø	인용격/호격/접속조사
쪽05									
채09									
줄04									
간10									
적03									
듯									
터									
놈									
만큼									
측									
식04									
내									
바03									
대06									
만01									
대로									
자18									

	주격	보격	목적격	관형격	부사격	이다	보조사	Ø	인용격/호격/접속조사
말11		■		■	■■■■	■	■■■■■■■■■ ■	■■■■■■■■ ■	■
셈		■■				■■■■■■■■ ■■■■■■■ ■■■■		■■	■
지02	■■						■■	■■■■■■■ ■■■■■■■ ■■■	
외			■■		■■■■■■■ ■■■■■■■ ■■			■■	
따위	■■■	■		■■■■■	■■■		■■■■	■	
대11								■■■■■■■ ■■■■■■■ ■■■■■	
초03				■	■■■■■	■	■■■■■	■■■■■■■ ■■	
듯이								■■■■■■■ ■■■■■■■ ■■■■■■	
녀석	■■■■■■		■	■■	■■	■■	■■■■■■	■■■	■
편04	■■■		■		■■■	■■■■■■■■ ■■■■		■	
분01	■■■■	■		■■	■	■■	■■■	■■■	■
나름				■■■■■	■	■	■■■■■■■■ ■■■■■■		
무렵		■	■	■	■■■■■	■■■	■■■	■■■■■■■ ■■	
바람 01		■		■	■■■■■■■ ■■■■■■■ ■■■■■				
리06	■■■■■■■ ■■■			■			■■■	■■■■■■■ ■	
마련						■■■■■■■■ ■■■■■■■ ■■■■■		■	
법01	■■■■■	■		■		■■■■■■■■■ ■■■■ ■■		■■■	

	주격	보격	목적격	관형격	부사격	이다	보조사	Ø	인용격/호격/접속조사
군	■■		■	■■■	■■		■■■■■■	■■■	■
이	■■■■■	■	■	■■■■	■■■	■	■■■■■	■	■
지경	■■■■■	■	■	■■■■	■■■		■■■■■	■	■
이래				■	■			■■■■■■■■■	
양25	■■■		■■	■■	■■	■	■■■■■■■	■■■	■■
따름						■■■■■■■■■■■■■■■			
등지			■	■■■	■■■■■■■■■■■			■	
년01	■■■■			■		■■	■■	■■■■■■■■■	■■
거리02	■■■	■■	■■■	■■■		■■	■	■	
양02		■			■			■■■■■■■■■■	
판01				■■■■■■■	■■■■■■■	■			
참	■				■■	■■■■■■■■■■		■	
등								■■■■■■■■■	
겸								■■■■■■■■■	
척01			■■			■	■■■	■■■■■■	
등등	■		■■	■■■	■	■	■	■■■■■■	
가량	■■		■	■■	■	■■■■■■■		■■■■■	

	주격	보격	목적격	관형격	부사격	이다	보조사	Ø	인용격/호격/접속조사
격01		■		■	■■■	■■■■■■ ■■■■		■	■
여지	■■■■■■ ■■■■■		■■■			■	■■	■	
김					■■■■■■■ ■■■■■■ ■■■				
즈음		■		■	■■■■■	■■		■■■■■■ ■■■	
겨를	■■■■■■ ■■■	■	■				■■■■■■ ■■	■	
모양					■	■■■■■■ ■■■■■■ ■■■■		■	
투		■	■	■■■	■■■■■■ ■■■■			■	
마당		■			■■■■■■ ■■■■■■ ■■■■	■■			
만02							■■■■■■■ ■■■■	■■■■■	
짓	■	■	■■■■■■			■■■	■■	■■■■■	
차				■	■■■■■	■■		■■■■■■	
나위	■■■■■						■■■■■■■■■ ■	■■■■■	
남짓				■■■	■	■■	■	■■■■■■ ■■■■	
체02			■■■■■■ ■			■	■	■■■■■■ ■■■■	
턱	■■■■■■ ■■■■ ■■				■		■■■	■■	
통06					■■■■■■■ ■■■■■■ ■■■■■				

	주격	보격	목적격	관형격	부사격	이다	보조사	Ø	인용격/호격/접속조사
곳	■	■	■		■■■■■■■■ ■■	■		■■■	■
편05	■■		■	■	■■■■■■■■ ■■■■■■■ ■■	■			
견	■■		■		■■■■■■■ ■■■■■ ■			■■	

4.1.3. 형식성 의존명사의 문법 기능

4.1.2.2에서 논의하였듯이 형식성 의존명사는 후행하는 조사와의 결합에 있어 제약을 보이거나 제약을 보이지 않더라도 실제 사용 양상에 있어서는 특정한 조사와만 결합하는 경향성을 보인다. 형식성 의존명사가 지닌 이러한 특성에 근거하여 전통적으로 형식성 의존명사들은 아래와 같이 분류되는 것이 일반적이었다.

〈예4.1.3-1〉
가. 주어성 의존명사: 지, 수, 리, 나위, 법, 턱 등
나. 서술성 의존명사: 뿐, 따름, 나름, 터, 때문 등
다. 목적어성 의존명사: 줄, 체, 척 등
라. 부사성 의존명사: 채, 김, 바람, 대로, 만큼, 양 등
마. 보편성 의존명사: 것, 데, 바 등

〈예4.1.3-1가〉의 형식성 의존명사는 주로 주격조사 '이/가'와 결합하고 〈예4.1.3-1나〉의 형식성 의존명사는 주로 '이다'와 결합하며, 〈예4.1.3-1다〉의 형식성 의존명사는 목적격조사 '을/를'과 결합하고 〈예4.1.3-1라〉의 형식성 의존명사는 부사격조사와 결합하거나 조사와 결합하지 않은 채 부사어의 기능을 하며, 〈예4.1.3-1마〉의 형식성 의존명사는 이러한 제약이 없다고 언급되어 왔다. 그런데 이는 형식성 의존 명사들이 특정 문법 기능으로 쓰이느냐 쓰이지 않느냐에 따라 이분법적으로 분류한 것이기 때문에 형식성 의존명사의 특성을 제대로 파악하는 데에 무리가 있다. 실제로 어떠한 형식성 의존명사는 특정 문법 기능으로만 쓰이는 제약이 있는가 하면 어떠한 형식성 의존명사는 그러한 제약이 없지만 실제 사용 양상에 있어서는 특정 문법 기능으로만 쓰이는 경향이 있기 때문이다. 다음의 예를 보자.

〈예4.1.3-2〉
가. 아무래두 그쪽으로 머 좀 **멋진 데가** 많아서 그러나? [대화]
나. 까치는 산 넘어 들 건너 또 산 넘어 사냥꾼들이 **있는 데를** 찾아가서 짖었다. [소설]

다. 은행 측은 수신 목적보다는 지역 중추 은행으로서 고객들에게 다양한 서비스를 제공함으로써 이미지를 **높이는 데에** 초점을 맞추고 있다. [신문]

라. 에로스의 충동에 따라 우리 영혼은 감각적 세계의 아름다움에 점점 더 높은 정신세계의 아름다움을 **보는 데로** 올라간다. [학술]

위의 예에서 확인할 수 있듯이 '데'는 다양한 조사와 결합하여 주어, 목적어, 부사어 등 다양한 문법 기능으로 나타날 수 있다. 그러나 실제 사용 양상을 살펴보면 '데'는 주로 부사어로만 쓰인다. 또한 <예4.1.3-1나>에서 '이다'와 주로 결합하는 서술성 의존명사로 분류된 '뿐'이나 '때문'의 경우에도, 실제 사용 양상을 확인하면 '뿐'은 서술어뿐만 아니라 보어와 부사어로 쓰이는 경우도 많으며 '때문'은 서술어뿐만 아니라 부사어로 쓰이는 경우도 매우 많다. 요컨대, 형식성 의존명사의 문법 기능의 분포도 앞서 살펴본 형식성 의존명사의 선·후행 요소의 분포와 마찬가지로 제약의 유무를 파악하는 동시에 실제 사용 양상에서의 경향성도 함께 파악할 필요가 있는 것이다.

따라서 여기서는 '것'을 제외한 고빈도 77개의 형식성 의존명사를 대상으로 하여 이들 형식성 의존명사가 보이는 문법 기능의 분포를 살피기로 한다. 형식성 의존명사 중 '것'은 문법 기능의 분포에서 특별한 경향성을 보이지 않는 것으로서 편의상 논의의 대상에서 제외한다. 또한 형식성 의존명사의 문법 기능에 대한 논의는 4.1.2.2의 논의와 상당 부분 겹치는데 여기서는 4.1.2.2의 논의와 중복되지 않는 내용만을 자세히 논의하기로 한다.

▶ **말뭉치 계량 결과 제시**

1. 전체 형식성 의존명사의 문법 기능의 분포
   주어 〉 부사어 〉 서술어 〉 관형어 〉 접속 및 동격 〉 목적어 〉 보어 〉 기타, 독립어

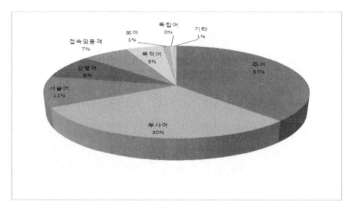

<그래프4.1.3-1> 전체 형식성 의존명사의 문법 기능의 분포

2. 개별 형식성 의존명사의 문법 기능의 분포 (굵은 글씨는 두 가지 이상의 경우에 해당)

• 주어로 주로 나타나는 형식성 의존명사

　　수, 씨, 적03, 놈, **측**, 바03, 자18, 지02, 녀석, 분01. 리06, **법**, 군, 이, 년01, 양25, 여지, 겨를, 나위, 턱

• 목적어로 주로 나타나는 형식성 의존명사

　　줄04, 척01, 짓, 체02

• 관형어로 주로 나타나는 형식성 의존명사

　　중, 간10, **측**, 내09, 대06, **나름**

• 부사어로 주로 나타나는 형식성 의존명사

　　때문, **중**, 데, **뿐**, 쪽, 채09, 듯, 만큼, 식04, 내09, 바03, 만01, 대로, 말11, 외, 초03, **듯이**, **나름**, 무렵, 바람01, 지경, 이래, 등지, 양02, 판01, 둥, 척01, 김, 즈음, 투, 마당, 만02, 차, **남짓**, **체02**, 통06, 곳, 편05, 켠

• 서술어로 주로 나타나는 형식성 의존명사

　　때문, **중**, **뿐**, 터, 셈, 편04, 마련, **법**, 지경, 따름, 판01, 참, 가량, **남짓**, 격01, 모양

• 독립어로 주로 나타나는 형식성 의존명사

　　없음

• 보어로 주로 나타나는 형식성 의존명사

　　뿐

• 명사구 접속 구성이나 동격 구성에 주로 나타나는 의존명사

　　등, 대11, 겸

• 특별한 경향성을 보이지 않는 형식성 의존명사

　　따위, 거리, 등등

3.4에서 이미 설명하였지만 먼저 <그래프4.1.3-1>에서 제시된 문법 기능에 대해서 간단히 설명하고자 한다. '보어'는 '되다'와 '아니다'가 취하는 주어 이외의 필수적 논항을 가리킨다. 그 이외의 부사격을 취하는 필수적 논항들은 모두 부사어로 처리하였다. '접속 및 동격'은 명사구 접속 구성이나 동격 구성 내에 의존명사가 나타난 경우를 가리킨다. '기타'는 다음의 예에서와 같이 문법 기능을 판별할 수 없는 경우이다.

〈예4.1.3-3〉

가. 광고하고 그런 쪽. [대화]
나. 다들 구워서 안주로 먹는 것 말고는 쓸데가 없는 녀석들... [소설]
다. 여성 범죄 / '재산 관련' 많아졌다 / 대부분 30~40대... 거의 "가족 때문" [신문]
라. 여성성은 음적인 속성들(관계, 평화, 유연, 배려 등)로 그리고 남성성은 양적인 속성들(독립성, 경쟁, 강함, 자기주장적임)로 등치되는데, 조직구성원 평가에서는 전자가 EQ를 중심으로 후자가 IQ를 중심으로 이루어진다고 볼 수 있다. [학술]

위의 예에서 각각의 의존명사는 문장 내부에 있는 것이 아니라 문장과 따로 떨어져 독립적으로 명사구를 이루고 있어 그 문법 기능을 파악하기 어렵다. 여기서는 이러한 예들을 모두 '기타'로 처리하였다. '기타'로 처리된 비율은 전체 형식성 의존명사 중 1%밖에 불과하다.

전체 형식성 의존명사의 문법 기능의 분포를 살펴보면, 주어나 부사어로 나타나는 경우가 가장 많은데 주어로 나타나는 비율은 37%이고 부사어로 나타나는 비율은 30%이다. 부사어로 나타나는 비율이 높은 것은 고빈도 77개의 형식성 의존명사 중 39개의 형식성 의존명사가 주로 부사어로 나타난다는 사실과 관계있다. 그러나 주어로 주로 나타나는 형식성 의존명사는 모두 20개로·부사어로 주로 나타나는 형식성 의존명사의 종류보다 더 적지만 전체 형식성 의존명사의 문법 기능 분포에 있어서는 주어의 비율이 가장 높다. 이는 주어로 주로 나타나는 의존명사들의 사용 빈도가 다른 문법 기능으로 주로 나타나는 의존명사들의 사용 빈도에 비해 훨씬 높기 때문이다. 주어와 부사어 다음으로 비율이 높은 문법 기능은 서술어이다. 서술어로 주로 나타나는 형식성 의존명사는 모두 16개로서, 주어로 주로 나타나는 형식성 의존명사 다음으로 그 종류가 많다. 형식성 의존명사가 관형어, 목적어, 보어로 나타나는 비율은 각각 8%, 5%, 1%에 불과한데 관형어로 주로 나타나는 의존명사, 목적어로 주로 나타나는 의존명사, 보어로 주로 나타나는 의존명사는 각각 7개, 4개, 1개에 불과하다. 명사구 접속 구성이나 동격 구성에 나타나는 형식성 의존명사의 비율은 7%로서, '등', '대11', '겸'과 같이 동격 구성이나 명사구 접속 구성에서만 주로 나타나는 일부 의존명사가 대부분을 차지한다. 형식성 의존명사가 독립어로 나타나는 경우가 없는 것은 아니지만 전체 형식성 의존명사의 문법 기능 분포에서 차지하는 비율은 매우 낮다. 독립어로 나타난 형식성 의존명사의 예를 보이면 다음과 같다.

〈예4.1.3-4〉

　가. 현진 씨 이거 못 먹어? [대화]

　나. 박철희 님 일어나십시오, [대화]

　다. 송 군, 송 군 밖에 있나? [소설]

　라. "내가 그걸 어떻게 알아? 이 녀석아!" [소설]

독립어로 나타나는 형식성 의존명사는 주로 '씨', '님', '군', '녀석', '놈', '년' 등과 같이 '사람'을 나타내는 형식성 의존명사로 부르는 말로 쓸 수 있는 것으로 한정된다. 또한 이들 의존명사는 주로 '대화'와 '소설'에서만 독립어로 나타나는데 이는 위의 예에서와 같이 일상적인 대화 또는 대화 지문에서만 부르는 말이 나타날 수 있기 때문이다.

- **• 주어로 주로 나타나는 형식성 의존명사**

　주어로 주로 나타나는 형식성 의존명사는 전체 고빈도 77개 의존명사 중 20개가 이에 해당한다. 주어로 주로 나타나는 형식성 의존명사들은 다음과 같이 주어로만 나타나는 의존명사와 주어 이외의 문법 기능으로도 나타나는 의존명사로 나누어 볼 수 있다.

- • 주어로만 기능하는 의존명사: 수, 적03, 지02, 리06, 겨를, 나위, 턱
- • 주어 이외의 기능을 하는 의존명사: 씨, 놈, 자18, 녀석, 분01, 군, 이, 년01, 양25, 측, 비03, 법, 여지

주어로만 나타나는 제약이 있는 형식성 의존명사에는 '수', '적03', '지02', '리06', '겨를', '나위', '턱'이 있다. 앞서 언급했듯이 이들 형식성 의존명사는 주로 주격조사와만 결합하고 '있다', '없다'와 같은 특정 용언과 함께 쓰여 구성을 이룬다는 특성이 있다.

　이들 형식성 의존명사를 제외한 나머지 형식성 의존명사는 주로 주어로 나타나지만 주어 이외의 다른 문법 기능으로도 나타난다. 특히 '측'은 관형어로도 주로 나타나고 '법'은 서술어로도 주로 나타난다. '씨', '놈', '자18', '녀석', '분01', '군', '이', '년01', '양25'은 다양한 문법 기능으로 나타날 수 있기 때문에 주로 주어로만 나타날 만한 특별한 제약이 없어 보인다. 하지만 이들 의존명사가 주어로 주로 나타나는 것은 이들 형식성 의존명사가 이루는 명사구가 모두 '사람'을 지시하기 때문이다. '씨', '군', '년01', '양25'는 '인명'을 나타내는 고유명사와 주로 결합하여 '사람'을 지시하고 '놈', '자18', '녀석', '이'는 모두 '사람'을 대용하는 형식성 의존명사이다. 앞서 3.4에서 살펴보았듯이 명사구는 지시 대상의 의미에 따라 문법 기능에 있어 일정한 경향성을 보이는데 이러한 경향성이 형식성 의존명사의 경우에도 동일하게 적용된다고 할 수 있다.

- **• 관형어로 주로 나타나는 형식성 의존명사**

　관형어로 주로 나타나는 형식성 의존명사는 모두 6개이다. 관형어로 주로 나타나는 형식성 의존명사들은 다음과 같이 거의 관형어로만 기능하는 형식성 의존명사와 관형어 이외의 문법 기능으로도 나타나는 형식성 의존명사로 나누어 볼 수 있다.

- 거의 관형어로만 기능하는 의존명사: 간10, 대06
- 관형어 이외의 기능을 하는 의존명사: 중, 측, 내09, 나름

여기서 거의 관형어로만 기능한다고 제시한 형식성 의존명사 '간10', '대06'은 앞서 보인 주어로만 기능하는 형식성 의존명사들과는 달리 언제나 관형어로서만 기능하는 것은 아니다. 즉 이들 형식성 의존명사는 관형어로만 나타나는 제약이 있는 것은 아니다. 그러나 이들 형식성 의존명사가 다른 문법 기능으로 사용되는 비율은 5% 미만에 불과하다. '간10', '대06'이 관형어 이외의 문법 기능으로 나타날 때에는 대부분 부사어로 나타난다. 관형어 이외의 기능을 하는 의존명사 중에서 '중'은 부사어와 서술어로도 주로 나타나고 '측'은 주어로도 주로 나타나며 '내09', '나름'은 부사어로도 주로 나타난다.

• 목적어로 주로 나타나는 형식성 의존명사

목적어로 주로 나타나는 형식성 의존명사는 77개 형식성 의존명사 중에서 4개로 그 수가 매우 적다. 목적어로 주로 나타나는 형식성 의존명사들은 다음과 같이 거의 목적어로만 기능하는 의존명사와 목적어 이외의 문법 기능으로도 나타나는 의존명사로 나누어 볼 수 있다.

- 거의 목적어로만 기능하는 의존명사: 줄04
- 목적어 이외의 기능을 하는 의존명사: 척01, 짓, 체02

'줄04'는 주로 '알다', '모르다'와 같은 특정 용언의 목적어로 쓰이는 경우가 많다. '척01'과 '체02'는 목적어뿐만 아니라 부사어로도 주로 나타난다.

• 부사어로 주로 나타나는 의존명사

부사어로 주로 나타나는 형식성 의존명사는 77개 의존명사 중에서 39개로 그 종류가 가장 많다. 부사어로 주로 나타나는 형식성 의존명사들은 다음과 같이 거의 부사어로만 기능하는 형식성 의존명사와 부사어 이외의 문법 기능으로도 나타나는 형식성 의존명사로 나누어 볼 수 있다.

- 거의 부사어로만 기능하는 의존명사

  듯, 듯이, 둥, 김, 만02, 바람01, 통06, 데, 채09, 만큼, 대로, 이래, 양02

- 부사어 이외의 기능을 하는 의존명사

  때문, 중, 뿐, 쪽, 식04, 내, 비03, 편01, 말11, 외, 초03, 나름, 무렵, 지경, 등지, 판01, 척01, 즈음, 투, 마당, 차, 남짓, 체02, 곳, 편05, 컨

부사어로 주로 나타나는 형식성 의존명사는 조사와 결합하지 않거나 혹은 부사격조사와 결합하여 부사어로 기능을 하는데 앞서 논의했듯이 일부 형식성 의존명사는 이들이 지닌 의미적 특성으로 인해 부사격조사와 결합한 구성으로 주로 나타난다. 예컨대, '중', '쪽', '내' 등과 같이 '장소'의 의미를

나타내는 형식성 의존명사, '말11', '초03' 등과 같이 '시간'의 의미를 나타내는 형식성 의존명사는 '시간'과 '장소'의 의미적 특성으로 인해 주로 부사어로 나타나고(3.4 참고) '때문', '마당' 등은 '~ 때문에', '~ 마당에' 등과 같이 부사격조사와 결합한 특정 구성으로 주로 쓰이기 때문에 주로 부사어로 나타난다. 거의 부사어로만 기능하는 의존명사들 중에서 '듯', '듯이', '만02'는 부사어로만 사용된다는 제약이 있고 '둥', '김', '바람01', '통06', '데', '채09', '만큼', '대로', '초03', '이래', '양02'는 그 빈도가 매우 낮기는 하지만 다른 문법 기능으로도 나타난다. '때문', '지경', '판01', '가량', '남짓'은 부사어뿐만 아니라 서술어로도 주로 나타나고 '뿐'은 서술어와 보어로도 주로 나타난다. '내', '나름'은 부사어뿐만 아니라 관형어로도 주로 나타나고 '척01', '체02'는 부사어뿐만 아니라 목적어로도 주로 나타나고 '등'은 부사어뿐만 아니라 명사구 접속 구성이나 동격 구성에서도 주로 나타난다.

• **서술어로 주로 나타나는 의존명사**

서술어로 주로 나타나는 형식성 의존명사는 77개 의존명사 중에서 16개로, 주어로 주로 나타나는 형식성 의존명사 다음으로 그 종류가 많다. 서술어로 주로 나타나는 형식성 의존명사들은 다음과 같이 거의 서술어로만 기능하는 형식성 의존명사와 서술어 이외의 문법 기능으로도 나타나는 형식성 의존명사로 나누어 볼 수 있다.

- 거의 서술어로만 기능하는 의존명사: 마련, 따름, 모양, 터, 셈, 참
- 서술어 이외의 기능을 하는 의존명사: 때문, 중, 뿐, 편04, 법, 지경, 판01, 가량, 남짓, 격01

서술어로 주로 나타나는 형식성 의존명사는 '이다'와 결합해 문법적 구성을 이루는 경우가 대부분이다. 거의 서술어로만 기능하는 의존명사들 중에서 '마련', '따름', '모양'은 다른 문법 기능으로는 나타나지 않고 서술어로만 나타난다는 제약이 있다. 앞서 언급했듯이 부사어로 주로 나타나는 형식성 의존명사는 그 종류가 가장 많은데 서술어로 주로 나타나는 '때문', '뿐', '지경', '판01', '남짓'은 부사어로도 주로 나타난다는 특성이 있다.

• **보어로 주로 나타나는 의존명사**

보어로 주로 나타나는 의존명사로는 '뿐'밖에 없다. '뿐'이 보어로 나타날 때에는 '~ 뿐(만)(이) 아니다' 구성에 한정된다.

〈예4.1.3-5〉
가. 그게 어떻게 보면 그게 거기 있는 **방청객들뿐만 아니라** 시청자들... [대화]
나. 비단 저 **금순네뿐만이** 아닐 겁니다. [소설]
다. 거래소 상장 기업의 대주주나 특수관계인은 앞으로 회사 **주식뿐만 아니라** 전환사채(CB), 신주인수권부사채 (BW), 교환사채(EB) 등도 6개월 이상 의무 보유해야 한다. [신문]
라. 단일과학의 학문의 여러 분야를 함께 포괄하면서 사실과 논리에 관한 **연구뿐만 아니라** 가치의 문제까지 포괄해서 다루겠다고 했다. [학술]

'뿐'은 보어 이외에도 부사어나 서술어로도 주로 나타나는데, 아래의 예에서 확인할 수 있듯이 부사어로 기능하는 '뿐'은 조사가 결합하지 않고 나타나고 서술어로 기능하는 '뿐'은 '이다'와 결합하여 '뿐이다'로 나타난다.

〈예4.1.3-6〉
가. 영화는 영화일 뿐, 그런 생각도 되게 많이 들어요. [대화]
나. 별 할 얘기도 없지만, 회사에서 일어난 일을 묻는 일은 금기처럼 생각했고, 월급봉투만 가져다 줄 뿐, 생활비를 어떻게 쓰나 일체 관심이 없었다. [소설]
다. 정부는 해답 대신 종잡을 수 없는 태도만을 보이고 있을 뿐이다. [신문]
라. 실제로 17세기 초가 되어서는 이런 3분화된 구조 중 거의 모든 것이 다 깨져 버리고 남은 것은 3분화된 우주 구조뿐이었다. [학술]

• **명사구 접속 구성 및 동격 구성에 주로 나타나는 의존명사**

명사 접속 구성 및 동격 구성에 주로 나타나는 형식성 의존명사는 3개에 불과하다. 이러한 형식성 의존명사로는 '등', '대11', '겸'이 있는데 앞서 4.1.2.1에서 살펴보았듯이 이들 의존명사가 가진 문법적 속성은 매우 특이하다. '등'은 '연필, 공책, 지우개 등 학용품'에서와 같이 선행 명사구와 같은 종류의 것임을 나타내며 선행 명사구와 함께 접속 구성을 이루는 동시에 후행 명사구와 선행 명사구를 동격으로 연결해 주는 역할을 한다. 이와는 달리 '대11'과 '겸'은 '10 대 1', '학생 겸 시인'과 같이 두 명사구를 나란히 연결하는 접속의 기능을 한다.

• **특별한 경향성을 보이지 않는 형식성 의존명사**

주어, 목적어, 서술어 등 다양한 문법 기능이 비교적 고루 나타나는 형식성 의존명사에는 '따위', '거리', '등등'이 있다. '따위'와 '등등'은 '등'과 유사한 성격을 지니고 있지만 '등'과는 달리 선행 명사구와 후행 명사구를 연결하는 기능으로 쓰이기보다는 다음의 예에서와 같이 명사구 접속 구성의 마지막에 주로 나타나는 경향이 있다. 대표적으로 '등등'의 예만을 살펴보자.

〈예4.1.3-7〉
가. 미국도 지금까지 솔직, 제네바 협정 뭐 ~ 등등 쭉 다 보면은, [대화]
나. 스무 평 남짓한 공간에 큰 책상이 한 옆에 놓여 있고 기획 부장, 사무국장, 문화부장 등등의 명패가 올려져 있는 책상들이 다섯 개 놓여 있었다. [소설]
다. 구체적으로 어떤 때 무능력해 보이는지도 물어 봤더니 입사 동기가 먼저 진급했을 때, 상사에게 욕 먹었을 때, 보너스에 차이가 날 때, 실력이 부족하다고 느낄 때, 자기보다 나이 어린 상사가 왔을 때 등등이 거론됐다. [신문]
라. 그러나 모집단의 일부의 의견을 그 모집단 전체의 의견으로 일반화하려면, 그 일부의 피조사들이 성별, 연령, 수입 정도, 교육 정도, 직업, 거주지 등등에서 모집단 전체를 대표할 수 있도록 무작위로 잘 선정되어야 한다. [학술]

4.1.2.1의 <예4.1.2.1-2>에서 확인하였듯이 '등등'과 '따위'는 '등'과 마찬가지로 선행 명사구와 후행 명사구를 동격으로 연결하는 기능으로도 쓰인다. 그러나 위의 예에서와 같이 '등등'은 명사구 접속

구성의 마지막에 주로 오는 경향이 있다. 이로 인해 '등등'은 '등'과 달리 선행 명사구와 후행 명사구를 동격으로 연결하는 기능으로는 잘 쓰이지 않는다. 따라서 '등등'과 '따위'는 명사구 접속 구성 및 동격 구성에서 잘 나타나지 않는 것이다.

개별 형식성 의존명사의 문법 기능의 분포 (■ 5%, ▪1% 이상 5% 미만)

	주어	보어	목적어	관형어	부사어	서술어	독립어	접속 및 동격	기타
수	■■■■■ ■■■■■ ■■■■■								
등05	■▪		■▪	■▪	■■▪	▪		■■■■■▪	▪
때문		▪			■■■■■ ■■■■	■■■■▪			
씨	■■■■■ ■■▪		■▪	■■▪	■▪			■▪	
중				■■■▪	■■■■■ ■■▪	■■■▪			
데	▪		▪		■■■■■ ■■■■■ ■■■▪				
뿐		■■■■				■■■■■ ■■■			
쪽	■■▪	▪	■▪	■■▪	■■■▪			▪	
채09					■■■■■ ■■■■■ ■■■▪				
줄04			■■■■■ ■■■■■ ■■■▪		▪				
간10				■■■■■ ■■■■▪	■■■■▪			▪	
적03	■■■■■ ■■■■■ ■■■			▪	■■	▪			
듯					■■■■■ ■■■■■ ■■■■■				
터					▪	■■■■■ ■■■■■ ■■■▪			

	주어	보어	목적어	관형어	부사어	서술어	독립어	접속 및 동격	기타
놈	■■■■■■■ ■ ■■ ■		■■	■■	■■	■■■	■■	■	
만큼	■		■	■	■■■■■■■ ■■■■■■ ■■■	■			
측	■■■■■■ ■■			■■■■■■	■■■■			■	
식04		■		■■■■■■	■■■■■■■ ■■■■	■■		■	
내				■■■■■■■ ■■	■■■■■■■ ■■■				
바03	■■■■■■■ ■■■	■	■■	■	■■■■■				
대06	■■■	■	■	■■■■■■■ ■■■■■		■		■	■
만01				■	■■■■■■■ ■■■■■■■ ■■■	■■			
대로					■■■■■■■ ■■■■■■■ ■■■	■			
자18	■■■■■■ ■■	■	■■	■■	■■■	■■		■	
말11				■■	■■■■■■■ ■■■■■■■ ■■■			■	■
셈		■			■	■■■■■■■ ■■■■■■■ ■■■■			
지02	■■■■■■■ ■■■■■■■ ■■■■■■								
외	■			■■■	■■■■■■■ ■■■■■■ ■■			■	■
따위	■■■■■■		■■■■■■■	■■■■	■■■	■			■
대11								■■■■■■■ ■■■■■■	
초03				■■	■■■■■■■ ■ ■■■■■■■ ■■■			■	■

	주어	보어	목적어	관형어	부사어	서술어	독립어	접속 및 동격	기타
듯이					■■■■■■ ■■■■■■ ■■■■				
녀석	■■■■■■■ ■■■■		■	■■	■■■	■■	■		■
편04	■■	■■	■		■■	■■■■■■■ ■■■■■■			
분01	■■■■■■■■ ■■		■	■	■■	■■■		■	■
나름				■■■■■■	■■■■■■■ ■■■■■				
무렵	■	■			■■■■■■■ ■■■■■ ■				
바람 01			■	■	■■■■■■ ■■■■■■ ■■■■■				
리06	■■■■■■ ■■■■■■ ■■■■■								
마련						■■■■■■ ■■■■■ ■■■■			
법01	■■■■■■	■■	■■			■■■■■■ ■■			■
군	■■■■■■ ■■		■■	■■■■	■			■■	
이	■■■■■■ ■■	■	■■	■■	■■■				
지경		■	■	■	■■■■	■■■■■■ ■■■■			
이래				■	■■■■■■ ■■■■■■ ■■■■■				
양25	■■■■■■■ ■■		■■	■■■	■■	■	■	■■	■
따름						■■■■■■■ ■■■■■■ ■■■■■			
등지	■		■	■■■	■■■■■■■ ■■■■■■ ■■				

	주어	보어	목적어	관형어	부사어	서술어	독립어	접속 및 동격	기타
년01	■■■■■■		■	■■	■■	■■	■■■■	■	■
거리02	■■■■■■	■■■	■■■■■	■	■■■	■		■	
양02				■	■■■■■■■ ■■■■■■■ ■■■	■			
판01					■■■■■■■■ ■	■■■■■■■■ ■■■■			
참	■				■■	■■■■■■■ ■■■■■■■ ■■■			
등			■	■	■■■■■■■ ■■■■■■■ ■■■■■			■	
겸					■			■■■■■■■■ ■■■■■■■■ ■■■■■■	
척01			■■■■■■■ ■		■■■■■■■■■ ■■■				
등등	■		■■■	■■■	■■	■		■■	■■■■■
가량	■	■	■	■■	■■■	■■■■■■■ ■■			
격01		■		■	■■	■■■■■■■ ■■■■■■■■ ■			■
여지	■■■■■■■ ■■■■■■■ ■■		■■■	■		■			
김					■■■■■■■ ■■■■■■■ ■■■				
즈음		■		■	■■■■■■■■ ■■■■■ ■■				
겨를	■■■■■■■ ■■■■■■■ ■■■■■	■	■						
모양					■	■■■■■■■ ■■■■■■ ■■■			
투		■	■	■■■	■■■■■■■■ ■■■■■	■■■■			

	주어	보어	목적어	관형어	부사어	서술어	독립어	접속 및 동격	기타
마당		▪			■■■■■■■▪ ■■■■■■■ ■■■■				
만02					■■■■■■■ ■■■■■■ ■■■■■▪				▪
짓	■	▪	■■■■■■ ■■■■■ ■			■■■			
차				▪	■■■■■■■▪ ■■■■■ ■■▪				
나위	■■■■■■ ■■■■■■ ■■■■■								
남짓				■■■▪	■■■■■■■ ■■■■■■ ■■■				
체02			■■■■■■ ■■■▪		■■■■■■▪ ■▪				
틱	■■■■■■ ■■■■■■ ■■■■■				▪				
통06					■■■■■■■▪ ■■■■■■ ■■■■▪				
곳	■▪	■▪	■▪		■■■▪ ■▪		■▪	■▪	■■▪
편05	■▪		■▪	■▪	■■■■■■ ■■■■■ ■■				
컨	■▪		▪	■▪	■■■■■ ■■■■■■ ■				

4.1.4. 의존명사 '것'

의존명사 '것'은 4.1.1에서 언급하였듯이 형식성 의존명사뿐만 아니라 전체 의존명사 중에서도 모든 사용역에서 공통적으로 그 사용 빈도가 가장 높은 의존명사로서 현대국어에서 가장 전형적인 의존명사라고 할 수 있다. '것'은 다양한 용법으로 사용되는데 그 용법은 크게 '대용 표현', '명사절', '문법적 구성'으로 나누어 볼 수 있다.

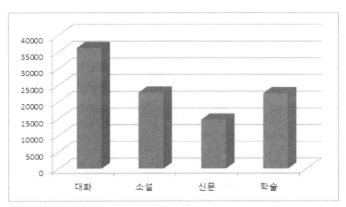

▶ 말뭉치 계량 결과 제시

┃ • '것'의 사용 빈도: 대화 〉 소설 ≧ 학술 〉 신문

<그래프4.1.4-1> 사용역에 따른 '것'의 사용 빈도

▶▶ 말뭉치 계량 결과에 대한 논의

　　<그래프4.1.4-1>은 '것'의 구어 변이형인 '거'의 사용 빈도를 포함한 '것'의 사용 빈도를 보인 것인데, '것'은 '대화'에서 그 사용 빈도가 가장 높다. '대화'에서 '것'의 사용 빈도가 가장 높은 것은 실시간으로 발화가 일어나고 화·청자 간의 정보 공유도가 높은 '대화'의 사용역 특성에서 기인하는 것이다. 우선 '대화'에서는 화·청자 간의 정보 공유도가 높기 때문에 대명사와 같은 대용 표현의 사용 빈도가 매우 높다(2.2 참고). 의존명사 '것'은 대용 표현으로 사용되는 것이 가장 일반적인데 '것'이 지닌 이러한 대용적 기능은 '대화'에서 '것'의 사용 빈도를 높이는 요인이라고 할 수 있다. 또한 '대화'에서 '것'의 사용 빈도가 가장 높은 것은 실시간으로 발화가 일어나는 '대화'에서는 정확하고 구체적인 표현을 하기 쉽지 않기 때문에 다양한 어휘를 사용하여 구체적으로 표현하기보다 매우 한정적이고 기본적인 어휘로 대략적으로 표현한다는 사실과도 관련된다. 즉 실시간으로 발화가 일어나서 정보 포장이 어려운 '대화'에서는 정확하고 구체적인 표현을 쓰기보다는 포괄 명사인 '것'을 이용해 대략적으로 표현하는 것이 일반적이라는 것이다. 뿐만 아니라, '대화'에서는 명사형 어미에 의한 명사절의 사용 빈도가 낮고 그 대신 의존명사 '것'에 의한 명사절이 빈번히 사용되는 것도 '대화'에서 '것'의 사용 빈도를 높이는 요인이 되었을 것으로 보인다.

　　'소설'은 '대화' 다음으로 '것'의 사용 빈도가 높은데 이는 '소설'이 '대화'가 가진 사용역 특성을 일부 공유하고 있기 때문일 것이다. '소설'은 대화 지문의 영향으로 '대화'가 가진 사용역 특성을 보일 때가 많다. '것'의 사용 빈도가 '신문'에서 가장 낮은 것은 '것'이 가진 대용적 기능이 정보의 객관적 전달이라는 목적과 상충되기 때문이다. '신문'은 정보를 객관적이고 사실적으로 전달해야 하기 때문에 대명사와 같은 대용 표현을 사용하여 대상을 지시하기보다는 고유명사나 보통명사를 이용하여 그 대상이 무엇인지 구체적으로 나타내는 것이 일반적이다. 한편, '학술'에서도 '것'의 사용

빈도가 상당히 높은데 이는 '학술'에서 '-을 것이다', '-는 것이다'와 같은 문법적 구성이 매우 빈번히 사용되기 때문이다. 이러한 내용들에 대해서는 절을 달리하여 하나하나씩 자세히 살펴보기로 한다.

4.1.4.1. '것' 대용 표현

의존명사 '것'은 장소나 사람을 제외한 어떠한 개체도 지시 가능하고 '것'이 가리키는 개체에는 구체적인 사물이나 대상뿐만 아니라 추상적인 대상까지 포함된다. 따라서 '것'은 그 의미가 매우 형식적인 포괄 명사라고 할 수 있다. 이러한 특성으로 인해 '것'은 다양한 문법적 구성이나 명사절에도 나타날 수 있지만 '것'의 가장 기본적인 기능은 구체적인 지시 대상을 대신하여 나타내는 대용 표현이라고 할 수 있다.

〈예4.1.4.1-1〉
가. 건전지 **큰 거** 있지 그냥, 아 그렇게 **큰 거** 말구 보통 건전지. [대화]
나. 차종도 **큰 것**이 많았다. 대개가 소나타 아니면 프린스였다. [소설]
다. 부대의 오수처리장은 7천만 원을 들여 **만든 것**으로, 하루 5백의 오-폐수를 완전 정화 처리할 수 있는 능력을 갖추고 있다. [신문]
라. 그 지지의 근거도 많은 경우가 **공공적인 것**이 아니라 **사적인 것**이어서 공공적인 성격을 따져 본다면 지지율은 더 낮아진다. [학술]

<예4.1.1.4-1>은 '것'이 대용 표현에 사용된 것을 보인 예인데 여기서 '것'은 각각 '건전지', '차', '오수처리장', '근거'를 대용하고 있다. 이들 예에서는 '것'이 대용하고 있는 대상이 비교적 뚜렷하지만 실제로는 '것'이 대용하고 있는 대상이 무엇인지 구체적으로 밝히기 힘든 경우가 더 많다.

〈예4.1.4.1-2〉
가. 왜 남이 한 대니까 **나쁜 거니까** 못 하게 하는 거지? [대화]
나. 시간과 여유만 있다면 **학교 같은 것**은 때려치우고 싶었다. [소설]
다. 그림의 소재도 시골 정취가 물씬 풍기는 고향 풍경이랄지, **향토색 짙은 흙길이나 물레방앗간 같은 따뜻한 것들**이어서 보기에 편하다. [신문]
라. 인간과 사회를 참으로 걱정하는 사람이라면 무엇보다도 '**더 좋은 것**'을 건설해야 하고 그것을 위해 자신이 먼저 실천하는 솔선수범의 자세를 취해야 한다. [학술]

<예4.1.4.1-2>의 각각의 예에서 '것'이 가리키는 대상을 굳이 밝혀 보자면, <예4.1.4.1-2가>는 '행동' 또는 '짓', <예4.1.4.1-2나>는 '학벌과 같이 가식적인 것', <예4.1.4.1-2다>는 '물건' 또는 '사물', <예4.1.4.1-2라>는 '사회'나 '세상' 정도가 될 것이지만 사실상 '것'이 구체적으로 무엇이라고 밝히기는 힘들다. 이처럼 '것'이 대용하는 대상이 무엇인지 밝히기 힘든 경우가 많은 것은 '것'이 가진 의미가 매우 형식적이고 추상적이라서 그 지시 대상의 범위가 매우 넓기 때문이다. 특히 실시간으로 발화가 일어나는 '대화'에서는 정확하고 구체적인 표현을 하기 쉽지 않기 때문에 다양한 어휘를 사용하여 구체적으로 표현하기보다는 한정적이고 기본적인 어휘로 대략적으로 표현하는 것이 매우 일반적인데 이러한 사용역적 특성으로 인해 '대화'에서 나타나는 '것' 대용 표현은 그 지시 대상이 불분명한

경우가 많다.

〈예4.1.4.1-3〉 [대화]

가. 요새 **충격** 먹는 게 너무 많어.

나. 거기 근데 으슥한 데두 많아 가지구 막~ **카메라** 같은 거 이렇게 방범용으로

다. 아니 뭐~ **나이 많은 사람들** 그런 거 있잖아.

라. **약** 같은 건 사 먹긴 쉬운데, 수술이라든가 입원이라든가 이런 건 좀 힘들어.

<예4.1.4.1-3>에서 보듯이 '대화'에서는 '것'을 이용하여 지시하고 있는 대상을 대략적으로 표현하는 것이 일반적인데 특히나 <예4.1.4.1-3다>의 '그런 거'는 문맥상으로도 '것'이 가리키는 대상이 무엇인지 확인하기 힘들고 오로지 화·청자 사이에 공유된 지식에서만 확인이 가능하다. 이와 같이 지시 대상을 대략적으로 표현하여 그 지시 대상이 불분명하여도 의사소통에 실패하지 않는 것은 '대화'에서는 화·청자의 정보 공유도가 높기 때문이다.

앞서 언급하였듯이 실시간으로 발화가 일어나는 '대화'에서는 다양한 어휘를 사용하여 구체적으로 표현하기보다는 '것'과 같은 매우 포괄적인 어휘로 대략적으로 표현하는 것이 일반적이다. 뿐만 아니라 '대화'에서는 화·청자가 동일한 담화 공간에 있고 정보 공유도가 높기 때문에 대용 표현의 사용 빈도도 높다. 이러한 점을 고려한다면 '대화'에서는 다른 사용역에 비해 '것' 대용 표현의 사용 빈도가 높을 것으로 예상된다.

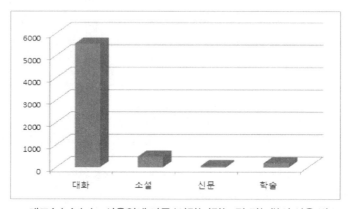

<그래프4.1.4.1-1> 사용역에 따른 '이런/저런/그런 것(거)'의 사용 빈도

<그래프4.1.4.1-1>은 지시관형사와 '것(거)'이 결합한 '이런/저런/그런+것(거)' 구성의 사용 빈도를 보인 것이다. '것' 대용 표현은 다양하게 나타날 수 있지만 '이런/저런/그런+것(거)' 구성은 확실한 대용 표현으로, 이들의 사용 빈도를 통해 각 사용역에서 나타나는 '것' 대용 표현의 사용 빈도 양상을 추측해 볼 수 있다. 위의 그래프를 통해 알 수 있듯이 '대화'에서는 다른 사용역에 비해 '이런/저런/그런+것(거)' 구성의 사용 빈도가 매우 높다. 이는 다른 사용역에 비해 '대화'에서 '것' 대용 표현의 사용 빈도가 월등히 높음을 알려주는 것으로 '대화'에서 대명사의 사용 빈도가 가장 높다는 사실과 일치하는 결과이다(2.2 참고).

4.1.4.2. '것' 명사절

의존명사 '것'은 명사절을 형성하는 기능을 하기도 하는데 '것' 명사절은 일반적으로 관형사형 어미 '-은', '-는', '-던', '-을'로 이루어진 관형사절과 '것'의 결합을 통하여 형성된다.

〈예4.1.4.2-1〉
가. 외곽 순환 도로를 타는 게 훨씬 편하잖아. [대화]
나. 네 아버지, 그 넓은 날개 쭉 펴고 훨훨 활개를 치셨을 걸 생각하면 참으로 잘한 일이야. [소설]
다. 올 들어 외국산 승용차 판매가 크게 늘어나 작년 한 해 동안의 판매 실적을 넘어선 것으로 나타났다. [신문]
라. 다른 실험에서는 한 마리의 플라나리아를 여러 조각으로 잘라서 재생을 시켰을 경우에도 마치 기억의 흔적이 몸 전체에 퍼져 있는 것과 같이 기억을 그대로 유지하고 있는 것이었다. [학술]

<예4.1.4.2-1가, 나>는 '것' 명사절이 문장 내에서 각각 주어, 목적어로 나타난 것을 보인 것이고 <예4.1.4.2-1다, 라>는 '것' 명사절이 부사어로 쓰인 것을 보인 것이다. <예4.1.4.2-1>에서 보인 '것' 명사절의 '것'은 구체적인 사물을 지시하거나 앞 문맥에 나타난 사물이나 대상을 대용하지 않는다. 이때 '것'은 선행하는 관형사절의 명제를 명사화하는 것이 주된 기능으로서 '-음', '-기'와 마찬가지로 명사절 형성 요소라고 할 수 있다.

'것' 명사절은 '-은', '-는', '-던', '-을' 관형사절 이외에도 간접 인용의 '-고 하-'의 생략으로 인해 평서형, 의문형, 청유형, 의문형 종결어미와 관형사형 어미가 융합한 '-다는', '-냐는', '-자는', '-라는' 등의 관형사절과 결합하여 이루어질 수 있다.

〈예4.1.4.2-2〉
가. 그냥 원빈이 귀엽다는 것밖에 못 느꼈어요. [대화]
나. 갑생은 같이 한잔 마시자는 걸 극구 사양했다. [소설]
다. 먼저 자전거의 효과를 직접 체험해 보라는 것이 전문가들의 충고이다. [신문]
라. 어느 쪽이든 차를 잃어버린 것은 분명한데, 우리가 어떤 기분과 마음을 갖느냐는 것은 전적으로 우리의 선택에 달려 있다는 생각을 말해 주었다. [학술]

<예4.1.4.2-2>에서 제시한 '것' 명사절은 각각 '그냥 원빈이 귀엽다', '같이 한잔 마시자', '먼저 자전거의 효과를 직접 체험해 보라', '우리가 어떤 기분과 마음을 갖느냐'에 '-는 것'이 결합해 형성된 것이다. 이러한 '것' 명사절은 '-은', '-는', '-던', '-을' 관형사절에 '것'이 결합한 명사절에 비해 대용 표현의 '것'과 구별하기 쉽다. 실제로 '-은', '-는', '-던', '-을' 관형사절과 결합한 '것' 명사절은 대용 표현의 '것'과 쉽게 구별되지 않는 경우가 많다.

앞서 4.1.4.1에서 언급한 바와 같이 대용 표현의 기능을 하는 '것'은 그것이 대용하는 대상이 무엇인지 뚜렷하게 언급되어 있지 않더라도 그 대상이 무엇인지 대략적으로 설정할 수 있다. 그런데 명사절을 형성하는 '것'도 그 지시 대상을 설정하기 매우 어렵다고 하더라도 지시 대상을 설정하는 것이 전혀 불가능한 것이 아니기 때문에 명사절을 형성하는 '것'은 대용 표현의 기능을 하는 '것'과 구별하기 힘든 경우도 많다. 다음의 예를 보자.

〈예4.1.4.2-3〉

가. 그냥 보여 드린 거에서도 어떻게 보면 만약 아주 험악한 욕 있잖아요. [대화]

나. 이것은 미가 이상적인 것에서부터 내적인 것으로 이해되는 전환이며, 미적 가치의 범주로 확대되는 것으로
서 미는 전통적으로 유일한 것에서부터 상대화의 의미를 갖는 것이기도 하다. [학술]

위의 <예4.1.4.2-3>에서 굵은 글씨로 표시된 '것'은 대용 기능을 하는 것인지, 명사절을 형성하는 기능을
하는 것인지 판단하기 어렵다. 문맥에서 명시적으로 나타나지는 않지만 <예4.1.4.2-3가>의 '그냥 보여
드린 거'에서의 '거'는 '내용'을 대용하는 것으로, <예4.1.4.2-3나>의 '미적 가치의 범주로 확대되는
것'에서의 '것'은 '변화' 또는 '현상'을 대용하는 것으로 볼 수도 있기 때문이다. 이와 같이 명사절을
형성하는 '것'과 대용 표현의 '것'의 구분이 모호한 것은 본래 대용 기능을 하는 '것'이 그 지시적
의미가 약화되면서 '것' 명사절이 형성된 것이기 때문일 것이다. 다시 말해서, 명사절의 '것'이 본래
대용 기능을 하는 '것'에서 발달했기 때문에 그 구분이 모호한 중간적 양상을 보이는 것이다.

한편, 현대국어에서 명사절을 형성하는 수단은 총 3가지로 의존명사 '것', 명사형 어미 '-음', '-기'가
있다. 그런데 '대화'에서는 '-음', '-기' 명사절이 거의 쓰이지 않고 '것' 명사절만 주로 쓰인다는
특징이 있다.

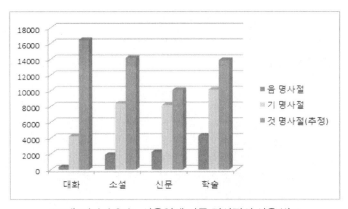

<그래프4.1.4.2-1> 사용역에 따른 명사절의 사용 빈도

<그래프4.1.4.2-1>에서 제시한 '것' 명사절의 사용 빈도는 실제 '것' 명사절의 사용 빈도가 아니라
'관형사절 + 것' 구성의 사용 빈도에서 '-을 것이다', '-은/-는/-던 것이다' 문법 구성의 사용 빈도를
제외한 것이다. 그러나 이를 통해 어느 사용역에서 '것' 명사절이 빈번히 사용되는지 추정해 볼 수는
있다. 위의 그래프에서 확인할 수 있듯이 '-음', '-기' 명사절은 문어 사용역에서 그 사용 빈도가
높게 나타나는 반면에 '것' 명사절은 '대화'에서 가장 빈번히 사용된다. 이를 통해 '대화'에서는 '-음',
'-기' 명사절보다 '것' 명사절을 훨씬 더 빈번히 사용한다는 것을 알 수 있다. 이와 같이 '대화'에서
'것' 명사절이 가장 빈번히 사용되는 것은 역사적으로 '것' 명사절이 '-음', '-기' 명사절에 비해 최근에
발달한 것이기 때문이다. 문어 사용역은 보수적이기 때문에 최근에 발달한 형식은 잘 쓰이지 않지만
문법화의 결과가 가장 먼저 반영되는 '대화'에서는 문어 사용역과 달리 최근에 발달한 형식도 빈번히
쓰인다. 위의 그래프에서 지적할 만한 또 다른 사항으로는 모든 사용역에서 '-음' 명사절보다 '-기'

명사절의 사용 빈도가 훨씬 더 높다는 것이다. 이는 근대국어 이후 '-음' 명사절이 쇠퇴하고 '-기' 명사절의 세력이 확장된 역사적 사실과 관련되고 또한 '-기'는 '-음'과 달리 '-기 때문', '-기 위하다'와 같은 다양한 문법적 구성에서 나타난다는 사실과도 관계된다.

4.1.4.3. '것' 문법적 구성

앞서 살펴보았듯이 의존명사 '것'은 대용 기능을 하거나 명사절을 형성하는 역할을 한다. 그런데 '것'은 선·후행의 요소와 함께 구성을 이루어 다양한 문법적인 의미를 드러내는 역할을 하기도 한다. 이러한 '것' 구성은 '것'이 지닌 본래의 대용적 기능을 상실하고 구성을 이루는 요소의 의미나 기능의 합으로 설명할 수 없는 의미와 기능을 가지고 있어 별도의 문법적 구성으로 볼 수밖에 없는 특징을 지닌다.

'것' 문법적 구성 중에서 '-은/-는/-을 것 같다', '-을 것이다' 구성은 명제가 가리키는 사건이나 상태의 실현 가능성에 대한 화자의 판단을 드러내는 양태적 의미를 지닌다.

〈예4.1.4.3-1〉
가. 내가 혼자 발표한 적은 별로 **없는 것 같아.** [대화]
나. 여선생은 아주 앳되어 삼십 이전인 **것 같았다.** [소설]
다. 당초부터 방사성 폐기물의 육지 처분을 주장해 온 우리나라는 전면 금지안이 통과되더라도 별다른 영향을 받지 **않을 것 같다.** [신문]
라. 작가가 자기다운 문체와 세상 보는 시각을 가지고 있다는 건 좋은 일이지만 이것이 틀처럼 굳어지는 건 경계해야 **될 것 같다.** [학술]

〈예4.1.4.3-2〉
가. 이 과목 수강하기 **힘들 거야.** [대화]
나. 영해는 아마 어머니의 말이 지나가는 말이기를 **빌었을 것이다.** [소설]
다. 새 정부가 토지공개념의 문제점을 개선하겠다는 의향을 밝히긴 했지만 큰 손들 입장에서 선뜻 대규모 부동산 투자를 하기가 **쉽지 않을 것이란** 분석이다. [신문]
라. 미국과 유럽에서 현재 수행되고 있는 실험 계획을 짐작하고 있지 않은 경우에 물리학 논문을 쓴다는 것은 무모한 **만용일 것이다.** [학술]

위의 예에서 확인할 수 있듯이, '대화'나 '소설'에서 '-은/-는/-을 것 같다', '-을 것이다'는 화자가 명제 내용의 사실성에 대해 확신이 부족하다는 것을 드러내기 위해 주로 사용되는 반면 '신문'이나 '학술'에서 이들 구성은 필자의 주장이나 견해를 좀 더 부드럽게 전달하기 위해 주로 사용된다. 필자가 주장을 나타낼 때 추측 표현을 사용하면 단언의 강도를 약화시켜서 독자의 거부감을 줄이고 어조를 누그러뜨려 주장하는 바를 조금 더 완곡하게 전달하는 효과를 가질 수 있다. 다시 말해서, 추측의 '-은/-는/-을 것 같다', '-을 것이다'는 울타리(hedge) 표현으로 사용될 수 있는데 이러한 울타리 표현은 학술 산문이나 신문의 칼럼과 같이 주장을 포함하는 텍스트에서 전형적으로 나타난다. 한편, '-을 것이다'는 '-은/-는/-을 것 같다'와 달리 1인칭 주어와 함께 나타나면 아래의 예와 같이 화자의 의지를 나타내기도 하는데 이러한 쓰임은 1인칭 화자가 표면적으로 드러나는 '대화'와 '소설'에서만 주로 나타난다.

〈예4.1.4.3-3〉
가. 수습 변호사 중에 성적이 좋은 사람은 시키고, 성적이 안 좋으면 **뺄 것이다**. [대화]
나. 내가 너 잘 사는지 끝까지 **지켜볼 거여**. [소설]

사용역에 따른 '-은/-는/-을 것 같다', '-을 것이다' 구성의 사용 빈도를 보면 아래와 같다.

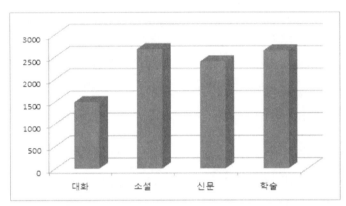

<그래프4.1.4.3-1> 사용역에 따른 '-을 것이다' 구성의 사용 빈도

'-을 것이다'의 사용 빈도는 '소설 > 학술 > 신문 > 대화'의 순서로 나타나지만 사실상 '대화'를 제외한 나머지 사용역들 간에는 사용 빈도의 차이가 크지 않다. '대화'는 다른 사용역에 비해 '-을 것이다'의 사용 빈도가 가장 낮은데 이를 통해 '-을 것이다'는 구어 사용역보다 주로 문어 사용역에서 사용되는 구성이라는 것을 알 수 있다.

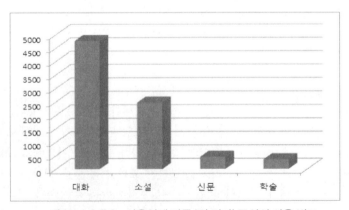

<그래프4.1.4.3-2> 사용역에 따른 '것 같다' 구성의 사용 빈도

'-을 것이다' 구성의 사용 양상과는 반대로 '-은/-는/-을 것 같다' 구성은 '대화'에서 나타나는 사용

빈도가 다른 사용역에 비해 압도적으로 높고, '대화' 다음으로는 '소설'에서 그 사용 빈도가 높다. '-은/-는/-을 것 같다' 구성이 '대화'나 대화 지문이 있는 '소설'에서 사용 빈도가 높은 것은 '-은/-는/-을 것 같다' 구성이 구어 사용역이나 비격식적인 사용역에서 주로 사용된다는 것을 알려주는 것이다. '신문'과 '학술'에서 나타나는 '-은/-는/-을 것 같다' 구성의 사용 빈도는 '-을 것이다' 구성의 사용 빈도에 비해 5배 이상 낮은데, 이는 '신문'이나 '학술'과 같은 격식적인 사용역에서는 울타리(hedge) 표현으로 '-은/-는/-을 것 같다'보다 '-을 것이다'가 더 선호된다는 사실을 보여 주는 것이다.

'-은/-는/-던 것이다'는 또 다른 종류의 '것' 문법적 구성으로 화자가 어떠한 발화나 내용을 재해석하거나 그와 관련된 자신의 주장을 객관적으로 드러내고자 할 때 주로 사용된다.

〈예4.1.4.3-4〉

가. 간절히 원하는 게 있다고 하더라도 형편에 맞지 않으면 포기하는 훈련을 시켜야 한다. 미래 사회가 불확실할수록 끊임없는 연습과 훈련으로 절제와 자족을 **습관 들여야 하는 것이다.** [대화]

나. 아주 재미있고 활기에 넘치는 듯하지만 사실은 눈으로 봐야 확인할 수 있다. 사람들이 대개 뻥튀기를 하는 경우가 많아서 사실보다 부풀어서 어떤 일을 보는 것이 **보통인 것이다.** [소설]

다. 한-동독 무역 사무소는 작년 9월 무공측이 동독의 대외 무역 창구인 국제 무역 센터에 협정 체결을 요청한 후 답보 상태에 있었으나 최근의 동서독 상황 변화에 따라 **결실을 보게 된 것이다.** [신문]

라. 공책에 적어 둔 상념의 조각들을 살펴보면서 그 상념들을 엮어 낼 만한 뼈대, 다시 말하면 설계도를 **그리는 것이다.** [학술]

<예4.1.4.3-4가>에서 화자는 아이들이 바뀌어야 하는 것이 무엇이며, 그것을 이루기 위해 어떤 훈련이 필요한지 이야기하고 있다. 이때 화자는 이러한 자신의 주장을 다시 정리하며 보다 객관적으로 나타내기 위해 '-는 것이다'를 사용하고 있다. <예4.1.4.3-4나>에서 필자는 앞서 제시한 자신의 의견에 대해 이유를 덧붙이며 그 의견을 보다 객관화하기 위해 '-은 것이다'를 사용한다. <예4.1.4.3-4다>에서 필자는 어떤 사건을 전달하며 이 사건에 대한 자신의 해석을 덧붙이면서 '-은 것이다'를 사용하고 있고 <예4.1.4.3-4라>에서 필자는 '-는 것이다'를 사용하여 앞선 주장이 어떠한 의미를 가지는 것인지 재해석하고 있다. '-은/-는/-던 것이다' 구성은 기본적으로 문장을 명사화시키는 장치이다. 명사화는 동적인 사건을 고정적인 것으로 개념화시키는 것으로 화자가 어떤 사태를 내부에서 바라보는 것이 아니라 외부에서 바라보게 하는 기능을 한다. 따라서 어떤 명제를 전달할 때 '-은/-는/-던 것이다'를 사용하면 화자나 필자는 텍스트 내부의 발화자가 아니라 텍스트 외부의 논평자로 바뀌게 되어 사태를 재해석하고 객관적인 위치에서 사태를 바라보는 듯한 효과가 발생한다. 한편, '-은/-는/-던 것이다' 구성은 기본적으로 재해석의 기능을 하는 것이기 때문에 아래의 예에서와 같이 '다시 말하면', '말하자면', '결국'과 같은, 환언을 나타내는 접속사와 함께 사용되는 경우가 많다.

〈예4.1.4.3-5〉 [학술]

가. **다시 말하면,** 음악에 귀를 기울인다거나 창밖 경치를 음미한다거나 하면서 침묵의 시간을 잘 견뎌 내는 '이야기의 교통순경'이 '이야기꾼'보다 더 **사랑받는 것이다.**

나. **말하자면** 그 두 사람의 대화에는 앞뒤가 어긋남이 있는 것이다.

다. **결국** 의사소통이 사회를 사회답게 하는 것이다.

'-은/-는/-던 것이다' 구성의 사용 빈도를 살펴보면 '대화 > 학술 > 소설 > 신문'의 순서로 나타난다. 이러한 사용 양상은 <그래프4.1.4-1>에서 확인했던 '것'의 사용 빈도와 대체로 유사하다. 즉 '대화'에서 '-은/-는/-던 것이다' 구성의 사용 빈도가 가장 높은 것은 다른 사용역에 비해 '것'의 사용 빈도가 압도적으로 높기 때문이다. 따라서 사용역에 따른 '-은/-는/-던 것이다' 구성의 사용 빈도는 사용역에 따른 '것'의 사용 빈도에 비례하는 것으로 보인다. 그러나 '것'의 사용 빈도는 '학술'보다 '소설'에서 더 높지만 '-은/-는/-던 것이다' 구성의 사용 빈도가 '소설'보다 '학술'에서 더 높다는 사실은 주목할 만하다. 이는 '-은/-는/-던 것이다' 구성이 '학술'에서 특징적으로 사용된다는 것을 보여주는 결과이기 때문이다. 앞서 논의했듯이 '-은/-는/-던 것이다' 구성은 사태를 재해석하고 객관적인 위치에서 사태를 바라보게 하는 객관화의 기능을 하는데 이로 인해 '-은/-는/-던 것이다' 구성은 주장을 포함하는 '학술'에서 빈번히 사용되는 것이다.

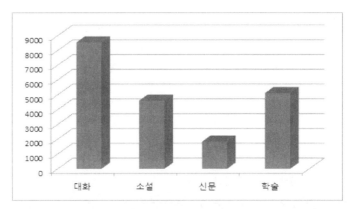

<그래프4.1.4.3-3> 사용역에 따른 '-은/-는/-던 것이다' 구성의 사용 빈도

한편, '학술'은 다른 이의 주장이나 언급을 다시 전달해야 하는 경우가 많은데 이때 '-다는/-냐는/-자는/-라는 것이다' 구성이 빈번히 사용된다. 또한 '학술'에서는 화자 자신의 주장을 나타내면서도 '-다는(-라는) 것이다' 구성을 사용하는 경우도 종종 있는데 이는 자신의 주장을 타인의 주장처럼 보이게 하여 객관화시키려는 전략으로 볼 수 있다.

〈예4.1.4.3-7〉 [학술]
가. 신세대 문화는 지난 세대들이 땀 속에 달성한 경제 성장의 열매를 소비를 통해 향유하는 **빛나간 문화일 뿐이라는** 것이다.
나. 정치적 민주화와 경제적 풍요라는 결정적인 변화가 신세대 문화의 밑바탕에 깔려 있다. 단순히 광고가 만들어 낸 현상만은 **아니라는** 것이다.

<예4.1.4.3-7>에서 필자는 '-라는 것이다'를 사용하여 자신의 주장이 아니라 타인의 발화를 인용하는 것처럼 보이게 했지만 실제로는 필자 자신의 주장을 나타내고 있다. 선후 문맥을 살펴보면, 이들 예는 간접 인용된 것이 아니라 필자 자신의 주장을 나타내는 것임을 알 수 있는데 이러한 주장은 '-라는 것이다'를 통해 객관화되는 느낌을 준다. 이러한 점에서 앞서 살펴본 '-은/-는/-던 것이다'

구성이 사태를 재해석하고 객관적인 위치에서 사태를 바라보는 듯하게 하여 객관화의 기능을 하는 반면, '-다는(-라는) 것이다' 구성은 자신의 주장을 자신의 주장이 아닌 것처럼 만들어 객관화의 기능을 한다는 차이가 있다. 요컨대, '-다는/-냐는/-자는/-라는 것이다' 구성은 다른 이의 주장이나 언급을 다시 전달해야 하는 기능을 하거나 자신의 주장을 타인의 발화를 인용하는 것처럼 보이게 하여 객관화의 기능을 하는데 이러한 기능상의 특성으로 인해 '-다는/-냐는/-자는/-라는 것이다' 구성은 아래의 그래프에서 확인할 수 있듯이 '학술'에서 그 사용 빈도가 가장 높다.

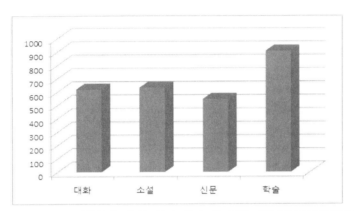

<그래프4.1.4.3-4> 사용역에 따른 '-다는/-냐는/-자는/-라는 것이다' 구성의 사용 빈도

'것'은 '없다'와 함께 약한 부정 명령의 의미를 나타내는 '-을 것 없다' 구성에서도 사용된다.

〈예4.1.4.3-6〉 [소설]
가. 괜히 어렵게 얘기할 것 없다.
나. 너 칭찬해 주려고 불렀으니까 긴장할 거 없어.

또한 '누구' 뒤에나 대립되는 의미를 가진 명사 나열 구성 뒤에 오는 '할 것 없이'는 '모두'의 의미를 나타낸다.

〈예4.1.4.3-7〉
가. 어른 아이 할 것 없이 굶주림에 비비 틀려 허깨비 걸음을 걸었다. [소설]
나. 서울 시민들은 이날 남녀노소 할 것 없이 모두 하나가 됐다. [신문]
다. 모든 사람은 너나 할 것 없이 의식 개혁의 주체인 동시에 대상인 것이다. [학술]

지금까지 살펴본 바와 같이 의존명사 '것'이 다양한 문법적 구성으로 발달할 수 있는 이유는 그 의미가 매우 형식적이고 추상적이기 때문이다. 실제로 '것' 이외에도 형식적인 의미를 지닌 의존명사들이 선·후행 요소와 함께 어울려 문법적 구성을 이루는 것은 매우 일반적이다. '것'이 포함된 문법적 구성 중에서는 문법화가 많이 진행되어 이미 조사나 어미가 된 것도 있는데, 예컨대 '-은걸', '-던걸', '-는걸', '-을걸' 등은 관형사형 어미와 '것', 목적격조사 '을'이 결합하여 이미 종결어미로 문법화된 것들이다.

기존 연구에서 선어말어미 '-겠-'과 우언적 구성인 '-을 것이다'는 유사한 의미, 기능을 가지고 있다고 언급되어 왔다. 그러나 '-겠-'과 '-을 것이다'가 완전히 동일한 의미, 기능을 가지지는 않는다. 여기서는 사용역에 따른 '-겠-'과 '-을 것이다'의 사용 양상을 보이고 이러한 사용 양상이 '-겠-'과 '-을 것이다'가 지니는 의미·기능의 차이와 어떠한 관계를 가지는지 살펴보고자 한다.

▶ 말뭉치 계량 결과 제시

　1. 대화: '-겠-' 〉 '-을 것이다'
　2. 소설: '-겠-' 〉 '-을 것이다'
　3. 신문: '-겠-' 〈 '-을 것이다'
　4. 학술: '-겠-' 〈 '-을 것이다'

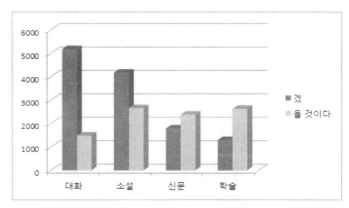

<그래프4.1.4.3-5> 사용역에 따른 '-겠-'과 '-을 것이다'의 사용 빈도

▶▶ 말뭉치 계량 결과에 대한 논의

말뭉치 계량 결과를 통해 알 수 있듯이 '대화'와 '소설'에서는 '-겠-'이 '-을 것이다'보다 우세하게 쓰이는 반면, '신문'과 '학술'에서는 '-을 것이다'가 '-겠-'보다 우세하게 쓰인다. 즉 '-겠-'이 구어 사용역 혹은 구어적 특징을 보이는 사용역에서 두드러지게 사용된다면 '-을 것이다'는 문어 사용역에서 두드러지게 사용된다는 것이다. 이러한 차이는 '-겠-'과 '-을 것이다'가 가지는 의미, 기능상의 차이에서 비롯되는 것이라고 파악된다. 다음의 예에서 보듯이 '-겠-'과 '-을 것이다'는 모두 '미래', '추측', '의지', '가능'의 의미를 공통적으로 보인다.

〈예4.1.4.3-8〉

가. 철수가 내일 미국으로 {가겠습니다/갈 것입니다}. [미래]

나. 철수는 집에 {갔겠다/갔을 것이다}. [추측]

다. 나는 오늘 집에 꼭 {가겠다/갈 것이다}. [의지]

라. 철수라면 어려운 수학 문제도 {풀겠다/풀 것이다}. [가능]

그러나 '-겠-'은 화자의 내면화되지 않은 정보를 바탕으로 한 추측을 나타내는 반면, '-을 것이다'는 화자의 내면화된 정보를 바탕으로 추측을 나타낸다는 차이가 있다.

〈예4.1.4.3-9〉

가. (방금 버스 시간표를 확인하고) 이러다 우리 이러다 늦겠다.

　　(먹구름이 긴 밤하늘을 보고) 내일은 비가 오겠다.

나. (버스 시간표를 외우고 있는 상황에서) 이러다 우리 늦을 거야.

　　(저녁에 일기 예보를 보고) 내일은 비가 올 것이다.

<예4.1.4.3-9가, 나>에서 확인할 수 있듯이 '-겠-'은 화자가 현장에서 지각한 정보를 바탕으로 한 추측을 나타내는 반면 '-을 것이다'는 화자가 이미 알고 있는 객관적 지식이나 믿음에 바탕을 둔 추측을 나타낸다. 요컨대, '-겠-'과 '-을 것이다'는 모두 추측을 나타내지만 '-겠-'은 추측의 근거가 발화 현장에 존재하여 화자가 지각한 정보를 바탕으로 한 추측을 나타내고 '-을 것이다'는 추측의 근거가 이미 내면화되어 있어 화자의 믿음을 바탕으로 한 추측을 나타낸다는 차이가 있다. 이러한 차이로 인해 '-겠-'은 구어 사용역에서 빈번히 쓰이고 '-을 것이다'는 문어 사용역에서 빈번히 쓰인다고 볼 수 있다. 화자와 청자가 동일한 담화 공간에 존재하여 발화 현장에서 보고 듣고 느끼는 것을 판단하여 추측할 수 있는 '대화'에서는 '-겠-'이 빈번히 쓰일 수 있지만 그렇지 않은 문어 사용역에서는 '-을 것이다'가 빈번히 사용될 것이기 때문이다.

〈예4.1.4.3-10〉 [대화]

가. A: 삼성 다니다가. B: 어. A: 나와서. B: 와:: 돈도 많이 벌었겠네, 몇 년 다니셨는데,

나. A: 근데 들어 보니까 정치적 내용이 너무 많아 가지고 진짜, B: 역시 그~ 남자 어른들의 대화는 정치와

　　경제 얘기가 많겠지.

위의 예에서 보듯이 일상적인 대화 상황에서는 화자는 발화 현장에서 정보를 듣고 그 정보를 바탕으로 추측을 하는 것이 일반적이다. <예4.1.4.3-10가>에서 화자 B는 '누군가가 삼성을 다녔다'는 발화를 듣고 '돈을 많이 벌었겠다'는 추측을 하고 있고 <예4.1.4.3-10나>에서 화자 B는 '어른들의 대화가 주로 정치적 내용으로 이루어져 있다'는 발화를 듣고 '자신의 추측도 역시 그러했다'는 것을 나타내고 있다. 반면에 '학술'과 같은 문어 사용역에서는 아래의 예와 같이 필자에게 내면화된 객관적 정보를 바탕으로 추측을 나타내는 것이 더 일반적이다. 특히 <예4.1.4.3-11나>에서 확인할 수 있듯이 '-을 것이다'로 나타나는 추측의 근거는 '~ 때문에'로 표현되고 있는데 이는 추측의 근거가 필자에게 내면화된 정보임을 단적으로 보여주는 예라고 할 수 있다.

〈예4.1.4.3-11〉 [학술]

가. 근세 이래 발달한 천문학이 아니었던들 우리는 시간 · 공간에 대한 정당한 관념조차 얻지 못하였을 것이다.

나. 전자는 단순히 굶주림을 해결하기 위한 수준에서 순환하고 있기 때문에 항상 먹이를 탐색하고 배고픔을 느끼며 야위어 있을 것이지만 후자는 적절한 수준 이상의 영양 상태를 항상 유지하기 때문에 먹이를 찾는 행동보다는 놀이를 즐길 수 있고, 살찐 상태를 유지할 것이다.

4.1.5. 형식성 의존명사 구성

형식성 의존명사 구성이란 형식성 의존명사를 중심으로 하여 그 선행 요소와 후행 요소가 함께 이루는 구성을 포괄하여 이르는 말이다. 즉 '-을 것이다'와 같이 긴밀한 구성을 이루는 것뿐만 아니라 'NP 중에'와 같은 일반적인 통사적 구 구성도 모두 포함하는 것이다. 형식성 의존명사의 선행 요소에는 관형사절, 체언, 명사절, 부사절 등 다양한 요소가 올 수 있고, 후행 요소에는 체언과 결합할 수 있는 어떤 조사라도 올 수 있다. 그러나 개별 형식성 의존명사의 실제 사용 양상을 살펴보면 형식성 의존명사의 선행 요소나 후행 요소에서 일정한 경향성을 발견할 수 있다.

4.1.2에서 살펴보았듯이 형식성 의존명사는 선행 요소나 후행 요소에서 일정한 사용상의 경향성을 보인다. 즉 개별 형식성 의존명사에 따라 주로 수식을 받는 선행 요소와 주로 결합하는 조사가 있다는 것이다. 이러한 경향성은 정도성의 차이는 있겠으나 이른바 보편성 의존명사라고 알려져 있는 '것', '데', '바' 등에서도 나타난다. 요컨대, 형식성 의존명사는 선행 요소와 후행 요소가 함께 구성을 이루어 나타나는데, 개별 형식성 의존명사에 따라 선호되는 선행 요소와 후행 요소가 있어서 특정한 구성을 이루어 나타나는 경향이 있다.

형식성 의존명사 구성을 살펴보면 그 성격이 조금씩 다르다. 첫째, 선행 요소나 후행 요소에 제약이 있어 특정 구성으로만 사용되는 경우가 있다. 예를 들어 '채', '만큼', '대로'는 각각 선행 요소에 관형사절만 오고 후행 요소에 조사가 오지 않거나 특정 부사격조사만 와서 '-은/-는/-던 채(로)', '-은/-는/-을 만큼', '-은/-는/-던 대로' 구성으로만 나타난다. 둘째, 특정 선 · 후행 요소와 결합한 형식성 의존명사가 우언적 구성을 이루어 다양한 문법적 기능을 나타내는 경우가 있다. 이러한 의존명사 구성의 의미와 기능은 구성을 이루고 있는 요소가 지닌 의미와 기능의 합으로는 설명할 수 없는데 그 대표적인 예로 '-을 것이다', '-을 수 있다', '-을 수 있다', '-는 중이다', '-을 뿐이다', '-을 셈이다', '-을 리 없다' 등을 들 수 있다. 이러한 문법적 구성들은 주로 양태적 의미나 상적 의미를 나타내는 기능을 한다. 셋째, 문법적 구성을 이루거나 오직 하나의 구성으로만 사용되는 제약을 보이지는 않지만 실제 사용상에서 특정 선 · 후행 요소와 빈번히 결합하여 나타나는 구성이 있다. 앞서 제시된 구성이 긴밀한 구성을 이루는 것이라면 이러한 구성은 일반적인 통사적 구 구성과 마찬가지로 그 구성이 상대적으로 느슨하다고 할 수 있다. 예컨대, 'NP 중에', 'NP 간에'와 같은 구성은 문법적 기능을 나타내는 것도 아니며 '중'과 '간'이 이러한 구성으로만 나타나는 것도 아니다. 하지만 이러한 형식성 의존명사들은 이러한 구성을 이루어 사용되는 경우가 매우 빈번히 나타난다.

이와 같이 형식성 의존명사 구성은 크게 세 가지 성격을 띠는데 4.1.5에서는 이러한 형식성 의존명사 구성을 모두 모아 제시하기로 한다. 여기서 제시된 형식성 의존명사 구성은 모든 형식성 의존명사 구성이 총망라된 것이 아니라 연구 대상 말뭉치에서 나타나는 구성에 한정된 것이라는 점을 유의할 필요가 있다. 한편, 형식성 의존명사 구성은 그 예를 보이는 것도 중요하기 때문에 지면의 한계에도 불구하고 형식성 의존명사 구성이 실제로 사용된 예문도 함께 제시하여 보였다.

형식성 의존명사 구성과 용례

의존명사	구성	예문
것	-을 것	커피 뽑아 놨으니 아침 꼭 **먹을 것**. [소설] 고객의 이야기를 끝까지 **들을 것**, 오전 9시 이전과 오후 9시 이후에는 빚 독촉을 하지 **말 것**, 본인 외의 가족. 친지에겐 독촉하지 **말 것** 등 채권 회수 3원칙을 만들어 직원들이 반드시 지키도록 독려하고 있습니다. [신문]
	-은/-는/-던 것이다	즉 데카르트는 누구보다도 지식의 위기를 철저히 인식하고 이의 완전한 해결을 **시도했던 것이다**. [학술] 선진국에서 일어났던 현상이 이제 우리나라에서도 정보화의 본격적인 진행과 더불어 나타나고 있는 **것이다**. [학술]
	-을 것이다	여기서 젊은 풋내기 안토니의 가면을 **부숴 버릴 것이다**. [소설] 서로 다른 종류의 물체 A와 B가 있다면 그것들의 낙하속도는 서로 **다를 것이다**. [학술]
	-을 것 없다	**급할 것 없다**고 생각하면서도 손길이 다급해지는 것을 어쩔 수가 없었다. [소설] 괜찮아, 너까지 **걱정할 것 없다**. [소설]
	-은/-는/-을 것 같다	그의 부인은 대체로 말이 없는 **성격인 것 같았다**. [소설] 작가가 자기다운 문체와 세상 보는 시각을 가지고 있다는 건 좋은 일이지만 이것이 틀처럼 굳어지는 건 경계해야 **될 것 같다**. [학술]
수	-은/-는 수(가) 있다	무좀이 심한 경우 피부의 껍질이 벗겨지고 난 후 2차로 포도상구균, 연쇄상구균 등의 세균에 감염되어 있는 **수가 있다**. [신문]
	-을 수(가) 있다/없다	양심과 소신을 가지고 난국을 타개해 **나갈 수 있는** 인물이 더욱 절실한 시대에 우리는 살고 있습니다. [소설] 이씨는 여전히 정색으로 말했지만 화난 표정이 아니라서 농담인지 진담인지 **알 수가 없었다**. [소설]
	-을 수밖에 없다	신라는 백제의 멸망 이후 변화한 정세 속에서 당군과 다시 **싸울 수밖에 없는** 곤란한 지경에 이르렀다. [학술]
등05	...NP, NP, NP 등	**은행나무, 라일락, 벗나무, 철쭉꽃, 호박나무** 등 많은 나무들이 윤기 없는 초록을 드러내고 있었다. [소설]
	-는 등	S전자는 자사의 디지털 캠코더 제품 가운데 일부에서 전원표시등이 커지지 않거나 메뉴화면이 간헐적으로 **나타나는 등** 이상이 발견돼 무상 수리에 들어간다고 31일 밝혔다. [신문]
때문	NP 때문에	아빠의 코고는 **소리 때문에** 민수는 더욱 잠이 안 왔습니다. [소설]
	NP 때문이다	베일에 가린 여자가 아름다워 보이는 것은 보이지 않는 모습에 대한 기대와 **호기심 때문이다**. [학술]
	-기 때문에	뱀은 몸이 **길기 때문에** 많은 등뼈와 갈비뼈가 있다. [학술]
	-기 때문이다	사람들이 선을 행하고자 하는 것은 본성이 원래 **악하기 때문이다**. [학술]

의존명사	구성	예문
중04	NP 중(의) NP	H대는 **9개 단과대 중 경영대 1곳을** 제외한 모든 단과대 수석졸업을 여학생이 차지했다. [신문] 흔히 글쓰기의 초보자들이 저지르기 쉬운 **잘못 중의 하나가** 글의 표현이나 주제적인 측면에 대해서만 신경을 쓰고 맞춤법을 경시하는 것인데, 이는 글쓰기의 기본적인 출발 자체가 잘못된 것이다. [학술]
	NP 중에	실연했거나 불치의 병에 걸린 **사람 중에** 자살자가 많다. [신문]
	-는/-던 중(에)	국민학교 6학년인 최 군은 23일 낮 1시 20분쯤 학교 수업을 마치고 집에 **가던 중** 신사동 520 주택가 골목에서 현금 40만원과 2천 5백만원짜리 당좌 수표 1장, 1천만원짜리 약속 어음 1장 등 4천 1백30여 만원이 든 지갑을 주웠다. [신문]
	NP 중이다	지금 스웨덴에 **유학 중인** 소이수키 박사가 정부 초청으로 불원간 귀국할 예정입니다. [소설] 우리나라에서도 독감이 **유행 중이다.** [신문]
	-는/-던 중이다	한 씨는 전신 마취 상태에서 하복부와 다리 등 5군데에 지방흡입 수술을 **받던 중이었다.** [신문]
데	-은/-는 데(에)	아버지가 남편을 사위로 **인정하는 데** 삼년이 걸렸다. [소설] 그러나 제1야당인 민주당은 의석을 대폭 늘리며 일본 정계를 양당 구도로 **만드는 데** 성공했다. [신문]
뿐	뿐만 아니라	**뿐만 아니라** 유전자의 순서를 분석하는 일, 석유탐사를 위한 해저측량과 같이 대량의 데이터를 분석해야 하는 일에서 슈퍼컴퓨터는 없어서는 안 될 존재가 되었다. [학술]
	뿐더러	**뿐더러** 모든 사실은 저술자의 붓끝에 따라서 의도적으로 더욱 부정적으로 기술되었을 가능성이 있었다. [소설]
	-을 뿐더러	사실 나는 꽁치구이를 좋아하지 **않을 뿐더러** 이제는 정말 질렸다. [소설]
	-을 뿐	지은은 옆에서 간혹 몇 마디씩 그들의 대화에 **끼어들 뿐,** 웃으며 그들을 지켜보고 있었다. [소설]
	-을 뿐이다	사무실이라고 하지만 교실 반의 반쯤밖에 되지 않을 넓이에 책상이 두 개 놓여 **있을 뿐이었고** 그 아저씨 혼자 지키고 있었다. [소설] 물론 그림이나 연기는 실물을 대신하는 가상 또는 **기호일 뿐이다.** [학술]
	-을 뿐(만)(이) 아니라	이때 불교는 여러 종파로 **분리되었을 뿐만 아니라** 한 종파 안에서도 통일을 기할 수 없을 정도로 심각하게 분열되었다. [학술]
채09	-은/-는/-던 채(로)	우리는 동시에 고개를 돌렸지만 의자에 **앉은 채** 누구 먼저 수화기를 잡으려 하지 않았다. [소설] 이제는 출근하지 않고 집안에 앉아서 컴퓨터 터미널에 연결된 모뎀을 통하여 회사의 업무를 처리할 수도 있고, 집안에 **앉은 채로** 주식시세, 각종 문화행사, 백과사전류의 지식들을 접할 수도 있으며, 타국의 여행정보나 비행기 표 예약까지 가능하게 되었다. [학술]
줄04	-을 줄이야	생판 처음 보는 남에게 그런 소리를 **들을 줄이야.** [소설]
	-을 줄(을) 알다/ 모르다	사실 아이는 아직 제 이름자도 **읽을 줄 몰랐다.** [소설] 공부를 잘 하면 잘 할수록 친구들과 넓고 깊게 **사귈 줄 알아야 한다.** [학술]
	-은/-는 줄(을) 알다/모르다	손가락 하나 까딱 않고 살게 해 줘도 **고마운 줄 모르고...** 취미 생활까지 트집이야, 트집! [소설] 엄마가 **깨어난 줄 알았는데** 잠꼬대였다. [소설]

의존명사	구성	예문
간10	NP 간(의)	파국으로 갈 것처럼 치열하던 논쟁은 어느 결에 **서로 간의** 암묵적 합의로 흘러가고 있었다. [소설] 환경 문제를 해결하기 위한 동북아 지역의 **국가 간** 협력체제의 구축은 극히 초보적인 단계에 머물러 있다. [신문]
	NP 간(에)	아파트 단지에는 생산직만 아니라 관리직 사원들도 살고 있어서 **부인들 간에는** 차별이 존재했다. [소설] 법의 적용에 있어서 **상하위법 간에** 모순이 있는 경우에는 법령 심사를 한다. [학술]
	-거나(건) 간에	그곳이 **거리이건 운동장이건 백사장이건 강변이건 간에** 전광판과 멀티비전이 있고, 함께 응원할 수 있는 공간이라면 사람들은 마다하지 않았다. [신문] 어떠한 생각이나 말 또는 **글이거나 간에** 그것들이 남의 것이라면 서적, 논문, 강의, 담화 등 어디에서 얻어내었다 할지라도 그 빌려온 사실을 반드시 논문의 본문이나 주석란에서 명시해야 하는 것이다. [학술]
	-든/-든지 간에	노동자의 자식들끼리 싸우면 남의 아이를 야단칠 수도 있었지만 관리직 아이와 싸우면 **누가 잘했든 간에** 내 자식을 때려야 했다. [소설] 현재 페르시아만 사태는 **전쟁이 발발하든**, 이라크 군이 쿠웨이트에서 **철수하든 간에** 일거에 해결될 수는 없느니만큼 장기적으로 임해야 한다. [신문]
	-고 간에	연구를 하는 사람에게 독서 없이 아이디어가 나올 수 없듯이, **가수고 연기자고 간에** 다른 사람의 노래와 연기에 대한 연구 분석 없이는 발전을 기대할 수 없듯이, 글쓰기를 하는 사람 역시 써 놓은 작품을 끊임없이 읽고 연구하는 자세가 필요하다. [학술]
적03	NP 적에	나도 지금은 상담간사나 하지만 **소시 적에는** 천재 소리 듣고 산 사람이오. [소설]
	-을 적에	그 장소는 그녀의 친구들이 할 일이 없고 서로가 **그리울 적에** 모여드는 접선 장소라는 것이었다. [소설]
	-은/-던 적(이) 있다/없다	안상준의 이름 석 자가 신문지상에 올해처럼 크게 **오르내린 적은 없었다.** [신문] 여러분은 아마도 어떤 슬픔이나 우울함에 잠겨 있을 때 나직하고 어두운 선율의 음악을 들어 **본 적이 있을** 것이다. [학술]
듯	-은/-는/-을 듯,	시내는 온통 벌집을 쑤셔 **놓은 듯** 시끄러웠다. [소설] 김인완은 감정이 **복받치는 듯** 말을 제대로 잇지 못했다. [신문] 자신을 **집어삼킬 듯** 바라보던 뜨거운 그의 눈길을 떠올리자 온몸에 소름이 돋았다. [소설]
	-은/-는/-을 듯 만/마는/말 듯	그는 무슨 말을 **할 듯 말 듯** 쭈뼛거리며 나를 돌아보았다. [소설]
터	-을 터인데(텐데)	고등학교만 제대로 나왔어도 저런 실수는 안 **할 텐데** [대화] **피곤할 텐데** 쉬어. [소설] 어차피 서로 동서간이 **될 터인데** 사이가 나빠서야 되겠는가. [소설]
	-은/-는/-던 터에	학자나 기업이나 축구선수나 모두 필사적으로 국제적 생존게임을 하고 **있는 터에** 우리의 정치 지도자들은 오로지 서로의 발목 잡기 게임에만 몰두해 파울하는 기술만 향상시켰을 뿐이다. [신문]
	-을 터이다	내 두 눈이 시퍼렇게 살아 있는 동안은 네놈들의 농간을 용납치 **않을 터이니** 그리 알아. [소설] 수학이나 자연과학 논문은 추상적 언어로만 이루어진 건조한 **글일 터이나**, 그 안에는 글쓴이 나름의 문제 의식과 내적 동기, 그리고 욕구가 용해되어 있다. [학술]
만큼	-은/-는/-을 만큼	오늘은 참을 수 **없을 만큼** 화가 나는 날이니까 사실대로 이야기를 하겠어요. [소설] 전문대학 교육의 한 가지 문제는 학생이 **늘어난 만큼** 재정 투자가 따르지 못하여 교육여건이 열악하다는 것이다. [학술]

의존명사	구성	예문
식04	이런/저런/ 그런 식(으로, 의)	그런 **식의** '강경 대처'와 '극단 처방'으로만 일관하게 된다면 교육계 갈등의 해결은 더욱 요원해지고 그로 인한 교육 현장의 피해만이 커질 것이다. [신문] 결국 **이런 식으로** 해서 베이컨에 의해 실험적 방법의 중요성이 주장되었을 뿐만이 아니라 그 방법론적 기반이 주어진 것이다. [학술]
	이런/저런/ 그런 식이다	순아가 **저런 식일** 때는 반응을 보이지 않으면 그만이다. [소설] 홍 박사라는 사람은 위인의 됨됨이가 원래 좀 **그런 식이었다.** [소설]
	-은/-는/ -던 식(으로, 의)	그들은 예전에 종종 **하던 식으로** 손가락을 걸고 의미심장하게 웃었다. [소설] 부모 품에서 잠든 아이를 몰래 다른 방에 눕혀 **놓는 식의** '충격 요법'으로는 따로 재우기에 성공할 수 없다. [신문]
	-은/-는 식이다	이런 프로그램들은 발상부터가 인기인이 노는 걸 보면서 **즐기라는 식이다.** [신문] 4일 열린 국회 행정위의 추궁 및 관련 기관들의 해명을 보면 도무지 뜬구름 **잡는 식이어서** 어디서부터 어디까지가 진짜이고 가짜인지를 가늠할 수가 없다. [신문]
내	NP 내(에, 의)	**그룹 내에** 근무하는 외국인 임직원은 지난 2000년 160여명에서 올해 450명으로 세 배 가까이 늘어났다 [신문] **조직 내 성차별보다 가정 내 여성으로서의** 성역할 때문에 힘들었다. [학술]
바03	-은/-는 바	위에서 **살핀 바** 수필의 내력에서 이미 엿볼 수 있듯이 수필은 그 명칭도 다양하고 형식도 자유로우며 제재 또한 광범위해서 그 개념과 특질을 한마디로 정의하기가 쉽지 않다. [학술]
	-은/-는/-을 바에는(야)	최고가 되지 **못할 바에는** 최선을 다하지 않음으로써 자존심을 지켰던 것이다. [소설] 정말 머저리가 **아닌 바에야** 다시 그런 기분을 느끼고 싶을 리가 없었다. [소설]
	-은/-는/-을/ -던 바이다	남동생이 이혼한 사유가 그애의 노름벽 때문이라는 건 그애의 아내 된 사람이 말하지 않아도 다른 형제들이 이미 **짐작하던 바였다.** [소설] 거듭 정평위와 김 추기경 등 천주교 당국의 결정을 정당한 것으로 **환영하는 바이다.** [신문]
	-은 바가 있다/없다	언어 기호가 자의적이라 함은 이미 Saussure(1955: 100~103)에서 **지적된 바 있다.** [학술]
	-을 바가 없다	서른아홉에 낳은 아이는 새색시가 낳은 아이와 전혀 **다를 바가 없었다.** [소설]
	-을 바를 모르다	만돌이는 아닌 밤중에 홍두깨라고, 별안간의 괴한들의 침입에 **어찌할 바를 몰랐다.** [소설] 평생 누린 영광을 생각만 해도 **몸 둘 바를 모를** 터인데, 이제 팔순에 제가 무슨 욕심을 갖겠습니까. [신문]
만01	NP 만에	엄마는 불과 **이 주일 만에** 구 킬로그램이나 몸무게가 붙었다. [소설]
	NP 만이다	폴란드의 EU 가입 확정은 1989년 공산정권 붕괴 후 **14년 만이다.** [신문]
대로	-은/-는/-던 대로,	개인이 **원하는 대로** 행동하려는 자유가 위협을 받으면, 개인은 의구심을 갖게 되고 자유스런 행동을 하기 위하여 위협에 대하여 반발을 하는 경향을 나타난다. [학술] **예견한 대로** REM 수면이 급격히 증가한 쥐일수록 거의 일률적으로 미로를 잘 달리는 것으로 나타났다. [학술]
	-는 대로	날이 **밝는 대로** 전화를 하기로 하고 일단 대합실 의자에 앉아 눈을 붙였다. [소설] 볼일 마치시는 **대로** 연락을 주시면 제가 다시 모시러 오겠습니다. [소설]
	VP-을 대로 VP	**지칠 대로 지친** 나머지 건강 유지를 위해서 방송 출연을 자제해 보려고 생각해 보지만 실행에 옮기기란 쉽지 않아요. [신문] 오늘날의 우리 사회에 만연하고 있는 황금만능주의와 인간성의 상실, 도덕성의 부재 등은 이미 인간의 정신 세계가 **황폐해질 대로 황폐해졌음을** 보여주는 것이다. [학술]
	-을 수 있는 대로	다시 말하면, 글 지을 내용에 관하여 떠오르는 모든 상념을 **될 수 있는 대로** 많이 공책에 적어 두어야 한다는 것이다. [학술]
말11	NP 말(까지, 에, 부터)	그녀는 **이십대 말** 혹은 삼십대 초반으로 보이는데 좀 심한 근시안인 것 같았다. [소설] 건설부는 오는 **1월 말까지** 각계의 의견을 수렴, 최종안을 확정한 뒤 오는 3월부터 시행키로 했다. [신문] 지난 **2000년 말부터** 감소세를 보이던 미분양 주택이 17개월 만에 증가세로 돌아섰다. [신문]

의존명사	구성	예문
셈	-을 셈이다	지금 자신이 한 일마저 모른다고 발뺌을 **할 셈인가요**? [소설]
	-은/-는 셈이다	수단이 원래의 목적을 넘어선다면 주객이 **전도되는 셈이다**. [신문]
	-은/-는/-을 셈 치다	선생님, 저희 모자를 살려 **주는 셈 치고** 한번만 용서해 주십시오. [소설]
지02	-은 지(가) 오래다	경제 현장에선 10만원짜리 수표가 현금 대용으로 **쓰인 지 오래다**. [신문] 그의 드로잉은 수집가의 인기 품목이 **된 지 오래다**. [신문]
	-은 지(가) NP가 지나다/넘다/되다	이곳에 발령받은 **지** 벌써 **3년이 지났는데도** 오부장은 짧은 베트남어조차 제대로 하지 못했다. [소설] **입사한 지 10년이 넘었지요**. [소설] 전화기의 숫자판이 다이얼식에서 버튼(button)식으로 **바뀐 지 벌써 몇 년이 되었다**. [학술]
외	NP 외(에, 의)	**동생 외**에 아무도 다희를 영자라는 이름으로 부르지 않는다. [소설] 정부는 내년에 경제특구로 지정하는 송도 신도시 등에 국제고등학교를 설립한 뒤 점차 **경제특구 외의** 지역에도 늘려가기로 했다. [신문] 미국의 11개 주에 있는 20개교와 **그 외** 9개국의 학교들이 우주, 에너지, 기상과 관련된 네 가지 주제를 중심으로 활동하였다. [학술]
대11	NP 대 NP	한국 남자 컬링은 3~4위전에서 영국을 **6대 4**로 꺾고 동메달을 차지했다. [신문]
초03	NP 초 (에, 부터, 까지)	클루니는 **이달 초** 폐암이 재발해 입원 치료 중이었다. [신문] **결혼 초에** 국립극장 맞은편의 자동차극장에서 심야영화를 봤다. [소설] 외환시장에서는 엔화값이 올랐다는 소식에 힘입어 **개장 초부터** 원.달러 환율이 떨어지기 시작했다. [신문]
듯이	-은/-는/-을 듯이	나는 이를 악문 표정으로 미경이를 **쥐어박을 듯이** 손을 쳐들었고, 미경이는 두 손으로 머리를 가리며 흠칫했고 경락이가 내 손을 잡아 내렸다. [소설]
편04	-은/-는/-던 편이다	나는 반찬을 아무것이나 잘 **먹는 편입니다**. [소설]
나름	(NP) 나름대로	그나마 술을 마시고 안주를 씹으며 사람들과 떠드는 것도 **그녀 나름대로** 최선을 다하고 있는 것이었다. [소설]
	(NP) 나름의	우리에게는 **나름의** 소중한 과학적 전통이 있다. [학술] 황도를 중심으로 뻗어 있는 별들도 **제 나름의** 질서로 운행된다. [소설]
	-기 나름이다	아무리 좋은 기술이라도 **사용하기 나름이다**. [학술]
무렵	NP 무렵(에)	20세기 **시작 무렵** 명망 있는 신문으로 부상한 것이 영국의 더 타임스와 미국의 뉴욕 타임스였다. [학술]
	-은/-는/-을 무렵(에)	엄마는 사 년 전, 내가 고등학교에 **입학할 무렵** 급체로 세상을 떠났다. [소설]
바람01	NP 바람에	**그 바람에** 두 사람의 거리가 한결 좁혀졌다. [소설]
	NP 바람으로	그는 **내복 바람으로** 급히 달려가 문을 열고 복도를 내다보았다. [소설]
	-는 바람에	한의사와 약사 간의 분쟁 당시 약국들이 집단으로 휴업을 **하는 바람에** 분쟁과는 직접 관련이 없는 시민들이 불편을 겪어야 했다. [학술]
리06	-을 리(가) 있다/없다	스필버그 영화에서 휴머니즘이 **빠질 리 없다**. [신문] 요새 양조장 일도 예전 같지 않다니 심사가 **편할 리 있겠어요**? [소설]
마련	-기/-게 마련이다	어차피 철학적 관점도 현실의 **반영이기 마련이라** 다양한 현실이 존재하는 한 다양한 철학적 관점의 존재 또한 필연적이다. [학술] 통상 정부의 담화문은 어떠한 사안이나 시국 상황에 대해 국민에게 당부하고 협조를 구하는 내용을 **담게 마련이다**. [신문]

의존명사	구성	예문
법01	-은/-는 법	이때부터 2진 숫자에 의해 자료를 **표현하는 법이** 연구되었고 프로그래밍에 의한 계산에 관심을 기울이기 시작하였다. [학술]
	-은/-는 법이다	신경을 많이 쓰면 몸이 그렇게 고장 **나는 법이야.** [대화]
	-을 법도 하다	그만한 지체라면 사람말귀 정도는 척 **알아들을 법도 한데** 영감님은 어째 답답한 소리를 골라서 뱉으시오? [소설]
	-는 법이 있다/없다	사람을 이렇게 놀라게 **하는 법이** 어딨어요? [소설] 그는 어떤 경우에도 한번 결심한 것을 **포기하는 법이 없었다.** [소설]
지경	-은/-는/-을 지경이다	나는 요즘 식구들이 불편해 **죽을 지경이다.** [소설]
	-은/-는/-을 지경에 이르다	신라는 백제의 멸망 이후 변화한 정세 속에서 당군과 다시 싸울 수밖에 없는 **곤란한 지경에 이르렀다.** [학술]
이래	NP 이래(로)	**고대 이래** 중세를 풍미하던 아리스토텔레스 사상체계 내에도 과학과 기술의 연관을 힘들게 했을 몇 가지 요소가 있었다. [학술]
	-은/-던 이래(로)	1990년 중국 국무원이 경제특구로 **지정한 이래** 매년 20%의 경제성장을 거듭해온 푸둥은 이제 세계를 향한 중국 경제의 전진기지가 되고 있다. [신문]
따름	-을 따름이다	따지고 보면 그는 단지 그림을 잘 그린다는 특이함을 제외하면 평범한 **노동자일 따름이었다.** [소설]
등지	NP 등지 (에서, 에, 로)	최근 들어 중국의 **베이징 등지에서** 외교공관에 진입해 망명을 기도하는 탈북자들이 점점 늘고 있다. [신문] 이 새는 우리나라에서는 매우 보기 드문 새로 **중국, 일본, 타이완 및 유럽 등지에** 분포한다. [학술] 유럽에서 시작된 구제역은 **남미와 동남아, 중국 등지로** 퍼졌다. [신문]
양02	-은/-는 양	그는 일본 개량종 녹차가 마치 한국의 **전통차인 양** 대접받는 현실이 안타깝다고 말했다. [신문]
	-을 양으로	무서움을 떨쳐 **버릴 양으로** 수혜는 지그시 입술을 깨물며 남자의 등을 노려보았다. [소설]
	-을 양이면	밑의 두 딸들이 언니는 아버지를 닮아 예쁘다고 **할 양이면,** 복내댁은 무슨 시답지 않은 소리냐며, 콧방귀를 통통 뀌며 으르렀다. [소설]
판01	-은/-는/-을/-던 판에	소비가 **얼어붙는 판에** 가격마저 오르니 매출이 일어날 리 없었다. [소설]
	-은/-는 판이다	멀리서도 얼굴이 화끈거릴 정도로 맹렬히 치솟는 진홍의 화염에 기가 질려 아무도 현장에 접근할 엄두를 못 내고 **우왕좌왕하는 판이었다.** [소설]
	-을 판이다	이번 달 생활비는 현금 써비스를 받아야 **할 판이다.** [소설]
참	-는/-던/-을 참에	국내 경제가 회생 기회를 **잡으려는 참에,** 세계 경제가 폭우를 몰고 밀려온다. [신문]
	-을 참이다	그녀는 신촌로터리를 거쳐 공덕동 쪽으로 **빠져나갈 참이었고,** 나는 신촌로터리를 거쳐 굴레방다리 쪽으로 넘어가야 했다. [소설]
	-는/-던 참이다	나두 여기서 누굴 **기다리던 참인데** 그 사람 만나면 같이 가자. [소설]
둥	-은/-는/-을 둥 만/마는/말 둥	그날 밤 언니가 저녁밥을 **먹는 둥 마는 둥** 하고 바람을 쐬고 오겠다면서 밖으로 나가버렸다. [소설] 아무리 숨가쁘게 **죽을 둥 살 둥** 달려도 현실은 점점 더 멀리 붙잡을 수 없는 곳으로 달아났다. [소설]
	-다는/-냐는/-라는/ -자는 둥	그는 갑자기 가게 안을 둘러보며 인테리어가 바뀐 것 **같다는 둥,** 더 화사해져서 보기 **좋다는 둥** 딴소리를 해댔다. [소설]
겸	NP 겸 NP	뫼비우스의 띠는 독일의 **수학자 겸 천문학자인** 뫼비우스가 장난하다가 우연히 만든 것이다. [학술]
	NP 겸	아내는 대학 때 써클 남자 친구 하나가 진주에서 의사를 하는데 **리쿠르팅 겸** 만나보면 어떻겠냐고 농담 비슷하게 얘기를 건네 왔다. [소설]
	-을 겸	걷는 것이 익숙해지자 安씨는 대장정을 위한 체력을 **보강할 겸** 재작년 처음으로 혼자만의 국토순례에 나섰다. [신문]

의존명사	구성	예문
척01	-은/-는 척	잘 알지도 못하면서 **아는 척** 나서는 부인이 아니꼽다는 듯 정빈은 입술 가득히 비웃음을 베어 물고 이죽거린다. [소설]
	-은/-는 척을 하다	옛날에는 공부를 잘하는 애나 못하는 애나 **하는 척은** 했는데, [대화]
가량	NP 가량	UNESCO의 자료에 따르면, 1980-91년 기간에 인쇄물, 문학, 음악, 비디오물 영화와 영상, 라디오와 TV 장비 등 문화 관련 무역거래량이 **세 배 가량** 증가했다고 한다. [학술] 남생이는 딱지 길이가 **18 cm 가량**이고 냇물이나 못에 산다. [학술]
격01	NP 격으로	수용자들은 신명도 나지 않아 **억지 춘향이 격으로** 오락회를 하다가 다시 방으로 비실비실 몰려 들어가곤 했다. [소설]
	NP 격이다	채소밭이 생긴 이후 두 건물 주부들이 한 달에 1회씩 친목 모임을 갖고 있다고 채소밭 **대장 격인** 이일순씨는 말한다. [신문]
	-은/-는 격으로	학교현장은 정년단축과 사기저하로 40대 이상 교사들의 명예퇴직이 늘어나는 가운데, **엎친 데 덮친 격으로** 젊고 유능한 교사들마저 이탈하지 않을까 크게 우려하고 있다. [신문]
	-은/-는 격이다	앙칼진 고양이한테 손등을 할퀴고도 다시 손을 **내뻗는 격이었다.** [소설]
여지	NP의 여지가 있다/없다	연구가 끝나 다시 **의문의 여지가 없는** 정설이라야 강의의 내용으로 삼을 수 있다는 생각은 아주 잘못되었다. [학술]
	-을 여지가 있다/ 없다	같이 나가자고 더 **조를 여지가 없도록** 상덕은 쌀쌀하게 대꾸했다. [소설]
김	-은/-는 김에	나는 다만 여기까지 **온 김에** 친구를 만나보겠다는 생각뿐이오. [소설]
즈음	NP 즈음(에)	광주가 고향인 박 선생님은 1980년 **5月 즈음에** 고향 집에 다니러 갔다가 저 피의 사태에 휩쓸려 희생되고 만다. [신문]
	-을 즈음(에)	행사가 **끝날 즈음** 이들 미화원들은 그동안 모아 온 성금 봉투를 소년-소녀 가장을 돕기 해 내놓았다. [신문]
겨를	-을 겨를이/도/ 조차 없다	그녀는 앞뒤 미루어 **따질 겨를도 없이** 재빨리 샛문 안으로 들어섰다. [소설] 200만명의 실업자가 하루하루의 고달픈 삶에 지쳐 명절이고 뭐고를 **생각할 겨를이 없다.** [신문]
모양	-은/-는/-을 모양이다	아마도 규혁의 얼굴이 눈뜨고 볼 수 없을 만큼 **험악해진 모양이었다.** [소설]
투	-다는/-자는/-라는 투로	경지의 질문에 규혁은 대수롭지 **않다는 투로** 대꾸했다. [소설]
	-은/-는 투로	다비가 약간 가시 돋친 투로 반박하자 상현은 혀를 찼다. [소설]
마당	-은/-는/-을 마당에	증시 관계자들은 가뜩이나 증시가 맥을 못 추고 **있는 마당에** 기업들이 잇따라 수사를 받음으로써 투자 심리가 더욱 얼어붙지 않을까 걱정하고 있다. [신문]
만02	-을 만(도) 하다	왕 형사의 말투가 워낙 느리다 보니 듣는 학생들이 짜증을 **낼 만도 할** 텐데 그들은 왕 형사를 독촉하지도 않았다. [소설]
차	-던/-는 차(에)	쇠뿔도 단 김에 빼랬다고 **말 나온 차에** 소송까지 갈 일을 대비하여 서명부를 작성하기로 하였다. [소설]
나위	말할 나위(가, 도) 없다	비상계엄령이 내려졌다면 검색과 문책이 엄중하고 살벌해질 것은 **말할 나위도 없는** 일이다. [소설]
	더할 나위(가, 도) 없다	이들은 요즘 **더할 나위 없이** 행복하다. [신문]
	두말할 나위(가, 도) 없다	무엇보다 중요한 학교 개혁의 주체는 교육행정가와 교사임은 **두말할 나위도 없다.** [학술]
	의심할 나위(가, 도) 없다	물론 기준이가 잘하고 있으리라는 건 **의심할 나위가 없겠지만** 아무래도 여러 사람이 보고 조언을 해준다면 더 낫지 않겠어요. [소설]
남짓	NP 남짓	국민연금 확대 실시 시한을 **한 달 남짓** 남겨 놓고 흔들리는 정치권의 태도가 국민들을 혼란으로 몰아넣고 있다. [신문]
	NP 남짓(의)	보석을 청구할 수 있는 시기는 공소제기 후면 아무 때나 가능하지만, 재판부에 따라서는 구속 후 **한 달 남짓의** 기간이 경과했느냐의 여부를 보석 허가의 한 사유로 고려하는 경우가 많으므로 변호인에 따라서는 보석청구 시기를 조절하는 경우가 많다. [학술]

의존명사	구성	예문
체02	-은/-는 체	나는 **못 들은 체** 그냥 다관을 기울여 차를 따라서 아버지 앞으로 밀어놓았다. [소설]
	-은/-는 체를 하다	해숙도 눈을 내리깐 채 아무에게도 **아는 체를 하지** 않고 발만 부지런히 옮겼다. [소설]
턱	턱(도) 없이 모자라다	2개월여에 걸쳐 협상 테이블에 나가 씨름 한 결과가 자존심을 세워주기에는 **턱 없이 모자랐다.** [신문]
	-을 턱이 있다/없다	내장 기관조차 제대로 갖춰지지 않은 미물이 생태계를 **이해할 턱이 없겠지요.** [소설]
통06	NP 통에	위의 예문은 **전쟁 통에** 허기진 어린 남매가 음식을 맛있게 먹는 장면을 그리고 있다. [학술]
	-는/-던 통에	어제 같으면 혼을 내려고 했지만 오늘 저 아이 어머니가 찾아와서 **사정하는 통에** 봐 주려고 합니다. [소설]
편05	NP 편으로/에	구내병원에서 약을 지어 **히우 편에** 보낸 것은 오부장이었다. [소설] 남쪽 대표단은 이날 오후 금강산 관광선 **설봉호 편으로** 장전항을 떠나 남쪽으로 돌아왔다. [신문]
켠	한 켠	쓰레기는 우선 1층 지하통로 **한 켠**에 마련된 분리수거장에 모인다. [소설] 진우의 그 웃음에 수혜는 가슴 **한 켠**이 서늘해졌다. [소설]
	저 켠	촌부는 몸을 돌이켜 반야원이 있는 강 건너 **저 켠**을 바라보았다. [소설]
딴02	딴에(는)	달랑계란 놈이 아직도 빠져 나가지를 못한 채로, 그러면서도 여전히 빠져나가려고 **딴엔** 기를 쓰고 있었다. [소설]
	NP 딴에(는)	**자기 딴에는** 위로한답시고 건네는 말일는지 모르겠으나 가르시아 입장에서는 오히려 부아가 덧날 따름이었다. [소설]
제	-을 제	엿장수가 쯔르르 **달려올 제** 위인들은 금어치를 따지기도 전에 엿목판에 달려들더니 삽시간에 거덜을 내고 말았다. [소설]
조	NP 조로	홍 박사는 어조를 차츰 부드럽게 누그러뜨리며 조용조용 **설득 조로** 자신의 말을 끝맺어나갔다. [소설]
축	NP 축에 들다/속하다/끼다	내가 **시인 축에나 끼냐?** [소설]
	-은/-는 축에 들다/속하다/끼다	나두 솔직히 고생 안 해 봤다면 정말 안 해 **본 축에 끼는데** [대화] 문자만 해득하면 **유식한 축에 들던** 시절이 있었다. [학술]
노릇	NP 노릇	아주머니는 아들이 **거지 노릇**을 하는데도 말리지 않구 그냥 내버려 둡니까? [소설]
	-는/-을 노릇이다	이렇게 깊은 굴 속에서 무얼 먹고 사는지 알 수 **없는 노릇이었다.** [소설]
결	어느 결에	파국으로 갈 것처럼 치열하던 논쟁은 **어느 결에** 서로간의 암묵적 합의로 흘러가고 있었다. [소설]
망정	-을 망정[1]	이를 권장하지는 **못할 망정** 당국이 나서서 오히려 방해를 하는 듯한 인상을 주고 있다. [신문]
	-기 망정이지	그 여인네가 천행으로 **살아났기 망정이지** 그것이 아니었더라면 자네 또한 평생 동안 죄업을 지고 살아가야 할 뻔하지 않았나? [소설]
	-니 망정이지	**이겼으니 망정이지** 28일 한국시리즈 5차전에서 이종열은 천보성 LG감독의 간담을 서늘케 하는 실책을 저질렀다. [신문]
	-기에 망정이지	제가 집에 **있었기에 망정이지**, 없었다면 공연히 헛걸음을 하실 뻔했잖아요. [소설]
뻔	-을 뻔	가르시아는 자칫 **넘어질 뻔** 기우뚱거렸으나 이내 중심을 잡고 그녀의 등을 서너 번 다정하게 두드려 주었다. [소설]
	-을 뻔도 하다	**사귈 뻔도 했었지.** [대화]
나절	NP 나절	**아침 나절**이지만 사방은 어둠침침했습니다. [소설]
족족	-는 족족	아버지 역시 닥치는 대로 사업을 벌였지만 **벌이는 족족** 다 망했다. [소설]

---

1) 〈표준국어대사전〉에는 '-을 망정'을 어미로 등재하고 있지만 여기서는 의존명사 구성의 하나로 포함시켰다.

4.2. 단위성 의존명사

단위성 의존명사는 형식성 의존명사와 달리 수량을 나타내는 단위로 기능한다는 특성을 지니고 있다. 이러한 특성으로 인해 수량사의 수식을 받을 수 없는 형식성 의존명사와 달리 단위성 의존명사는 아래의 예에서와 보는 바와 같이 수량사의 수식만을 받을 수 있다.

〈예4.2-1〉
가. 그래서 이번엔 시카곤가? 그게 **여섯 개** 부분을 휩쓸긴 했는데, 주요 포인트는 다 빠졌다고 [대화]
나. 멀리 학교로 짐작되는 곳에 **몇 개**의 **불빛**이 움직이고 있는 게 보였다. [소설]
다. TV와 통신시설, 화장실을 갖추고 있고 발코니에는 별도로 **좌석 12개**가 마련돼 있다. [신문]
라. 1에다 0을 33개 붙인 수를 분모로 하고 분자를 1로 한 수보다도 더 작은 확률이 되는 셈이다. [학술]

단위성 의존명사 중 가장 대표적인 것이라고 할 수 있는 '개'는 위의 예에서와 확인할 수 있듯이 단위화할 수 있는 대상의 종류가 매우 다양하다. 하지만 대부분의 단위성 의존명사는 단위화하는 대상의 종류가 한정되어 있다.

〈예4.2-2〉
가. 몇 년 전까지만 해도 **흑맥주 파는** 데가 **몇 군데** 없었는데, [대화]
나. 그래서 내 저금통 뜯어서 **공책 두 권**과 연필 두 자루를 샀다. [소설]
다. 3월 중순 이후 수백 년 된 **고매 60여 그루**가 봄을 장식한다. [신문]
라. 이 산맥 동부는 **높이 3700 미터** 안팎의 고원 지대로 기후가 시원하여 도시들이 발달하였다. [학술]

<예4.2-2>의 '군데', '권', '그루', '미터'는 각각 '장소', '책', '식물', '길이'를 나타내는 명사구를 단위화한다. 즉 단위성 의존명사는 단위의 기능을 하는 동시에 단위화하는 대상의 종류가 무엇인지를 나타내는 기능을 하는데 이러한 기능적 특성으로 인해 단위성 의존명사를 가리키기 위해 '**단위사**(unitizer)'라는 용어 대신 '**분류사**(classifier)'라는 용어를 쓰는 경우도 있다. 그러나 여기서는 '분류사' 대신 '단위사'라는 용어를 쓰기로 한다. 단위성 의존명사가 분류사의 기능을 하기도 하지만 이들 범주의 주된 기능은 단위를 제공하는 것이기 때문이다. 이에 대한 근거는 크게 두 가지가 있다. 첫째, 앞서 설명했듯이 단위성 의존명사는 언제나 수량 구성에서만 나타난다는 점이다. 만약 이들 범주의 주된 기능이 명사가 지시하는 대상의 종류가 무엇인지 나타내는 것이라면 수량 구성에만 한정되어 나타나지 않을 것이다. 둘째, 그 의미가 매우 포괄적인 단위성 의존명사가 존재한다는 점이다. <예4.2-1>에서 확인한 바와 같이 '개'는 단위화 대상의 종류가 매우 포괄적이어서 사실상 단위화 대상의 종류가 무엇인지에 대한 정보를 거의 알 수 없다. 만약 단위성 의존명사의 주된 기능이 단위를 제공하는 것이 아니라 대상의 종류를 제시하는 것이라면 아마도 '개'와 같은 포괄적인 범주는 존재하지 않을 것이다.

단위사의 기능을 하는 범주로는 단위성 의존명사뿐만 아니라 보통명사도 있다. 아래의 <예4.2-3>에서 보인 '방울', '갑', '병', '가구', '종류'는 자립적인 보통명사로 쓰이기도 하고 수량사의 수식을 받아 단위를 제공하는 단위사의 기능을 하기도 한다. 보통명사가 단위사로 기능할 때에도 단위성 의존명사와 마찬가지로 단위를 제공하는 기능뿐만 아니라 단위화하는 대상의 종류가 무엇인가를 나타내는 기능도

하는데. <예4.2-3>의 '방울', '갑', '병', '가구'는 각각 '적은 양의 액체', '담배', '액체', '집 또는 가족'을 나타내는 명사를 단위화한다.

〈예4.2-3〉

가. 내 동생은 눈 쪼끔 내린다 **빗방울 한 두 방울** 떨어진다 싶으면 바로 집으로 콜. [대화]

나. "어이, 만수, 내가 말이여, 약값 갚을 때 같이 갚아줄 것잉게, **담배 한 갑**허고 술 **한 병**만 받아 주소" [소설]

다. 이밖에 중동 신도시에서는 **민영 아파트 500 가구**가 마지막으로 새 주인을 맞게 된다. [신문]

라. 지은이와 저작 연대는 알 수 없으나, 현재 전해 오는 **중국의 고대 수학책 10 종류** 〈산경십서〉 중 〈주비산경〉 다음으로 오래된 책이다. [학술]

즉 자립적인 보통명사가 단위사로 사용되는 경우에는 단위성 의존명사와 동일한 기능적 특성을 보인다. 따라서 4.2에서는 4.2.1을 제외한 모든 절에서 단위성 의존명사뿐만 아니라 자립적인 보통명사가 단위사로 사용된 경우도 모두 포함하여 단위사의 문법적 특성 및 사용 양상에 대해 자세히 살펴보기로 한다.

한편, 단위사는 수량사, 단위화 대상과 함께 하나의 구성을 이룬다. 단위사 구성은 <예4.2-1가, 나>와 같이 단위사가 단위화 대상 뒤에 나타나는 '후행 구성'과 <예4.2-1다, 라>와 같이 단위사가 단위화 대상 앞에 나타나는 '선행 구성'이 가장 대표적이다. 이외에도 단위화 대상이 여러 가지 이유로 생략되어 나타나지 않는 '생략 구성'과 단위사 앞에 양수사가 아니라 서수사가 나타나는 '서수 구성'도 있다. 이에 대해서는 4.2.4에서 자세히 다루기로 한다.

4.2.1. 단위성 의존명사의 분포

▶ 말뭉치 계량 결과 제시

• 단위성 의존명사의 사용 빈도: 신문 〉 대화 〉 학술 〉 소설

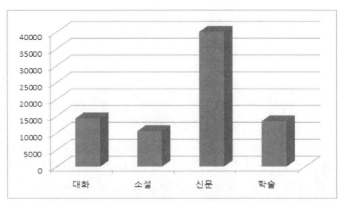

<그래프4.2.1-1> 사용역에 따른 단위성 의존명사의 사용 빈도

▶▶ 말뭉치 계량 결과에 대한 논의

　단위성 의존명사의 사용 빈도가 가장 높은 사용역은 '신문'이고 그 사용 빈도가 가장 낮은 사용역은 '소설'이다. '신문'에서 단위성 의존명사의 사용 빈도가 가장 높은 것은 4장의 도입부에서 제시한 <그래프4-1~4>의 결과와 일치하는 것이다. '신문'은 다른 사용역에 비해 단위성 의존명사의 사용 비율이 약 3배 정도 더 높은데, 이러한 결과는 '신문'에서 단위성 의존명사의 사용 빈도가 가장 높기 때문에 생긴 것이라고 할 수 있다. 이처럼 '신문'에서 단위성 의존명사의 사용 빈도가 가장 높은 것은 4장의 도입부에서 논의한 바와 같이 단위사를 이용한 수량 표현이 정보를 객관적으로 전달하는 수단이기 때문이다. 앞서 제시한 <예4-4>를 다시 가져와 보이면 다음과 같다.

　〈예4.2.1-1〉
　가. 1,200여 명의 사람들이 사고로 죽거나 다쳤다.
　나. 수많은 사람들이 사고로 죽거나 다쳤다.

<예4.2.1-1가>는 단위사를 이용하여 수량을 표현한 예이고 <예4.2.1-나>는 형용사를 이용하여 수량을 표현한 예이다. 이때 전자는 구체적인 수량을 표현함으로써 후자의 경우보다 객관적이고 구체적으로 정보를 전달해 주고 있다. 단위의 기능을 하는 단위성 의존명사는 수량를 나타내는 수량사와만 어울려 쓰이는 문법적 특성이 있는데 이러한 특성으로 인해 '신문'은 수량 표현의 사용 빈도가 가장 높다(2.3, 6.1의 [참고] 참고).

　'신문'에서 단위성 의존명사의 사용 빈도가 가장 높은 이유는 '신문'에서 특정 단위성 의존명사가 매우 빈번히 사용된다는 사실에서도 찾을 수 있다. 단위성 의존명사의 '개별 어휘 빈도 제시'에서도 확인할 수 있듯이 '신문'에서는 날짜의 단위를 나타내는 단위성 의존명사 '년', '월', '일'의 사용 빈도가 다른 사용역에 비해 압도적으로 높다(<표4.2.1-1> 참고). 이는 신문 기사가 '누가, 언제, 어디서, 무엇을 어떻게, 왜'라는 육하원칙에 따라 작성되기 때문이다. 즉 신문 기사는 육하원칙에 따라 '언제'에 해당하는 사실을 반드시 드러내야 하기 때문에 날짜를 나타내는 단위성 의존명사의 사용 빈도가 높은 것이다. 날짜를 나타내는 방법에는 크게 두 가지가 있다. '어제', '오늘', '내일', '지난 주', '이번 주', '다음 주', '지난달', '이번 달', '다음 달', '작년', '내년' 등과 같이 현재를 기준으로 하여 화시적으로 나타내는 방법과 달력상의 구체적인 날짜를 지시하는 방법이다. 그런데 '신문'은 정보 전달이 주된 목적인 사용역이기 때문에 화시적 표현을 이용하기보다는 구체적으로 달력상의 날짜를 지시하는 것이 일반적이다. 뿐만 아니라 현재를 기준으로 날짜를 나타내는 화시적 표현은 화자와 청자가 동일한 담화 공간 내에 존재하거나 서로 공유하는 정보가 많을 때 원활히 사용될 수 있는데 '신문'에서는 독자와 필자가 동일한 담화 공간 내에 존재하지도 않고 공유 정보가 거의 없기 때문에 화시적 표현보다는 달력상의 날짜를 구체적으로 지시하는 것이 일반적이다.

　'소설'에서 단위성 의존명사의 사용 빈도가 가장 낮은 것은 수량 표현의 사용 빈도가 '소설'에서 가장 낮다는 사실과 관계된다(2.3, 6.1의 [참고] 참고). 즉 '소설'에서는 수량 표현의 흔히 사용되지 않기 때문에 이와 함께 나타나는 단위성 의존명사의 사용 빈도도 낮아진다고 할 수 있는 것이다. '소설'에서 수량 표현이 잘 쓰이지 않는 것은 '소설'의 서사(narrative) 장르적 특성에서 기인한다고 볼 수 있다. 인물의 묘사와 사건의 서술이 주를 이루는 서사 장르에서 수량 표현은 두드러지게 사용되지 않기 때문이다.

▶ 개별 어휘 빈도 제시

1. 모든 사용역에서 공통적으로 '년', '월', '일'이 빈도 순위 10위 이내를 차지한다.
2. '학술'을 제외한 모든 사용역에서 '분', '시'가 빈도 순위 10위 이내를 차지한다.
3. 모든 사용역에서 공통적으로 '개', '번', '명'이 빈도 순위 10위 이내를 차지한다.
4. '대화'와 '소설'에서는 '번'의 사용 빈도가 가장 높다.
5. '신문'에서는 '일'의 사용 빈도가, '학술'에서는 '년'의 사용 빈도가 가장 높다.
6. '신문'에서는 다른 사용역에 비해 화폐 단위인 '원', '달러'의 사용 빈도가 높다.

	대화		소설		신문		학술	
	형태	빈도	형태	빈도	형태	빈도	형태	빈도
1	번	1911	번	1655	일	7700	년02	3922
2	개	1525	년02	1060	년02	5459	가지	1836
3	분	1327	월	713	원01	4137	개	922
4	시	1211	일	676	명	4080	월	896
5	명	1026	개	531	월	3354	년대	551
6	원	934	명	472	개	2506	일	505
7	년	873	시	430	시	1234	명	490
8	일	601	가지	403	분08	1087	번	484
9	대	525	살	399	회	832	대06	386
10	달	355	분08	291	위	811	번째	279
11	가지	348	원01	254	번	690	원01	158
12	살	345	장22	242	달러	638	개국	142
13	개월	298	번째	214	대06	503	설	135
14	번째	284	마리	190	평	448	시	134
15	키로	194	대06	141	개월	433	세13	133
16	주	173	달	111	가지	417	조13	131
17	프로	158	호14	99	년대	369	초03	127
18	장	154	대01	87	번째	336	분08	124
19	초	130	대15	83	호14	322	달러	122
20	비비	128	주일	70	세13	311	대15	120
21	주일	99	푼	66	대15	279	권	120
22	퍼센트	92	모금	66	살	268	회	108
23	년도	87	개월	65	건	236	세	85
24	종	85	발짝	61	장22	225	초07	82

25	군데	83	초07	56	시간	196	호14	78
26	헤르쯔	73	리02	56	도	171	위	75
27	자	73	점10	51	주26	162	도	72
28	권	71	권	51	개국	160	개월	69
29	말	69	시간	46	권	159	년도	68
30	년대	64	바퀴	43	초07	157	건	57

<표4.2.1-1> 사용역에 따른 고빈도 단위성 의존명사

▶▶ 개별 어휘 빈도에 대한 논의

모든 사용역에서 공통적으로 날짜를 나타내는 '년', '월', '일'이 빈도 순위 10위 이내를 차지하면서 고빈도로 사용된다. 이는 시간을 나타내는 표현이 우리의 생활에서 매우 필수적으로 사용되기 때문일 것이다. 앞서 논의하였듯이 날짜는 '어제', '오늘', '내일', '지난 주', '이번 주', '다음 주', '지난달', '이번 달', '다음 달', '작년', '내년' 등과 같이 화시적으로 나타낼 수도 있지만 달력상의 구체적인 날짜를 지시하는 방법으로 나타낼 수도 있다. 만약 화자와 청자가 동일한 담화 공간 내에 존재하거나 공유하는 정보가 많다면 현재를 기준으로 하여 화시적으로 날짜를 표현하는 것이 달력상의 날짜를 구체적으로 지시하는 것보다 의사소통상의 효율성을 더 높일 수 있다. 이는 화·청자가 동일한 담화 공간에 있거나 공유 정보가 많을 때 구체적인 지시 표현보다 대용 표현을 사용하는 것이 효과적인 의사소통에 더 도움이 되는 것과 동일한 것이라고 할 수 있다. 이러한 특성으로 인해 '대화'에서는 달력상의 날짜를 지시하기보다 화시적인 날짜 표현이 더욱 빈번히 사용된다. 다른 문어 사용역에 비해 '대화'에서 '년', '월', '일'의 사용 빈도가 낮게 나타나는 것도 이러한 이유 때문이다.

'년', '월', '일'의 사용 빈도가 가장 높은 사용역은 '신문'이다. '신문'에서 나타나는 '년', '월', '일'의 사용 빈도는 다른 사용역에 비해 압도적으로 높다. 앞서 언급했듯이 '신문'에서 날짜를 나타내는 단위성 의존명사의 사용 빈도가 가장 높은 것은 신문 기사에는 육하원칙에 따라 '언제'에 해당하는 사실이 반드시 포함되어야 하고 정보를 객관적으로 전달하기 위해 화시적 표현을 사용하기보다는 달력상의 구체적인 날짜를 지시하는 것이 일반적이기 때문이다.

〈예4.2.1-2〉 [대화]
가. A: 그때 그때 모여? B: 아 **팔월 이십일**?
나. 내 음력 생일은 아마 **십삼일일걸**?
다. 음:: 나 어제 인터넷 깔아 가지구::
라. 그래 그럼, 뭐::~ 아무튼 **내일** 사는 건 기정된 사실이니까 또 일 끝내는 것부터 해야지 일단은 또,

<예4.2.1-2가, 나>에서 확인할 수 있듯이 '대화'에서도 '년', '월', '일'을 이용하여 구체적인 달력상의 날짜를 표현하는 경우가 일반적으로 나타난다. 그러나 <예4.2.1-2다, 라>와 같이 '내일'이나 '어제'로 날짜를 표현할 수 있는 경우에도 '11월 3일'과 같이 구체적으로 날짜를 표현하는 경우는 거의 없다. 반면에, '신문'에서는 '내일'이나 '어제'와 같이 날짜를 표현할 수 있는 경우에도 아래의 예와 같이

구체적으로 날짜를 지시하는 것이 일반적이다. 다음의 예를 보자.

〈예4.2.1-3〉 [신문]

가. 증권감독원은 4일 증시에서의 주식 공급 물량 조절을 위해 그동안 한 달에 두 차례씩 실시해 온 공모주 청약을 올해부터 한 달에 한 번만 실시키로 했다.

나. 유창순 회장 등 전경련 회장단은 4일 서울 세종 문화 회관에서 가진 신년 기자 회견에서 "지금까지는 공산권과 교역 위주로 접촉해 왔으나, 앞으로는 직접 투자가 주요 관심사가 될 것"이라면서 "경제계는 북방 교역 활성화를 위해 공산권 직접 투자를 늘릴 예정이며 일부 대기업에서 이미 공산권 직접 투자 방안을 연구 중"이라고 밝혔다.

다. 서영택 국세청장은 4일 "기업들이 공장 신축 등을 위해 토지를 매입하는 경우 땅값이 치솟는 등 어려움이 많기 때문에 임직원 명의로 매입하는 것이 관례처럼 되어 왔다"고 지적, "그렇다 해도 관련 기업들은 법인 명의로 땅을 사들여야 하며 위장 매입은 있을 수 없다"고 밝혔다.

라. 4일 재무부 및 증권업계에 따르면 지난해 12 · 12 증시 부양 조치로 추진키로 한 코리아 유러 펀드 증자 및 외국인 수익 증권 펀드 신규 설정 계획이 곧 재무부의 내인가를 거쳐 오는 2월 중에 실시될 것으로 알려졌다.

<예4.2.1-3>은 '조선일보 1990년 1월 5일 경제면'에서 가져온 것이다. 물론 <예4.2.1-3가, 라>의 밑줄 친 부분에서 보듯이 '신문'에서도 '올해', '지난해'와 같은 화시적 표현을 쓰기도 한다. 하지만 굵은 글씨로 표시된 '4일', '2월'과 같이 달력상의 날짜를 구체적으로 지시하는 것이 더욱 일반적이다. 위의 예가 1월 5일자 신문에서 가져온 것이라는 점을 고려한다면 일상적인 대화 상황에서 '4일'은 '어제', '2월'은 '다음 달'로 쓰이는 것이 더욱 자연스럽겠지만 '신문'에서는 이러한 화시적 표현이 쓰이지 않고 달력상의 구체적인 날짜로 표현된다.

시간을 나타내는 표현은 날짜를 나타내는 '년', '월', '일' 이외에도 '분', '시'가 있다. '분', '시'도 시간을 나타내는 표현이라는 점에서 '학술'을 제외한 모든 사용역에서 빈도 순위 10위 이내에 나타난다. '학술'에서 '분'과 '시'의 사용 빈도가 높지 않은 것은 '분' 단위나 '시' 단위를 사용할 정도로 세부적인 시간 정보를 제시해야 하는 경우가 드물기 때문일 것이다. '분'과 '시'를 이용하여 세부적인 시간을 나타내야 하는 경우는 '대화'에서 빈번히 발생한다.

〈예4.2.1-4〉 [대화]

가. A: 아 걔 이번 달에 풀루 뛰나? B: 세 시부터 열한 시까진가 열두 시까진가 그럴걸?

나. A: 음, 몇 시 차? B: 아홉 시 삼십 분?

다. 오늘 아침에, 열한 시에 일어났어요 열한 시에.

라. 그럼 네 시에, 야::~ 학관 앞에서 보자.

위의 예와 같이 우리의 일상 대화에서는 '분'과 '시'를 사용하여 세부적인 시간을 나타내는 경우가 많이 나타나는데 이는 우리의 일상생활이 '오늘'이라는 시간 범위 안에서 주로 일어나기 때문일 것이다. 또한 일상 대화에서 시간은 날짜와 달리 화시적 표현보다 '분'과 '시'를 이용하여 구체적으로 시간을 표시하는 것이 더 일반적이다. 가령, <예4.2.1-4라>와 같은 상황에서 우리는 보통 '네 시에 보자'라고 하지 '세 시간 후에 보자'라고 하는 경우는 드물다. 시간을 나타내는 단위인 '초'는 모든 사용역에서 공통적으로 '분'이나 '시'에 비해 그 사용 빈도가 낮은데 이는 일상생활에서 초 단위까지 시간을 자세히 표현할 필요가 많이 없기 때문일 것이다.

'년', '월', '일', '시', '분' 이외에 '개', '번', '명'도 모든 사용역에서 공통적으로 빈도 순위 10위 이내에 나타난다. 이는 '개', '번', '명'이 각각 '사물', '사건', '사람'을 단위화하는 가장 포괄적이고 기본적인 단위성 의존명사라는 사실과 관계가 있다. '사물', '사건', '사람'은 우리의 삶을 이루는 가장 기본적인 요소이기 때문에 이러한 대상을 단위화하는 단위성 의존명사도 모든 사용역에서 공통적으로 사용 빈도가 높을 수밖에 없을 것이다. 사건이나 일이 일어난 횟수를 세는 단위인 '번'은 특히 '대화'와 '소설'에서 빈도 순위 1위를 차지하고 있는데, 이는 '신문', '학술'과 구별되는 특징이라고 할 수 있다. '신문', '학술'은 '대화', '학술'과 달리 각각 '일', '년'의 사용 빈도가 가장 높다. '신문'에서 '일'의 사용 빈도가 가장 높은 것은 날짜를 표현할 때, 가장 구체적인 단위인 '일'을 표현해야 날짜 정보를 정확하게 전달할 수 있기 때문이다. 반면, '학술'에서 '년'의 사용 빈도가 가장 높은 것은 역사적 사건이 일어난 때를 나타내야 하는 경우가 많기 때문이다.

〈예4.2.1-5〉 [학술]
가. 1994년에 일어난 엽기적인 살인 사건들은 이러한 추세를 잘 반영한다.
나. 특히 1980년대 들어 화학조미료의 수요가 정체된 반면 천연조미료의 수요가 급격한 성장세를 보여 새로운 시장이 형성될 가능성이 보이자, 1982년 ㈜미원이 맛나라는 상표로 천연조미료시장에 진입함으로써 조미료 시장은 서서히 가열되기 시작하였다.
다. 1466년(세조 12년)에 종래의 수군 도안무처치사를 고쳐 부른 것으로, 각 도의 모든 수군을 지휘 감독하였다.
라. 임진왜란 전에는 각 도의 수군 절도사가 지휘했으나, 1592년(선조 25년)에 임진왜란이 일어나자, 이순신의 활약으로 수군에 대한 인식이 달라져 3도의 수군을 총지휘할 직책이 마련되었다.

'학술'에서 '년'은 위의 예에서와 같이 역사적 사건이 일어난 때를 나타내기 위해 주로 사용되는데, 역사적 사건을 나타낼 때에는 '일'과 같은 구체적인 날짜까지 표현하는 것이 일반적이지 않다. 한편, '신문'에서는 다른 사용역에 비해 화폐 단위인 '원', '달러'의 사용 빈도가 높다는 특징도 있는데 이는 '신문'의 경제면에서 화폐 단위를 표현해야 하는 경우가 많기 때문일 것이다.

  지금까지 전체 단위성 의존명사의 사용 빈도와 개별 단위성 의존명사의 사용 빈도를 살펴보았다. 여기서는 단위성 의존명사뿐만 아니라 보통명사가 단위사로 사용된 경우를 모두 포함하여 전체 단위사의 사용 빈도와 개별 단위사의 사용 빈도를 제시하기로 한다. 4.2의 도입부에서 이미 밝혔듯이 4.2.1을 제외한 4.2의 모든 절에서는 단위성 의존명사뿐만 아니라 자립적인 보통명사가 단위사로 사용된 경우까지를 모두 포함한 '단위사' 전체를 논의의 대상으로 한다.

  단위사로 사용된 보통명사는 숫자와 수사, 수관형사 뒤에 나타나는 보통명사를 대상으로 하여 수작업으로 분석, 추출한 것이다. 이러한 작업을 거치면서 단위성 의존명사 중 합성어의 내부 요소로 사용되어 단위사로 보기 힘든 것, 말뭉치 오류 등도 계량 결과에서 제외되었다. 또한 앞서 제시한 <그래프4.2.1-1>, <표4.2.1-1>는 연구 대상 말뭉치의 형태 분석 결과를 그대로 반영한 것이기 때문에 기호로 표기된 단위성 의존명사(예. %, $, km 등), 한자로 표기된 단위성 의존명사(예. 年, 月, 日)의 사용 빈도는 포함되지 않았지만 [참고]에서 제시되는 단위사의 사용 빈도에는 기호나 한자로 표기된 단위성 의존명사까지도 모두 포함되었다. 따라서 [참고]에서 제시되는 말뭉치 계량 결과는 앞서 제시한 말뭉치 계량 결과와 차이가 난다.

▶ **말뭉치 계량 결과 제시**

  • 단위사의 사용 빈도: 신문 〉학술 〉대화 〉소설

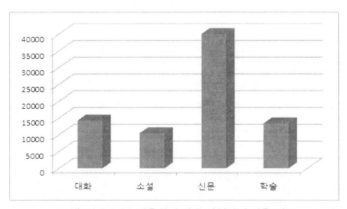

<그래프4.2.1-2> 사용역에 따른 단위사의 사용 빈도

▶▶ **말뭉치 계량 결과에 대한 논의**

  단위사의 사용 빈도 양상과 단위성 의존명사의 사용 빈도 양상을 비교해 보면, '대화'와 '학술'의 빈도 순위에 변동이 있음을 알 수 있다. 단위성 의존명사의 사용 빈도는 '대화'가 '학술'보다 약간 더 높은 데 반해, 단위사의 사용 빈도는 '학술'이 '대화'보다 약간 더 높다. 이러한 결과가 나타난 이유로는 두 가지를 생각해 볼 수 있다. 첫째, '학술'은 '대화'에 비해 보통명사가 단위사로 사용되는 경우가 더 많다는 사실과 둘째, 기호나 한자 등으로 표현된 단위성 의존명사가 단위사의 사용 빈도에 포함되었다는 사실이다. 이 중에서 첫 번째는 '학술'에서 단위사의 사용 빈도를 높이는 결정적 요인이 아니다. 전체 단위사 중에서 보통명사가 차지하는 비율이 '대화'보다 '학술'에서 약간 더 높게 나타나기는 하지만 그 차이가 매우 적기 때문이다. 따라서 단위성 의존명사의 사용 빈도가 더 낮은 '학술'이 '대화'보다 단위사의 사용 빈도가 더 높아지게 된 이유로는 기호나 한자 등으로 표기된 단위성 의존명사가 단위사의 사용 빈도에 포함되었기 때문이라고 할 수 있다. '대화'와 '학술'의 사용 빈도 순위가 바뀐 것을 제외하고는 단위사의 전체적인 사용 양상은 단위성 의존명사의 전체적인 사용 양상과 크게 다를 바가 없다. 보통명사가 단위사로 사용되는 경우와 이에 대한 논의는 4.2.2에서 다루기로 한다.

▶ 개별 어휘 빈도 제시

1. 모든 사용역에서 공통적으로 고빈도 단위사에서 보통명사가 차지하는 비율은 낮다.
2. '학년', '학기', '학점', '학번'이 단위사로 쓰이는 것은 '대화'의 내용 특성을 반영한다.
3. '신문'을 제외한 모든 사용역에서 공통적으로 '사람'이 단위사로 사용된 빈도가 높다.

	대화			소설			신문			학술		
	형태	범주	빈도	형태	범주	빈도	형태	범주	빈도	형태	범주	빈도
1	번04	의존명사	1717	번04	의존명사	1229	일07	의존명사	7484	년02	의존명사	3824
2	개10	의존명사	1521	년02	의존명사	1049	년02	의존명사	5316	가지04	의존명사	1861
3	시10	의존명사	1242	사람	보통명사	732	명03	의존명사	4017	퍼센트	의존명사	1232
4	명03	의존명사	1036	월02	의존명사	703	원01	의존명사	3895	개10	의존명사	902
5	원01	의존명사	955	일07	의존명사	622	월02	의존명사	3264	월02	의존명사	890
6	년02	의존명사	866	개10	의존명사	513	퍼센트	의존명사	3069	세기03	보통명사	752
7	분08	의존명사	780	명03	의존명사	476	개10	의존명사	2342	년대	의존명사	553
8	학년	보통명사	740	살04	의존명사	461	시10	의존명사	1092	일07	의존명사	515
9	시간04	의존명사	631	시10	의존명사	445	분08	의존명사	1020	명03	의존명사	478
10	일07	의존명사	610	가지04	의존명사	401	차03	의존명사	862	사람	보통명사	312
11	점10	의존명사	430	원01	의존명사	309	위05	의존명사	719	번04	의존명사	310
12	달05	의존명사	369	손01	보통명사	291	회08	의존명사	649	번째	의존명사	273
13	가지04	의존명사	350	분08	의존명사	288	번04	의존명사	608	세13	의존명사	212
14	살04	의존명사	348	시간04	의존명사	287	달러	의존명사	607	원01	의존명사	206
15	개월	의존명사	291	달05	의존명사	287	시간04	의존명사	459	편09	의존명사	149

16	학기02	보통명사	291	층02	보통명사	262	강10	보통명사	441	개국01	의존명사	149
17	번째	의존명사	284	장22	의존명사	239	개월	의존명사	412	미터02	의존명사	145
18	학점	보통명사	196	마리01	의존명사	214	가지04	의존명사	410	차03	의존명사	141
19	학번	보통명사	194	학년	보통명사	181	면05	보통명사	393	배09	보통명사	131
20	밴드99	보통명사	177	번째	의존명사	178	년대	의존명사	367	도05	의존명사	128
21	주일03	의존명사	177	차례01	보통명사	152	차례01	보통명사	367	달러	의존명사	128
22	프로01	의존명사	158	걸음	보통명사	102	미터02	의존명사	359	센티미터	의존명사	127
23	주26	의존명사	149	잔03	보통명사	100	평02	의존명사	353	시간04	의존명사	123
24	장22	의존명사	130	대01	의존명사	85	점10	의존명사	353	대15	의존명사	121
25	사람	보통명사	130	대15	의존명사	84	번째	의존명사	332	분08	의존명사	119
26	차03	의존명사	128	놈01	의존명사	80	달05	의존명사	331	권01	의존명사	96
27	편09	의존명사	128	병05	보통명사	74	곳01	보통명사	299	장25	보통명사	91
28	대15	의존명사	125	아이01	보통명사	73	세13	의존명사	293	회08	의존명사	88
29	비비99	의존명사	123	호14	의존명사	69	자14	보통명사	289	단계03	보통명사	85
30	킬로그램	의존명사	121	주일03	의존명사	69	승12	의존명사	289	호14	의존명사	77

<표4.2.1-2> 사용역에 따른 고빈도 단위사

▶▶ 개별 어휘 빈도에 대한 논의

모든 사용역에서 공통적으로 고빈도 단위사에서 보통명사가 차지하는 비율이 낮다. 이는 보통명사의 본래 기능이 단위를 제공하는 것이 아니기 때문이다. 보통명사가 단위사로 쓰인다는 사실로 미루어 볼 때, 단위성 의존명사는 보통명사가 다음과 같은 문법화 과정을 거쳐 형성되었다고 볼 수 있다.

〈예4.2.1-6〉
가. ([사람: 단위화 대상]) [한: 수량사] [사람: 단위사]
나. 군인 한 사람, 경찰 한 사람, 어부 한 사람, 친구 한 사람 등

보통명사가 처음에 단위사로 쓰일 때에는 단위사가 단위사와 동일한 대상을 지시해서 단위화 대상이 나타나지 않는 <예4.2.1-6가>와 같은 구성을 이루었을 것이다. 이러한 구성에서 <예4.2.1-6나>와 같이 단위화 대상의 범위가 점차 넓어지게 되면 단위사로 기능하는 경우가 많아지게 되고 이에 따라 이러한 단위사의 기능이 굳어져 점차 자립적인 쓰임을 잃게 되면 단위성 의존명사로 문법화되는 것이다. 즉, 단위성 의존명사는 보통명사가 단위사의 기능만을 전문적으로 담당하는 범주로 발달한 것으로 볼 수 있는 것이다. 그렇기 때문에 전체 고빈도 단위사 중에서 보통명사는 단위사의 기능만을 전문적으로 담당하는 단위성 의존명사에 비해 그 비중이 낮을 수밖에 없을 것이다.

고빈도로 사용된 보통명사 단위사는 특정 사용역의 내용적 특성을 반영하기도 하는데 '대화'에서의 '학년', '학기', '학점', '학번'이 그 대표적인 예라고 할 수 있다. '대화'에서 이러한 단위사가 고빈도로 사용된 것은 '대화' 말뭉치가 대학생들의 일상 대화로 주로 구성되었기 때문이다. 이들 보통명사가

단위사로 사용된 예를 보이면 다음과 같다.

〈예4.2.1-7〉[대화]

가. 진짜 학부형들은 어떤 사람은 말 떨어지자마자 그냥 **한 학년** 껄 자기가 다 해 버리는 거야 버티칼도,

나. 형 얘기하는 걸 들어 보니까 **한 학기** 더 다녀야 되는 거 같애.

다. 사학년 일 학기 때 개설된 거 거의 없으니까 다음 학기 때 **십칠 학점** 들어야 돼.

라. 난 **한 학번** 차이 나도 나 효 난 효진이 갈굴 수 있어.

'신문'을 제외한 모든 사용역에서 '사람'은 빈도 순위 30위 이내에 있는데, 보통명사 '사람'은 '명', '놈', '분'과 같이 '사람'을 나타내는 명사를 단위화하는 데 쓰인다. '놈'과 '분'은 '비하'와 '존대'의 의미가 있지만 '명'과 '사람'은 그 의미가 중립적이다. 따라서 '명'과 '사람'은 아래의 예에서와 같이 자유롭게 교체되어 쓰일 수 있다.

〈예4.2.1-8〉

가. 맹인 한 {사람/명}이 탔어, [대화]

나. 경찰관 두 {사람/명}이 소파에 앉아 그의 귀가를 기다리고 있었다. [소설]

다. 요르단의 가장 서쪽에 위치한 마을인 루웨이샤에서 사막 군복을 입은 **미군 두** {사람/명}을 볼 수 있었다. [신문]

라. 거리에 거닐고 있는 **시민 한** {사람/명}을 놓고 볼 때에는 사회 조직과 무관한 개인인양 여겨지지만, 그 구체적인 개개인은 모두가 어떤 형태로든 집단성원의 일원임에 틀림없다. [학술]

그러나 '명'과 '사람'이 교체되어 쓰일 때에 의미적 차이가 전혀 없는 것은 아니다. 보통명사 '사람'은 의존명사 '명'과는 달리 단위화의 기능뿐만 아니라 개체 지시의 기능도 동시에 수행한다. 즉 '사람'은 단위사인 동시에 보통명사 '사람'과 마찬가지로 개체를 가리키는 것이다. 이에 대해서는 4.2.3.1의 [참고1]에서 자세히 다루기로 한다. 뿐만 아니라, 여기서 소략하게 언급한 보통명사의 단위사적 용법은 4.2.2에서 본격적으로 논의할 것이다.

4.2.2. 보통명사의 단위사적 용법

단위사로만 기능하는 명사는 수사나 수관형사 등의 수량사의 수식을 받아야만 문장에서 나타날 수 있기 때문에 의존명사의 지위를 가진다. 하지만 실제로 단위사로 기능하는 명사들의 유형은 의존명사보다 보통명사가 더 많다. <표준국어대사전>을 기준으로 하여 연구 대상 말뭉치에서 나타난 단위사를 분류해 보면, 단위성 의존명사의 수는 총 275개이고 단위사로 사용된 보통명사의 수는 351개이다. 4.2.2에서는 보통명사가 단위사로 사용되는 경우에 대해서 자세히 살펴보도록 하는데, 주로 보통명사가 단위사로 사용되는 이유와 어떤 종류의 보통명사가 단위사로 자주 사용되는지 그 특성에 대해서 논의하도록 한다.

보통명사가 단위사로 사용되는 이유에 대해서는 단위화 대상을 나타낼 수 있는 적절한 단위성

의존명사가 있는 경우와 적절한 단위성 의존명사를 찾기 어려운 경우로 나누어 살펴볼 수 있다. 먼저 단위화 대상을 나타낼 수 있는 적절한 단위성 의존명사가 있음에도 불구하고 보통명사가 단위사로 사용되는 첫 번째 이유로는 문체적 차이를 들 수 있다.

사람을 단위화할 때에는 단위성 의존명사 '명'을 사용하는 것이 가장 일반적이다. '명'은 사람을 단위화하는 단위사 중 그 사용 빈도가 가장 높을 뿐만 아니라 단위사로 사용된 보통명사 '사람'과 '인'이 나타난 거의 모든 예에서 자유롭게 교체되어 쓰일 수 있다. 그럼에도 불구하고 '명' 대신 보통명사 '사람'과 '인'이 단위사로 사용되는 이유는 문체적 효과 때문이다. 우선, '사람'은 단위사로 사용되어도 보통명사 '사람'과 마찬가지로 단위화 대상을 직접 가리키기 때문에 단위화 대상을 강조하는 표현적 효과를 지닌다. '소설'과 같이 표현적 효과가 중요한 사용역에서 단위사 '사람'의 사용 빈도가 높은 것도 이러한 이유 때문이라고 할 수 있다. 한편, '인'은 고유어 수사와 함께 나타나는 '명'이나 '사람'과 달리 한자어 수사와 함께 나타날 수 있다는 점에서 '명'이나 '사람'에 비해 격식적인 효과를 주는데 이로 인해 '인'은 격식적인 사용역인 '신문'과 '학술'에서 주로 사용된다. 다음은 단위사 '명', '사람', '인'이 사용된 예를 보인 것이다.

〈예4.2.2-1〉

가. 작은 아빠 자식이 두 **명**이었어. [대화]

나. 그 밤을 등지고 **여자들이** 서너 **명** 서 있었다. [소설]

다. 한통프리텔은 이밖에 올해 안에 110만 **명**의 가입자를 추가로 확보, 전체 가입자를 535만 **명**으로 대폭 늘리고 무선인터넷서비스를 강화해 차세대 무선인터넷 시장을 선점하겠다고 밝혔다. [신문]

라. '별들의 전쟁'을 만든 루카스 감독은 루카스 필름 내에 컴퓨터 부서를 설치하고 뉴욕 공대의 저명한 그래픽스 **전공학자를** 4**명**이나 끌어들였다. [학술]

〈예4.2.2-2〉

가. 우리 부서 세 **사람**이서, 일하기는 너무 빡빡하구, [대화]

나. 대기실에는 서너 **사람**의 늙은이들이 석고처럼 앉아서 진찰 차례를 기다리고 있을 뿐, 주위는 숨 막힐 듯한 적막 속에 빠져 있었다. [소설]

다. 글을 올린 정 회장은 "보통 1년의 절반 정도를 병원에서 지내는데 **환자** 한 **사람**의 입원비로만 연 2천만원 정도 들어가는 형편"이라고 안타까운 처지를 털어놓았다. [신문]

라. 경제협력개발기구(OECD)의 여러 나라에서는 **근로자** 한 **사람**이 일생 동안 직업을 평균 5~6번 바꾼다고 한다. [학술]

〈예4.2.2-3〉

가. 1**인**분 더 먹을 수 있겠어? [대화]

나. 불빛이 그다지 밝지 않은 것으로 보아 2**인**용 소파 옆에 스탠드를 켜 놓은 모양이다. [소설]

다. 300**인** 이상의 민간기업에서 전체 노동자의 2%를 의무적으로 고용하도록 한 현행 규정을 외국 수준으로까지 대폭 강화해야 한다는 지적이다. [신문]

라. 1980년대만 해도 전체 취업 인구 중 농민의 비가 3**인** 중 1**인**이었던 것이 지금은 10**인** 중 1**인**에 불과하다. [학술]

<예4.2.2-1>에서 확인할 수 있듯이 '명'은 모든 사용역에 자연스럽게 사용되고 수량사가 나타내는 수의 크기에 관계없이 두루 사용되는, 사람을 단위화하는 가장 일반적인 단위사이다. 그러나 <예4.2.2-2>에서 보듯이 '사람'은 수량사가 나타내는 수의 크기가 작을 때에만 주로 사용되고 단위화 대상인 사람을 직접 가리키기 때문에 단위화 대상을 강조하는 표현적 효과가 크다. <예4.2.2-3다, 라>는 '삼백 인', '삼 인', '일 인', '십 인'과 같이 '인'이 한자어 수사와만 함께 사용되고 이로 인해 격식적인 효과를 준다는 것을 보여 준다. 그러나 <예4.2.2-3가, 나>와 같이 '인'이 '인분', '인용'과 같이 한자어 접미사가 결합된 구성의 한 요소로 나타날 때에는 '대화'나 '소설'과 같은 비격식적인 사용역에서도 자연스럽게 사용될 수 있다(4.2.3.1.1의 [참고1] 참고).

　　문체적 효과 때문에 보통명사가 단위사로 사용되는 또 다른 예로는 '차례'를 들 수 있다. '차례'는 특정 유형의 '사건'이나 '행위'를 단위화하는 '바퀴', '방' 등과 달리 다양한 유형의 '사건'이나 '행위'를 단위화할 수 있다. 이러한 단위사로는 '번'과 '회'가 있는데 아래의 예문에서 보는 바와 같이 '번', '회', '차례'는 자유롭게 교체되어 쓰일 수 있다.

〈예4.2.2-4〉
가. 개는 고삼 때 진로가 한 {세네 번/삼사 회/세네 차례} 바뀌었어. [대화]
나. 이제 시인 한은옥이 다시 태어나기 위해서는 또 {한 번/일 회/한 차례}의 변신을 해야 한다. [소설]
다. 독일은 결승전에 모두 {일곱 번/칠 회/일곱 차례} 진출하는 쾌거를 이뤘으나, 준우승만 4차례 차지하는
　　진기록을 세우는 데 만족해야 했다. [신문]
라. 덴마크의 요한센에 의하면, 순계란 반드시 {1만 번/1만 회/1만 차례} 이상 자가 수정을 시켜 유전자가
　　호모가 된 것이다. [학술]

위의 예에서 확인할 수 있듯이 '번', '회', '차례'는 서로 자유롭게 교체되어 쓰일 수 있고 기능상의 차이가 발견되지 않는다. 하지만 이 세 단위사들은 격식성에 있어서 일정한 차이를 보인다. 우선, '번'과 '차례'는 고유어 수사와 함께 나타날 수 있지만 '회'는 앞서 살펴본 '인'과 마찬가지로 한자어 수사와만 함께 나타날 수 있다. 이러한 차이로 인해, '회'는 '번'이나 '차례'보다 격식성이 더 높다. 따라서 '회'는 비격식적인 사용역인 '대화'나 '소설'에서 사용되면 매우 어색하다. 그런데 '차례'는 '회'보다 격식성이 떨어지지만 '번'에 비해서는 보다 격식적인 느낌을 준다. '차례'는 '대화'나 '소설'에서 '회'보다는 자연스럽게 사용될 수 있지만 구어 사용역인 '대화'에서는 다소 어색하다는 느낌을 준다. 이러한 점을 미루어 볼 때, '차례'는 '번'과 '회'의 중간 정도의 격식적 효과를 주는 것으로 보인다(4.2.3.1.1의 [참고2] 참고).

　　단위성 의존명사가 있음에도 보통명사가 단위사로 사용되는 것은 문체적 효과 이외에도 표현의 구체성이나 전문성에서도 그 이유를 찾을 수 있다. 한국어의 단위성 의존명사 중에는 '개', '번', '회' 등과 같이 다양한 대상을 단위화할 수 있는 포괄적 단위사가 있기 때문에 단위화 대상에 적절한 단위사를 찾아 사용하는 것이 그리 어렵지 않다. 그러나 단위사가 가리키는 단위화 대상의 범위가 넓으면 단위화 대상이 구체적으로 무엇인지 나타낼 수 없기 때문에 표현의 구체성은 떨어지기 마련이다. 따라서 표현의 구체성을 높이고자 할 때에는 단위화하는 대상을 구체적으로 명시해 줄 수 있는 보통명사를 단위사로 사용하게 된다. 아래의 예를 보자.

〈예4.2.2-5〉

가. A: 전 좌석이 {몇 좌석인지/몇 개인지} 알아? B: {육십 팔 좌석/육십 팔 개}. [대화]

나. 또 학생들의 학습 부담이 줄어들 수 있도록 주당 수업 시간을 국민 학교 4~6학년은 1시간씩, 중학교는 2시간씩 축소했으며 고교의 경우는 학기당 이수 과목을 현재의 {18-20과목에서/18-20개에서} {12과목으로/12개로} 줄였다. [신문]

다. 이로써 동인문학상 후보작은 6월까지 백민석 소설집 '장원의 심부름꾼 소년', 오수연 연작 장편 '부엌', 김형경 장편 '사랑을 선택하는 특별한 기준', 이병천 소설집 '홀리데이', 한강 장편 '그대의 차가운 손', 권지예 소설집 '꿈꾸는 마리오네뜨', 강영숙 소설집 '흔들리다', 민경현 소설집 '붉은 소묘'를 포함, 모두 {10작품이/10개가} 됐다. [신문]

라. 기력별로 188명을 6개 그룹으로 분리, 맥과 사활 관련 {30문항씩의/30개씩의} 문제를 풀게 했다. [신문]

〈예4.2.2-5〉에서는 '좌석', '과목', '작품', '문항'이 각각 단위사로 사용되었는데 이들은 모두 '개'로 바꾸어 쓸 수도 있다. 그러나 포괄적인 단위성 의존명사 '개'를 사용하지 않고 보통명사를 단위사로 사용함으로써 단위화 대상을 더욱 구체화하는 효과를 얻고 있다. '개'는 구체적인 사물뿐만 아니라 추상적 개체까지 모두 단위화할 수 있어 단위화 대상의 부류가 무엇인지 구체적으로 나타내어 주지 않지만 '좌석', '과목', '작품', '문항'은 각각 단위화 대상의 부류를 구체적으로 나타내어 주기 때문에 표현의 구체성을 높여 준다.

이와 비슷한 예로는 〈예4.2.2-6〉과 〈예4.2.2-7〉을 들 수도 있다.

〈예4.2.2-6〉

가. 펜싱은 사용하는 검에 따라 플뢰레(fleuret)와 에페(e'pe'e) 및 사브르(sabre)의 3종목이 있다. [학술]

나. 겉보리에는 항미, 부농, 올보리, 강보리, 밀양 6호, 부흥, 동보리 1호 외에 10여 품종이 있으며, 쌀보리에는 논산 16호, 백동, 광성, 목포 51호, 무안보리, 향천과 1호 등의 7품종이 있고, 맥주용 보리에는 향맥, 골든 멜론, 사천 2호, 사천 6호, 두산 8호의 5품종이 장려 품종으로 되어 있다. [학술]

〈예4.2.2-7〉

가. 박종환 감독은 30일 "비교적 약체와 맞붙을 2주간이 우승의 가능성을 타진해 볼 절호의 기회"라고 전제하고 3게임에서 최소한 2승 1무를 거둬야 전반기 우승을 바라볼 수 있을 것"이라며 선수단의 정신무장을 독려하고 있다. [신문]

나. 두 팀은 개막 이후 8연승을 달리며 '개막 연승' 기록(종전 6연승)을 나란히 깼다. [신문]

다. 4연패의 벼랑에 몰렸던 전남은 대우를 홈으로 불러들여 3-2의 짜릿한 승리를 거두며 연패의 사슬을 끊었다. [신문]

〈예4.2.2-6〉의 '종목', '품종'은 모두 '종류'를 단위화하는 단위성 의존명사 '가지'로 바꾸어 쓸 수 있고 〈예4.2.2-7〉의 '게임', '연승', '패'는 모두 '사건'을 단위화하는 '번'이나 '회'로 바꾸어 써서 '게임 3번', '8회 연속 승리', '4회 연속 패배'와 같이 나타낼 수도 있다. 그러나 '가지'보다는 '종목', '품목'이 가리키는 단위화 대상의 부류가 더 구체적이고 '번'이나 '회'보다는 '게임', '연승', '연패'가 단위화하는 대상의 부류가 더 구체적이다. 특히 '게임', '연승', '연패'는 단위화 대상과 단위사가 거의 일치하여 단위화 대상이 매우 제한적이다. 따라서 위의 예와 같이 단위화 대상의 범위가 넓은 단위성 의존명사를 사용하지 않고 단위화 대상이 보다 명시적인 보통명사를 단위사로 사용하게 되면 표현의 구체성이 높아지게 되는 것이다.

한편, 다음의 예는 전문적 영역에서 주로 사용되는 보통명사가 단위사로 사용되면서 단위화 대상의 부류를 더 제한적이고 구체적으로 해 주어 표현의 전문성을 얻게 된 경우로 볼 수 있다.

〈4.2.2-8〉

가. 가면극의 내용은 파계승에 대한 조롱, 양반 계급에 대한 풍자, 처첩을 거느린 사람의 가정 파탄, 서민들의 생활 모습 등을 그린 것으로서 7마당으로 이루어져 있다. [학술]

나. 발견된 유골이라는 것은 두개골과 치아 2본인데 뇌의 용량은 오늘날의 인류의 것보다 퍽 적어 바로 인원(人猿)의 중간밖에 못 오나, 대퇴골은 분명히 직립 생활자임을 표하므로 아직 원류(猿類)에 가까운 이류라는 의미에서 직립원인이라 이름 지었다. [학술]

위의 예에서 '마당', '본'은 모두 '개'로 바꾸어 쓸 수 있다. 그러나 '개' 대신 '마당', '본'을 사용하면 단위화 대상이 '판소리의 단락', '유물'로 더욱 구체화될 수 있을 뿐만 아니라 이로 인해 표현의 전문성까지도 확보할 수 있게 된다.

단위사가 단위화하는 대상의 구체성을 높이기 위해서 아래와 같이 일정한 형상을 가리키는 보통명사를 단위사로 사용하는 경우도 있다.

〈예4.2.2-9〉

가. 마침 가게에는 두부가 두 모 남아 있다. [소설]

나. LG는 6차전을 앞두고 선수들의 피로회복을 위해 **장뇌삼을** 1인당 **한 뿌리씩** 먹었다. [신문]

다. 3가닥의 전선 중에 어느 2가닥만을 취해도 단상 교류가 얻어지므로, **3가닥의 전선으로** 3개의 단상 교류를 동시에 보낼 수 있다. [학술]

라. 성진은 **오징어 한 가닥을** 씹으면서 음침한 복도를 지켜보았다. [소설]

마. 석순은 제가 싸온 눌려 찌부러진 **김밥 한 도막을** 손으로 집어서 김 선생님의 입에다 넣어 주었습니다. [소설]

<예4.2.2-9가, 나, 다>의 '모', '뿌리', '가닥'은 모두 '개'로 바꾸어 쓸 수 있다. 그러나 '개' 대신 '모', '뿌리', '가닥' 등의 형상을 가리키는 보통명사를 단위사로 사용하면 단위화 대상이 비슷한 형상을 가진 사물로 제한되므로 표현의 구체성이 높아진다. 일정한 형상을 가진 보통명사를 단위사로 사용함에 따라 표현의 구체성이 높아진 것은 <예4.2.2-9라, 마>에서 훨씬 더 잘 드러난다. '가닥'은 '한 군데서 갈려 나온 낱낱의 줄'을 뜻하므로 '오징어 한 가닥'은 '길게 잘라 놓은 오징어 조각이 하나'라는 것을 알 수 있다. 그러나 이를 '오징어 한 개'로 바꾸어 쓰면 오징어 한 마리를 가리킬 수도 있고, 잘라 놓은 오징어 한 조각을 가리킬 수도 있어 표현의 구체성이 떨어진다. 마찬가지로 '김밥 한 개'라고 하면 김밥 한 줄인지, 김밥 한 줄을 작게 잘라 놓은 한 조각인지 알 수가 없다. 그러나 '김밥 한 도막'은 작게 잘라 놓은 김밥 한 조각을 분명히 드러내 주게 되어 표현의 구체성이 높아진다.

지금까지는 단위화 대상을 단위화할 수 있는 단위성 의존명사가 있음에도 불구하고 보통명사가 단위사로 사용되는 경우에 대해서 살펴보았는데 이제부터는 단위화 대상을 단위화할 수 있는 적절한 단위성 의존명사를 찾기 어려울 때 보통명사가 단위사로 사용되는 경우를 살펴보기로 한다. 단위화 대상을 단위화할 수 있는 적절한 단위성 의존명사를 찾을 수 없는 대표적인 예로는 단위화 대상의

양을 단위화하는 경우를 들 수 있다. 일반적으로, 단위화 대상의 양을 단위화할 때에는 도량형 단위성 의존명사를 사용할 수 있다. 그러나 양의 단위가 표준적인 척도에 따라 정해져 있는 도량형 단위사는 정확성이 요구되는 특정 상황에서만 주로 사용되며 일상생활에서는 잘 사용되지 않는다. 오히려 일상생활에서는 단위화 대상의 양을 단위화하기 위해 '용기', '집합'이나 '묶음', '형상', '신체'를 나타내는 보통명사들을 단위사로 사용한다(4.2.3의 양 단위사의 분류 참고).

먼저 '용기'를 나타내는 보통명사가 단위사로 사용된 예를 보이면 아래와 같다.

〈예4.2.2-10〉
가. 콜라 한 잔 줄까? [대화]
나. 테레사가 부엌에서 저녁을 준비하는 동안 가르시아는 한 대접의 꿀물을 마신 다음 소파에 편안히 기대어 앉아 조금 전에 배달된 석간을 가져다 읽기 시작했다. [소설]
다. 잠시 후 어미는 소주 두 병, 오징어, 아이스크림, 빵을 사들고 돌아왔다. [소설]
라. 세상 돌아가는 얘기를 하기에는 모르는 게 너무 많고, 시시콜콜한 집안 얘기를 하기에는 긴 설명이 필요해서 그들은 순대볶음 한 접시를 다 비우고, 바닥에 붙은 양배추와 파 조각을 최후까지 집어먹는다. [소설]
마. 그는 밥을 무려 세 공기나 먹어 주었다. [소설]
바. 눈길을 녹이기 위한 염화칼슘도 25kg들이가 20만 부대나 있었다. [신문]

〈예4.2.2-11〉
가. 저녁에 이시호우가 과일 한 바구니를 사 들고 가르시아를 찾아왔다. [소설]
나. 그들은 담배 한 갑, 껌 한 통까지 깡그리 털어갔다. [소설]
다. 동양제과는 '성곡 미술관이 슈퍼마켓 뮤지엄 전시회를 준비 중'이라는 정보를 입수하고, 스낵류 60상자를 제공하겠다고 먼저 제의했다. [신문]

<예4.2.2-10>의 단위화 대상은 액체, 음식, 가루 등의 비가산명사이다. 이들은 모두 '시시', '리터' 등의 부피를 나타내는 도량형 단위성 의존명사를 사용하여 단위화할 수 있지만 일상적 표현으로는 잘 쓰이지 않는다. 그 대신 우리의 일상생활에 가까이 있어 그 부피를 쉽게 확인할 수 있는 용기를 이용하여 단위화하게 되면 단위화 대상의 양을 더욱 쉽게 알 수 있게 된다. <예4.2.2-11>은 단위화 대상이 모두 가산명사이다. 그러나 가산명사라고 해도 그 낱낱의 수가 아니라 양으로 단위화하기 위해서는 '바구니', '갑', '통', '상자'와 같이 '용기'를 나타내는 보통명사를 단위사를 사용하게 된다.

'용기'뿐만 아니라 '집합'이나 '묶음'을 나타내는 보통명사도 단위화 대상을 양으로 단위화하는 데 사용된다.

〈예4.2.2-12〉
가. 건장한 젊은이들 두 패가 한꺼번에 몰아닥친 것만도 충분히 의심할 만했다. [소설]
나. 가수 분과 위원회(위원장 김광진)가 처음으로 주최하는 이번 무대에는 어쩔 수 없이 출연진을 20팀으로 제한해야 할 정도로 많은 가수들이 출연을 자원했다. [신문]
다. 69세에서 90세 된 양로원의 노인들을 두 집단으로 구분하였다. [학술]

위의 예문에서 단위화 대상은 '젊은이', '출연진', '노인'으로 이들은 모두 낱낱으로 그 수를 셀 수 있지만 일정한 양으로 단위화되고 있다. 그런데 이때 이들 단위화 대상을 양으로 단위화할 수 있는 적절한 단위성 의존명사를 찾기 어려우므로 '집합'을 나타내는 보통명사를 단위사로 사용하게 되는 것이다.

한편, 다음과 같이 '신체'를 나타내는 보통명사도 단위사로 사용된다.

〈예4.2.2-13〉 [소설]
가. 수혜가 호박죽을 한 입 떠먹었을 때 신 여사가 불쑥 물었다.
나. 한 위인이 괴춤을 헐더니 때국이 꾀죄죄한 수수떡 한 주먹을 내놓았다.
다. 가운데 덩치 큰 녀석이 두 발쯤 앞으로 나서더니 거만하게 말했다.

<예4.2.2-13가, 나>에서는 '호박죽', '수수떡'을 단위화하기 위해 신체 부위를 나타내는 '입', '주먹'이 사용되고 있다. 이때 이들 단위사는 의미의 전이를 겪고 있는데, '입'은 '한 번 먹을 때 입으로 들어가는 양'을 나타내고, '주먹'은 '한 번 주먹을 쥐었을 때 그 주먹 안에 들어가는 양'을 나타낸다. <예4.2.2-13다>에서는 '발'이 단위사로 사용되어 '길이'를 단위화하고 있다. 이때도 '발'은 '발'이 가진 원래의 의미가 아니라 '두 발을 번갈아 놓는 만큼의 거리'를 뜻한다. '신체'를 나타내는 보통명사가 단위사로 사용되는 이유도 '용기'를 나타내는 보통명사가 단위사로 사용되는 이유와 동일하다. 위의 예에서 '입', '주먹', '발'은 각각 '시시', '그램', '센티미터'로 바꾸어 쓸 수도 있다. 그러나 도량형 단위성 의존명사를 사용하지 않고 우리에게 친숙한 신체 부위를 이용하여 단위화하게 되면 단위화 대상의 양을 더욱 쉽게 알 수 있다.

이 외에도 단위화 대상을 단위화할 수 있는 적절한 단위성 의존명사를 찾기 어려워 보통명사가 단위사로 사용되는 경우로는 다음과 같은 예를 들 수 있다.

〈예4.2.2-14〉 [신문]
가. 정민태는 1차전에서도 8이닝 동안 2안타 무실점으로 호투했었다.
나. 2년 연속 최우수 외국인선수상을 차지한 동양의 마르커스 힉스는 아무리 컨디션이 나쁘고 상대 견제가
    심해도 4쿼터 중 한두 쿼터는 확실하게 제 몫을 해주는 선수.

〈예4.2.2-15〉
가. 해안에서 한 코스로 이렇게 놀고 가게끔 하게. [대화]
나. 서너 정류장 이전부터 조금씩 미적거리는 조짐을 보이기 시작하던 버스는 채란이 내려야 할 정류장을 겨우
    한 코스 남겨 놓고 슬그머니 멎어 버리는가 싶더니 기어이 요지부동이다. [소설]

<예4.2.2-14>의 '이닝', '쿼터'는 주로 스포츠 용어로만 사용되는데, 이들 단위사 대신 바꾸어 쓸 수 있는 단위성 의존명사가 없기 때문에 스포츠 용어 자체가 단위사로 사용되는 것이다. <예4.2.2-15가>의 '코스'는 '노는 행위'를 단위화하는 데 사용되었고 <예4.2.2-15나>의 '정류장'은 '한 정류장에서 또 다른 정류장까지의 거리'를 단위화하는 데 사용되었다 이 예도 단위화 대상을 적절히 단위화할 단위성 의존명사가 없어서 보통명사가 단위사로 사용된 경우라고 볼 수 있다.

보통명사가 단위사로 사용될 때에는 보통명사가 나타내는 의미 그대로 사용되는 경우가 많다.

예컨대, '사람', '차례', '문항', '연패', '연승', '조각' 등과 같은 단위사는 단위사가 가리키는 대상과 단위화 대상이 동일하다. 그러나 '입', '주먹', '발', '정류장' 등과 같이 의미가 전이되는 경우도 있다. 앞서 살펴보았듯이 '모금', '주먹', '발', '정류장'은 각각 '한 입에 들어가는 양', '한 주먹에 들어가는 양', '한 번 발로 걸음을 뗴었을 때의 길이', '버스가 한 정류장에서 또 다른 정류장까지의 거리'를 나타내는 것으로 이들 단위사 자체가 단위화 대상을 가리키는 것은 아니다. 이와 같이 보통명사가 단위사로 쓰이면서 의미의 전이를 보이는 것은 대개 양을 단위화할 때에 나타난다.

　보통명사가 단위사로 사용될 때에는 단위사가 단위화 대상을 직접 가리키는 경우가 많기 때문에 문장 내에 단위화 대상이 나타나는 것이 어색해지는 경우가 많다. 따라서 보통명사 단위사가 사용될 때에는 단위화 대상이 주로 생략되거나 때로는 단위화 대상이 나타나는 것이 제약되기도 한다. 그러나 '사람'과 같이 포괄적 의미를 가져 여러 하위어를 가질 수 있는 보통명사의 경우에는 '경찰', '학생', '노인' 등과 같은 여러 하위어들을 모두 단위화할 수 있기 때문에 단위화 대상이 문장 내에 나타나는 경우가 많다. 또한 '용기', '형상', '집합' 등을 가리키는 보통명사도 이들이 곧 단위화 대상이 되는 것은 아니므로 단위화 대상이 문장 내에 나타나는 것이 일반적이다.

▶ 말뭉치 계량 결과 제시1

1. 보통명사 단위사의 음절 수: 2음절(199개) 〉 1음절(102개) 〉 3음절 이상(50개)
2. 고빈도(사용 빈도 100이상) 보통명사 단위사의 음절 수: 1음절(23개) 〉 2음절(11개)

▶▶ 말뭉치 계량 결과에 대한 논의1

　단위사로 사용된 보통명사의 음절 수를 살펴보면, 거의 대부분 1음절 혹은 2음절로 이루어져 있다는 것을 알 수 있다. 단위사로 사용된 보통명사 중 2음절인 것은 199개이고 1음절인 것은 102개로인데 이는 단위사로 사용된 전체 보통명사 중 약 88%를 차지한다. 3음절 이상인 보통명사 단위사는 총 50개인데, 이 중 3음절로 된 것은 45개이며 4음절 이상인 것은 5개에 불과하다.

　고빈도 보통명사 단위사의 음절 수를 살펴보면, 3음절 이상인 것은 전혀 없고 1음절로 된 것이 2음절로 된 것보다 2배 이상 많다. 이를 통해 고빈도로 사용되는 보통명사 단위사일수록 음절이 짧다는 것을 알 수 있다. 그런데 어떠한 보통명사가 단위사로서 높은 빈도로 사용된다는 것은 단위사로서의 기능이 전문화될 가능성이 더 크다는 것을 말해 주는 것이다. 따라서 고빈도 보통명사 단위사에 1음절 보통명사가 많다는 사실을 통해 음절이 짧은 보통명사가 단위성 의존명사와 같이 단위사로서의 기능이 전문화된 범주로 발달할 가능성이 크다는 것을 짐작해 볼 수 있다. 요컨대, 3음절 이상인 보통명사는 단위사로 잘 사용되지 않으며, 특히 4음절 이상인 보통명사가 단위사로 사용되는 것은 극히 제약되는데 이는 음절이 짧은 보통명사일수록 단위사로 사용되는 경향성이 더 크다는 것을 보여 주는 것이다.

▶ 말뭉치 계량 결과 제시2

단위사로 사용된 보통명사를 그 특성에 따라 완전히 분류하기는 어렵다. 즉, 몇 가지 기준만으로는 모든 보통명사 단위사를 체계적으로 분류할 수는 없다. 그러나 보통명사가 단위사로 사용될 때에는 일정한 경향성을 보이는데 그러한 경향성에 따라 단위사로 사용된 보통명사를 어느 정도 분류해 볼 수 있다. 단위사로 사용된 보통명사를 몇 가지 경향성에 따라 분류해 보면 아래와 같다.

1. '용기'를 나타내는 보통명사 단위사

    잔03, 병05, 그릇01, 컵, 상자10, 갑05, 자루02, 사발01, 접시, 통10, 숟가락, 봉지06, 박스, 숟갈, 가마니01, 캔, 통01, 방구리01, 공기07, 대야01, 됫박, 잘구, 대접01, 보따리, 부대04, 자루01, 단지01, 동이01, 가마04, 궤짝, 냄비, 바구니, 봉투02, 소쿠리, 수레01, 주전자, 트럭, 광주리01, 깡, 꾸러미, 독01, 됫병, 바가지, 바께쓰, 바탱이, 박09, 배낭01, 보자기02, 삽01, 양동이, 찻술, 봉08, 지게01, 포대03, 팩03 등

2. '집합'이나 '묶음'을 나타내는 보통명사 단위사

    쌍02, 팀01, 집단, 단체02, 패03, 무리01, 다발01, 묶음, 그룹01, 단01, 상04, 떼01, 죽02 등

3. '형상'을 나타내는 보통명사 단위사

    줄01, 마디01, 송이01, 방울01, 가닥, 개비01, 겹, 행01, 줄기01, 덩어리, 포기01, 동강01, 뭉치, 켜, 토막01, 가치03, 무더기, 통02, 꺼풀01, 덩이, 도막01, 롤, 모03, 굽이, 뿌리, 봉우리01, 개피02, 오리01, 프레임, 판08, 뭉텅이, 뭉텅이, 알갱이02, 오라기, 라인01, 그리드02, 편01, 축09, 조각01, 잎01 등

4. 포괄적 의미를 지니는 보통명사 단위사

    사람, 인02, 곳01, 종09, 종류02, 형태, 지역03, 영역03, 유형07, 차례 등

5. 전문 영역에서 주로 사용되는 보통명사 단위사

    강10, 판10, 누08, 골14, 사12, 경기11, 타02, 게임, 라운드, 연승03, 안타01, 포인트, 언더파, 이닝, 어시스트, 연패01, 쿼터01, 세트, 리바운드, 타수02, 홀12, 시즌, 실점, 연패02, 오버파, 이닝, 타점03, 득점, 홈런, 구16, 도루01, 선승01, 연전03, 세이브, 타석02, 도움, 볼넷, 탈삼진, 퍼트02, 벌타, 사구04, 사사구, 삼진01, 승10, 포볼, 블록슛, 인터셉트 등 (스포츠 전문어)

    주24, 절08, 구절03, 연20, 음절, 음보, 컷, 어절, 음계, 본01, 악장, 콜02, 템포 등 (기타 전문어)

6. 물리적, 추상적 구획을 나타내는 보통명사 단위사

    세기03, 학년, 층02, 배09, 단계03, 학기02, 분기02, 쪽02, 학점, 학번, 칸01, 인치03, 학년도, 페이지, 퍼센트포인트, 순위, 번지03, 차선03, 호실01, 단위02, 단지08, 코스, 학급, 쇄02, 고을, 대목01, 학년생, 학군, 짐01, 기압02, 블록02, 식경01, 회계연도, 행정02, 떼기01, 구간04, 구역04, 배미01, 픽셀, 칼럼, 분단02, 권역, 촌03, 학년제 등

- **'용기'를 나타내는 보통명사 단위사**

'용기'를 나타내는 보통명사는 비가산명사뿐만 아니라 가산명사의 양을 단위화하는 데에도 사용된다. '용기'를 나타내는 보통명사 단위사에는 '잔', '병', '컵' 등과 같이 전형적인 용기를 나타내는 것뿐만 아니라 '트럭', '삽', '찻술' 등과 같은 것도 포함된다. '트럭', '삽', '찻술'을 '용기'를 나타내는 보통명사 단위사로 볼 수 있는 것은 이들이 단위사로 사용되면 아래의 예문에서 보는 바와 같이 각각 '한 트럭에 실리는 물건의 양', '한 번 삽을 뜰 때 삽에 담기는 양', '한 번 찻숟가락으로 액체를 뜰 때 찻숟가락에 담기는 양'을 나타내어 단위화 대상을 담는 용기의 역할을 하기 때문이다.

〈예4.2.2-16〉 [신문]

　가. 지금까지 서울 YWCA에서 재생 화장지로 교환받은 것만도 **한 트럭분**에 이른다.

　나. 준비물: 살이 남아 있는 못쓰는 우산 1개, 화분(혹은 휴지통) 1개, **흙**이나 모래 **3삽** 분량, 야쿠르트빈병 60개, 쿠킹호일(은박지) 반 통, 스티로폴 약간, 포장끈 2m, 리본 철사 20m, 트리용 전구(1백 개짜리 · 9천 원), 잣나무 잎 모양의 머루선 2.5m 10개(2만원), 못 1.5cm 길이 1개, 가는 철사10m, 안 보는 잡지 1권.

　다. **식용유를 1찻술** 밥물에 넣어도 차진 밥이 된다.

- **'집합'이나 '묶음'을 나타내는 보통명사 단위사**

가산명사는 대상을 개체화시켜 그 낱낱의 수를 셀 수도 있지만 때로는 그 대상을 집합으로 묶어서 세거나 혹은 대상을 집합으로 묶어 양으로 나타낼 수도 있다. 아래의 예에서 보듯이 '집합'이나 '묶음'을 나타내는 보통명사 단위사에는 '집단'이나 '단'과 같이 집합을 이루는 개체의 수가 정해져 있지 않은 경우와 '쌍'과 같이 집합을 이루는 개체의 수가 정해져 있는 경우가 있는데, 이 중 전자는 개체의 수가 아니라 양을 나타낼 때에 쓰이는 것이고 후자는 개체의 수를 나타낼 때에 쓰인다.

〈예4.2.2-17〉

　가. 예를 들어 **한 집단의 쥐를** 복잡한 미로에서 하루 20차례씩을 훈련시킨 것을 가정해보자. [학술]

　나. 그들은 매번 단돈 일원이라도 깎으려고, 단무 한 조각이라도 더 가져가려고 안간힘을 다했으며, 더러는 외상으로 **열무 몇 단을** 가져가고는 다시는 그 길로 다니지 않고, 시간이 이십여 분씩이나 더 걸리는 먼 길로 돌아다니는 사람까지 있었다. [소설]

　다. 미국 **부부 5쌍** 중 **3쌍**이 맞벌이 부부라는 것도 특히 여성들이 자유롭게 원하는 직업을 선택할 수 있는 여유를 가져다 준 것으로 풀이된다. [신문]

- **'형상'을 나타내는 보통명사 단위사**

'사물'을 단위화할 때에는 단위화 대상의 범위가 넓은 '개'를 사용할 수도 있지만 단위화 대상이 어떠한 형상을 가지는 것인지를 보다 구체적으로 표현하고자 할 때에는 단위화 대상과 비슷한 형상을 가리키는 보통명사를 단위사로 사용한다. '방울', '알갱이'는 동그란 모양을 가진 대상을, '줄', '가닥', '개비', '가치', '오라기' 등은 가늘고 긴 대상을, '롤'은 둥글게 말린 것을, '굽이'는 굽이진 것을, '덩어리, 뭉텅이' 등은 덩어리진 것을 단위화하는 데 사용된다. 이들 보통명사를 단위사로 사용하면 단위화 대상의 형상을 표현해 줄 수 있기 때문에 '개'를 사용할 때보다 표현의 구체성이 높아지게 된다.

〈예4.2.2-18〉
가. 유리잔에 얼음을 넣고 소금과 후추 약간, 우스타 소스 3~4방울, **타바스코 소스 2~3방울** 등 양념류를 뿌린다. [신문]
나. 정 밥이 먹고 싶으면 **김밥 두 줄**과 탄산음료를 사먹으면 그만이었다. [소설]
다. 워낙 드문 기회라서 **필름을 스무 롤**이나 준비하고 [소설]
라. 물속에 얼음을 매일 **한두 덩어리** 넣거나 해열제인 아스피린을 이틀에 한 번 1, 2개씩 넣어 주면 가지 끝이 썩는 것을 막을 수 있다. [신문]

- **포괄적 의미를 나타내는 보통명사 단위사**

단위사로 사용되는 보통명사 중에는 포괄적 의미를 가진 것들이 있다. 이들 보통명사는 하위어들이 많아서 이러한 하위어들을 단위화하는 단위사로 자주 사용된다. 예를 들어 '사람'은 '경찰관', '선생님', '젊은이', '아이' 등등 사람의 하위어를 모두 단위화할 수 있고 '곳'은 '학교', '미술관', '운동장' 등 장소의 하위어를 모두 단위화할 수 있다.

〈예4.2.2-19〉
가. **경찰관 두 사람**이 소파에 앉아 그의 귀가를 기다리고 있었다. [소설]
나. 가르시아가 대기실에서 기다리는 동안 미리 와 있던 **세 사람의 내방자**가 접견실로 들어갔다. [소설]
다. 일본 내 마치다(町田) 국제 판화 미술관을 비롯하여 **5곳의 미술관**에 그의 작품이 소장되어 있다. [신문]
라. 정부가 전국적으로 벌인 첫 라돈 실태조사인 이번 조사에서, 지역별로 **가옥과 공공건물 3132곳**을 표본으로 뽑아 1년간 라돈가스 농도를 측정했다. [신문]

포괄적 의미를 가진 보통명사 단위사 중에는 '종', '종류'와 같이 종류를 나타내는 것도 있다. 이들 단위사는 모든 사물의 종류를 포괄적으로 가리킬 수 있기 때문에 종류가 구분될 수 있는 대상이라면 모두 단위화할 수 있다.

〈예4.2.2-20〉 [신문]
가. 수변 공원의 나비관에는 남·북한의 나비, 환경부 지정 멸종위기 곤충, 동·식물 등 **표본 800여종** 1만4000점이 전시된다.
나. 이들 티셔츠는 필리프 트루시에 감독이 쓴 '필승'이라는 글자나 지난해 11월 이탈리아전의 선발선수 사진, 일본의 대표적 캐릭터 피카추 그림 등 모두 **30종류의 도안**이 담겨 있다.

- **전문 영역에서 주로 사용되는 보통명사 단위사**

보통명사 단위사 중에는 전문 영역에서 주로 사용되는 일종의 전문어들이 많다. 이들 전문어는 전문 영역에서 특정 대상을 셀 때 유용하게 사용된다. 전문 영역에서 주로 쓰이는 대상은 단위화하기 위한 적절한 단위성 의존명사를 찾기 어려울 뿐만 아니라, 또한 전문어를 단위사로 사용하게 되면 포괄적 단위성 의존명사 '개'를 사용할 때보다 표현의 구체성을 높일 수 있어 전문 영역에서는 전문어가 자주 단위사로 사용된다.

<예4.2.2-21>

가. 500도루를 성공시킨 본즈는 2루 베이스를 뽑아낸 뒤 환호하는 홈 팬들에게 손을 흔들어 인사했다. [신문]

나. 24일 광주구장서 벌어진 삼성증권배 2003 프로야구 기아와의 경기서 바워스는 6이닝 동안 5안타 2실점으로 역투, 팀의 8 대 4 승리를 이끌며 시즌 10승 2패가 됐다. [신문]

다. 타이거 JK는 "한국 국악의 5음계가 의외로 힙합 리듬과 잘 어울리는 측면이 있다"며 "민요를 부르며 덩실덩실 춤을 추는 한국인의 모습이 힙합족과 유사하다"고 말했다. [신문]

라. 향가와 麗謠는 3음보인데 시조와 가사는 4음보이다. [학술]

* **물리적·추상적 구획을 나타내는 보통명사 단위사**

보통명사 중 물리적·추상적 구획을 나타내는 보통명사는 물리적·추상적 구획을 통해 단위화 대상을 단위화할 수 있기 때문에 단위사로 자주 사용된다. 예를 들어 '구간', '구역', '분단', '호실', '층' 등은 물리적 구획을 나타내는 보통명사들로 물리적 공간을 단위화하는 데 사용되며, '학년', '세기', '학기', '학년도' 등은 일정한 시간의 구획을 나타내는 보통명사들로 '시간'을 단위화하는 데 사용된다.

<예4.2.2-22>

가. 나는 907호실에 투숙하는 K라고 하는 사람입니다. [소설]

나. 산악 구간 이틀째인 8구간 레이스는 살랑쉬에서 알프두에즈까지 219km의 알프스 산맥 지역에서 펼쳐졌다. [신문]

다. 임진각–통일동산 주변 5구역으로 나눠. [신문]

라. 어제까지는 날마다 분담별로 했는데 오늘은 1, 2, 3분단이 교실 청소, 우리 분단이 운동장 청소와 화단을 매주는 것을 맡았다. [신문]

<예4.2.2-23>

가. 도이미나 또래의 그 여자 역시 대학생으로 이름을 메르다라고 소개했는데, 알고 보니 도이미나보다 한 학년 위였다. [소설]

나. 사실로 신라는 고대 3국을 통일하여 이후 두 세기 반이나 민족문화의 정통성을 유지 전승해왔고, 이를 다시 고려국에 승계케 한 나라였다. [소설]

다. 그러한 상태로 대학에 들어온 학생들에게, 대학은 3학기에 걸쳐서 다시금 읽기 위주의 영어 교육을 시킬 뿐, 네 가지 기능을 심화시킬 기회를 별로 주지 못하고 있다. [학술]

4.2.3. 단위사의 분류와 단위화 대상

단위사는 수량의 단위를 나타내는 기능을 하는 동시에 단위화하는 대상의 종류가 무엇인가를 나타내는 기능을 한다. 이러한 기능적 특성에 근거해 단위사는 단위화 대상의 종류나 단위의 기준에 따라 여러 가지 부류로 분류할 수 있다. 4.2.3에서는 선행 구성이나 후행 구성이 한 번이라도 나타난 단위사 341개를 대상으로 이들을 하위분류하고 이들 단위사가 단위화하는 대상을 살펴보고자 한다('선행 구성'과 '후행 구성'에 대해서는 4.2.4 참고).

4.2.3.1. 단위사의 분류

단위사는 단위화 대상의 무엇을 단위화하느냐에 따라 크게 **수 단위사**와 **양 단위사**로 나눌 수 있다. 수 단위사는 대상의 수를 단위화하는 데 반해 양 단위사는 대상의 양을 단위화한다. 다시 말해서, 수 단위사는 단위화 대상을 낱낱으로 세는 것이라면 양 단위사는 대상을 낱낱으로 세지 않고 그 양을 나타내는 것이다. 예컨대, '사과 세 개'는 '사과'를 낱낱으로 세어서 세 개가 있는 것이지만 '사과 세 박스'는 '사과'를 낱낱으로 센 것이 아니라 세 개의 박스에 든 사과의 양을 나타내는 것이다. 수 단위사는 낱낱으로 셀 수 있는 대상을 단위화하고, 양 단위사는 주로 시간, 길이, 크기 등과 같은 셀 수 없는 대상을 단위화한다.

수 단위사는 단위화 대상의 종류와 특징에 따라 다시 **개체 단위사, 집합 단위사, 사건 단위사**로 분류할 수 있다. 개체 단위사는 낱낱의 개체를 단위화하는데 수 단위사 중에서 가장 일반적인 부류라고 할 수 있다. '사람'을 단위화하는 '명', '사물'을 단위화하는 '개'가 대표적인 예이다. 개체 단위사에는 '사람', '동물', '식물', '사물' 등과 같이 구체적인 개체를 단위화하는 것뿐만 아니라 '과목', '영상', '박자', '노래', '문장', '글자', '단어' 등과 같은 추상적인 개체를 단위화하는 것도 포함된다. 사건 단위사는 사건이나 행위가 일어난 횟수를 단위화한다. 사건 단위사에는 '회', '차례'와 같이 일반적인 사건이나 행위를 단위화하는 것과 '바퀴', '방'과 같이 '회전 행위', '쏘는 행위' 등의 특정한 사건이나 행위를 단위화하는 것이 있다. 집합 단위사는 낱낱의 개체가 이루는 집합을 단위화한다. 집합 단위사는 양 단위사의 하위 부류에도 포함되는데, '켤레'나 '쌍'과 같이 집합을 이루는 개체의 수가 일정한 수로 정해져 있는 경우는 수 단위사로 분류하고 '다발', '꾸러미' 등과 같이 집합을 이루는 개체의 수가 일정하게 정해져 있지 않는 경우는 양 단위사로 분류한다. 전자의 경우는 집합을 이루는 개체의 수가 정해져 있어서 그 수를 셀 수 있는 반면, 후자의 경우는 그 수가 정해져 있지 않고 일정한 묶음으로 그 양을 나타내는 것이기 때문이다.

양 단위사는 수 단위사와 달리 단위사가 단위로 삼는 기준에 따라 **도량형 단위사, 용기 단위사, 신체 단위사, 형상 단위사, 집합 단위사**로 나눌 수 있다. 도량형 단위사는 양 단위사 중에서 가장 일반적인 부류인데, '길이, 부피, 무게 등의 단위를 재는 법'이라는 뜻을 나타내는 '도량형(度量衡)'이라는 말에서 알 수 있듯이 사실상 양 단위사는 모두 도량형 단위사에 포함될 수 있는 것이다. 다만, 여기서는 양 단위사 중 표준적인 척도가 정해져 있어 그 척도가 단위의 기준이 되는 표준 도량형을 도량형 단위사로 분류하기로 한다. 그러나 양 단위사 중 다른 부류에 포함하기 힘든 일부의 단위사도 도량형 단위사에 포함되었다. 용기 단위사는 단위의 기준이 '병', '잔', '박스' 등의 그릇이나 상자와 같은 용기인 단위사이다. 즉, 무엇인가에 담긴 양이 단위의 기준이 되는 단위사인 것이다. 신체 단위사는 신체 부위가 단위의 기준이 되는 단위사이다. '손', '줌', '주먹' 등과 같은 단위사가 대표적인 예라고 할 수 있다. 형상 단위사는 특정한 형상을 가진 사물이 단위의 기준이 되는 단위사로 '조각', '토막', '방울' 등이 그 예이다. 집합 단위사는 개체가 이루는 집합이 단위의 기준이 되는 단위사이다. 앞서 언급했듯이 집합 단위사는 수 단위사에도 포함되는데 양 단위사의 하위 부류인 집합 단위사는 개체가 이루는 집합의 수가 정해져 있지 않는 경우에만 해당된다. 이상의 내용을 바탕으로 단위사의 분류를 정리하여 제시하면 다음과 같다.

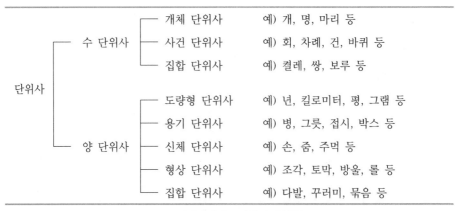

<도표4.2.3.1-1> 단위사의 분류

▶ 말뭉치 계량 결과 제시1

1. 단위사별 유형 빈도: 양 단위사(197) 〉 수 단위사(138) 〉 수/양 단위사(6)
2. 전체 단위사별 사용 비율: 양 단위사 〉 수 단위사 〉 수/양 단위사

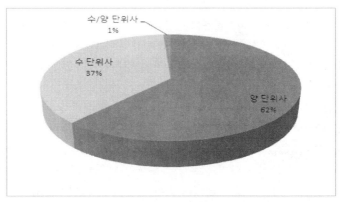

<그래프4.2.3.1-1> 전체 단위사별 사용 비율

▶▶ 말뭉치 계량 결과에 대한 논의1

선행 구성이나 후행 구성이 한 번이라도 나타난 단위사 341개를 대상으로 하여 수 단위사와 양 단위사로 분류했을 때, 수 단위사는 138개, 양 단위사는 197개, 수/양 단위사는 6개로 나타났다. 여기서 수/양 단위사는 수 단위사로도 쓰이고 양 단위사로도 쓰이는 단위사를 가리킨다. 이러한 결과는

선행 구성이나 후행 구성이 한 번이라도 나타난 단위사 340여 개를 분류한 결과이지만 연구 대상 말뭉치에서 나타나는 단위사 전체를 대상으로 하였을 때에도 양 단위사가 수 단위사보다 유형 빈도가 높다는 결과에는 변함이 없다. 오히려 단위사 전체를 대상으로 하면, 양 단위사의 유형 빈도와 수 단위사의 유형 빈도의 차이가 더 크게 난다. 선행 구성이나 후행 구성이 나타나지 않는 단위사에는 양 단위사인 도량형 단위사가 대다수를 차지하고 있기 때문이다(4.2.4.4 참고). 수 단위사보다 양 단위사의 유형 빈도가 높은 것은 양 단위사의 하나인 도량형 단위사의 유형 빈도가 매우 높다는 사실과 관련이 있다(4.2.3.1.2 참고). 도량형 단위사는 표준화의 필요에 따라 양의 단위를 사회에서 약속한 일정한 기준으로 정해 놓은 것이기 때문에 사회와 시대에 따라 다양해질 수밖에 없다. 예컨대, 화폐 단위만 하더라도 '원', '위안', '엔', '달러', '파운드', '유로' 등과 같이 사회에 따라 그 종류가 매우 다양하다. 한편, 국제적으로 표준화된 단위의 경우에는 정밀한 양의 표현을 위해 단위의 크기에 따라 다양한 종류의 단위사를 설정하는 것이 일반적이다. 예를 들어, 미터법에 의한 길이의 단위만 하더라도 단위의 크기에 따라 '밀리미터', '센티미터', '미터', '킬로미터'가 있다.

수/양 단위사는 아래의 예와 같이 그 쓰임에 따라 수 단위사로도 분류될 수 있고 양 단위사로도 분류될 수 있는 단위사를 가리키는 것이다.

〈예4.2.3.1-1〉
가. 천락의 잘게 잡혀진 주름은 세세한 작은 선의 향연이며 여기에 바로 동양인의 특유한 선의 표현이 담백하게 펼쳐진 한 폭의 동양화와 같은 느낌이 든다. [학술]
나. 대수장군(大袖長裙)은 넓은 소매에 12폭 치마가 달려 있다. [학술]
다. 한 팀이 6명이며, 1세트를 15점으로 하여 5세트를 겨루게 되는데, 3세트를 먼저 이기는 팀이 승리한다. [학술]
라. 작업장에서는 별도로 발생하는 쓰레기를 모으기 위한 분리 수거 용기 80세트가 마련돼 있다. [신문]
마. 합리적인 인식은 여러 단계의 사고 과정을 거쳐서 얻어질 수 있다. [학술]
바. 최 총장은 "환경과 정책 결정 등 여러 면에서 우리 수준을 한 단계 끌어올릴 수 있는 중대 결정이 될 것"이라고 말했다. [신문]
사. 차 안에 여러 벌의 속옷과 깨끗한 잠옷을 가지고 다니는 다희였다. [소설]
아. 판자촌의 작은 방 한 칸, 냄비 몇 개와 숟가락 몇 벌이 그들의 살림살이의 전부였다. [소설]

<예4.2.3.1-1가, 나>는 '폭'이 각각 수 단위사(개체 단위사)와 양 단위사(도량형 단위사)로 사용된 예를, <예4.2.3.1-1다, 라>는 '세트'가 각각 수 단위사(사건 단위사)와 양 단위사(집합 단위사)로 사용된 예를, <예4.2.3.1-1마, 바>는 '단계'가 각각 수 단위사(사건 단위사)와 양 단위사(집합 단위사)로 사용된 예를, <예4.2.3.1-1사, 아>는 '벌'이 각각 수 단위사(개체 단위사)와 양 단위사(집합 단위사)로 사용된 예를 보인 것이다. <예4.2.3.1-1가>의 '폭'은 '그림'을 단위화하는 개체 단위사지만 <예4.2.3.1-1나>의 '폭'은 '천'의 양을 단위화하는 도량형 단위사이다. <예4.2.3.1-1다>의 '세트'는 '게임'을 단위화하는 사건 단위사이지만 <예4.2.3.1-1라>의 '세트'는 여러 개의 도구 등을 하나로 묶어 단위화하는 양 단위사 중 집합 단위사이다. <예4.2.3.1-1마>의 '단계'는 '사고 과정'이라는 사건을 단위화하는 사건 단위사이지만 <예4.2.3.1-1바>의 '단계'는 '등급'을 단위화하는 도량형 단위사이다. <예4.2.3.1-1사>의 '벌'은 '옷'을 단위화하는 개체 단위사이지만 <예4.2.3.1-1아>의 '벌'은 그릇 등이 두 개 또는 여러 개 모여 이루는 집합을 단위화하는 양 단위사 중 집합 단위사이다.

한편, 수 단위사로도 쓰이고 양 단위사로도 쓰이지만 수 단위사나 양 단위사의 각 하위 부류 중 어떤 부류에도 속하기 어려운 단위사들이 존재한다.

〈예4.2.3.1-2〉
　가. 지난 65년에 비해 도둑은 절반 이하로 준 데 반해 사기는 7배, 배임 문서 위조는 5배나 느는 등 재산 범죄는 급격히 많아진 것으로 나타났다. [신문]
　나. 즉 색깔의 가짓수가 2배 정도 증가하면 전체 모니터의 가격은 2의 제곱배 이상 오른다. [학술]
　다. 국제회의에 참석하는 사람들은 일반 관광객들보다 영향력이 많은데다가, 평균 2배 이상의 돈을 쓴다. [신문]
　라. 비록 예상한 기간보다 서너 배의 기간이 더 걸리긴 하였지만 포트란컴파일러는 1957년 드디어 세상에 태어났다. [학술]

<예4.2.3.1-2가, 나>는 '배'가 수 단위사로 사용된 예이고 <예4.2.3.1-2다, 라>는 '배'가 양 단위사로 사용된 예이다. 그런데 '배'가 수 단위사로 쓰일 때에는 <예4.2.3.1-2가>와 같이 '사기', '배임', '위조' 등의 사건을 단위화하기도 하고 <예4.2.3.1-2나>와 같이 '색깔의 가짓수'와 같이 추상적 개체를 단위화하기도 한다. 이와 마찬가지로 '배'가 양 단위사로 쓰일 때에는 <예4.2.3.1-2다>와 같이 '돈'을 단위화하기도 하고 <예4.2.3.1-2라>와 같이 '기간'을 단위화하기도 한다. 이러한 단위사에는 '배' 이외에도 '곱절'이 있다. 이들 단위사는 단위화 대상이 매우 다양하여 단위화 대상의 수를 나타내느냐, 양을 나타내느냐에 따라 수 단위사로도, 양 단위사로도 쓰일 수 있을 뿐만 아니라 수 단위사나 양 단위사로 쓰일 때에도 매우 다양한 대상을 단위화할 수 있어 단위사의 어느 하위 부류에 포함시켜야 할지 판단하기 어렵다. 관점에 따라 '배'나 '곱절'을 단위사로 보지 않을 수도 있으나 이들이 보이는 여러 가지 특성이 다른 단위사들이 보이는 특성과 동일하다는 점에서 단위사로 다루기로 한다.

　전체 말뭉치에서 나타나는 단위사별 사용 비율을 살펴보면, 양 단위사가 수 단위사에 비해 훨씬 더 높은 사용 비율을 보인다. 이러한 결과는 사용역에 따른 고빈도 단위성 의존명사를 보인 <표4.2.1-1>과 사용역에 따른 고빈도 단위사를 보인 <표4.2.1-2>를 통해 설명할 수 있다. 4.2.1의 <표4.2.1-1, 2>에서 확인할 수 있듯이, 모든 사용역에서 공통적으로 시간을 나타내는 도량형 단위사인 '년', '월', '일'이 매우 높은 빈도로 사용되는데 이러한 단위사의 높은 사용 빈도가 양 단위사의 사용 비율을 높이는 이유가 된다. '년', '월', '일'과 같은 도량형 단위사가 모든 사용역에서 높은 사용 빈도를 보이는 것은 시간과 때를 나타내는 표현이 인간의 생활에서 매우 필수적이기 때문일 것이다. '신문'에서 도량형 단위사가 사용되는 빈도가 매우 높은 것도 양 단위사가 수 단위사에 비해 높은 사용 비율을 보이는 또 하나의 이유가 된다. 4.2.1의 [참고]에서 확인할 수 있듯이, '신문'은 다른 사용역에 비해 단위사의 사용 빈도가 월등히 높은데 '신문'에서 사용된 '년', '월', '일'의 빈도만으로도 '대화', '소설', '학술' 각각의 사용역에서 나타나는 전체 단위사의 사용 빈도보다 더 높다. 즉, '신문'에서는 도량형 단위사가 다른 사용역에 비해 고빈도로 사용되는데 그 사용 빈도만으로도 양 단위사의 사용 비율을 높이는 원인이 되는 것이다. 객관적인 정보 전달을 목적으로 하는 사용역 특성상 '신문'에서는 단위사를 이용한 수량 표현이 빈번하게 나타나는데 그 중에서도 도량형 단위사는 표준화된 단위를 제공한다는 점에서 정보를 더욱 더 객관적으로 전달해 주는 수단으로 작용하기 때문에 '신문'에서는 도량형 단위사의 사용 빈도가 매우 높게 나타난다.

▶ 말뭉치 계량 결과 제시2

> 1. '대화'의 단위사별 사용 비율: 양 단위사 〉 수 단위사 〉 수/양 단위사
> 2. '소설'의 단위사별 사용 비율: 수 단위사 〉 양 단위사 〉 수/양 단위사
> 3. '신문'의 단위사별 사용 비율: 양 단위사 〉 수 단위사 〉 수/양 단위사
> 4. '학술'의 단위사별 사용 비율: 양 단위사 〉 수 단위사 〉 수/양 단위사

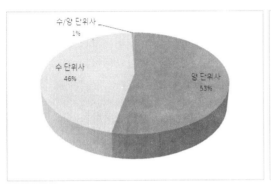

<그래프4.2.3.1-2> '대화'의 단위사별 사용 비율

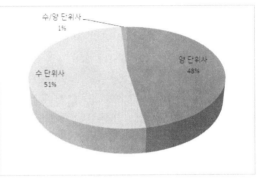

<그래프4.2.3.1-3> '소설'의 단위사별 사용 비율

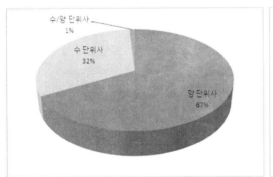

<그래프4.2.3.1-4> '신문'의 단위사별 사용 비율

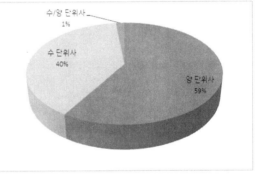

<그래프4.2.3.1-5> '학술'의 단위사별 사용 비율

⏩ 말뭉치 계량 결과에 대한 논의2

사용역에 따른 단위사별 사용 비율을 살펴본 결과, '소설'을 제외한 모든 사용역에서 수 단위사보다 양 단위사의 사용 비율이 높게 나타난다. 그 차이가 크지는 않지만 다른 사용역과 달리 '소설'에서 양 단위사보다 수 단위사의 사용 비율이 더 높게 나타나는 것은 주목할 만하다. 이러한 결과가 나타나는 것은 '소설'이 다른 사용역에 비해 도량형 단위사의 사용 빈도가 낮기 때문이다. 물론 '소설'에서도 '년', '월', '일'과 같이 시간을 나타내는 도량형 단위사의 사용 빈도는 높다. 하지만 4.2.1의 [참고]에서 확인할 수 있듯이 '소설'에서는 그 이외의 도량형 단위사의 사용 빈도가 낮다. 도량형 단위사는 표준 도량형으로 양을 정확하게 표현하는 수단이다. 따라서 도량형 단위사는 정보를 객관적으로 전달하는

수단이 되기는 하지만 등장인물이나 사건을 생생하게 묘사하거나 서술하는 데에 있어서는 큰 역할을 하지는 않는다. 즉, 도량형 단위사는 정보를 객관적으로 전달하는 수단이기 때문에 사건을 생생하게 묘사해 이야기를 전달하는 것이 주된 목적인 서사 장르인 '소설'에서는 빈번히 사용되지 않는 것이다.

한편, '대화'의 경우에는 양 단위사의 사용 비율이 수 단위사의 사용 비율보다 약간 더 높지만 '신문'과 '학술'의 경우에는 양 단위사의 사용 비율과 수 단위사의 사용 비율의 차이가 크게 나타난다. 특히 '신문'은 양 단위사의 사용 비율이 수 단위사의 사용 비율에 비해 두 배나 더 높다. '신문'에서 양 단위사의 사용 비율이 매우 높은 것은 앞서 설명한 대로 도량형 단위사의 높은 사용 빈도에서 기인한다. 4.2.1의 [참고]에서 확인할 수 있듯이, '신문'에서 나타나는 '년', '월', '일'의 사용 빈도만으로도 '대화', '소설', '학술' 각각의 사용역에서 나타나는 전체 단위사의 사용 빈도보다 더 높다. 즉, '신문'에서는 도량형 단위사가 고빈도로 사용되는데 그 사용 빈도가 다른 사용역에 비해 월등히 높아 양 단위사의 사용 비율을 높이는 이유가 되는 것이다. 뿐만 아니라 객관적인 정보 전달을 목적으로 하는 사용역 특성상 '신문'에서는 단위사를 이용한 수량 표현이 빈번하게 나타나는데 그 중에서도 도량형 단위사는 표준화된 단위를 제공한다는 점에서 정보를 더욱 더 객관적으로 전달해 주는 수단으로 작용하기 때문에 '신문'에서 도량형 단위사의 사용 빈도가 매우 높게 나타나는 것이다.

4.2.3.1.1. 수 단위사

수 단위사는 단위화 대상을 낱낱으로 세어 대상의 수를 나타낸다. 여기서는 4.2.3.1의 도입부에서 제시한 <도표4.2.3.1-1>의 단위사의 분류에 따라 수 단위사를 개체 단위사, 사건 단위사, 집합 단위사로 분류하여 논의를 진행한다.

▶ **말뭉치 계량 결과 제시1**

- 전체 수 단위사별 사용 비율: 개체 단위사 〉 사건 단위사 〉 집합 단위사

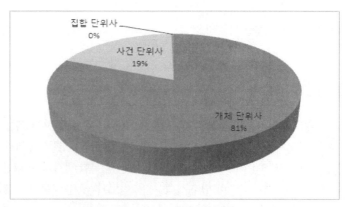

<그래프4.2.3.1.1-1> 전체 수 단위사별 사용 비율

▶▶ 말뭉치 계량 결과에 대한 논의1

전체 말뭉치에서 나타나는 수 단위사별 사용 비율을 살펴보면, 개체 단위사의 사용 비율이 압도적으로 높다. 후술할 '말뭉치 계량 결과 제시3'에서 살펴보겠지만 이는 수 단위사에서 개체 단위사가 차지하는 비중이 매우 높기 때문이다. 개체 단위사가 단위화하는 개체에는 '사람', '동물', '식물', '사물'과 같은 구체적인 개체뿐만 아니라 추상적인 개체도 포함되는데 이와 같이 개체 단위사는 다양한 개체를 단위화하는 데 쓰이기 때문에 수 단위사 중 개체 단위사가 차지하는 비중이 매우 높은 것이다.

한편, 개체 단위사 중 그 사용 빈도가 가장 높은 '명'의 사용 빈도만으로도 사건 단위사 전체의 사용 빈도보다 높다. 즉, 특정한 개체 단위사 하나의 사용 빈도만으로도 개체 단위사의 사용 비율은 매우 높아지는 것이다. 이러한 고빈도 개체 단위사에는 '명' 이외에도 '사물'을 단위화하는 '개'가 있다. '사람'을 단위화하는 '명'과 '사물'을 단위화하는 '개'의 사용 빈도를 합하면 개체 단위사의 사용 빈도 절반을 차지하는 수준이고 수 단위사 전체 사용 빈도의 1/3 이상을 차지하는 수준이 된다. 이처럼 '명'과 '개'의 사용 비율이 특히 높다는 것은 우리가 생활하면서 이들 두 단위사가 단위화하는 대상의 수량을 표현할 필요가 가장 많다는 것을 의미한다. '사람'이라는 개체는 인간 세계에서 가장 중심이 되기 때문에 이를 단위화하는 '명'이 자연스레 그 사용 빈도가 높을 것이고 '개'는 '생물'을 제외한 거의 모든 개체를 단위화할 수 있기 때문에, 즉 단위화 대상의 범위가 매우 넓어 그 제약이 거의 없기 때문에 그 사용 빈도가 높다고 할 수 있다. 특히, '개'는 구체적 개체뿐만 아니라 추상적 개체까지도 단위화할 수 있을 만큼 단위화 대상의 범위가 넓다.

▶ 말뭉치 계량 결과 제시2

1. '대화'의 수 단위사별 사용 비율: 개체 단위사 〉 사건 단위사 〉 집합 단위사
2. '소설'의 수 단위사별 사용 비율: 개체 단위사 〉 사건 단위사 〉 집합 단위사
3. '신문'의 수 단위사별 사용 비율: 개체 단위사 〉 사건 단위사 〉 집합 단위사
4. '학술'의 수 단위사별 사용 비율: 개체 단위사 〉 사건 단위사 〉 집합 단위사

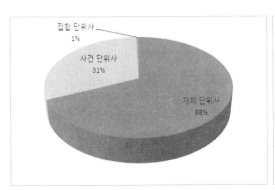

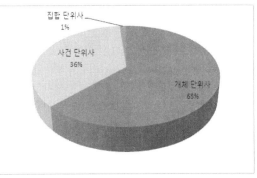

<그래프4.2.3.1.1-2> '대화'의 수 단위사별 사용 비율   <그래프4.2.3.1.1-3> '소설'의 수 단위사별 사용 비율

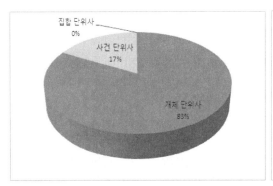 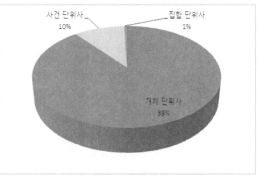

<그래프4.2.3.1.1-4> '신문'의 수 단위사별 사용 비율   <그래프4.2.3.1.1-5> '학술'의 수 단위사별 사용 비율

▶▶ 말뭉치 계량 결과에 대한 논의2

사용역에 따른 수 단위사별 사용 비율을 살펴본 결과, 모든 사용역에서 공통적으로 개체 단위사의 사용 비율이 가장 높고 그 다음으로 사건 단위사, 집합 단위사의 순으로 나타난다. 그러나 '대화', '소설'과 '신문', '학술'은 사건 단위사의 사용 비율에 있어 일정한 차이를 보인다. 즉 '대화'와 '소설'은 사건 단위사의 사용 비율이 약 30%이고 '신문'과 '학술'은 사건 단위사의 사용 비율이 15%로서 '대화'와 '소설'이 '신문'과 '학술'에 비해 사건 단위사의 사용 비율이 약 2배 가까이 더 높다는 것이다. 여기서 유의해야 할 점은 사건 단위사의 사용 빈도는 '신문'과 '소설'에서 가장 높고 그 다음으로 '대화', '학술'의 순서로 사건 단위사의 사용 빈도가 높다는 점이다. 다시 말해서, '신문'은 '소설'만큼이나 사건 단위사의 사용 빈도가 높지만 전체 수 단위사의 사용 빈도가 매우 높기 때문에 사건 단위사의 사용 비율이 상대적으로 낮아지는 것이다. 그렇다면, '소설'은 다른 사용역에 비해 사건 단위사의 사용 비율이 유독 높은 이유는 무엇일까? 이는 사건 단위사 '번'의 높은 사용 빈도에서 그 이유를 찾을 수 있다(4.2.1 [참고] 참고).

〈예4.2.3.1.1-1〉 [소설]
가. 일부러인 듯 시무룩하게 분식 쎈터에 들어선 조국에게 승주는 세 번이나 물었다.
나. 여자는 여러 번 나를 뒤돌아보며 계산대로 갔다.
다. 만약 그의 이야기를 듣고 있는 사람이 그 사소한 금액을 빌려 주는 데 동의하지 않는다면 그 설명은 열 번이고 스무 번이고 되풀이되었다.

행위나 사건이 일어난 횟수를 단위화하는 '번'은 위의 예에서와 같이 주로 부사어로 나타나 동사로 표현된 행위나 사건을 수식해 준다. 즉 '번'은 행위나 사건이 일어난 횟수를 나타내 주어 동사로 표현되는 행위나 사건의 묘사를 상세하게 하는 기능을 할 수 있는데, 이러한 기능으로 인해 사건의 묘사를 통해 이야기를 전달하는 것을 주된 목적으로 하는 '소설'에서 '번'이 빈번히 사용되는 것이다. 4.2.3.1.1의 [참고2]에서 살펴보겠지만 사건 단위사 '번', '차례', '회'는 모두 부사어로 나타나 동사로 표현된 행위나 사건을 수식해 주는 역할을 할 수 있다. 이 중에서 격식적인 사용역인 '신문'에서는 '번'보다는 '회'의 사용 빈도가 높은데, '회'는 '번'과 달리 부사어로 나타나는 경우가 드물다.

사건 단위사의 사용 비율은 '소설'뿐만 아니라 '대화'에서도 높게 나타난다. 이 또한 '대화'에서 '번'이 높은 빈도로 사용되는 데에서 기인한다(4.2.1 [참고] 참고). '대화'에서 '번'의 사용 빈도가 높은 것은 '대화'에서 사건이나 행위가 명사 형식보다는 주로 동사 형식으로 표현된다는 사실과 관계가 깊다. 사건이나 행위는 동사 형식으로 표현될 수도 있고 명사 형식으로 표현될 수도 있다. 그런데 명사 형식으로 표현된 사건은 동사 형식으로 표현된 사건에 비해 정보를 압축적으로 많이 전달할 수 있지만 정보 포장에 있어 그 시간이 훨씬 더 많이 걸린다. 따라서 화·청자가 실시간으로 발화를 주고받는 '대화'에서는 정보 포장에 있어 시간이 많이 걸리는 명사 형식보다는 동사 형식으로 행위나 사건을 나타내는 것이 일반적이다. 하지만 '신문'이나 '학술'과 같이 정보 전달을 목적으로 하는 사용역에서는 정보를 압축적으로 전달하기 위해 사건이나 행위를 명사로 표현하는 경우도 많다. 즉, '대화'에서는 행위나 사건이 주로 동사로 표현되는데 '번'은 주로 부사어로 나타나 동사로 표현되는 행위나 사건의 횟수를 세는 기능을 하기 때문에 '대화'에서 그 사용 빈도가 높은 것이다. 물론 '번'은 아래의 예와 같이 명사로 표현된 행위나 사건도 단위화할 수 있다.

〈예4.2.3.1.1-2〉 [신문]
가. 위장취업과 해고를 되풀이해 12번의 해고를 기록한, 구로 노동운동의 전설적 인물이다.
나. '언제나 그 자리에'와 영화 음악 보디가드 중 '아이 윌 올웨이즈 러브 유'를 열창한 신효범은 탁월한 가창력을 유감없이 선보여 다섯 번의 커튼콜을 받았다.
다. 정병탁 감독은 "원정 경기 한 번 정도는 쉽게 하며 1주일 동안 체력을 충전토록 하는 방안을 고려하고 있다"면서 2마리 토끼 사냥을 겨냥, 가장 최적의 상태로 그라운드에 설 수 있도록 배려할 뜻을 밝혔다.

그러나 '번'은 위의 예와 같이 관형어나 동격 명사구로 나타나 명사로 표현된 행위나 사건의 횟수를 나타내기보다는 주로 부사어로 나타나 동사로 표현된 행위나 사건의 횟수를 나타내는 것이 일반적이다. 명사로 표현된 행위나 사건을 단위화할 때에는 주로 '회'나 '건'이 사용되는데, 특히 '건'은 명사로 표현된 사건만을 단위화할 수 있다는 특징이 있고 이로 인해 정보 전달을 목적으로 하는 '신문'과 '학술'에서 그 사용 빈도가 가장 높다. 사건 단위사의 이러한 특성들에 대해서는 4.2.3.1.1의 [참고2]에서 자세히 논의하기로 한다.

▶ **말뭉치 계량 결과 제시3**

1. 개체 단위사 (굵은 글씨는 두 가지 이상의 경우에 해당, ( )에 제시한 것은 수/양 단위사)

> 가구03, 가닥, 가지04, 가치03, 간09, 갈래, 개10, 개교, 개국01, 개비01, 개사, 개소01, 개점, 개조, 개지, 개피02, 거리04, **건04**, 겹, 계열, 곡02, 곳01, 과목02, 교과02, 구09, 구절03, 군데, 굽이, 권01, 그루01, 글자, 기19, 꺼풀01, 남02, 녀07, 놈01, 닢01, 단06, 단위02, 대15, 동15, 땀02, 량06, 마리01, 매15, 면05, 명03, 문07, 문항, 박09, 본01, 부15, 부류02, 분01, 분야, 뿌리, 사18, 사람, 석08, 세대03, 소절01, 송이01, 수17, 실05, 악장04, 일01, 알갱이02, 연20, 오라기, 오리01, 올01, 인02, 잎01, 자14, 자락01, 자루02, 자리01, 자리06, 장22, 장30, 절08, 정22, 조13, 종09, 종류02, 종목01, 주24, 줄01, 줄기01, 집01, 짝01, 쪽02, 채08, 책01, 척08, 철01, 축09, 칸01, 컷, 켜, **코스**, 톨, **통12**, 페이지, 편05, 편09, 포기01, 표04, 품목01, 프레임, 필03, 항08, 형태, 호04, 회선03 (벌02, 점10, 줄기01, 폭06)

2. 사건 단위사

> 건04, 게임, 끼01, 대01, 바퀴01, 발09, 방11, 번04, 범04, 순배, 연발02, 차례01, 케이스02, 코스, 타02, 통12, 통화04, 편01, 회08, 회전04 (단계03, 세트)

3. 집합 단위사

> 보루03, 쌍02, 접02, 죽02, 짝01, 켤레02, 쾌01

▶▶ 말뭉치 계량 결과에 대한 논의3

앞서 언급했듯이, 수 단위사는 단위사가 단위화하는 대상의 종류와 특징에 따라 분류된다. 따라서 지금까지의 단위사의 분류보다 더 자세한 분류를 하기 위해서는 단위화 대상을 구체적으로 언급해 줄 필요가 있다. 이에 대해서는 4.2.3.2에서 다시 논의하기로 하고 여기서는 개체 단위사, 사건 단위사, 집합 단위사의 전반적인 특성만을 논의하기로 한다.

• 개체 단위사

개체 단위사는 수 단위사 중에서 차지하는 비중이 가장 높은 단위사로서 높은 비중만큼이나 그 사용 빈도도 가장 높다. 앞서 언급했듯이 개체 단위사 중 가장 높은 사용 빈도를 차지하는 것은 '사람'을 단위화하는 '명'과 '사물'을 단위화하는 '개'이다. 이들 두 단위사의 사용 빈도만으로도 전체 개체 단위사의 사용 빈도 절반을 차지한다. '명'이 개체 단위사 중 그 사용 빈도가 가장 높은 것은 우리의 일상생활에서 다른 사물 개체보다 인간 개체를 단위화하는 경우가 많기 때문일 것이다. '사람'을 단위화하는 단위사로는 '명' 이외에도 '사람', '인', '분', '놈'이 있다. 이에 대해서는 4.2.3.1.1의 [참고1]에서 다시 다루기로 한다. 한편, '명' 다음으로 그 사용 빈도가 높은 '개'는 '생물'을 제외한 거의 모든 개체를 단위화할 수 있는 것으로 보인다.

〈예4.2.3.1.1-3〉
가. 그래서 운전면허를 빨리 **요령을 몇 개** 소개시켜 줘 봐. [대화]
나. "**좋은 소식이 두 개** 있는데 어느 것부터 먼저 들으실래요?" [소설]
다. 인터넷에는 이미 **상품권 매매** 사이트 100여개가 성업 중이다. [신문]
라. 이 작품을 읽은 상태에서 5분 동안 **질문을 3개** 만든다면 무엇을 만들겠는가? [학술]

위의 예에서 보듯이 '개'는 구체적인 개체뿐만 아니라 추상적인 개체도 단위화할 수 있다. 그렇기 때문에 '개'는 단위화하는 대상이 구체적으로 무엇인지 알려주는 기능은 거의 없다고 할 수 있다. 즉, '개'는 단위화 대상이 무생물인 개체라는 것만을 알려주고 그 이외의 정보는 제공하지 않는 것이다. 이러한 특성으로 인해, '개'는 단위화 대상의 종류를 알려 주는 특정 어휘와 결합해 새로운 단위사를 만들어 내는 경우가 많다. 이러한 예로는 수 단위사 '개교', '개국', '개사', '개소', '개점', '개조', '개지'와 양 단위사 '개월'을 들 수 있다. 이들 단위사는 '개'에 단위화 대상인 '학교', '나라', '회사', '장소', '가게', '조항', '토지', '달'을 나타내는 1음절 한자어가 각각 결합하여 한정된 범위의 단위화 대상을 갖게 된다. 따라서 이들 단위사는 포괄적 단위사인 '개'와 달리 단위화 대상이 비교적 뚜렷하게 드러나므로 단위화 대상이 문장 내에 따로 드러나지 않는 경우가 많다(4.2.4.1 참고).

포괄적인 개체 단위사인 '개'를 제외하고는, 개체 단위사는 자신이 단위화하는 개체의 종류에 따라 그 선택이 달라지는 것이 일반적이다. 예를 들어, '권'은 '책'을, '마리'는 '동물'을, '그루'는 '나무'를 단위화한다. 그런데 어떠한 단위사는 개체의 종류가 아니라 개체가 가진 형상적 속성에 따라 그 선택이 달라지기도 한다. 대표적인 예로 '개피', '자루', '장', '알갱이'를 들 수 있다. '개피'는 '담배'나 '성냥'과 같이 짧고 가는 물체를, '자루'는 '연필'이나 '펜'과 같이 비교적 길고 가는 물체를, '장'은 '종이'나 '판자'와 같이 넓고 평평한 물체를, '알갱이'는 '쌀알'과 같이 매우 작고 둥근 물체를 단위화하는 데 사용된다. 이런 단위사들은 단위화하는 대상의 범위가 한정적이기는 하지만 특정 개체 하나만을 단위화하는 것은 아니다. 그러나 '글자', '악장' 등과 같은 단위사는 단위사가 가리키는 특정 개체만을 단위화한다는 특성이 있다. 단위사가 가리키는 특정 개체만을 단위화하는 단위사는 주로 보통명사가 단위사로 사용되는 경우에 해당되는데, 이는 이들 단위사가 아직 단위성 의존명사와 같이 단위사로서의 기능이 전문화된 것이 아니기 때문이다. 이러한 단위사는 단위사 자체가 단위화 대상이 되는 경우가 많으므로 문장 내에 단위화 대상이 따로 드러나지 않는 것이 보통이다(4.2.4.1, 4.2.4.4 참고).

한편, 다음의 수 단위사는 그 쓰임에 따라 개체 단위사로도, 사건 단위사로도 분류될 수 있다. <예4.2.3.1.1-4가, 다>는 '통'과 '건'이 각각 사건 단위사로 사용된 예를, <예4.2.3.1.1-4나, 라>는 '통'과 '건'이 각각 개체 단위사로 사용된 예를 보인 것이다.

〈예4.2.3.1.1-4〉
가. 위원회고 시청자고 벌써 **수십 통**의 전화가 왔다. [소설]
나. 〈눈물의 편지〉는 산 자가 죽은 자에게 보내는 **193통**의 편지를 담고 있다. [신문]
다. 한국소비자보호원은 부산, 경기, 강원 등 5개 시, 도 17 개 경찰서에서 91-92년 7, 8월 두 달간에 발생한 **물놀이 사고 3백 30건**을 분석한 결과, 이같이 드러났다고 19일 밝혔다. [신문]
라. 미 국립 문서 보관소는 23일 63년 케네디 대통령 암살 사건과 관련 CIA 비밀서류철등 **수천 건**의 문서를 사건 발생 30년만에 공개했다. [신문]

다음의 예에서 제시된 '땀'도 관점에 따라 개체 단위사로도, 사건 단위사로도 볼 수 있다.

〈예4.2.3.1.1-5〉 [학술]
한 땀 상침은 반박음질과 같은 방법으로 하되 간격을 넓게 띠운 것이고, **두 땀** 상침 및 세 **땀** 상침은 박음질을 **두 땀** 또는 세 **땀**씩 하여 간격을 뛰어 놓은 것이다.

<예4.2.3.1.1-5>에서 확인할 수 있듯이 '땀'은 '상침', '박음질'과 같이 바느질 동작의 횟수를 나타내는 사건 단위사의 하나로도 볼 수 있다. 그러나 '땀'은 '바느질 자국'을 뜻하는 것이기 때문에 여기서는 바느질 행위로 생겨난 자국을 단위화하는 개체 단위사로 분류하였다.

• 사건 단위사

사건 단위사는 행위나 사건을 단위화하는 단위사이다. 사건의 종류에 관계없이 거의 모든 유형의 사건을 단위화할 수 있는 단위사로는 '건', '번', '차례', '회'를 들 수 있다. 이 중에서 '번'의 사용 빈도가 가장 높은데 '번'의 사용 빈도가 전체 사건 단위사의 사용 빈도 절반 이상을 차지한다. 이러한 사실을 통해 '번'은 가장 일반적인 사건 단위사라는 것을 알 수 있다. 이들 단위사는 특정 유형의 사건이 아니라 모든 유형의 사건을 모두 단위화할 수 있다는 공통점이 있지만 이들 단위사가 지니는 개개의 특성에 따라 그 사용 양상에서 차이가 난다. 이에 대해서는 4.2.3.1.1의 [참고2]에서 자세히 다룰 것이다.

'건', '번', '차례', '회'를 제외한 사건 단위사는 특정 유형의 행위나 사건만을 단위화한다. 예컨대, '게임', '판'은 '경기'나 '게임'의 횟수를, '끼'는 '식사'의 횟수를, '바퀴', '회전'은 '회전 행위'의 횟수를, '방'과 '발'은 '쏘는 행위'의 횟수를, '대'는 '때리는 행위'의 횟수를 나타낸다. 사건 단위사도 개체 단위사와 마찬가지로 특정 사건 하나만을 단위화하는 것이 있다. 이러한 예로는 '통화', '타'를 들 수 있다. '통화'는 '전화를 걸거나 받는 행위'만을, '타'는 '골프나 야구에서의 타격 행위'만을 단위화한다. 이들 단위사도 보통명사가 단위사로 사용된 경우에 해당되는데, 이들 단위사는 단위성 의존명사와 같이 단위사로서의 기능이 전문화된 것이 아니기 때문에 단위화 대상의 범위가 매우 제한적인 것이다.

• 집합 단위사

집합 단위사는 낱낱의 개체가 이루는 집합을 단위화한다. 수 단위사의 하위 부류인 집합 단위사는 '켤레'나 '쌍'과 같이 집합을 이루는 개체의 수가 일정하게 정해져 있는 경우에만 해당된다. 집합 단위사는 단위화 대상의 종류와 집합을 이루는 개체의 수에 따라 달리 사용된다. 예컨대, '보루'는 '담배 10갑'이, '켤레'는 '신발이나 양말 2짝'이, '쾌'는 '북어 20마리'가 하나의 단위가 되어 개체의 수를 나타낸다. 집합 단위사는 수 단위사 중에서 그 종류도 가장 적을 뿐만 아니라 그 사용 빈도도 가장 낮다. 이는 집합 단위사가 단위화 대상을 단위화화는 과정이 다른 수 단위사에 비해 복잡하기 때문일 것이다. 다른 수 단위사는 단위화 대상의 종류가 무엇인지만을 고려하면 되지만 집합 단위사는 단위화 대상의 종류뿐만 아니라 집합을 이루는 개체의 수가 얼마인가를 함께 고려해야 한다는 점에서 다른 수 단위사에 비해 단위화 과정이 복잡하다고 할 수 있다.

'사람'을 단위화하는 개체 단위사: '명', '사람', '인', '분', '놈'

개체 단위사는 단위화 대상의 종류에 따라 그 선택이 달라진다. 그런데 동일한 종류의 개체를 단위화하는 데에도 서로 다른 단위사를 사용하는 경우가 있다. 사람을 단위화하는 개체 단위사인 '명', '사람', '인', '분', '놈'이 그 대표적인 예이다. 이들 단위사는 모두 사람을 단위화한다는 공통점을 지니지만 '명', '사람', '인'은 중립적인 의미를 가지는 데 반해 '분'과 '놈'은 각각 '높임'과 '비하'의 의미를 가진다는 차이가 있다. 또한 '명'은 단위성 의존명사이고 '사람'과 '인'은 보통명사가 단위사로 쓰인 것이라는 차이가 있다. 그리고 '명', '사람'과 '인'은 단위사와 결합하는 수량사의 속성에 있어서도 차이를 보인다. 여기서는 사람을 단위화하는 데 사용되는 각각의 단위사들이 가지는 이러한 특성이 그 사용 양상에 어떠한 영향을 미치는가를 살펴보고자 한다.

▶ **말뭉치 계량 결과 제시**

1. '대화'의 '사람' 단위사별 사용 비율: 명 〉사람 〉인 〉분 〉놈
2. '소설'의 '사람' 단위사별 사용 비율: 사람 〉명 〉놈 〉분 〉인
3. '신문'의 '사람' 단위사별 사용 비율: 명 〉인 〉사람 〉분 〉놈
4. '학술'의 '사람' 단위사별 사용 비율: 명 〉사람 〉인 〉분 〉놈

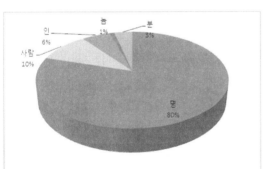

<그래프4.2.3.1.1-6> '대화'의 '사람' 단위사별 사용 비율   <그래프4.2.3.1.1-7> '소설'의 '사람' 단위사별 사용 비율

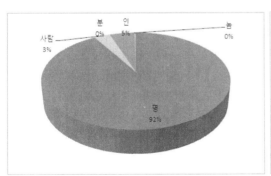
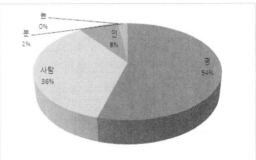

<그래프4.2.3.1.1-8> '신문'의 '사람' 단위사별 사용 비율   <그래프4.2.3.1.1-9> '학술'의 '사람' 단위사별 사용 비율

▶▶ 말뭉치 계량 결과에 대한 논의

　사용역에 따른 '사람'을 단위화하는 개체 단위사의 사용 비율을 살펴보면, '소설'을 제외한 모든 사용역에서 단위성 의존명사 '명'의 사용 비율이 가장 높다. 이는 '명'이 사람을 단위화하기 위해 가장 일반적으로 사용되는 단위사라는 것을 말해 준다. 그런데 이러한 일반적인 양상과 달리 '소설'에서 '사람'의 사용 비율이 가장 높게 나타난다. 이는 보통명사가 단위사로 쓰인 '사람'의 특성에서 비롯한 것으로 보인다.

　4.2.1에서 언급했듯이 '놈'과 '분'은 각각 '비하'와 '높임'의 의미가 있지만 '명'과 '사람'은 그 의미가 중립적이기 때문에 자유롭게 교체되어 쓰일 수 있다. <예4.2.1-8>을 다시 제시하기로 한다.

〈예4.2.3.1.1-6〉
가. 맹인 한 {사람/명}이 탔어, [대화]
나. 경찰관 두 {사람/명}이 소파에 앉아 그의 귀가를 기다리고 있었다. [소설]
다. 요르단의 가장 서쪽에 위치한 마을인 루웨이사에서 사막 군복을 입은 미군 두 {사람/명}을 볼 수 있었다. [신문]
라. 거리에 거닐고 있는 시민 한 {사람/명}을 놓고 볼 때에는 사회조직과 무관한 개인인양 여겨지지만, 그 구체적인 개개인은 모두가 어떤 형태로든 집단성원의 일원임에 틀림없다. [학술]

<예4.2.3.1.1-6>에서 보듯이 '사람'과 '명'은 교체되어 사용될 수 있고 그 의미적 차이가 쉽게 발견되지 않는다. 그러나 '명'과 '사람'이 교체되어 쓰일 때 그 의미적 차이가 전혀 없는 것은 아니다. 보통명사 '사람'은 단위성 의존명사 '명'과는 달리 단위화의 기능뿐만 아니라 개체 지시 기능도 가지는 것으로 보인다. 다시 말해서, '두 명'은 수량의 의미만을 나타내기만 한다면 '두 사람'은 수량의 의미를 나타내는 동시에 보통명사 '사람'이 사람이라는 개체를 가리키는 것과 동일하게 사람을 지시하는 역할을 하는 것이다.

〈예4.2.3.1.1-7〉 [소설]
가. 두 {사람/명}의 청년은 그러나 비행기 안에까지 K를 전송해 주지는 않았다.
나. 그런데 류 씨는 이 마을로 거처를 옮긴 후 한 {사람/명}의 친구도 사귀지 못했다.
다. 두 {사람/명}의 남자는 흡사 아파트 경비원처럼 초췌한 얼굴들이었고 한 {사람/명}의 여자는 시골 우체국의 여직원처럼 초라해 보였다.

　위의 예에서도 '사람'과 '명'은 교체될 수 있다. 그러나 '사람'이 '명'으로 교체되면 사람이라는 개체적 의미는 사라지고 수량의 의미만 전달된다. 즉 '명'은 단위의 기능만을 제공한다면 '사람'은 단위의 기능을 제공하는 동시에 단위사 자체가 사람이라는 개체를 가리키는 것이다. 이러한 특성은 소설 속의 등장인물을 나타낼 때, 등장인물이라는 개체를 강조하여 표현할 수 있게 해 준다. 이러한 효과가 '소설'에서 '명'보다 '사람'의 사용 비율이 더 높게 나타나게 하는 원인인 것으로 판단된다. 한편, '학술'에서도 다른 사용역에 비해 '사람'의 사용 비율이 높은데 이에 대해서는 명확한 이유를 찾기 힘들지만 이 또한 '사람'이 단위화의 기능뿐만 아니라 개체 지시의 기능도 동시에 수행하기 때문인 것으로 파악된다. 즉 '소설'과는 다른 이유로 '학술'에서도 사람의 수를 나타내는 동시에 사람이라는 개체를 가리켜야 하는 경우가 많다는 것이다. 이에 대해서는 문제로 남겨 두고 더 이상 논의하지 않기로 한다.

그 의미가 중립적이라서 '명', '사람'과 교체되어 쓰일 수 있는 단위사로는 '인'이 있다. <예4.2.3.1.1-6>의 예를 다시 가져 와 보자.

〈예4.2.3.1.1-8〉
가. 맹인 [한 사람/일 인]이 탔어, [대화]
나. 경찰관 [두 사람/이 인]이 소파에 앉아 그의 귀가를 기다리고 있었다. [소설]
다. 요르단의 가장 서쪽에 위치한 마을인 루웨이사에서 사막 군복을 입은 미군 [두 사람/이 인]을 볼 수 있었다. [신문]
라. 거리에 거닐고 있는 시민 [한 사람/일 인]을 놓고 볼 때에는 사회조직과 무관한 개인인양 여겨지지만, 그 구체적인 개개인은 모두가 어떤 형태로든 집단성원의 일원임에 틀림없다. [학술]

위의 예에서 보듯이 '인'은 '명', '사람'과 비교적 자유롭게 교체되어 쓰일 수 있다. 그러나 이들 단위사가 서로 교체되었을 때, 모든 사용역에서 자연스러운 것은 아니다. 즉, '명', '사람'과 '인'은 서로 교체되어 쓰여도 그 문법성에는 차이가 발생하지 않지만 문체상의 효과에 있어서는 차이가 생긴다. 가령, 사용역을 고려하지 않는다면 '맹인 일 인', '경찰관 이 인'이라는 표현은 전혀 이상하지 않다. 하지만 '대화'와 '소설'에서는 이러한 표현들이 매우 어색하다. 이는 '인'이 '명'이나 '사람'과 달리 격식적인 효과를 주기 때문이다. 이러한 격식적 효과는 '인'이 한자어이고 한자어 수사와 결합한다는 점에서 기인하는 듯하다. <예4.2.3.1.1-6, 8>에서 알 수 있듯이 '명'과 '사람'은 고유어 수사와 결합하지만 '인'은 한자어 수사와만 결합한다. 이러한 격식성의 차이가 사용역에 따른 '인'의 사용 비율에 영향을 미쳤다고 볼 수 있다. 격식적 사용역인 '신문'과 '학술'에서 '인'이 사용된 예를 보이면 다음과 같다.

〈예4.2.3.1.1-9〉
가. PP카드는 종전에도 개인 1인당 50만원까지 신용카드로 구입이 가능했다. [신문]
나. 한편 전국의 종업원 1백인 이상 사업체 6천 5백 90 개중 올 들어 지금까지 임금 협상이 타결된 곳은 5.9%인 3백 89 개에 불과하다. [신문]
다. 1970년대 초에는 취업자 2인 중 1인이 농업에 종사하고 있었다. [학술]
라. 삼일운동 때는 민족 대표 33인의 한 사람으로 불교계를 대표하여 독립 선언서에 서명하고, 1년 6개월 동안 옥살이하였다. [학술]

그런데 비격식적인 사용역인 '대화'에서도 '인'의 사용 비율이 '신문'과 유사하다는 것은 매우 특이하다. 이는 '대화'에서 다음과 같은 예가 편중되어 많이 나타났기 때문이다.

〈예4.2.3.1.1-10〉 [대화]
가. 개인당 일 인분씩 먹는 거 아니예요?
나. 남자 셋이 가서 삼 인분 시키면 남긴단 말이야?

위의 예에서 나타나는 '인'은 단위사로 쓰인 것이기는 하지만 이때의 '인'은 접미사 '-분'과 결합해 굳어진 표현으로 쓰여 '명'이나 '사람'과 교체되지 않는다. 이렇게 굳어진 표현에서 나타나는 '인'은 격식적인 효과를 주지 않아 격식성과 상관없이 모든 사용역에서 일반적으로 쓰이는데, '대화' 말뭉치 중 특정 주제의 한 대화에서만 '인분'이 유독 많이 나타나서 '대화'에서 '인'의 사용 비율이 높아진 것이다. 즉, '대화'에서 '인'의 사용 비율이 높게 나타난 것은 사용역 특성에 기인한 것이 아니라 말뭉치 표본상의 특성 때문이라고 할 수 있다.

'놈'과 '분'은 각각 '비하'와 '높임'의 의미를 지니고 있기 때문에 그 의미가 중립적인 '명', '사람', '인'에 비해 대체로 그 사용 비율이 낮을 수밖에 없다. '비하'의 의미를 지니는 '놈'은 '소설'을 제외한 모든 사용역에서 '높임'의 의미를 지니는 '분'에 비해 그 사용 비율이 낮다. 특히, '놈'은 '비하'의 의미를 지니고 있기 때문에 격식적인 사용역인 '신문'과 '학술'에서 전혀 나타나지 않았다. '소설'에서 '놈'의 사용 비율이 높은 것은 '소설'이 문학 장르라는 사실과 관계가 깊다. 문학 장르에서는 표현의 다양성이나 실감 나는 사건의 묘사를 위해 '비하'의 의미를 지니는 어휘나 욕설을 사용하는 것이 드물지 않기 때문이다.

〈예4.2.3.1.1-11〉[소설]

가. 엿장수는 온통 진흙덩이가 돼 떼굴떼굴 구르는 판인데 마침 비를 피해 있는 **황화장수 한 놈**이 사람들이 꾸역꾸역 모여들어 제 푼수로만 알고 싸개통으로 달려들며 호객을 시작했다.

나. 마침 텁석부리 수염에 치찢어진 고리눈을 한 **조졸 한 놈**이 우두둑 떨치고 일어나서 동냥아치 뒷덜미를 비틀어 잡았다.

다. 목로마다 사람들이 꽉꽉 들어차서 옴나위없이 흥청거리는데, 바늘에 실 가듯이 제청(祭廳)에 육포 끼듯이 **동냥아치 두 놈**이 끼여들어 숨바꿈으로 방귀타령을 뽑아 올린다.

위의 예에서 보듯이 단위화 대상을 비하하는 '놈'을 사용하게 되면 소설 속의 사건을 보다 익살스럽고 생생하게 묘사하는 효과를 얻게 된다. 이때 중립적인 의미를 가지는 '명'이나 '사람'을 써도 의미 전달에는 아무런 지장이 없다. 그러나 '놈'이 주는 효과는 사라져 문학 장르인 소설로서의 묘미가 사라져 버린다.

'놈'뿐만 아니라 '분'도 격식적인 사용역과 비격식적인 사용역 간에 일정한 사용 비율의 차이를 보인다. 사용 비율의 차이가 크지는 않지만 '분'의 사용 비율은 격식적인 사용역인 '신문', '학술'보다 비격식적인 사용역인 '대화'와 '소설'에서 더 높게 나타난다. 이는 높임법이 가진 특성에서 기인하는 것이다.

〈예4.2.3.1.1-12〉

가. 대통령이 오늘 담화를 발표하였다.

나. 대통령께서 오늘 담화를 발표하셨다.

<예4.2.3.1.1-12가>는 대통령을 일반적인 개체로 보고 객관적으로 사실을 전달하는 것이라면 <예4.2.3.1.1-12나>는 대통령을 한 개인으로 보고 개인적인 친애감이나 존경심을 가지고 표현한 것이다. 즉 높임법을 사용한다는 것은 화자와 높임의 대상 사이의 개별적 혹은 개인적 관계를 드러내는

것이다. 이러한 이유로 인해 격식적인 사용역에서는 '높임'의 의미를 가지는 '분'이 잘 나타나지 않는 것이다. 또한 '신문'과 '학술'은 정보를 객관적으로 전달하는 것을 목적으로 하기 때문에 필자가 단위화하는 대상에 대해 친애감이나 존경심을 드러내게 되면 정보의 객관성을 잃게 되므로 '높임'의 '분'을 사용하지 않는 것이 일반적이다.

　요컨대, '명', '사람', '인', '분', '놈'은 모두 사람을 단위화한다는 공통점이 있지만 각각의 단위사가 지닌 특성은 모두 다르다. 그러나 이러한 특성의 차이가 문법적으로는 잘 드러나지 않고 사용 양상의 차이로만 나타나는데 이러한 사용 양상의 차이는 사용역에 따른 '명', '사람', '인', '분', '놈'의 사용 비율을 통해 살펴볼 수 있었다.

참고2 일반 사건 단위사: '번', '회', '차례', '건'

　행위나 사건을 단위화하는 사건 단위사 중 '번', '회', '차례', '건'은 모두 특정 유형의 행위나 사건이 아니라 다양한 유형의 행위나 사건을 단위화할 수 있다는 공통점을 지니고 있다. 이러한 점에서 이들 단위사는 '일반 사건 단위사'라고 할 수 있을 것이다. 이들 단위사는 서로 교체되어 사용될 수 있는데, 이 중에서 '번', '회', '차례'는 비교적 자유롭게 서로 교체되어 쓰일 수 있으나 '번', '회', '차례'와 '건'은 교체에 있어 제약이 심한 편이다. 하지만 비교적 자유롭게 교체되어 사용될 수 있는 '번', '회', '차례'도 서로 교체되어 사용되었을 때 아무런 차이가 없는 것이 아니다. '차례'나 '회'는 '번'에 비해 보다 격식적인 느낌을 주고 '회'는 '차례'에 비해 보다 격식적인 느낌을 준다. 여기서는 일반 사건 단위사가 가진 이러한 특성의 차이가 어떻게 실제 사용 양상의 차이로 나타나는지 살펴볼 것이다.

▶ **말뭉치 계량 결과 제시**

1. '대화'의 일반 사건 단위사별 사용 비율: 번 〉 회 〉 건 〉 차례
2. '소설'의 일반 사건 단위사별 사용 비율: 번 〉 차례 〉 회 〉 건
3. '신문'의 일반 사건 단위사별 사용 비율: 회 〉 번 〉 차례 〉 건
4. '학술'의 일반 사건 단위사별 사용 비율: 번 〉 회 〉 차례 〉 건

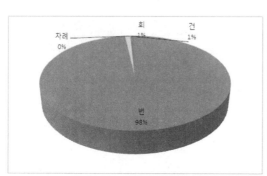

<그래프4.2.3.1.1-10> '대화'의 일반 사건 단위사별 사용 비율　<그래프4.2.3.1.1-11> '소설'의 일반 사건 단위사별 사용 비율

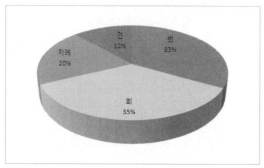
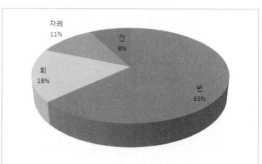

<그래프4.2.3.1.1-12> '신문'의 일반 사건 단위사별 사용 비율　<그래프4.2.3.1.1-13> '학술'의 일반 사건 단위사별 사용 비율

▶▶ 말뭉치 계량 결과에 대한 논의

앞서 언급했듯이, '번', '회', '차례'는 비교적 자유롭게 서로 교체되어 쓰일 수 있으나 '번', '회', '차례'와 '건'은 교체에 있어 그 제약이 심하다. 다음의 예를 보자.

〈예4.2.3.1.1-13〉
가. 아니 나 앞으로도 {미팅 두 번이나/이 회나/두 차례나/두 건이나} 남았어. [대화]
나. 그때 아내는 어디로 어떻게 사라져 있는 것일까, 하는 의문은, {수천 번의/수천 회의/수천 차례의/*수천 건의} 상상으로도, 도무지 풀리지 않는 숙제이다. [소설]
다. 이 위령비에는 건립 직후와 89년 노태우 대통령 방일 전날 등 지금까지 모두 {3번의/3회의/3차례의/3건의} 방화가 있었으며, 이번 방화는 4번째. [신문]
라. 에니악의 계산 능력은 진일보하여 초당 {5000번 정도의/5000회 정도의/5000차례 정도의/*5000건 정도의} 덧셈과 {300번 정도의/300회 정도의/300차례 정도의/*300건 정도의} 곱셈을 실행할 수 있었다. [학술]

위의 예에서 확인할 수 있듯이, 문체적인 차이는 느껴지지만 '번', '회', '차례'는 서로 교체되어 쓰이는 데 거의 제약이 없다. 그러나 '번', '회', '차례'가 쓰일 수 있는 맥락에서 '건'이 교체되어 쓰일 때에는 제약이 있다.

〈예4.2.3.1.1-14〉
가. 이 중 규모가 큰 업체에선 하루 {100여 건의/100여 번의/100여 회의/100여 차례의} 거래가 이뤄진다. [신문]
나. 경찰 관계자는 {4건의/4번의/4회의/4차례의} 화염병 투척은 모두 거의 같은 시각에 일어났으며 5명의 부상은 런던 금융 지구의 터키 은행 습격에서 발생했다고 말했다. [신문]
다. 독일 통일 1주년을 맞는 10월 3일에도 독일 전역에서 {20건의/20번의/20회의/20차례의} 외국인 박해사건이 벌어졌다. [학술]
라. 文民政府 시기의 경우, 뇌물수수 {6건/6번/6회/6차례}, 부정축재와 비중립성이 각각 {5건/5번/5회/5차례} 그리고 직권남용, 직무유기, 무사안일 등이 각각 {4건씩/4번씩/4회씩/4차례씩} 나타나고 있다. [학술]

하지만 〈예4.2.3.1.1-14〉에서 보듯이, '건'이 사용될 수 있는 맥락에서는 '번', '회', 차례'가 교체되어 사용될 수 있다. 이러한 사실들로 미루어 볼 때, '번', '회', '차례'가 단위화할 수 있는 대상의 범위가 '건'이 단위화할 수 있는 대상의 범위보다 넓다는 것을 알 수 있다. 이는 '번', '회', '차례'가 '행위'나 '사건'을 모두 단위화할 수 있지만 '건'은 '행위'는 단위화하지 못하고 '사건'만을 단위화할 수 있기 때문이다. 여기서 '사건'이란 어떠한 행위 자체가 아니라 행위로 인해 벌어진 일의 상태나 결과라고 할 수 있다. 이러한 사실은 〈예4.2.3.1.1-13〉의 '미팅'과 '방화'는 사건을 나타내지만 '상상', '덧셈', '곱셈'은 행위를 나타낸다는 점을 통해 알 수 있다.

그런데 '번', '회', '차례'와 '건'은 단위화 대상의 범위뿐만 아니라 통사적 속성에 있어서도 차이를 보인다.

〈예4.2.3.1.1-15〉
가. 일이삼월 해 가지고 일 년에 한 {네 번/사 회/네 차례/*네 건} 보겠네. [대화]

나. 하지만 그로서도 굳이 (한 번/일 회/한 차례/*한 건) 더 물을 필요를 느끼지 않았을 것이다. [소설]

다. 앞으로 97년까지 매년 (1~2회/1~2번/1~2차례/*1~2건) 실험할 계획이며 올해에는 (두 번/이 회/두 차례
/*두 건) 실시한다. [신문]

라. 두 사람이 마주 선 자세에서 소고를 (한 번/일 회/한 차례/*한 건) 두드리고, 팔 뒤꿈치대기를 하며 앞으로
나아가 서로 자리를 바꾸는 동작이다. [학술]

위의 예는 모두 '번', '회', '차례'가 부사어로 사용되어 동사가 나타내는 행위가 일어나는 횟수를
나타내는 경우를 보인 것인데, 이러한 맥락에서 '건'은 사용될 수 없다. 즉, '번', '회', '차례'는 부사어로도
나타날 수 있으나 '건'은 부사어로는 나타날 수 없어 다른 일반 사건 단위사보다 그 통사적 분포가
좁다는 것이다. 따라서 '번', '회', '차례'는 '건'에 비해 단위화 대상의 범위가 넓을 뿐만 아니라
그 통사적 분포도 넓다고 할 수 있다.

'건'은 '번', '회', '차례'에 비해 단위화 대상의 범위도 좁고 통사적 분포도 좁기 때문에 모든 사용역에
서 공통적으로 그 사용 비율이 가장 낮다. '대화'에서는 '차례'의 사용 비율이 가장 낮지만, '건'의
사용 비율도 1%에 불과하고 그 사용 빈도도 매우 낮다. 그런데 모든 사용역에서 공통적으로 '건'의
사용 비율이 가장 낮지만 '대화'와 '소설'에 비해 '신문'과 '학술'에서는 '건'의 사용 비율이 상대적으로
매우 높게 나타난다는 점은 주목할 만하다. 이는 '신문'과 '학술'이 정보 전달을 목적으로 하는 사용역이
기 때문이다.

〈예4.2.3.1.1-16〉

가. 적이 무자비하게 침략을 해서 도시가 파괴되다

나. 적의 무자비한 침략에 의한 도시의 파괴

위의 예에서 보듯이 사건은 동사 형식으로 표현될 수도 있고 명사 형식으로 표현될 수도 있다.
그러나 명사 형식으로 표현된 사건은 동사 형식으로 표현된 사건에 비해 더 많은 정보를 압축적으로
전달할 수 있다. 왜냐하면 명사 형식으로 표현된 사건은 다른 문장 내에 내포되면서 많은 정보를
한꺼번에 전달할 수 있기 때문이다. 다음의 예를 보자.

〈예4.2.3.1.1-17〉

가. 적이 무자비하게 침략을 해서 도시가 파괴되었다. 그래서 많은 사람들이 다치거나 죽었다.

나. 적의 무자비한 침략에 의한 도시의 파괴로 많은 사상자가 발생했다.

<예4.2.3.1-17>에서 확인할 수 있듯이 동사 형식으로 표현된 사건은 더 많은 정보를 추가하기 위해
여러 문장을 이용해야 하지만 명사 형식으로 표현된 사건은 문장 내에 내포되면서 여러 문장으로
나타내어야 하는 정보를 하나의 문장으로 전달할 수 있게 된다. 그렇기 때문에 정보 전달을 목적으로
하는 사용역에서는 정보를 압축적으로 전달하기 위해 사건을 동사 형식으로 제시하기보다는 명사
형식으로 제시하는 것이 일반적이다. 그런데 '건'은 다음의 예에서와 같이 명사 형식으로 제시된
사건만을 단위화하는 데 사용된다.

〈예4.2.3.1.1-18〉

가. 서울 중구 선관위에는 8일 하루에만 10여건의 **제보**가 들어왔지만 확인 결과 모두 허위 제보로 밝혀졌다. [신문]

나. 여의도 성모병원은 사업장 내 위험방지를 위한 안전·보건상 조처 미비, 정기노사협의회 미개최 등 39건을 위반했으며, 의정부 성모병원은 **퇴직금 차액 미지급, 성희롱 예방교육 미실시 등 26건의 노동관계법 위반 혐의**가 확인되었다. [신문]

다. 한 신문사에서 일 년에 많게는 20여 건에서 적게는 5건 안팎의 **협찬 행사**를 경쟁적으로 벌이고 있다. [학술]

라. 1993년 한 해만도 42개국에서 52건의 주요 **민족분규**가 발생하기도 했고 21세기 초 현재까지도 이 규모에 머물러 있다. [학술]

<예4.2.3.1.1-15>에서 확인하였듯이 '건'은 동사화된 행위나 사건은 단위화할 수 없고 <예4.2.3.1.1-18>에서와 같이 명사화된 사건만을 단위화할 수 있는데, '안전 보건상 조처 미비', '정기 노사 협의회 미개최' 등과 같이 명사화된 사건은 정보 전달을 목적으로 하는 사용역에서 주로 나타난다. 그리고 이러한 명사화된 사건은 '학술'보다 '신문'에서 훨씬 더 빈번히 나타난다. '신문'은 '학술'과 달리 지면의 한계로 인해 정보를 보다 압축적으로 전달할 필요가 있기 때문이다. 요컨대, '신문'과 '학술'은 정보 전달을 목적으로 하기 때문에 정보를 압축적으로 전달하기 위해 사건을 명사화해서 표현하는 경우가 많은데 이렇게 명사화된 사건은 바로 '건'의 단위화 대상이 된다. 따라서 '건'은 정보 전달을 목적으로 하는 '신문'과 '학술'에서 그 사용 비율이 높아지게 되는 것이다. 그리고 명사화된 사건은 정보를 압축적으로 전달하는 수단이기 때문에 '학술'보다는 지면의 한계가 있는 '신문'에서 더욱 빈번히 나타나는데 이로 인해 '건'은 '학술'보다 '신문'에서 그 사용 비율이 더 높아지는 것이다.

한편, '신문'을 제외한 모든 사용역에서 '번'의 사용 비율이 가장 높고 '신문'에서도 그 사용 비율이 가장 높은 '회'의 사용 비율과 '번'의 사용 비율은 큰 차이를 보이지 않는다. 이러한 점에서 '번'은 사건 단위사 중 가장 일반적인 단위사라고 할 수 있다. 그런데 모든 사용역에서 '번'의 사용 비율이 높은 것은 공통적이지만 '번'과 자유롭게 교체될 수 있는 '회', '차례'의 사용 비율은 사용역에 따라 달리 나타난다. '회'는 '대화'와 '소설'에서는 그 사용 비율이 매우 낮으나 '신문'과 '학술'에서는 그 사용 비율이 높다. 특히, '신문'에서 '회'는 '번'에 비해 사용 비율이 더 높고 '학술'에서 '회'는 '번' 다음으로 그 사용 비율이 높다. 이는 '회'가 주로 격식적인 사용역에서 사용되는 단위사라는 것을 알려주는 것이다. '회'가 격식적인 사용역과 비격식적인 사용역 사이에서 일정한 차이를 보인다면, '차례'는 문어 사용역과 구어 사용역 사이에서 일정한 차이를 보인다. '차례'는 구어 사용역인 '대화'에서 그 사용 비율이 가장 낮고 문어 사용역인 '소설', '신문', '학술'에서는 상대적으로 높은 사용 비율을 보이기 때문이다. 이러한 사실들을 종합해 볼 때, '차례'가 '번'에 비해 보다 문어적이고 격식적인 느낌을 주고 '회'는 '차례'보다 훨씬 더 격식적인 느낌을 주는 것이라고 할 수 있다. 이러한 문체적 효과는 '번'이 사용된 예에서 '회'나 '차례'를 교체해 보면 쉽게 알 수 있다. <예4.2.3.1.1-15>를 다시 가져와 보자.

〈예4.2.3.1.1-19〉

가. 일이삼월 해 가지고 일 년에 한 {네 번/사 회/네 차례} 보겠네. [대화]

나. 하지만 그로서도 굳이 {한 번/일 회/한 차례} 더 물을 필요를 느끼지 않았을 것이다. [소설]

다. 앞으로 97년까지 매년 {1~2회/1~2번/1~2차례} 실험할 계획이며 올해에는 두 번{이 회/두 차례} 실시한다. [신문]

라. 두 사람이 마주 선 자세에서 소고를 {한 번/일 회/한 차례} 두드리고, 팔 뒤꿈치대기를 하며 앞으로 나아가
서로 자리를 바꾸는 동작이다. [학술]

사용역을 고려하지 않으면 〈예4.2.3.1.1-19가〉의 '번'을 '회'나 '차례'로 교체해도 어색하지는 않으나, 그 사용역이 '대화'라는 것을 감안한다면 '번'을 '회'나 '차례'로 교체하면 매우 어색해진다. '소설'이라는 사용역을 염두에 둔다면, 〈예4.2.3.1.1-19나〉의 '번'을 '차례'로 교체해도 어색하지는 않지만 '회'로 교체했을 때에는 어색해진다. '신문'과 '학술'이라는 사용역을 고려한다면, 〈예4.2.3.1.1-19다, 라〉의 '번'은 '차례'나 '회'로 바꾸어도 전혀 어색하지 않으며 오히려 더 격식적인 효과를 얻어 본래의 문장보다 '신문'이나 '학술'에 더 어울리는 문장이라는 느낌마저 준다. 이와 같이 '회'가 격식적인 효과를 주는 것은 '회'가 한자어 수사와만 결합한다는 특성에서 기인하는 것으로 보인다. 4.2.3.1.1의 [참고1]에도 살펴보았듯이 '인'은 사람을 단위화하는 단위사 중 가장 격식적인 효과를 주는데 이러한 격식적 효과도 한자어 수사와만 결합하는 특성에서 기인하는 것이었다. 요컨대, '번', '회', '차례'는 교체되어 쓰여도 그 문법성에는 차이가 발생하지 않지만 문체상의 효과에 있어서는 차이가 생긴다. '번'은 가장 일반적 사건 단위사라는 점에서 모든 사용역에서 자연스럽게 쓰일 수 있지만 문어적이고 다소 격식적인 효과를 주는 '차례'는 '대화'를 제외한 문어 사용역에서 쓰이는 것이 보다 자연스럽고 '차례'보다 훨씬 더 격식적인 '회'는 격식적인 사용역인 '신문'과 '학술'에서 사용되는 것이 보다 자연스럽다.

지금까지 우리는 일반 사건 단위사 '번', '회', '차례', '건'의 특성과 그 사용 양상에 대해 살펴보았다. 논의를 정리하면 다음과 같다. '번', '회', '차례', '건'은 모두 행위나 사건을 단위화한다는 공통점이 있지만 '번', '회', '차례'와 '건'은 단위화 대상의 범위와 통사적 분포가 서로 다르다는 차이가 있다. 이러한 차이는 그 사용 양상에도 영향을 미친다. '건'은 나머지 사건 단위사에 비해 단위화 대상의 범위와 통사적 분포가 좁기 때문에 그 사용 비율이 가장 낮게 나타난다. '번', '회', '차례'는 자유롭게 교체되어 쓰일 수 있고 교체되어 쓰여도 의미적 차이가 발생하지 않는다. 다만, 이들이 교체되어 쓰일 때에는 문체적 효과가 달라지기 때문에 사용역에 따른 사용 비율이 달리 나타나게 된다.

4.2.3.1.2. 양 단위사

양 단위사는 대상의 양을 단위화한다. 다시 말해서, 양 단위사는 대상을 낱낱으로 세는 것이 아니라 그 양을 나타내는 것이다. 여기서는 4.2.3.1의 도입부에서 제시한 〈도표4.2.3.1-1〉의 단위사의 분류에 따라 양 단위사를 도량형 단위사, 용기 단위사, 신체 단위사, 형상 단위사, 집합 단위사로 나누어 논의를 진행한다.

▶️ **말뭉치 계량 결과 제시1**

- 전체 양 단위사별 사용 비율: 도량형 〉 용기 〉 형상 〉 집합 〉 신체

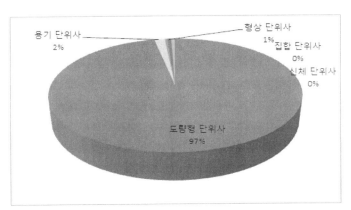

<그래프4.2.3.1.2-1> 전체 양 단위사별 사용 비율

⏩ **말뭉치 계량 결과에 대한 논의1**

　전체 말뭉치에서 나타나는 양 단위사별 사용 비율을 살펴보면, 도량형 단위사의 사용 비율이 압도적으로 높다. 도량형 단위사가 아닌 양 단위사의 사용 비율은 3%에 불과하다. 이처럼 도량형 단위사의 사용 비율이 매우 높은 것은 도량형 단위사의 사용 빈도가 매우 높기 때문이다. 도량형 단위사의 높은 사용 빈도는 전체 단위사의 사용 비율에서 양 단위사의 사용 비율이 수 단위사의 사용 비율보다 훨씬 더 높아지게 하는 원인이 되는데 4.2.3.1에서 설명했듯이 도량형 단위사의 사용 빈도가 매우 높은 것은 다음과 같은 두 가지 원인에서 기인한다.

　첫째, 모든 사용역에서 공통적으로 시간을 나타내는 도량형 단위사인 '년', '월', '일'이 매우 높은 빈도로 사용되기 때문이다. '년', '월', '일'의 사용 빈도만으로도 양 단위사의 전체 사용 빈도 절반 이상을 차지한다. '년', '월', '일'과 같은 도량형 단위사가 모든 사용역에서 높은 사용 빈도를 보이는 것은 시간과 때를 나타내는 표현이 인간의 생활에서 매우 필수적이기 때문일 것이다. 둘째, '신문'에서 도량형 단위사가 사용되는 빈도가 매우 높기 때문이다. 4.2.1의 [참고]에서 확인할 수 있듯이, '신문'은 다른 사용역에 비해 단위사의 사용 빈도가 월등히 높은데 '신문'에서 사용된 '년', '월', '일'의 사용 빈도만으로도 '대화', '소설', '학술' 각각의 사용역에서 사용된 전체 단위사의 빈도보다 높다. 이들 도량형 단위사 이외에도 '신문'에서는 도량형 단위사가 고빈도로 사용되는데 그 사용 빈도가 매우 높아서 전체 말뭉치상에서 도량형 단위사의 사용 비율이 압도적으로 높아지는 이유가 되는 것이다. 객관적인 정보 전달을 목적으로 하는 사용역 특성상 '신문'에서는 단위사를 이용한 수량 표현이 빈번하게 나타나는데 그 중에서도 도량형 단위사는 표준화된 단위를 제공한다는 점에서 정보를 더욱 더 객관적으로 전달해 주는 수단이 되기 때문에 '신문'에서 도량형 단위사의 사용 빈도가 매우 높게 나타난다.

▶ **말뭉치 계량 결과 제시2**

> 1. '대화'의 양 단위사별 사용 비율: 도량형 〉 용기 〉 형상 〉 집합 〉 신체
> 2. '소설'의 양 단위사별 사용 비율: 도량형 〉 용기 〉 형상 〉 신체 〉 집합
> 3. '신문'의 양 단위사별 사용 비율: 도량형 〉 용기 〉 집합 〉 형상 〉 신체
> 4. '학술'의 양 단위사별 사용 비율: 도량형 〉 집합 〉 형상 〉 용기 〉 신체

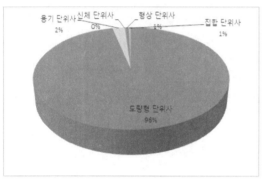
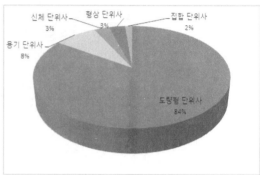

<그래프4.2.3.1.2-2> '대화'의 양 단위사별 사용 비율   <그래프4.2.3.1.2-3> '소설'의 양 단위사별 사용 비율

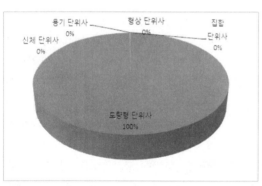
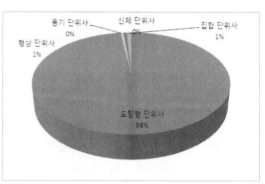

<그래프4.2.3.1.2-4> '신문'의 양 단위사별 사용 비율   <그래프4.2.3.1.2-5> '학술'의 양 단위사별 사용 비율

▶▶ **말뭉치 계량 결과에 대한 논의2**

사용역에 따른 양 단위사별 사용 비율을 살펴본 결과, 모든 사용역에서 공통적으로 도량형 단위사의 사용 비율이 압도적으로 높다는 것을 알 수 있다. 특히 '신문'은 도량형 단위사를 제외한 나머지의 양 단위사의 사용 빈도가 매우 낮아서 그 사용 비율이 1%도 되지 않는다.

도량형 단위사의 사용 비율이 가장 낮은 사용역인 '소설'에서는 도량형 단위사를 제외한 나머지 양 단위사의 사용 비율이 다른 사용역에 비해 상대적으로 높다. 이는 '소설'이 다른 사용역에 비해 도량형 단위사의 사용 빈도가 낮고 도량형 단위사 이외의 양 단위사의 사용 빈도가 높기 때문이다. '소설'에서 도량형 단위사의 사용 빈도가 낮고 그 이외의 양 단위사의 사용 빈도가 높은 것은 '소설'이

가진 서사 장르적 특성 때문이라고 할 수 있다.

4.2.3.1에서 설명했듯이, 도량형 단위사가 제공하는 표준 도량형은 정보를 객관적으로 전달하는 중요한 수단이 되기는 하지만 인물이나 사건을 생생하게 묘사하거나 기술하는 데에 있어서는 큰 역할을 하지는 않는다. 즉, 도량형 단위사는 정보를 객관적으로 전달하는 수단으로 주로 사용되기 때문에 인물이나 사건을 묘사해 이야기를 전달하는 것이 주된 목적인 서사 장르인 '소설'에서는 빈번히 사용되지 않는 것이다.

하지만 도량형 단위사 이외의 양 단위사는 문학적 효과를 주기 위해 '소설'에서 빈번히 사용된다. 다음의 예를 보자.

〈예4.2.3.1.2-1〉[소설]
가. 어머니가 그러고 있는 사이, 방에 불 세게 때놓고 어머니 먹을 **미음 한 냄비** 오지게 끓여서 머리맡에 놓아둔 부칠은 행찻길에 올랐다.
나. 지은은 **차를 한 모금** 마시더니 활짝 웃었다.
다. 수혜는 불에 데인 아이처럼 성급히 **꼼장어 한 토막을** 집어 먹었다.

<예4.2.3.1.2-1가, 나, 다>는 각각 용기 단위사, 신체 단위사, 형상 단위사의 예를 보인 것인데, 이들이 단위화하는 대상은 모두 도량형 단위사로도 나타낼 수 있는 것이다. 그러나 도량형 단위사로 나타내게 될 때에는 위의 예에서 느낄 수 있는 문학적 효과는 사라져 버린다. 가령, <예4.2.3.1.2-1가, 나, 다>의 '냄비', '모금', '토막'을 '리터', '시시', '킬로그램'으로 바꾸어도 의미는 여전히 통하지만 '소설'이 주는 문학적 느낌은 전혀 찾을 수 없다. 특히, 다음의 예에서 나타나는 양 단위사는 양을 나타내기보다는 아예 문학적 효과만을 주기 위해 사용된 것이라고 볼 수 있다.

〈예4.2.3.1.2-2〉[소설]
가. 순간 다회는 이유 없이 **가슴이 한 뼘** 정도 툭 내려앉는 것 같았다.
나. 수혜는 잔에 담긴 소주가 마치 아침 창을 뚫고 들어온 **햇살을 한 줌** 모아 놓은 것 같아 보였다.
다. 며칠 전 새벽, 간장골 우리 논에서 만난 잠자리 애벌레는 내게 **눈물 한 줄기를** 흘리게 만들었다.
라. 스물한 살의 그가, 수천 년 전에 죽은 안토니라는 이름을 가진 사나이의 **영혼 한 조각을** 막 손에 넣은 소리였다.

<예4.2.3.1.2-2가>의 '한 뼘'은 실제로 길이를 나타내는 것이 아니라 가슴이 내려앉는 느낌을 표현하기 위해 사용되었고, <예4.2.3.1.2-2나>의 '한 줌'은 실제 햇살의 양이 아니라 햇살의 양이 조금밖에 되지 않는 것을 나타내기 위해 사용되었다. <예4.2.3.1.2-2다>의 '한 줄기'는 눈물이 흐르는 모양을, <예4.2.3.1.2-2라>의 '한 조각'은 영혼의 일부라는 것을 나타내고 있다. 이러한 표현적 효과는 주로 신체 단위사, 형상 단위사를 통해 얻을 수 있다. 요컨대, '소설'에서는 문학적 효과를 위해 도량형 단위사 이외의 양 단위사를 빈번히 사용하는데, 이로 인해 '소설'에서 도량형 단위사 이외의 다양한 양 단위사의 사용 비율이 높아지는 것이다.

▶ 말뭉치 계량 결과 제시3

감02, 개월, 결12, 광년01, 광분99, 그램, 그램분자, 근02, 금06, 기가바이트, 길더, 길이01, 끝02, 나노미터, 냥, 년02, 노트01, 달05, 달러, 도05, 돈01, 두05, 등급, 떼기01, 루멘, 리02, 리09, 리터01, 미09, 마르크03, 마이크로미터01, 마일02, 마장01, 마지기01, 메가바이트(정보량), 메가바이트(속도), 몰08, 미터02, 밀리그램, 밀리리터, 밀리미터(길이), 밀리미터(강수량), 밀리바, 바탕02, 배럴, 볼트02, 분08, 불08, 살04, 세13, 세기03, 세제곱미터, 센티미터, 시간04, 시시05, 실링03, 암페어, 야드, 엔01, 옥타브, 옴04, 옹스트롬, 와트02, 원01, 위05, 유로05, 인치03, 일07, 지03, 장09, 전자볼트, 정보05, 제곱미터, 제곱센티미터, 제곱킬로미터, 주26, 주일03, 초07, 치04, 캐럿, 키01, 킬로그램, 킬로미터(길이), 킬로미터(속도), 킬로와트, 킬로와트시, 킬로헤르츠, 태양년, 톤01, 파운드01(화폐), 퍼센트, 퍼센트포인트, 평02, 포인트, 푼01(화폐), 푼01(비율), 프랑, 프로01, 피트01, 피피엠01, 필02, 필지03, 학점, 할02, 헥타르, 환10, 단계03, 점10, 폭06

 2. 용기 단위사

가마04, 가마니01, 갑05, 공기07, 광주리01, 궤짝, 그릇01, 깡99, 냄비, 대야01, 대접01, 독01, 되01, 됫박, 됫병, 드럼02, 말03, 바가지, 바구니, 바께쓰, 바탱이, 박스, 방구리01, 배낭01, 병05, 보따리, 보자기02, 봉지06, 봉투02, 부대04, 사발01, 삽01, 상04, 상99, 상자10, 섬01, 소쿠리, 수레01, 숟가락, 숟갈, 술06, 양동이, 자루01, 작은술, 잔03, 접시, 주전자, 찻술, 캔, 컵, 큰술, 통02, 통10, 팩03

 3. 신체 단위사

모금01, 발07, 뼘02, 아름01, 움큼, 입, 주먹, 줌01

 4. 형상 단위사

꼭지01, 덩어리, 덩이, 도막01, 롤, 마디01, 모03, 무더기, 뭉치, 뭉텅이, 뭉테기, 방울01, 조각01, 쪽03, 토막01, 편01, 줄기01

 5. 집합 단위사

그룹01, 꾸러미, 다발01, 단01, 떼01, 무리01, 묶음, 질06, 짐01, 집단, 첩05, 팀01, 패03, 벌02, 세트

▶▶ 말뭉치 계량 결과에 대한 논의3

 양 단위사를 더 자세히 분류하기 위해서는 단위화 대상을 구체적으로 언급해 줄 필요가 있다. 이에 대해서는 4.2.3.2에서 다시 다루기로 하고 여기서는 도량형 단위사, 용기 단위사, 신체 단위사, 형상 단위사, 집합 단위사의 전반적인 특성만을 논의하기로 한다.

• **도량형 단위사**

도량형 단위사는 양 단위사 중에서 가장 일반적인 부류로 사용 빈도뿐만 아니라 그 유형 빈도도 가장 높다. '도량형(度量衡)'이라는 말에서 알 수 있듯이 사실상 양 단위사는 모두 도량형 단위사에 포함될 수 있지만 여기서는 양 단위사 중 표준적인 척도가 정해져 있는 표준 도량형을 도량형 단위사로 분류하였다. 도량형 단위사의 유형 빈도가 이렇게 높은 이유는 도량형 단위사가 왜 존재하게 되었는가를 생각해 보면 쉽게 알 수 있다. 4.2.3.1에서 논의했듯이 도량형 단위사는 표준화의 필요에 따라 양의 단위를 사회에서 약속한 일정한 기준으로 정해 놓은 것이기 때문에 사회와 시대가 바뀜에 따라 다양해질 수밖에 없다. 예컨대, 화폐 단위만 하더라도 '원', '위안', '엔', '달러', '파운드', '유로' 등과 같이 사회에 따라 그 종류가 매우 다양할 수밖에 없고 넓이의 단위이더라도 예전에는 '평'을 주로 사용했다면 요즘은 '제곱미터'를 주로 사용한다. 즉, 사회와 시대가 달라지면서 도량형 단위사는 필요에 따라 계속 새로이 생겨나는데 사회가 복잡해질수록, 과학 기술이 발전할수록 도량형 단위사는 더욱 다양해지게 된다. 예를 들어, '베크렐'은 방사능의 양을, '옹스트롬'은 빛의 파장이나 원자의 배열의 길이를, '루멘'은 빛의 다발의 양을, '몰'은 분자의 양을 단위화하는 도량형 단위사인데 이러한 종류의 단위사는 과학 기술이 발전할수록 훨씬 더 많이 생겨날 것이고 실제로도 다양한 전문 분야에서 우리가 상상할 수 없을 정도로 수많은 도량형 단위사를 만들어 쓰고 있다.

도량형 단위사는 어떠한 것의 양을 재는 단위를 표준적으로 정해 놓은 것이기 때문에 단위화 대상이 일정하게 정해져 있는 것이 일반적이다. 예를 들어, '그램', '킬로그램'은 무게의 단위, '센티미터', '미터', '킬로미터'는 길이의 단위, '킬로바이트', '기가바이트'는 정보의 단위이다. 이와 같이 도량형 단위사는 자신이 단위화하는 대상의 종류가 일정하게 정해져 있기 때문에 단위화 대상이 무엇인지 드러나지 않아도 무엇을 단위화하는지 쉽게 알 수 있다. 따라서 도량형 단위사는 대개 단위화 대상이 문장 내에서 따로 드러나지 않는 것이 일반적이다(4.2.4.1, 4.2.4.4 참고). 물론 부피나 무게를 단위화하는 도량형 단위사의 경우는 다른 도량형 단위사와 달리 단위화 대상이 명시적으로 드러나는 경우가 많고 다른 도량형 단위사의 경우에도 단위화 대상을 보다 구체적으로 제시하기 위해 단위화 대상을 드러낼 수도 있지만 대개의 경우 도량형 단위사는 단위화 대상이 드러나지 않는 것이 보통이다.

앞서, 우리는 도량형 단위사에는 주로 표준적인 척도가 정해져 있어 그 척도가 단위의 기준이 되는 표준 도량형을 포함시킨다고 언급하였는데 이외에도 양 단위사 중 다른 부류에 포함하기 힘든 일부 단위사도 도량형 단위사에 포함되었다. 그 예를 보이면 아래와 같다.

〈예4.2.3.1.2-3〉
가. 재계 서열 9위의 대그룹인 데다 그동안 형제간의 그룹 회장 이양으로 주목돼 왔기 때문이다. [신문]
나. 이로써 한국은 **승점 3점**을 따내 사상 첫 16강 진출의 꿈에 한걸음 더 다가갔다. [신문]
다. 엿장수가 소동을 피워 구경꾼들을 모아들이고 있는 한켠에 **빨랫줄 한 길이쯤** 상거한 한터에는 겨우 웃비나 가릴 만한 덕석이나 휘장을 친 술국집들이 늘어서 있었다. [소설]
라. 상앙은 **높이가 세 키** 되는 나무를 시장 남문에다 세우고 '이 나무를 북문에다 옮겨 놓는 자에게는 10금을 준다'고 글을 써 사람을 모집하였습니다. [소설]

<예4.2.3.1.2-3가, 나>의 '위'와 '점'은 각각 '서열'이나 '등급'과 '점수'를 단위화하고 <예4.2.3.1.2-3다,

라>의 '길이'와 '키'는 '길이'를 단위화한다. 특히 '키'와 '길이'는 단위화 대상이 곧 단위사로 기능한다는 점에서 매우 특이한 예이다. 이들 단위사는 단위화 기준이 표준적으로 정해진 것은 아니지만 단위화 대상의 양을 측정하는 기준이 된다는 점에서 도량형 단위사에 포함시켰다. 따라서 <예4.2.3.1.2-3>에서 제시한 것과 같은, 양단위사 중 다른 부류에 포함되기 힘든 소수의 부류들은 기타 부류로 분류될 수도 있는 것이다.

- 용기 단위사

용기 단위사는 도량형 단위사 다음으로 그 종류가 많은 양 단위사이다. 용기 단위사는 단위의 기준이 '병', '잔', '접시', '컵' 등과 같은 용기인 단위사를 가리키지만 단위의 기준이 그릇 종류에만 한정되는 것은 아니다. 무엇인가에 담긴 양이 기준이 되는 양 단위사는 모두 용기 단위사로 분류된다. 따라서 용기 단위사에는 '숟가락', '젓가락', '삽' 등도 포함될 수 있다. 용기 단위사가 지닌 이러한 특성이 바로 용기 단위사의 종류가 많은 이유가 된다, 즉 무엇을 담을 수 있는 것이라면 그 어떤 것이라도 용기 단위사로 사용될 수 있기 때문이다. 예를 들어, 종이컵 한 잔에 담긴 양을 단위의 기준으로 삼는다면 '종이컵'도 용기 단위사가 될 수 있고 세숫대야에 담긴 양을 단위의 기준으로 삼는다면 '세숫대야'도 용기 단위사가 될 수 있다.

용기 단위사는 단위사가 가리키는 용기에 따라 단위화 대상이 달라지는 것이 보통이다. '잔', '병', '컵'과 같이 액체를 담는 용기는 액체의 양을 단위화하는 데 쓰이고 '그릇', '접시', '상'과 같이 음식을 담는 용기는 음식의 양을 단위화하는 데 쓰이는 것이 일반적이다. 그러나 '독', '봉지', '상자'와 같이 용기에 담길 수 있는 대상이 다양하여 단위화 대상의 종류가 일정하지 않는 것도 있다. 물론 용기 단위사는 부피가 있는 용기에 담긴 양이 단위의 기준이 되므로 무게나 길이가 아니라 기본적으로 부피의 단위가 되지만 '독', '봉지', '상자'와 같은 단위사는 단위화 대상의 종류가 무엇인지 나타내는 기능을 한다고 보기는 어렵다.

예전부터 용기는 신체 부위와 더불어 양을 측정하는 단위로 가장 일반적으로 사용되어 온 것이다. 기술이 발전하고 사회가 복잡해짐에 따라 용기 단위사는 점점 도량형 단위사에 밀려 나게 되었지만 지금도 우리의 일상생활에서는 용기에 담긴 양을 기준으로 하여 그 양을 측정하는 것이 보통이다. 예컨대, 일상생활에서 우리는 '물 한 컵 달라'고 말하지 '물 200밀리리터 달라'고 하는 경우는 매우 드물다. 왜냐하면 도량형 단위는 전문가가 아니라면 양의 기준을 정확하기 알기 어렵지만 용기 단위는 우리 주변에 있는 용기를 통해 양의 기준을 쉽게 알 수 있기 때문이다. 이러한 이유로 용기 단위사는 다른 여러 나라의 언어에서도 쉽게 발견된다. 영어의 'a cup of coffee'에서 'a cup'이 용기 단위사의 대표적인 경우라고 할 수 있다.

- 신체 단위사

신체 단위사는 신체 부위가 단위의 기준이 되는 단위사이다. 예컨대, '모금'은 '입 안에 한 번 머금는 분량'을, '발'은 '두 팔을 양옆으로 펴서 벌렸을 때 한쪽 손끝에서 다른 쪽 손끝까지의 길이'를, '뼘'은 '엄지손가락과 다른 손가락을 완전히 벌린 길이'를 단위의 기준으로 하는 단위사이다. 신체 단위사는 양 단위사 중 그 유형 빈도가 가장 적은데 이는 단위의 기준으로 사용할 수 있는 신체 부위가 '손', '발', '팔', '입' 등으로 매우 한정적이기 때문이다.

신체 부위는 인간이 가장 쉽게 단위의 기준으로 활용할 수 있는 수단이다. 그래서 신체 단위는 용기 단위와 더불어 전통적으로 가장 일반적으로 사용되어 왔다. 신체 부위를 단위의 기준으로 하는 단위사는 다른 언어에서도 흔히 나타난다. '피트(feet)'와 '인치(inch)'는 현재 야드파운드법을 기준으로 하는 도량형 단위사가 되었지만 원래는 '발의 길이', '엄지손가락의 길이'를 기준으로 하는 신체 단위사였다.

• 형상 단위사

형상 단위사는 특정한 형상을 하는 사물이 단위의 기준이 되는 단위사이다. 형상 단위사는 신체 단위사보다는 그 종류가 많지만 매우 한정적이다. 예를 들어, '덩어리', '덩이', '뭉치', '뭉텅이', '뭉테기'는 덩어리진 사물의 양을, '조각', '토막', '도막', '쪽', '마디'는 전체의 한 부분을 이루는 사물의 양을 나타내는데 이때 단위화되는 사물은 그 형상이 단위사가 가리키는 형상과 유사해야 한다. 그런데 형상 단위사는 단위의 기준이 특정한 형상을 하는 사물이기 때문에 형상 단위사로 표현되는 단위화 대상의 양은 늘 일정하지 않다. 예컨대, '피자 한 조각'이라고 했을 때 '한 조각'의 양은 원래의 피자 크기에 따라 달라지고 '고기 한 덩이'라고 했을 때에도 고기 덩어리의 크기에 따라 '한 덩이'의 양이 달라지는 것이다. 그래서 '고기 크게 한 덩이', '피자 큰 조각으로 한 조각'과 같이 표현하여 단위사의 크기를 보다 명시적으로 나타내어 그 양을 보다 정밀하게 나타내기도 한다.

• 집합 단위사

집합 단위사는 수 단위사에도 포함되는데 양 단위사의 하위 부류에 속하는 집합 단위사는 개체가 이루는 집합의 수가 정해져 있지 않는 경우에만 해당된다. 즉 개체가 이루는 집합이 개체의 양을 나타내는 기준이 되는 단위사인 것이다. 집합 단위사도 형상 단위사와 마찬가지로 집합 단위사로 표현되는 대상의 양이 늘 일정하지 않다. 예컨대, '한 무리의 사람'이라고 했을 때, 한 무리의 사람은 10명이 될 수도 있고 20명이 될 수도 있다. 따라서 집합 단위사는 단위의 기준이 되는 집합의 크기가 일정하지 않기 때문에 단위화 대상의 양을 정확하게 나타내기보다는 단위화 대상을 집합으로 표현하는 것이 주된 기능이라고 할 수 있다.

4.2.3.2. 단위사의 단위화 대상

4.2.3.1에서 논의한 것처럼 단위사는 크게 수단위사와 양 단위사로 분류되고, 수단위사는 다시 개체 단위사, 집합 단위사, 사건 단위사로, 양 단위사는 다시 도량형 단위사, 용기 단위사, 신체 단위사, 형상 단위사, 집합 단위사로 분류된다. 여기서는 4.2.3.1에서 논의되었던 340여개의 단위사들을 대상으로 이들이 단위화하는 대상을 구체적으로 분류하여 살펴보고 그 예를 제시하고자 한다.

4.2.3.2.1. 수 단위사의 단위화 대상

앞서 언급했듯이 수 단위사는 단위화 대상의 종류와 특징에 따라 다시 개체 단위사, 집합 단위사, 사건 단위사로 분류할 수 있다. 낱낱의 개체의 수를 단위화하는 개체 단위사는 수 단위사 중 가장 일반적인 부류인데, '사람'을 단위화하는 '명', '사물'을 단위화하는 '개', '동물'을 단위화하는 '마리',

'식물'을 단위화하는 '그루' 등이 가장 대표적인 예이다.

〈예4.2.3.2.1-1〉

가. **프로씨름 선수 10명** 가운데 4명은 평균치를 밑도는 벌이를 하고 있는 셈이다. [소설]

나. 김 씨는 이 사건 관련 **녹음테이프를 4개** 가지고 있다고 주장하고 있다. [신문]

다. 가령 아리스토텔레스는 모든 판단의 바탕에 **열 개**의 범주가 있다고 했다. [학술]

라. 그 앞뜰에 **네 마리 사슴**이 옹기종기 놀고 있었다. [소설]

마. 뒤뜰 담장 앞에 서 있는 **두 그루**의 **벚꽃나무** 가지가 바람에 흔들리는 모습이 창문을 통해 보인다. [소설]

특히, <예4.2.3.1.1나, 다>의 '개'는 생물을 제외한 모든 구체적·추상적 사물이 단위화 대상이 될 수 있는 매우 포괄적인 개체 단위사이다.

'사물'을 단위화 대상으로 하는 개체 단위사 중에서 '개비', '장', '톨', '알' 등과 같은 단위사는 특정한 형상을 지닌 사물만을 단위화한다는 특성을 지닌다.

〈예4.2.3.2.1-2〉

가. 그녀의 남편은 소파에 앉으며 **담배 한 개비**를 피워 문다. [소설]

나. 그는 공장으로 들어가려다가 다시 나와서 천 원짜리 **지폐 한 장**을 내 주머니에 밀어 넣어주고는 몇 번이나 당부했다. [소설]

다. 성원 씨는 EMI와 전속하고 낸 **2장의 CD**가 좋은 반응을 얻고 있다. [신문]

라. 지난 3월 초에는 3~4일 간격으로 2백 장을 만드는 등 9월말까지 **3천 3백 장**의 저공해 비누를 만들어 보급했다. [신문]

마. 잿빛 구름이 청명한 가을바람을 타며 점점 해맑은 흰빛을 띠더니 **쌀 한 톨** 제대로 키울까 걱정되던 땅에도 누런 벼 잎에 알찬 씨알이 영글기 시작했다. [소설]

바. 이장이 흰 알사탕 **한 알**을 맛있게 까먹으면서 쓴 표정을 지었다. [소설]

사. **한 알의 사과**는 껍질과 씨앗과 육질로 되어 있다. [학술]

'개비'는 '담배'와 같이 길이가 약간 길고 크기가 작은 사물만을 단위화할 수 있으며 '장'은 '종이', '지폐', 'CD' 등과 같이 두께가 얇고 평평한 사물을 단위화하기도 하고 주로 네모난 모양의 손에 잡힐 정도의 두께를 지닌 '비누'를 단위화하기도 한다. '톨'은 곡식의 낱알과 같이 크기가 매우 작고 모양이 둥근 사물을 단위화하고, '알'은 '사과, 사탕, 은행' 등과 같이 크기가 비교적 작고 모양이 둥근 사물을 단위화할 수 있다. 위의 <예4.2.3.2.1-2>에서 보인 단위화 대상들은 포괄적 개체 단위사인 '개'를 사용하여 단위화할 수 있다. 하지만 포괄적 개체 단위사 '개'를 쓰지 않고 특정 형상을 가진 사물만을 단위화하는 단위사를 사용하게 되면 단위화 대상의 속성을 훨씬 더 분명하게 드러낼 수 있게 된다.

개체 단위사에는 '사람', '동물', '식물', '사물' 등과 같이 구체적인 개체를 단위화하는 것뿐만 아니라 '과목', '영상', '박자', '글자', '노래' 등과 같은 추상적인 개체를 단위화하는 단위사들도 포함된다.

〈예4.2.3.2.1-3〉

가. 근데 이번 학기 때는 **전공 몇 과목** 듣는다고 하더라. [대화]

나. 이 제품은 30만 7200 화소급으로, 초당 **15프레임**의 동영상을 촬영할 수 있다. [신문]

다. 보통 빠른 2박자이며, 1박의 **여린박**을 가진다. [학술]

라. 당신의 글 **한 글자 한 글자**를 그런 식으로 읽었어요. [소설]

마. 일곱 살짜리들 반이 먼저 나와 **노래 두 곡**을 부른다. [소설]

<예4.2.3.2.1-3>에서 제시된 단위화 대상 '전공 (과목)', '동영상', '박자', '글', '노래'는 구체적 형상을 지니지 않는 추상적 대상이다. 그러나 '과목', '프레임', '박', '글자', '곡'은 추상적인 개체를 낱낱으로 개체화하여 이들을 단위화한다.

개체 단위사들 중에는 개체를 단위화하지만 '개'나 '명' 등과 같이 '사물'이나 '사람'의 낱낱의 수를 세는 것이 아니라 개체의 종류 수를 세는 데 쓰이는 단위사들도 있다.

〈예4.2.3.2.1-4〉

가. 소출이 빠듯한 세납민들이 입만 열었다 하면 궁설(窮說)인 판국에 남봉(濫捧)을 한다면 그 **억만 갈래** 원성을 어찌 감당하고 수습하시겠단 말씀이오? [소설]

나. 한편 잡지광고는 주로 지식인들이 많이 보는 시사저널, 뉴스위크, 주간한국 등 시사 잡지에 게재하였는데 **두 종류**의 시리즈로 진행하였다. [학술]

다. 다음의 예문은 **여러 가지**의 감각 가운데 **한 가지**를 중심으로 한 묘사의 예인데, 소설의 문장에서 가려 본 것이다. [학술]

<예4.2.3.2.1-4>에서 보듯이 '갈래', '종류', '가지' 등은 구체적 사물뿐만 아닌 추상적 개체도 단위화할 수 있다. 이러한 단위사들은 개체의 수를 단위화하는 것은 아니지만 종류의 수를 개체의 수와 같이 낱낱이 세는 기능을 한다는 점에서 개체 단위사에 포함될 수 있다.

사건 단위사는 '행위'나 '사건'이 일어난 횟수를 세는 기능을 하게 되는데, 다양한 유형의 '행위'나 '사건'을 보편적으로 단위화하는 사건 단위사와 특정한 유형의 '행위'나 '사건'만을 단위화하는 사건 단위사로 분류할 수 있다. 다양한 유형의 '행위'나 '사건'을 단위화할 수 있는 단위사에는 '번', '차례', '회', '건'이 있다.

〈예4.2.3.2.1-5〉 [신문]

가. 전반 **세 번**의 실점 위기를 극복해낸 한국 팀이 경기 주도권을 쥐면서 승기를 잡았다.

나. 다국적군은 지난 8일 동안 1만 **2천회**의 출격을 해 왔다고 밝히고, 이 지역 일기가 악천후 상태를 벗어남에 따라 하루 **3천회** 이상으로 공격수가 늘어날 것이라고 말했다.

다. 탈주범들은 강도 등 전과 3~9범으로 교도소를 드나들며 알게 된 사이로 전국을 돌며 **5차례** 강도행각을 벌여 2000여만 원을 강탈한 혐의로 지난해 12월 광산 경찰서에서 구속됐었다.

라. 페루 내무부 보고서에 따르면 앞으로 2주 내에 **30건**의 시위와 파업, 도로 차단이 예정돼 있다.

<예4.2.3.2.1-5>에서 알 수 있듯이 '번', '회', '차례', '건'은 특정 유형의 '사건'이나 '행위'가 아니라 다양한 유형의 '사건'이나 '행위'를 단위화할 수 있다. 그러나 다음의 예에서 보이는 '바퀴', '방',

'발'은 각각 '회전 행위', '때리는 행위', '쏘는 행위' 등과 같이 특정한 유형의 '사건'이나 '행위'를 단위화한다.

〈예4.2.3.2.1-6〉 [소설]

가. 널 업고 **골목길 한 바퀴를** 빙 돌면 넌 늘 내 등에 뺨을 대고 깊이 잠들곤 했었어.

나. 배에 **칼 한 방** 맞았다고 모두 죽는 것도 아닐 테구요.

다. 그 영화는 젊은 장교와 서커스단에서 외줄 타는 소녀와의 운명적인 사랑이야긴데 **한 발의 총성**과 함께 화면이 멎는 라스트 씬이 인상적이었어.

다음의 예에서 보이는 사건 단위사도 특정 유형의 '사건'이나 '행위'를 단위화하는데, 〈예4.2.3.2.1-6〉에서 보인 단위사보다 단위화하는 '사건'이나 '행위'의 유형이 더욱 한정된다.

〈예4.2.3.2.1-7〉

가. 아, 근데 **끼니를 세 끼** 꼬박꼬박 먹는 사람은 잔병치레를 안 해요. [대화]

나. 재우가 문태에게 전화를 한 것은 **술잔이 몇 순배** 더 돈 다음이었다. [소설]

다. 굼뜬 재주도 집중하면 물리가 트이듯이 이제는 **전화 한 통화**로 그 집 음식 맛을 예감할 수 있는 노하우가 생길 정도다. [신문]

〈예4.2.3.2.1-7〉의 '끼', '순배', '통화' 등과 같은 단위사들은 각각 '식사', '술잔을 돌리는 행위', '전화' 등과 같이 특정 '동작'이나 '사건'만을 단위화할 수 있다.

집합 단위사는 양 단위사의 하위 부류에도 포함되는데, '켤레'나 '쌍'과 같이 집합을 이루는 개체의 수가 일정하게 정해져 있는 경우는 수 단위사로 분류하고, '다발', '꾸러미' 등과 같이 집합을 이루는 개체의 수가 일정하게 정해져 있지 않는 경우는 양 단위사로 분류하였다. 전자의 경우에는 집합을 이루는 개체의 수가 정해져 있어서 그 수를 셀 수 있는 반면, 후자의 경우에는 그 수가 정해져 있지 않고 일정한 묶음으로 그 양을 나타내는 것이기 때문이다. 집합 단위사는 단위화 대상의 종류가 정해져 있지 않는 것과 단위화 대상의 종류가 정해져 있는 것으로 나눌 수 있다. 우선 전자의 대표적인 예로는 '쌍'과 '짝'이 있다.

〈예4.2.3.2.1-8〉 [소설]

가. 언젠가 메리가 예리에게 보여준 사진에는 **세 쌍의 남녀**와 서너 명의 아이들이 모두 젯츠 유니폼과 헬멧을 쓰고 있었다.

나. **장롱 한 짝**을 제대로 놓을 만큼의 넓이도 못 돼서 서로 마주보게 놓았지만 어린아이들의 냄새가 상큼하니 포근한 느낌을 주었다.

다. 우선 수저들이 담긴 플라스틱 바구니에서 숟가락 하나와 **젓가락 두 짝**을 집어 자신의 식반 위에 올려놓았다.

〈예4.2.3.2.1-8가, 나〉에서 제시한 '쌍'과 '짝'은 어떤 종류의 사물이든 둘씩 짝을 이루는 경우에는 그 집합을 단위화하는 기능을 한다. 그런데 '짝'은 〈예4.2.3.2.1-8다〉와 같이 쌍을 이루는 물체 중 하나만을 나타내는 경우도 있는데 이러한 경우는 개체가 집합을 이루는 것이 아니기 때문에 집합 단위사가 아니라 개체 단위사로 분류된다. 즉, '짝'은 그 쓰임에 따라 집합 단위사로도, 수 단위사로도 분류되는 것이다.

단위화 대상의 종류가 정해져 있는 집합 단위사의 예를 들면 다음과 같다.

〈예4.2.3.2.1-9〉
가. 이튿날 아주머니는 **생감** 다른 두 **접**을 사왔습니다. [소설]
나. 이튿날 K는 여행용 가방을 꺼내어 놓고 옷가지를 챙겨 넣었다. 그는 **담배 한 보루와** 박하사탕 한 봉지도 넣었다. [소설]
다. **북어 한 쾌**에 얼마예요? [학술]

<예4.2.3.2.1-9>의 '접', '보루', '쾌'는 각각 '과일이나 채소 100개', '담배 10갑', 북어 20마리'와 같이 특정 개체의 집합을 단위화하는 경우에 사용된다.

지금까지의 논의를 바탕으로 개별 수 단위사를 분류하여 단위화 대상과 그 예를 보이면 다음과 같다.

수 단위사의 단위화 대상과 용례

분류	단위사	단위화 대상	예
개체	명03	사람	두 명의 사내, 수백 명의 사람, 각료 25명, 경찰관 6명
	사람		한 사람의 고아, 세 사람의 내방자, 어른 한 사람, 후배 세 사람
	인02		40인의 도적, 3인의 법관, 전문가 3인, 시민대표 10인
	놈01		동냥아치 두 놈, 황화장수 한 놈, 조졸 한 놈, 포리 댓 놈
	분01		한 분의 삼촌, 교수님 두 분, 선생님 일곱 분
	녀07		2남 1녀 자제
	남02		자녀 3남1녀
	마리01	동물	한 마리의 갈매기, 한 마리의 개, 독수리 두 마리, 돼지 2마리
	필03		두 필의 말, 명마 한 필, 한 필의 개
	그루01	식물	한 그루의 감나무, 두 그루의 벚꽃 나무, 나무 한 그루, 참죽나무 서너 그루
	송이01		한 송이 수선화, 아흔일곱 송이의 연꽃, 국화꽃 10송이, 동백꽃 한 송이
	포기01		한 포기 김치, 풀 한 포기, 배추 10포기
	뿌리		파 한 뿌리, 장뇌삼 한 뿌리
	개10	사물	다섯 개의 채널, 12개의 건물, 빵 두 개, 모자 4개, 10여개의 종파, 목표 5개, 주제 발표 두 개,
	주24	주식	103만주의 주식, 480만주의 신주, 보통주 3백 50만주, 우선주 3천주
	닢01	동전	동전 한 닢, 은자 몇 닢
	구09	시체	45구의 시체, 시신 2구, 주검 12구, 유해 11구
	매15	종이	용지 1매, 원고지 100매, 교환권 2매, 유인물 1000매
	페이지		64페이지의 만화, 일기 한 페이지
	부15	출판물	80여부의 신문, 4백 70만 부의 발행 부수
	척08	배	한 척의 고속정, 두 척의 배, 경비정 2척, 군함 15척
	량06	열차	10량의 광차, 2천량 이상의 전동차
	편05	항공기	항공기 2백편, 국제선 7편
	개교	학교	직업 학교 5개교, 각종학교 12개교, 실업고 3개교, 국립전문대 1개교
	개사	회사	벤처기업 2개사, 일간지 39개사, 제조업체 4개사, 택시노조 30개사
	사18		방송 3사, 가전 4사, 이동전화 5사, 자동차 3사
	동15	건물	빌딩 1백 50동, 아파트 세 동, 건조물 263동, 건물 1만 6489개동
	채08		세 채의 집, 200채의 빌라, 민가 한 채, 아파트 두 채
	호04		주택 2백만 호, 100호 규모의 마을
	대15	기계	1대의 로봇, 8대의 모니터, 중형차 2대, 컴퓨터 한 대
	칸01	일정한 규격으로 둘러막아 생긴 공간	방 한 칸, 전세방 한 칸
	간09		부엌 한 간
	실05	방	오피스텔 350실, 콘도미니엄 1천여 실, 리빙텔 1백2실
	표04	표	한 표의 투표권, 10표 이상의 반대표, 부동표 29표, 유효표 50표
	잎01	잎	떡잎 두 잎, 고란초 몇 잎, 풀 한 잎

분류	단위사	단위화 대상	예
개체	책01	책	교과서 세 책, 도서 297책
	권01		한 권의 논술책, 6권의 시집, 공책 두어권, 교과서 몇 권
	정22	총기·농기구 등과 같은 도구	1백 92만정의 총기류, 권총 1정, 소총 1정
	촉09	화살	두 촉의 화살
	문07	포	2만여 문의 방공포, 대포 3천문, 20mm포 2문
	기19	미사일, 원자로, 묘	90기 이상의 핵탄두, 4기의 원자로, 4백 85기의 묘지, 미사일 6기
	본01	화석	화석 11본, 치아 2본
	단06	층	2단의 돌층계, 덧마루 한 단
	편09	작품	한 편의 광고, 5편의 다큐멘터리, 영화 2편, 연극 두 편
	점10		한 점의 그림, 72점의 전시품, 부채 10점, 삽화 1백 20점
	자루02	긴 물체	한 자루의 작은 촛불, 두 자루의 칼, 볼펜 한 자루, 연필 한 자루
	줄01		여러 줄의 레일, 다섯 줄의 평행선, 김밥 한 줄, 검은 선 한 줄
	오리01	가늘고 긴 물체	한 오리 구름
	오라기		땀 한 오라기
	줄기01		정맥 두 줄기
	가닥		여러 가닥의 실, 3가닥의 전선, 새순 몇 가닥, 전선 두 가닥
	가치03		담배 서너 가치
	개비01		한 개비의 대마초, 담배 한 개비
	개피02		담배 한 개피
	꺼풀01	여러 겹으로 된 물체	배춧잎 한 꺼풀
	겹		여러 겹의 필터, 서너 겹의 휴지, 두 겹 천, 살가죽 한 겹
	켜	포개어져 쌓인 물체	먼지 한 켜, 시루떡 한 켜
	장22	넓고 평평한 물체	한 장의 그림, 4장의 디스크, 전단 수백장, 명함 20장
	면05		8면의 지면, 벽 한 면, 슬로프 17면
	쪽02		8만 쪽의 문서, 신문 3000쪽
	알01	둥글고 작은 물체	한 알의 사과, 두서너 알의 모래, 사과 한 알, 알약 50알
	알갱이02	둥글고 매우 작은 물체	먼지 한 알갱이
	톨		한 톨의 밀알, 쌀 한 톨
	과목02	과목	본고사 2과목, 전공 몇 과목
	석08	자리	1000여석의 객석, 11석의 의석, 좌석 3500석, 빈자리 9만석
	자리01	자릿수	50자리의 숫자, 세 자리의 수, 주민등록번호 13자리, 한 자리 자연수
	집01	바둑판의 자리	흑바둑판 5집 반, 백바둑판 1집 반
		집	민박집 세 집, 마가 열다섯 집
	거리04	굿판	철물이굿 열두거리
	장30	연극	총 3막 11장의 연극, 연극 14장
	박09	박자	1박의 여린박
	자14	글자	이름 석자, 한문귀 4자
	글자		한글 몇 글자, 글자 한 글자

분류	단위사	단위화 대상	예
개체	자리06	노래	노래 한 자리, 노래 다섯 자리
	곡02		2500곡의 엠피3 음악, 뮤지컬 명곡 15곡
	소절01		두 소절의 엘리제를 위하여, 팝송 한 소절
	악장04		3악장의 교향곡,
	프레임	장면	초당 15프레임의 동영상
	컷		2만여컷의 사진
	곳01	장소	세 곳의 나들목, 5곳의 미술관, 약국 2곳, 구두수선점 한 곳
	군데		십여 군데의 공장, 여섯 군데의 해변, 보세 구역 2군데, 아파트 60군데
	개소01		31개소의 건널목, 1백 13개소의 고속도로 휴게소, 저장소 3개소, 진료 기관 1백 56개소
	개점		2개점의 할인점
	개지		중앙지 9개지
	굽이	굽어진 장소	물줄기 한 굽이, 골짜기 여러 굽이
	개국01	나라	상임이사국 5개국, 부분 자유국 52개국, 빈국 8개국, 서방 선진 7개국
	수17	노래/시	아홉 수의 시, 시조 2수, 시 3백여 수
	땀02	바느질 자국	한 땀 상침, 박음질 두 땀
	올01	실처럼 가는 물체	한 올 한 올 바늘땀, 국수 가락 몇 올, 머리카락 한 올
	구절03	글	30구절의 시, 30구절의 해석
	교과02	과목	산학 5교과
	문항	문제	쓰기 평가 일곱 문항, 독해 오백 문항
	회선03	회선	84만 회선의 광케이블, 전화 11회선
	철01	계절	봄 한 철, 여름 한 철
	조13	조항	부칙 4조, 시무책 10여조, 시행령 4조
	항08		항목 9항, 조항 8항
	개조		사회개역안 14개조
	가구03	건물/가족	수십 가구의 농가, 4천 가구의 주택, 21가구의 철거민, 교민 7가구
	세대03	가구	6백만 세대의 가입자, 주택가 3천여 세대
	분야	종류	여러 분야의 연구, 여러 분야의 성역, 직업 여러 분야
	가지04		두 가지의 견해, 네 가지의 관점, 아젠다 일곱 가지, 직업 20가지
	종09		9백여 종의 곤충, 수십여 종의 상표, 단행본 6종, 보험 상품 120종
	종류02		두 종류의 검사, 4종류의 나무, 수학책 10종류, 꽃 20여 종류
	갈래		억만 갈래의 총성, 두 갈래의 감정, 지원 정책 세 갈래
	형태		두 형태의 관계, 여러 형태의 컴퓨터
	종목01		경기 종목 3종목, 공기 소총 4종목
	품목		상품 한두 품목, 농산물 100여 품목
	계열		두 계열의 귀족세력
	부류02		세 부류의 국가, 두 부류의 사람, 여러 부류의 지식들

분류	단위사	단위화 대상	예
개체	단위	추상물	한 단위의 문장, 한 단위의 생각, 한 단위의 의미
	절08	끊어진 마디	노래 두 절, 삽화 일 절
	코스	길	정류장 한 코스
	통12	편지	편지 한 통, 3천 통의 팬레터, 9통의 투서
	건04	서류	수천 건의 문서, 메일 10만 건
	폭06	그림	한 폭의 유채화, 그림 한 폭
	벌02	옷	한 벌의 옷, 여러 벌의 속옷
	짝01	쌍으로 이루어진 물체 중 하나	한 짝의 고무신, 구두 한 짝, 운동화 한 짝
사건	번04	일반사건	3번의 방화, 서너 번의 수술, 주먹질 예닐곱 번, 소개팅 두 번
	회08		2천회의 출격, 5회 우승. 경고 2회, 청소 12회
	차례01		6차례의 장관급 회담, 세 차례의 산행, 퇴학 네 차례, 대회 3차례
	건04		납치 사건 28건, 4건의 화염병 투척
	게임	경기	축구 한 게임, 울산전 2게임, 원정 경기 7게임
	판01		한 판의 승부, 씨름 다섯 판, 장기 한 판
	세트		5세트의 경기
	끼01	식사	세 끼의 바리때 밥, 한 끼 식사, 밥 세 끼, 저녁 두 끼
	통화04	전화	전화 한 통화
	통12		전화 한 통
	타02	타격	이븐파 72타
	케이스02	사례	61케이스의 이식
	단계03	일의 과정	3단계의 공정, 8단계의 사고 과정
	코스		19코스의 과정
	대01	때리는 행위	한 대의 주먹, 뺨 한 대, 매 한 대, 귀싸대기 몇 대
	발09	쏘는 행위	3발의 총성, 총 한 발
	연발02	연속으로 쏘는 행위	6연발 방귀
	방11	때리는 행위/쏘는 행위	안타 한 방, 홈런 2방, 총 한 방, 칼 한 방
	바퀴01	회전 행위	한 바퀴의 회전, 동네 한 바퀴
	회전04		1회전의 지구의 운동
	순배	술잔을 돌리는 행위	술잔 몇 순배
	범04	범죄 행위	전과 3범
집합	쾌01	북어(20)	북어 한 쾌
	접02	채소·과일(100)	생감 두 접
	보루03	담뱃갑(10)	담배 한 보루
	죽02	옷·그릇(10)	수건 한 죽
	쌍02	개체(2)	세 쌍의 남녀, 4쌍의 다리, 부부 5쌍, 기러기 한 쌍
	켤레02	신, 양말(2)	다섯 켤레의 구두, 수십 켤레의 군화, 고무신 두 켤레, 양말 두 켤레
	짝01	쌍으로 이루어진 물체(2)	두 짝의 고무신, 장롱 한 짝, 젓가락 두 짝, 짚신 두 짝

4.2.3.2.2. 양 단위사의 단위화 대상

양 단위사는 단위사가 단위로 삼는 기준에 따라 도량형 단위사, 용기 단위사, 신체 단위사, 형상 단위사, 집합 단위사로 나눌 수 있다. 양 단위사 중 그 종류도 가장 많고 사용 빈도도 가장 높은 도량형 단위사는 단위화 대상인 양의 종류가 무엇이냐에 따라 다양하게 분류할 수 있다.

〈예4.2.3.2.2-1〉 [신문]

가. 이 빌딩의 규모는 3939평의 대지에 높이 140.5m, 연면적 4만5498평으로 서울 여의도 쌍둥이빌딩과 거의 같고 6월 중 착공해 2005년 초 완공될 예정이다.

나. 110년 전 지어진 이 저택은 30m 길이의 삼나무를 대들보로 쓰는 등 1964년 대지진에도 끄떡없었을 정도로 견고하고 호화스럽다.

다. 안 씨는 이날 오전 11시50분께 자신의 오토바이에서 뽑은 **휘발유 2.5 ℓ**를 부산진구 부전동 ㄱ카드사 창구 바닥에 붓고 불을 붙이려 한 혐의를 받고 있다.

<예4.2.3.2.2-1>에서 보듯이 도량형 단위사는 '넓이', '길이', '부피' 등 다양한 종류의 양을 단위화할 수 있다. <예4.2.3.2.2-1>과 같은 도량형 단위사는 우리의 일상생활에서 흔히 쓰이는 것인 반면에, 다음의 도량형 단위사는 주로 전문 영역에서만 사용된다.

〈예4.2.3.2.2-2〉

가. 6천 **전자v** 이하의 에너지를 측정해 우주 환경의 물리 자료로 활용한다. [신문]

나. 분자량에 그램(g)을 붙인 질량을 그 물질의 1 **그램분자** 또는 1 **몰(mol)**이라고 한다. [학술]

다. 100W 가스들이 전구의 경우는 **광속 1500lm**에 효율 13.5이다. [학술]

<예4.2.3.2.2-2>의 '전자볼트', '그램분자', '몰', '루멘'은 각각 '전기에너지', '물질(분자)', '빛'의 양을 단위화하는데 주로 물리, 화학 등의 전문 분야에서만 사용될 뿐만 아니라 단위화 대상도 매우 한정적이다.

양 단위사 중에서 도량형 단위사 다음으로 그 종류가 많은 단위사는 용기 단위사이다. 용기 단위사는 무엇인가에 담기는 양이 단위의 기준이 되기 때문에 그 단위화 대상은 모두 '부피'가 된다. 그러나 용기의 종류에 따라 주로 담기는 물체가 달라지기 때문에 어떠한 물체의 부피를 측정하느냐에 따라 용기 단위사를 하위분류할 수 있다.

〈예4.2.3.2.2-3〉 [소설]

가. 엄마는 거기서 소주 대병 두 병과 **과자 몇 봉지**, 그리고 담배 한 보루를 샀다.

나. 맏딸은 **한 대야 물**을 밖에 내다 버리고 돌아왔다.

다. 태봉이가 식당 아주머니에게 **머릿고기를 한 접시** 시키고는 **순대국 두 그릇**을 시켰다.

<예4.2.3.2.2-3>에서 보듯이 '봉지'는 '구체물'의 양을, '대야'는 '액체'의 양을, '접시'와 '그릇'은 '음식'의 양을 단위화한다. 다른 용기 단위사와 달리 '봉지'는 '봉지'에 담길 수 있는 대상에 고체, 액체, 기체 등이 모두 포함될 수 있기 때문에 단위화 대상을 구체물로 폭넓게 설정할 수 있다. 용기 단위사에는 아래의 예와 같이 한정적인 대상만을 단위화하는 것도 있다.

〈예4.2.3.2.2-4〉

가. 지금 우리 집에서 **쌀을 갖다 한 가마니** 보내 왔는데, 그게 한 달도 안 돼 가지구 그게 반절 이상 줄었어요. [대화]

나. 은행을 찾은 고객들은 객장 한켠에 마련된 폐신문지 접수창구에 **신문 한 봉투를** 주고 화장지 2 개와 바꿔 가고 있다. [신문]

다. ◇ 헌 우산 트리 = ▲ 준비물: 살이 남아 있는 못 쓰는 우산 1개, 화분(혹은 휴지통) 1개, **흙이나 모래 3삽 분량,** 야쿠르트 빈 병 60개, 쿠킹호일(은박지) 반 통, 스티로폴 약간, 포장 끈 2m, 리본 철사 20m, 트리용 전구(1백 개짜리 · 9천 원), 잣나무 잎 모양의 머루선 2.5m 10 개(2만원), 못 1.5㎝ 길이 1개, 가는 철사 10m, 안 보는 잡지 1권. [신문]

<예4.2.3.2.2-4>의 '가마니', '봉투', '삽' 등은 <예4.2.3.2.2-3>에서 제시한 용기 단위사와 달리 단위화 대상의 종류가 '곡식', '종이', '흙이나 모래'로 비교적 한정적이고 보다 구체적이다. 한편, '섬', '말', '되'는 곡식뿐만 아니라 액체의 양을 나타낼 수도 있지만 다음의 예와 같이 주로 '곡식'의 양을 나타내는 데 사용된다.

〈예4.2.3.2.2-5〉 [소설]

가. 여기에다 석럼(石斂)으로 가승(加升)이라 하여, 쌀이 쥐의 침해를 받거나 혹은 낙루될 염려가 있다 하여 **쌀 한 섬에 3되를** 받고, 곡상이라 하여 쌀의 건조나 부패로 인하여 줄게 되는 것을 미리 예측하여 3되를 받았다.

나. 1결에 수확하는 곡식이 많아야 **8백 말 〔斗〕 이요** 적게는 **4백~5백 말일** 뿐이었다.

신체 단위사는 '손', '팔', '입' 등의 신체 부위가 단위의 기준이 되는 단위사인데 이들 단위사는 대개 '부피'나 '길이'의 단위로 쓰인다.

〈예4.2.3.2.2-6〉

가. 된장과 채소를 자작하게 끓여 **채소를 한 움큼** 더 넣고 비벼먹기에 좋은 비벼먹는 된장, 우렁이나 모시조개, 쇠고기를 각각 재료로 하여 맛을 낸 된장(각 4500원)도 골라 먹을 수 있다. [신문]

나. 그날 밤부터 장윤씨는 김이 출정하는 도박판에 시동으로 쫓아다니게 되었다. 왼쪽 팔목에 **한 뼘 길이의** 나이프를 장착하고 [소설]

다. 내는 소리가 처량하고 귀는 구름장처럼 드리워졌고, 눈은 초생달 같고, 두 어금니는 크기가 두 아름은 되고 **길이는 한 발이** 넘고, 코는 어금니보다 길어서 구부리고 펴는 것이 자벌레 같다. [소설]

라. 김 선생님은 석순에게 **빵과 과자를 한 아름** 사서 주고, 우산을 받쳐 집에까지 데려다 주었습니다. [소설]

마. 양벽과 천정을 받치고 있는 동발들은 이끼와 탄가루에 덮인 채 썩어가고 레일 옆으로 내려가는 **두 아름 굵기의** 공기파이프와 배수파이프는 녹이 슬대로 슬어 있었다. [소설]

<예4.2.3.2.2-6가, 나, 다>에서 '움큼'은 한 손에 움켜질 수 있는 양이 기준이 되는 '부피'의 단위이고 '뼘'과 '발'은 각각 '손'과 '팔'의 길이가 기준이 되는 '길이'의 단위이다. '아름'의 경우, <예4.2.3.2.2-6라, 마>에서와 같이 '부피'의 단위로 사용되기도 하고 '길이'의 단위로 사용되기도 한다.

형상 단위사는 특정한 형상을 하는 사물이 양을 측정하는 단위의 기준이 되는 단위사이다. 형상 단위사는 단위화하는 대상의 형상이 단위사가 가리키는 형상과 유사해야 한다는 점에서 단위화 대상의 형상에 따라 단위화 대상의 종류를 구별할 수 있다.

〈예4.2.3.2.2-7〉

가. 내 동생은 눈 조금 내린다 **빗방울 한두 방울** 떨어진다 싶으면 바로 집으로 콜. 우산 갖구 나와라 그랬었더랬
  었지. [대화]

나. 선단이 조강 어름에 이를 때까지 선방을 지키고 있는 사공들은 아침저녁 끼니때가 되면 두 사람에게 **구메밥
  한 덩이**씩을 넣어주는 것이 고작이었다. [소설]

다. 사내의 몸에는 아직도 **서른 두 조각의 파편**이 남아 있을까? [소설]

라. 경락이가 문지방을 손으로 탕탕 두들긴다. 들어오는 것을 보니, 콩나물국에다, **꽁치 구운 것 두 토막**, 김치,
  튀김, 콩자반, 밀을 섞어서 누르스름한 밥 따위가 그득히 담겨 있다. [소설]

마. 물속에 **얼음을 매일 한두 덩어리** 넣거나 해열제인 아스피린을 이틀에 한 번 1, 2개씩 넣어주면 가지 끝이
  썩는 것을 막을 수 있다. [신문]

바. 그로부터 며칠 뒤인 같은 달 말 이규성 재경부 장관은 **한 뭉치의 서류**를 들고 주례 보고차 청와대를 향했다. [신문]

<예4.2.3.2.2-7나, 마, 바>의 '덩이', '덩어리', '뭉치' 등은 주로 덩어리진 사물의 양을, <예4.2.3.2.2-7다,
라>의 '조각', '토막'은 전체의 한 부분을 이루는 사물의 양을, <예4.2.3.2.2-7가>의 '방울'은 동그란
방울 모양을 이루는, 적은 액체의 양을 단위화한다.

  양 단위사의 마지막 부류인 집합 단위사는 개체의 수가 정해져 있지 않는 집합을 단위의 기준으로
하여 개체의 양을 단위화하는 단위사이다.

〈예4.2.3.2.2-8〉 [소설]

가. 창밖으론 또 **한 무리의 일본인 관광객들**이 지나갔습니다.

나. 출구로 나오자 **한 떼의 젊은 애들**이 모여 있는 게 보인다.

다. 할머니가 장에 가셨다가 꽁치가 싸다고 배가 다 터지고 살이 불그스레 상한 꽁치를 **한 묶음** 사오셨습니다.

<예4.2.3.2.2-8>에서 보인 집합 단위사는 다양한 개체들을 단위화할 수 있다. 그런데 '무리'와 '떼'는
'사람'이나 '동물'과 같은 생물을 주로 단위화하고 '묶음'은 생물이 아닌 사물의 양을 주로 단위화한다.
한편, 다음의 집합 단위사는 특정한 대상의 집합만을 단위화하는데 <예4.2.3.2.2-9>의 '첩'과 '질'은
각각 '약'과 '책'만을 단위화한다.

〈예4.2.3.2.2-9〉

가. 어머니께서는 나를 보고 **약 한 첩** 더 먹으라고 했다. [소설]

나. 현재 사용중인 컴팩트 디스크 형태의 광디스크는 대표적으로 시디롬(550~680메가바이트를 저장할 수 있기
  때문에 **백과사전 한 질**을 한 장의 디스크에 저장할 수 있다)이 있다. [학술]

  지금까지의 논의를 바탕으로 개별 양 단위사를 분류하여 단위화 대상과 그 예를 정리하여 보이면
다음과 같다.

분류	단위사	단위화 대상	예
도량형	금06	화폐	상금 50금, 포상금 50금, 공채(公債) 수백금
	원01		1억 원의 계약금, 11억 원의 뇌물, 연봉 6천만 원, 식대 3000원
	달러		10만 달러의 가격, 8000달러의 상금, 국민소득 2만 달러, 이적료 10만 달러
	엔01		90만 엔의 위자료, 53조 엔의 공공자금, 매출액 5억 엔, 연봉 9500만 엔
	푼01		노자 한 푼, 돈 한 푼, 반찬값 몇 푼
	불08		십 불의 팁, 가이드료 백 불, 매출 4백만 불, 미수금 4천만 불
	환10		의상값 3000환, 꽃값 100환, 정가 800환
	냥		천 냥 빚, 은자 2백냥
	프랑		1억 프랑의 보상액, 2천 프랑의 벌금, 순익 14억 프랑, 시가 6만 프랑
	길더		대여료 10길더, 기차 패스값 4길더, 임대료 15길더, 하루 이용 요금 1길더
	마르크03		10만 마르크의 상금, 6백 마르크의 임금, 하루 숙식비 30마르크, 용돈 5마르크
	유로05		총상금 150만 유로, 공사비 2억 6000만 유로, 예산 7500만 유로, 긴급 원조금 2천만 유로
	파운드01		1억 6백만 파운드의 배상, 건축 비용 4000만 파운드, 등록금 3000파운드, 상금 53만 파운드
	실링03		현상금 10만 실링, 식품비 1백 실링
	밀리바	기압	기압 10mb
	길이01	길이	빨랫줄 두어 길이
	키01		높이 세 키
	미터02		10m의 직선거리, 3백 미터 거리, 길이 21m, 깊이 100m
	킬로미터		1km의 거리, 6km 가로변, 반경 10km, 반지름 3km
	센티미터		160센티미터의 키, 날개 길이 30cm, 지름 508cm
	리02		30리의 육로, 신작로 10리, 뱃길 30리, 물길 4백 리
	밀리미터		몸길이 1mm, 지름 13mm, 날개 길이 44mm, 폭 0.1mm
	인치03		8인치의 키, 길이 100인치 대형 스크린, 천의 폭 44인치
	치04		한 치의 오차
	자03		여덟자 길이, 무명 길이 스무 자
	마일02		80마일의 전선, 7마일 거리
	광년01		70광년의 거리, 몇 백 광년 거리, 거리 17광년
	피트01		고도 1만 피트, 해발 8000피트, 3.40피트 간격, 깊이 3천 피트
	나노미터		10나노미터 수준, 회로 선폭 65나노미터
	마장01		높이 한 마장
	바탕02		활 두어 바탕
	옹스트롬		파장 4000옹스트롬, 2537옹스트롬의 자외선
	마이크로미터01		지름 1마이크로미터
	야드		평균 거리 271야드, 전체 길이 7106야드
	마09		모시 한 필 길이 44마, 폭 1백 10cm의 천 3마, 식탁보 4마
	광분99		1광분의 거리, 거리 8광분
	장09		사오 장 높이

분류	단위사	단위화 대상	예
도량형	평02	넓이	2천평 부지, 20평 사슴 우리, 건평 3천평, 논 5000평
	제곱킬로미터		12km²의 면적, 넓이 약 58만km², 총면적 약 4만km²
	제곱미터		3천 2백 3m²의 임야, 1만 3000m²규모, 부지 면적 118m², 바닥 면적 118m²
	헥타르		41만 7000ha의 삼림, 1만 ha의 조림지, 농경지 10ha, 휴경지 1ha
	마지기01		논 두 마지기, 몇 마지기 전답, 넓이 한 마지기
	결12		농경지 30만 결, 토지 5결, 농지 1결
	정보05		농지 3정보, 산 오천 정보
	제곱센티미터		1cm²의 넓이, 536cm²의 규모, 경지 면적 22cm², 총면적 2만 5600cm²
	필지		택지 3백 19필지, 3필지 규모
	뙈기		땅 한 뙈기, 밭 한 뙈기, 층계논 몇 뙈기
	톤01	무게	3백만 톤의 골재, 10만의 쌀, 고철 10t, 무게 175톤
	킬로그램		30kg의 쌀, 몸무게 59.1kg, 체중 45kg, 폐지 4백kg,
	그램		100그램의 표준 무게, 14g의 질소, 쇠고기 50g, 무게 770g
	밀리그램		40mg의 비타민C, 일일권장량 30㎎, 무시몰 15밀리그램
	근02		쇠고기 두어 근, 표고버섯 1근,
	캐럿		1캐럿 다이아, 다이아몬드 1.5캐럿
	돈01		금 몇 돈
	리터01	부피	80만ℓ의 온천수, 8백여ℓ의 폐식용유, 경유 1ℓ, 증류수 1ℓ
	시시05		5백cc 우유, 1cc 주사약 한 병, 맥주 1천 cc, 배기량 2000cc
	밀리리터		35ml의 산소, 750ml 한 병, 360ml 용량, 증류수 800ml
	세제곱미터		부피 1m³, 공기 1m³
	배럴		100만 배럴의 원유
	두05		수확량 600두
	밀리미터		시간당 30mm의 집중호우, 시간당 최고 400mm이상의 폭우, 강우량 20~60mm
	킬로미터	속도	시속 28km의 속도, 제한속도 30km, 최고 구속 147km
	메가바이트		통신 속도 10Mbps
	노트		12노트의 속도, 시속 5노트
	년02	시간	천 년의 세월, 10억년의 시간, 운전경력 16년, 춤 인생 48년
	일07		7일의 항소제기 기간, 172일의 수업 일수, 2박 3일의 일정
	분08		몇 분의 짧은 시간, 50분 분량, 50분 길이, 민요 2~3분 길이
	세기03		한 세기의 역사, 2세기 기간
	달05		석 달간의 공백 기간, 두 달 남짓의 기간, 임기 몇 달, 운전면허 정지 기간 한 달
	개월		6개월의 공백, 5개월의 상환 기간, 군대생활 8개월
	초07		평균 15~20초의 시간, 운동 시간 1분 20초, 60초 시간 광고
	주일03		1주일 일정, 1주일의 기간, 2주일의 시간, 하기휴가 두 주일
	주26		4주의 세일 기간, 전치 16주
	태양년		1태양년의 길이
	시간04		24시간의 근무, 한 시간의 비행 훈련, 노동시간 1시간, 외출 5시간

분류	단위사	단위화 대상	예
도량형	세13	나이	18세의 나이, 88세의 천수, 정년 58세, 향년 62세
	살04		열두 살의 나이, 두 살 터울, 나이 스물세 살
	피피엠	농도	173ppm의 이산화황, 구산 함유량 130ppm, 산소 요구량 10만ppm
	퍼센트	백분율	18.25%의 고금리, 6.1%의 성장률, 보급률 65%, 실업률 11%
	프로01		삼십 프로 세일, 강수율 사십 프로, 지지율 구십팔 프로, 정답률 칠십 프로
	퍼센트포인트		0.5%포인트의 가산 금리, 예금보험률 0.1%포인트, 콜금리 0.0025%포인트, 지지율 격차 16%포인트
	할02		통산 4할의 출루율, 3할 안팎의 팀 타율, 광고 수입의 비율 7~9할
	푼01		4할 1푼 7리의 고타율, 타율 3할 5푼
	리09		4할 1푼 7리의 고타율, 타율 2할7푼3리
	도05	온도·각도	20~30도의 기온, 60도 각도, 수온 40도, 최저기온 18.5도
	몰08	물질양	1m 이상의 광물 성분, 물질 1m, 산소 질량 32m
	그램분자	분자량	메탄올 1그램분자
	루멘	빛의 세기	광속 760 lm
	전자볼트	에너지	6천 전자v 이하의 에너지
	옴	저항	저항 1옴
	킬로와트	전력	20만 kW의 전력, 20만kW의 발전 용량, 시설용량 8만kW
	킬로와트시		4백만 KWh의 전력, 전력 소비량 2백 97억 2천 4백만 KWh
	와트02		전력 500와트
	암페어	전류	1암페어의 전류, 전류 수만 암페어
	볼트	전압	억만 볼트의 전력, 전기 몇 볼트
	메가바이트	정보량	메모리 64MB, 주기억장치 용량 1메가바이트
	기가바이트		1.5기가바이트 용량, 20기가바이트의 정보, 저장용량 4.7기가바이트,
	킬로헤르츠	진동수	방송 주파수 100kHz
	등급	등급	급수 한 등급
	위05		랭킹 1위, 서열 3위, 순위 1위
	단계03		수준 1단계, 신용등급 2단계
	옥타브	음정·음역	3옥타브의 음역, 음 한 옥타브
	점10	점수	몇 점의 점수, 벌점 오십 점, 승점 72점
	학점	학점	실습 이 학점, 졸업 학점 사십칠 학점
	포인트	주가지수	물량 주가 31P, 선물 지수 44.50포인트, 코스닥지수 11.21포인트, 종합주가지수 18포인트
	필02	천의 양	군포 두 필, 무명 한 필, 삼베 한 필
	끝02		무명자투리 두어 끝, 윗단의 물깃 한 끝
	감02		양복지 한 감
	폭06		12폭 치마, 열 폭의 병풍

분류	단위사	단위화 대상	예
용기	박스	구체물	배 한 박스, 사과와 배 한 박스, 과자 한 박스
	상자		맥주 한 상자, 멜론 1만 상자, 스낵류 한 상자, 밀감 한 상자
	상99		꽁치 두 상
	통10		껌 한 통, 아이스크림 한 통, 부탄가스 한 통, 통조림 한 통
	봉지06		감자칩 한 봉지, 과자 몇 봉지, 크래커 한 봉지, 건빵 4봉지
	통02		마늘 2통, 수박 한 통
	보따리		빵 한 보따리, 책 한 보따리
	팩03		우유 한 팩, 기저귀 3팩
	궤짝		김 한 궤짝, 막소주 열 몇 궤짝
	바구니		과일 한 바구니
	소쿠리		옥수수 한 소쿠리
	수레01		다섯 수레의 책
	광주리		매실 한 광주리
	배낭01		과일 한 배낭
	보자기		아카시아꽃 한 보자기
	부대04		감 한 부대, 염화칼슘 20만 부대
	자루01		감 한 자루
	가마04		막도장 열 가마, 은행 몇 가마
	잔03	액체	한 잔의 술, 두 잔의 블랙 커피, 소주 4잔, 음료 3잔
	병05		세 병의 소주, 막걸리 일곱 병, 생수 한 병, 약 한 병
	컵		간장 1컵, 물엿 1컵, 육수 3컵, 맥주 한 컵,
	사발01		냉수 한 사발, 물 10사발, 밀기울죽 한 사발, 막걸리 석 사발
	캔		맥주 두 캔, 커피 한 캔
	대야01		한 대야 물
	대접01		한 대접의 꿀물, 닭국물 한 대접, 물 한 대접
	드럼		잉크 몇 드럼
	주전자		술 두 주전자
	깡99		기름 한 깡
	됫병		소주 한 됫병
	바께쓰		물 한 바께쓰
	양동이		물 세 양동이
	방구리01		술 두 방구리, 탁배기 한 방구리
	섬01	곡식	백여 섬의 곡식, 쌀 한 섬, 세곡 일천 섬, 뭉근벼 한 섬
	말03		결미 3말, 쌀 1말, 세미 몇 말, 별수미 3말
	되01		쌀 한 되, 곡물 한 되, 인정미 2되
	가마니		수수 한 가마니, 쌀 한 가마니
	됫박		쌀 한 됫박, 세곡 한 됫박

분류	단위사	단위화 대상	예
용기	그릇01	음식	한 그릇의 밥, 국밥 두 그릇, 국수 두 그릇, 설렁탕 한 그릇
	접시		한 접시의 빵, 한 접시의 아침 식사, 빈대떡 세 접시, 불고기 한 접시
	숟가락		밥 한 숟가락, 몇 숟가락 밥, 간장 몇 숟가락
	큰술		간장 1큰술, 다진 파 1큰술, 설탕 3큰술
	작은술		참기름 1작은술, 맛소금 1작은술
	술06		밥 한 술
	숟갈		쌀밥 두 숟갈, 시금치국 한 숟갈
	찻술		식용유 1찻술
	공기07		밥 한 공기, 밥 세 공기
	상04		백반 한 상
	냄비		미음 한 냄비
	독01		술 몇 독
	바탱이		고추장 세 바탱이
	갑05	담배	한 갑의 담배, 담배 두 갑
	봉투02	종이	신문 한 봉투
	삽01	흙	모래 3삽
신체	움큼	부피	알사탕 한 움큼, 낙엽 한 움큼, 두통약 한 움큼, 채소 한 움큼
	줌01		흙 한 줌, 구슬 한 줌, 풀 한 줌
	주먹		수수떡 한 주먹, 약 한 주먹
	모금01		한 모금의 맥주, 물 한 모금, 엽차 한 모금
	입		호박죽 한 입
	발07	길이	열두 발 길이, 길이 한 발
	뼘02	길이/부피	한 뼘 길이, 길이 다섯 뼘
	아름01		둘레 한 아름, 옥수수 한 아름, 장작 한 아름
형상	덩어리	덩어리 모양의 구체물	얼음 한두 덩어리
	뭉치		한 뭉치의 서류, 한 뭉치의 유인물, 이력서 한 뭉치, 찰떡 한 뭉치
	무더기		한 무더기의 마른 똥, 감 다섯 무더기
	덩이		구메밥 한 덩이
	뭉텅이		빨래조각 한 뭉텅이
	뭉테기		신문 두 뭉테기
	조각01	전체의 한 부분	한 조각의 빵, 서른 두 조각의 파편, 단감 한 조각, 김치 한 조각
	토막01		꼼장어 한 토막, 꽁치 구운 것 한 토막, 나무 한 토막, 양파 한 토막
	도막01		갈비 한 도막, 김밥 한 도막
	쪽03		마늘 2쪽, 사과 한 쪽, 수박 한 쪽, 식빵 썬 것 8쪽
	마디01		머리 6마디, 가슴 5마디
	방울01	동그란 모양을 이루는 적은 양의 액체	한 방울의 비, 눈물 한 방울, 기름 한 방울, 술 몇 방울

분류	단위사	단위화 대상	예
형상	모03	네모진 두부·묵	두부 한 모
	줄기01	가늘고 긴 모양의 대상	한 줄기 빛, 눈물 한 줄기
	편01	납작한 떡	한 편의 떡
	롤	둥글게 말아놓은 물체	필름 스무 롤
	꼭지	글	해설 한 꼭지
집합	무리01	사람/동물	한 무리의 사람들, 한 무리의 아이들, 한 무리의 춤꾼, 한 무리의 일본인 관광객
	떼01		한 떼의 사람들, 한 떼의 젊은이들
	패03		한 패의 젊은이들
	집단		한 집단의 쥐, 한 집단의 플라나리아
	그룹01	사람	한 그룹의 사람들
	팀01		세 팀의 남자, 대학생 한 팀
	꾸러미	사물	소포 한 꾸러미
	다발01		한 다발의 꽃, 한 다발의 장미, 꽃 한 다발
	묶음		꽁치 한 묶음
	단01		알타리무 1단, 열무 몇 단
	짐01		장작 두어 짐, 풀 한 짐
	첩05	약	약 한 첩
	질06	책	백과사전 한 질, 전집 몇 질
	세트	도구	두 세트의 X레이 검색기, 분리수거 용기 80세트
	벌02		아령 한 벌, 젓가락 두 벌

4.2.4. 단위사 구성

단위사는 수량사, 단위화 대상과 함께 하나의 구성을 이룬다. 이러한 구성을 우리는 단위사 구성이라고 하는데 단위사 구성은 우선, 단위사 앞에 양수가 오느냐, 서수가 오느냐에 따라 크게 양수 구성과 서수 구성으로 나누어 볼 수 있다. 단위사 앞에 양수가 오는 양수 구성은 다시 선행 구성, 후행 구성, 생략 구성으로 나눌 수 있다. 이를 정리하면 다음과 같다.

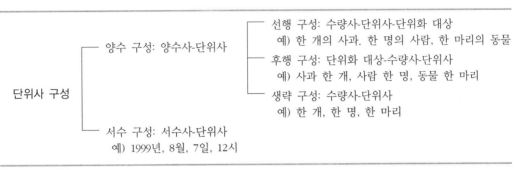

<도표4.2.4-1> 단위사 구성의 분류

선행 구성은 단위사가 단위화 대상 앞에 오는 구성이다. 선행 구성은 '수량사-단위사'가 관형사절 내에 나타나서 단위화 대상을 수식하는 것과 명사구 형태로 단위화 대상을 수식하는 것으로 크게 나누어 볼 수 있다. 명사구 형태로 단위화 대상을 수식하는 것은 다시 조사 결합 여부에 따라 '의' 구성과 ∅ 구성으로 분류된다. 관형사절 구성, '의' 구성, ∅ 구성을 차례로 보이면 다음과 같다.

〈예4.2.4-1〉
가. 조국은 두 개뿐인 밥그릇 중에 그중 성한 것을 숟가락과 함께 냉큼 미영에게 내밀었다. [소설]
나. 이런 문제들을 논의하는 두 개의 대규모 국제 학술 대회가 지금 우리나라에서 열리고 있다. [신문]
다. 가치관 요인 공공적 가치와 개인주의적 가치관이 환경활동을 하는 데 어느 정도 영향을 주었는지 알아보기 위해 6개 항목에 5점 척도를 부과하여 각각을 평가하게 하였다. [학술]

후행 구성은 '수량사-단위사'가 단위화 대상 뒤에 오는 구성이다. 후행 구성은 단위사에 조사가 결합하는 조사 구성과 조사가 결합하지 않는 ∅ 구성으로 나눌 수 있다. 조사 구성과 ∅ 구성을 차례로 보이면 다음과 같다.

〈예4.2.4-2〉
가. 그 옆에 아가씨가 한 명 서 있었고, 내가 서 있었고, [대화]
나. 직원 몇 명은 다른 지점으로 흡수됐지만 아버지는 그 몇 명에 속하지 못했다. [소설]

생략 구성은 단위화 대상이 여러 가지 이유로 생략되어 나타나지 않는 구성을 가리킨다. 단위사 구성에서 단위화 대상이 나타나지 않는 경우에는 단위화 대상이 문장 내에 다른 성분으로 나타나거나 선행 문맥에서 제시되어 단위화 대상이 무엇인지 유추할 수 있는 경우, 단위사가 특정 대상만을 단위화하기 때문에 단위화 대상을 굳이 밝힐 필요가 없는 경우, 단위사가 단위화 대상과 동일하여 대상을 나타내지 않아도 그 대상이 무엇인지 알 수 있는 경우가 있다. 각각의 경우에 해당하는 예를 차례로 보이면 아래와 같다.

〈예4.2.4-3〉

가. 어떤 때엔 고기 복이 터지느라고 하루에 서너 **마리**씩 나올 때도 있었다. [소설]

나. 난 한 달에 네 **보루** 신청했거든? [대화]

다. 8이닝 동안 30타자를 상대로 5안타 1볼넷에 1점만을 내줬다. [신문]

앞서 살펴본 선행 구성, 후행 구성, 생략 구성은 모두 단위사 앞에 양수가 오는 구성이다. 그런데 단위사 앞에는 양수뿐만 아니라 서수가 오는 경우도 있다. 서수 구성은 단위사가 수량을 나타내지 않는다는 점에서 양수가 나타나는 전형적인 단위사 구성과는 차이가 있지만 서수 구성에서도 단위사는 여전히 단위의 기능을 한다는 점에서 단위사 구성의 하나로 다룰 수 있다. 모든 단위사가 서수 구성을 이룰 수 있는 것은 아니며 일부 단위사는 양수 구성으로는 나타나지 않고 서수 구성으로만 나타나기도 한다. 서수 구성의 예를 보이면 아래와 같다.

〈예4.2.4-4〉

가. 던킨도너츠 먹구 운동하고 **아홉 시 열 시**에 운동 끝나면서 또 뭘 먹으면 살찔 텐데? [대화]

나. 한 **살** 더 먹었다는 게 아직 익숙해지지 않던 1월이었습니다. [소설]

다. **1위**는 900점을 얻은 GM의 '새턴'이 차지했다. [신문]

라. 960년(고려 광종 11년)부터 995년(성종 14년)까지 고려의 도읍(서울)으로서 불리던 이름이다. [학술]

한편, 단위사 구성은 여러 가지 측면에서 수사와 수량화 대상이 이루는 수사 구성과 동일한 문법적 특성을 지닌다. 따라서 4.2.4에서 논의하는 일부 내용들은 수사 구성을 다루는 6.3의 논의에서도 이어지게 될 것이다.

4.2.4.1. 단위사 구성의 분포

▶ 말뭉치 계량 결과 제시1

• 전체 단위사 구성별 사용 비율: 생략 구성 〉 서수 구성 〉 선행 구성 ≥ 후행 구성

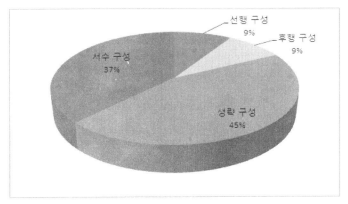

<그래프4.2.4.1-1> 전체 단위사 구성별 사용 비율

▶▶ 말뭉치 계량 결과에 대한 논의1

전체 말뭉치에서 나타나는 단위사 구성별 사용 비율을 살펴보면, 양수 구성 중의 생략 구성의 사용 비율이 가장 높다. 일반적으로 단위사 구성은 후행 구성으로 나타나는 것이 가장 자연스럽다고 보는데 말뭉치 계량 결과는 이러한 사실과는 달리 나타났다. 생략 구성의 사용 비율이 가장 높을 뿐만 아니라 선행 구성과 후행 구성의 사용 비율을 비교했을 때에도 선행 구성이 후행 구성의 사용 비율이 거의 유사하게 나타났기 때문이다. 그러나 모든 사용역에서 선행 구성과 후행 구성이 동일한 비율로 사용되는 것은 아니다. 특정 사용역에 따라 선행 구성이 우세하게 사용되기도 하고 후행 구성이 우세하게 사용되기도 한다. 따라서 사용역을 구별하지 않고 선행 구성과 후행 구성 중 어느 것이 더 자연스러운 구성인지, 혹은 어느 것이 더 빈번히 사용되는 구성인지에 대해서 판단하는 것은 큰 의미가 없다. 하지만 이어서 제시될 <그래프4.2.4.1-2~5>를 통해 확인할 수 있듯이 모든 사용역에서 공통적으로 양수 구성 중에서는 생략 구성이 가장 우세하게 사용된다.

이와 같이 단위사 구성 중에서 생략 구성의 사용 비율이 가장 높은 것은 단위사가 단위화 대상과 함께 굳이 하나의 구성을 이루지 않아도 맥락을 통해 그 대상이 무엇인지 쉽게 알 수 있기 때문이다. 단위화 대상을 쉽게 알 수 있다면, 선행 구성이나 후행 구성과 같이 길고 복잡한 구성을 일부러 사용할 필요가 없을 것이다. 다음의 예를 보자.

〈예4.2.4.1-1〉
가. 두 병 두 병밖에 안 먹어. [대화]
나. 병호가 밭에 들어가 옥수수를 따낸 옥수숫대를 골라 세 개를 꺾어 가지고 나왔습니다. [소설]
다. 터키 동 남부에서 분리 독립 운동을 벌이고 있는 쿠르드인들이 24일 서유럽 5개국에서 터키 공관과 사무소를 대상으로 동시 다발의 조직적인 공격에 나서 1명이 사망하고 7명이 부상했으며 20여명을 인질로 잡고 있다. [신문]
라. 모든 불경을 차례로 파헤쳐 정리한 것이 모두 140여 권에 달한다고 하나 오늘날까지 전해지는 것은 {금강삼매경론}을 비롯하여 {십문화쟁론}, {화엄경소}, {법화경종요}, {대승기신론소} 등 23권에 지나지 않는다. [학술]

<예4.2.4.1-1가>에서 '병'이 단위화하는 대상은 술을 마시고 있는 현재 상황을 통해 '술'이라는 것을 쉽게 알 수 있다. <예4.2.4.1-1나>에서 '개'가 단위화하는 대상은 문장 내에서 이미 나왔기 때문에 '옥수숫대'가 단위화 대상이라는 것을 쉽게 알 수 있다. 여기서 생략 구성으로 나타난 '세 개' 대신 선행 구성인 '세 개의 옥수숫대'나 후행 구성인 '옥수숫대 세 개'라고 표현하면 오히려 어색해진다. <예4.2.4.1-1다>의 '명'이 단위화하는 대상은 맥락상 '터키인' 정도로 해석할 수 있을 뿐만 아니라 맥락을 고려하지 않고 '명'이 단위화하는 가장 포괄적인 대상인 '사람'으로 단위화 대상을 해석해도 기사가 전달하는 내용에는 큰 문제가 없다. <예4.2.4.1-1라>에서는 '권'이 단위화하는 대상인 '불경'이 문장 앞머리에 나타났기 때문에 <예4.2.4.1-1나>와 마찬가지로 선행 구성이나 후행 구성으로 표현하게 되면 문장이 어색해지게 된다.

실제로, 단위사가 단위화하는 대상은 전체 텍스트 내에서 한 번만 나와도 그 후행 맥락에서는 자연스럽게 단위화 대상이 무엇인지 쉽게 알 수 있기 때문에 단위사가 단위화 대상과 구성을 이루어 반복적으로 나타나는 경우는 매우 드물다. 다음의 예를 보자.

〈예4.2.4.1-2〉 [신문]
울릉도 애향회와 산악 회원들이 독도에 처음 ① 해송 50그루를 심은 것은 73년. 그때부터 79년까지 6 차례에 걸쳐 ② 1천 5백 80그루를 심었지만 척박한 땅과 염분 섞인 바닷바람 탓으로 묘목 상태에서 90%가 죽었고 나머지도 서서히 고사했다. 그나마 80년 들어 독도가 자기네 땅이라고 우기는 일본과 외교 마찰을 빚으면서 정부가 독도 출입을 통제한 바람에 87년까지는 단 ③ 1그루도 심지 못했다. 울릉군민 1백여명은 88년 4월엔 10여일간 ④ 7천여 그루를 심어 그 동안 못 다한 '한풀이'를 했다. 울릉도내 산악회 등 친목 단체들이 '푸른 독도 가꾸기 모임'을 결성한 것도 이 무렵. 이 모임은 이듬해인 89년 산신제와 용왕제까지 올린 뒤 2 차례에 걸쳐 ⑤ 2천여 그루를 심었다. 그러나 결과는 마찬가지였다. 엎친 데 덮친 격으로 토끼와 갈매기 떼가 묘목의 잎과 껍질을 닥치는 대로 갉아먹어 버렸다. 울릉군민들은 또 90년 5월 ⑥ 7백 50그루를 심었으나 작년엔 산림 청이 예산 부족 때문에 사업비 6천 3백만원을 지원해 주지 못해 식수를 포기했다.

위의 예에서 단위사 '그루'는 총 6번 나왔는데 이 중 맨 처음 ①에서만 후행 구성을 이루어 단위화 대상인 '해송'이 나타났고 나머지는 모두 생략 구성을 이루고 있다. 이처럼 실제 텍스트 내에서는 선행 구성이나 후행 구성이 한 번이라도 나오면, 그 이후에는 동일한 단위사가 생략 구성으로 나타나는 것이 매우 일반적이다. 이러한 이유로 인해, 후행 구성이나 선행 구성에 비해 생략 구성의 사용 비율이 압도적으로 높은 것이라고 할 수 있다.

생략 구성보다 사용 비율이 높지는 않지만 서수 구성이 차지하는 사용 비율도 매우 높다고 할 수 있다. 이처럼 서수 구성이 단위사 구성에서 높은 사용 비율을 차지하는 것은 날짜를 나타내는 단위사인 '년', '월', '일', 시간을 나타내는 단위사인 '시', '분'의 사용 빈도가 매우 높기 때문이다. 4.2.1에서 확인하였듯이, 모든 사용역에서 공통적으로 '년', '월', '일'이 빈도 순위 10위 이내에 나타나고 '분'과 '시'도 '학술'을 제외한 모든 사용역에서 빈도 순위 10위 이내에 나타난다. '년', '일', '분'은 양수 구성으로도 나타나지만 아래의 예와 같은 서수 구성으로 주로 나타나고(4.2.4.1의 '개별 단위사의 구성별 사용 비율' 참고), 특히 '월', '시'는 양수 구성으로는 나타나지 않고 서수 구성으로만 나타난다 (4.2.4.5 참고). 즉, 서수 구성으로 주로 나타나는 일부 단위사의 사용 빈도가 매우 높기 때문에 서수 구성의 사용 비율이 높게 나타나는 것이다.

〈예4.2.4.1-3〉 [신문]

가. 그러나 박 후보가 정무부시장에서 퇴임하던 2011년 9월 이 임야에서 2㎞ 떨어진 도로변 지역이 온천원보호
지구로 지정됐다.

나. 2000년 3월 14일 미국 공포소설 작가인 킹이 온라인 소설로 발표한 '라이딩 더 불릿'은 발매 첫날에만
40만명이 넘는 독자가 동시에 인터넷 사이트에 접속해 통신 마비 사태를 불러일으킬 정도였다.

다. 강원도 태백시 함백산에 24일 오후 1시 30분부터 6시까지 4시간 30분 동안 여름철 때 아닌 함박눈이
내려 6㎝의 적설량을 보였다.

라. 특별기는 이어 바레인을 거쳐 현지 교민 40여 명을 더 태운 뒤 16일 오전 1시 40분 김포 공항에 도착한다.

▶ 말뭉치 계량 결과 제시2

1. '대화'의 단위사 구성별 사용 비율: 생략 구성 〉 서수 구성 〉 후행 구성 〉 선행 구성
2. '소설'의 단위사 구성별 사용 비율: 생략 구성 〉 서수 구성 〉 후행 구성 〉 선행 구성
3. '신문'의 단위사 구성별 사용 비율: 서수 구성 〉 생략 구성 〉 후행 구성 〉 선행 구성
4. '학술'의 단위사 구성별 사용 비율: 생략 구성 〉 서수 구성 〉 선행 구성 〉 후행 구성

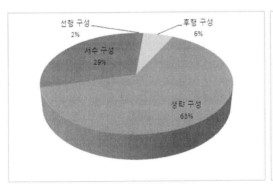

<그래프4.2.4.1-2> '대화'의 단위사 구성별 사용 비율

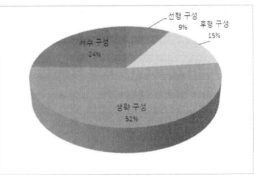

<그래프4.2.4.1-3> '소설'의 단위사 구성별 사용 비율

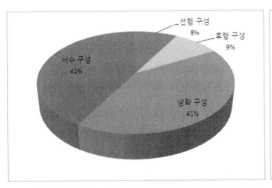

<그래프4.2.4.1-4> '신문'의 단위사 구성별 사용 비율

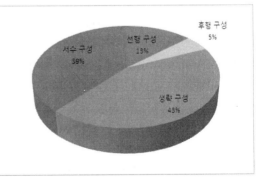

<그래프4.2.4.1-5> '학술'의 단위사 구성별 사용 비율

사용역에 따른 단위사 구성별 사용 비율을 살펴보면, '신문'을 제외한 모든 사용역에서 생략 구성의 사용 비율이 가장 높다. 그러나 양수 구성 중에서는 생략 구성의 사용 비율이 가장 높다는 것은 모든 사용역에서 공통적으로 나타난다. 앞서 논의하였듯이 양수 구성 중에서 생략 구성의 사용 비율이 가장 높은 것은 단위사가 단위화 대상과 함께 굳이 하나의 구성을 이루지 않아도 맥락을 통해 그 대상이 무엇인지 쉽게 알 수 있어서 선행 구성이나 후행 구성과 같이 길고 복잡한 구성을 일부러 사용할 필요가 없기 때문이다.

생략 구성의 사용 비율은 '대화 > 소설 > 학술 > 신문'의 순서를 보인다. 이처럼 '대화'에서 생략 구성의 사용 비율이 가장 높은 것은 두 가지 요인에서 기인하는 것으로 보인다. 첫째, '대화'는 문어 사용역과 달리 화·청자가 동일한 담화 공간에 존재하고 공유하는 정보가 많기 때문이다. 실제로 '대화'는 비생략 구성인 선행 구성과 후행 구성의 사용 비율이 8%에 불과하다. 다음의 예를 보자.

〈예4.2.4.1-4〉 [대화]
A: 무슨 과야? B: 화공과. A: 키 커? B: 키 커. A: 어 그래? 됐어 됐어, 됐어. 한다. B: 음 진짜야? A: 어어. B: 덩치도 커. A: 내 내 친구라도 보낼게. B: 어 그래? 그래 해 줘. A: 친구도 있으니까. B: 걔 괜찮어. A: 어 두 명 해 줘 그럼. 두 명. 나하고 내 친구하고 나가야지. B: 그래 그러던지. A: 두 명이니까 그 사람도 한 명 데리고 나올 거 아냐. B: 아니 걔하고 또 딴 애하고 해 주기로 했어. A: 그니까 두 두 명이 나온다는 거 아냐? 일 대 일로 한 명씩 한 명씩 해야 된다구? B: 두 명 두 명 두 명.

위의 예에서 단위사 '명'은 모두 생략 구성으로만 나타나는데 대화상의 어디에도 '명'이 단위화하는 대상은 나타나지 않는다. 그러나 '소개팅'을 주제로 하는 대화 상황을 통해 화자와 청자는 '명'이 단위화하는 대상을 알아내는 데에 전혀 어려움을 겪지 않는다. 둘째, '대화'에서는 다른 사용역에 비해 서수 구성의 사용 비율이 낮기 때문이다. 즉, 서수 구성의 사용 비율이 낮기 때문에 그에 따라 생략 구성의 비율이 상대적으로 더 높아진 것이다. 다른 사용역에 비해 '대화'에서 서수 구성의 사용 비율이 낮은 것은 서수 구성으로 주로 나타나는 '년', '월', '일'의 사용 빈도가 다른 사용역에 비해 낮기 때문이다(4.2.1 참고). 4.2.1에서 논의했듯이, '대화'에서는 달력상의 날짜를 나타내는 표현보다는 화시적인 날짜 표현이 더욱 빈번히 사용되기 때문에 다른 사용역에 비해 '년', '월', '일'의 사용 빈도가 낮다.

생략 구성의 사용 비율은 '신문'에서 가장 낮은데, 이는 '신문'에서 서수 구성의 사용 비율이 매우 높게 나타나기 때문이다. '신문'은 네 사용역 중에서 서수 구성의 사용 비율이 가장 높고, 네 사용역 중에서 유일하게 생략 구성보다 서수 구성의 사용 비율이 더 높다. 이는 서수 구성으로 주로 나타나는 '년', '월', '일'의 사용 빈도가 다른 사용역에 비해 월등히 높기 때문이다(4.2.1 참고). 앞서 언급했듯이 신문 기사에는 육하원칙에 따라 '언제'에 해당하는 사실이 반드시 드러나야 하는데 정보를 객관적으로 전달하는 것이 주된 목적인 '신문'에서는 화시적 표현을 이용하여 날짜를 표현하기보다는 달력상의 날짜를 구체적으로 지시하는 것이 일반적이다. '학술'에서 나타나는 생략 구성의 사용 비율은 '신문'만큼이나 낮은데, 이 또한 서수 구성의 높은 사용 비율에서 그 이유를 찾을 수 있다.

양수 구성 중 비생략 구성인 선행 구성과 후행 구성은 전체적으로 문어 사용역에서 약 15~20%의 사용 비율을 보이고 있으나 구어 사용역인 '대화'에서는 선행 구성과 후행 구성의 사용 비율이 8%밖에 되지 않는다. 이는 화·청자가 동일한 담화 공간에 존재하고 정보 공유도가 높은 '대화'의 특성을 보여주는 것이라 할 수 있다. 한편, 선행 구성과 후행 구성의 사용 비율을 비교해 볼 때, '학술'을 제외한 모든 사용역에서 선행 구성보다 후행 구성의 사용 비율이 더 높다. 그러나 '신문'은 선행 구성과 후행 구성의 사용 비율의 차이가 매우 적다. 이를 고려한다면, 선행 구성과 후행 구성의 사용 비율은 '대화', '소설'과 '신문', '학술'이 대조적인 양상을 보인다고 할 수 있다. 즉 비격식적인 사용역에서는 후행 구성이 우세하게 사용되고 격식적인 사용역에서는 선행 구성이 우세하게 사용되는 것이다.

▶ 말뭉치 계량 결과 제시3

지금까지 사용역에 따른 단위사 구성별 사용 비율을 살펴보았는데, 단위사 구성별 사용 비율은 개별 단위사에 따라서도 서로 다른 양상을 보인다. 예컨대, '년'은 주로 서수 구성으로 나타나지만 '개'는 선행 구성으로 주로 나타난다. 즉 개별 단위사에 따라 선호되는 구성이 다르다는 것이다. 여기서는 4.2.3에서 논의 대상으로 삼은, 선행 구성이나 후행 구성이 하나라도 나타나는 단위사 341개 중 고빈도 100개의 단위사를 대상으로 개별 단위사의 구성별 사용 비율을 보이고자 한다. 고빈도 100개의 단위사는 이어질 4.2.4.2, 4.2.4.3에서도 논의의 대상이 된다.

> 1. 선행 구성으로 주로 나타나는 단위사 (굵은 글씨는 두 가지 이상의 경우에 해당)
>
>   개10, 가지04, 차례01, 대15, 종09, 종류02, 쌍02, 마디01, 자리01

> 2. 후행 구성으로 주로 나타나는 단위사
>
>   장22, 마리01, 잔03, 점10(작품), 척08, 병05, 대01, 분01, 표04, 푼01, 칸01, 바퀴, 그램, 그루01, 채08, 포인트, 모금01, 통12, 사18, 송이01, 벌02, 방울01, 섬01

> 3. 생략 구성으로 주로 나타나는 단위사
>
>   명03, 원01, 퍼센트, 번, 분08, 사람, 시간04, 달05, 달러, 회08, 개월, 점10(점수), 미터02, 차례01, 배09, 평02, 편09, 곳01, 자14, 인02, 킬로미터, 센티미터, 개국01, 권01, 초07, 주일03, 톤01, 건04, 킬로그램, 주26, 종09, 가구03, 부15, 단계03, 군데, 종류02, 주24, 엔01, 리02, 타02, 조13, 대01, 밀리미터, 석08, 줄01, 게임, 쪽02, 학점, 개사, 분01, 놈01, 표04, 푼01, 칸01, 바퀴, 그램, 프로, 쌍02, 팀01, 마디01, 인치03, 포인트, 불08, 갈래, 분야, 집01, 자리01, 페이지, 리터01, 킬로헤르츠, 과목02, 글자, 섬01

> 4. 서수 구성으로 주로 나타나는 단위사
>
>   년02, 일07, 분08, 세기03, 살04, 위05, 회08, 세13, 면05, 편09, 도05, 부15, 단계03, 동15, 단06, 쪽02, 페이지

▶▶ 말뭉치 계량 결과에 대한 논의3

• 선행 구성으로 주로 나타나는 단위사

선행 구성으로 주로 나타나는 단위사는 고빈도 100개 단위사 중 9개로 그 수가 가장 적다. 선행 구성으로 주로 나타나는 9개의 단위사 중에서도 '개', '가지', '대' 3개만이 선행 구성으로 나타나는 비율이 압도적으로 높고 나머지 6개의 단위사는 다른 구성으로 나타나는 비율도 높은 편이다. 이는 '학술'을 제외한 모든 사용역에서 선행 구성의 사용 비율이 가장 낮게 나타난다는 결과와 일치하는 것이다. 선행 구성으로 주로 나타나는 단위사 중에서 선행 구성으로만 나타나고 후행 구성으로는 나타나지 않는 단위사는 없다. 즉 선행 구성으로 주로 나타나는 단위사는 후행 구성의 사용 비율이 상대적으로 낮을 뿐, 선행 구성과 후행 구성이 모두 나타날 수 있다. '개', '가지', '대'가 선행 구성으로 나타난 예를 보이면 다음과 같다.

〈예4.2.4.1-5〉 [학술]

가. 1990년대에 와서 일부 진전이 있기는 했지만, 예컨대 **40개 빈국들**의 경제수준은 20여년 전의 수준에 머물러 있는 실정이다.

나. 우리는 언어가 단순히 의사전달의 도구만이 아니라, 그 가운데는 그 언어를 사용하는 민족의 문화가 溶解되어 있음을 **몇 가지 예를** 들어 살펴보았다.

다. 1,706m의 고지에 있는데, 지름 508cm인 반사 망원경과 지름 122cm 및 46cm의 **두 대의 슈미트 카메라**가 설치되어 있다.

• 후행 구성으로 주로 나타나는 단위사

후행 구성으로 주로 나타나는 단위사는 고빈도 100개 단위사 중 23개로 생략 구성으로 주로 나타나는 단위사 다음으로 그 종류가 많다. 그럼에도 불구하고 모든 사용역에서 후행 구성의 사용 비율이 서수 구성의 사용 비율보다 낮은 것은 서수 구성으로 주로 나타나는 단위사가 그 종류는 많지 않지만 그 사용 빈도가 매우 높기 때문이다. 후행 구성으로 주로 나타나는 23개의 단위사 중에서 9개의 단위사는 다른 구성으로 나타나는 비율도 높은 편이다. 9개의 단위사 이외에도 후행 구성으로만 나타나는 단위사는 거의 없고 선행 구성으로는 전혀 나타나지 않는 단위사는 '포인트', '사' 두 개에 불과하다. '포인트'와 '사'의 예를 보이면 다음과 같다.

〈예4.2.4.1-6〉 [신문]

가. 사상 최대 9050억원 물량 주가 31P '다이빙'… 코스닥은 사상 최고치

나. **종합 주가 지수는** 전날보다 9.54포인트가 오른 8백 14.40을 기록했다.

다. 케이블TV들은 이를 계기로 KBS 등 **지상파 방송 3사에** 빼앗겼던 여성들의 관심도 확보하자며 보다 공격적인 편성을 하고 있다.

라. 국내 가전 **3사는** 물론 소니, 파나소닉, 파이어니어 등도 하드디스크드라이브 내장형 디브이디 리코더를 선보였다.

<예4.2.4.1-6가, 나>의 '포인트'는 '주가' 또는 '주가 지수'를 단위화하는데 '31포인트의 주가', '9.54포

인트의 종합 주가 지수'와 같이 선행 구성으로 나타날 수도 있을 것 같지만 매우 어색하게 느껴지고 말뭉치의 표본을 확대했을 때에도 실제로 그렇게 쓰이는 경우도 잘 발견되지 않을 것이다. 이와 마찬가지로 <예4.2.4.1-6다, 라>의 '회사'를 단위화하는 '사'도 선행 구성으로 나타날 수 있을 것 같지만 선행 구성으로 나타났을 때에는 매우 어색할 뿐만 아니라 선행 구성으로 쓰인 예를 발견하기도 어렵다.

한편, '바퀴', '병', '모금', '표'도 선행 구성으로 나타나는 비율이 5% 미만에 불과하다.

〈예4.2.4.1-7〉
가. 일찍 일어나면 좀 **동네라두 한 바퀴** 돌든가 왜~. [대화]
나. 예리는 가방에서 **멀로 한 병**을 꺼내, 코르크 마개를 천천히 돌려 땄다. [소설]
다. 그때 나는 가슴을 식히느라 **맥주 한 모금**을 머금고 있었는데 아주 우스운 꼴이 되고 말았다. [소설]
라. 국회는 31일 본회의에서 張총리서리의 임명동의안에 대한 투표를 실시해 **총 투표수** 2백44표 중 찬성 1백 표, 반대 1백42표, 기권 1표, 무효 1표로 부결했다. [신문]

'바퀴', '병', '모금', '표'는 <예4.2.4.1-7>에서와 같이 주로 후행 구성으로 나타나는데, '바퀴'를 제외하고 는 선행 구성으로 나타나는 것이 전혀 어색하지 않다. '바퀴'는 <예4.2.4.1-7가>와 같이 '회전 행위'가 일어나는 장소를 이용하여 '회전 행위'를 단위화될 때에는 후행 구성으로만 나타나지만 아래의 예와 같이 '회전 행위' 자체가 단위화될 때에는 아래의 예와 같이 선행 구성으로도 나타난다.

〈예4.2.4.1-8〉
가. 하늘과 구름과 바다 위로 선연히 번지는 저녁놀, 나문재로 휘덮인 그 꽃자주빛 개펄이 한데 어우러져 만드는 원색의 조화 속에서 자기네의 변신에 소용되는 분량의 빛깔을 단숨에 포식하고는 꼬리가 아홉 개 달린 여우인 양 껑충 **한 바퀴 재주**를 넘는 것이었다. [소설]
나. 더구나 당초 별자리의 하루 **한 바퀴의 회전**을 나타내주기 위해 도입되었던 항성천구가 지구의 자전에 의해 더 이상 소용되지 않은데도 그대로 정지한 채 남겨져 있게 되었다. [학술]

'점'은 '점수'를 단위화하는 경우와 '작품'을 단위화하는 경우에 따라 선호되는 구성이 서로 다르다. '점수'를 단위화하는 경우는 <예4.2.4.1-9가, 나>와 같이 생략 구성으로 주로 나타나지만 구체적인 대상인 '작품'을 단위화하는 경우는 <예4.2.4.1-9다, 라>와 같이 후행 구성으로 주로 나타난다.

〈예4.2.4.1-9〉
가. 시험을 봐서 **몇 점 구십 몇 점**을 맞아야 되는데 애가 그거보다 **한 사점**인가 많이 맞어. [대화]
나. 또 상대팀 주포 팀 던컨(15점 7리바운드 6어시스트)이 38분 동안 야투를 8개밖에 못 던지게 만들 정도로 잘 막았다. [신문]
다. 길준은 **구름 한 점** 없이 새파란 하늘이 눈앞에 활짝 열렸을 때, 그만 펑 쓰러져 탄가루 뿌려진 맨땅바닥에 눕고 말았다. [소설]
라. 표충사 청동 함은 향완(국보 제75호), 표충사 3 층 석탑(보물 제467호) 외에 사명대사의 유물 300여 점이 보존되어 있다. [학술]

'점'이 '점수'를 단위화할 때에는 단위화하는 대상이 '점수'로 매우 한정적이지만 '작품'을 단위화할 때에는 단위화 대상의 종류가 다양하기 때문에 이러한 차이가 생기는 것으로 보인다. 즉 '점수'를 단위화할 때에는 단위화 대상이 한정적이므로 단위화 대상이 문맥에 언급되지 않더라도 굳이 그 대상을 밝힐 필요가 없기 때문에 생략 구성으로 주로 나타나는 반면, '작품'을 단위화할 때에는 단위화 대상이 다양해지므로 단위화 대상을 언급할 필요가 많기 때문에 후행 구성으로 주로 나타나는 것이다.

- **생략 구성으로 주로 나타나는 단위사**

생략 구성으로 주로 나타나는 단위사는 고빈도 100개 단위사 중 73개로 그 수가 가장 많다. 이러한 결과는 '신문'을 제외한 모든 사용역에서 생략 구성의 사용 비율이 가장 높게 나타난다는 사실과 일치하는 것이다. 앞서 제시한, 선행 구성으로 주로 나타나는 단위사, 후행 구성으로 주로 나타나는 단위사도 실제로 생략 구성으로 나타나는 비율도 높은 편이다. 이렇듯 생략 구성의 비율이 높은 것은 앞서 논의한 것과 같이 단위사가 단위화 대상과 함께 굳이 하나의 구성을 이루지 않아도 맥락을 통해 그 대상이 무엇인지 쉽게 알 수 있기 때문일 것이다. 단위사가 단위화하는 대상은 전체 텍스트 내에서 한 번만 나오면 그 후행 맥락에서는 자연스럽게 단위화 대상이 무엇인지 쉽게 알 수 있기 때문에 단위사가 단위화 대상과 구성을 이루어 반복적으로 나타나는 경우는 매우 드물다.

생략 구성으로 주로 나타나는 단위사의 대부분은 도량형 단위사이다. 생략 구성으로 주로 나타나는 단위사 중 도량형 단위사를 보이면 다음과 같다.

> 원01, 퍼센트, 분08, 시간04, 달05, 달러, 개월, 미터07, 킬로미터, 센티미터, 초07, 주일03, 톤01, 킬로 그램, 주28, 엔01, 리02, 그램, 프로, 인치03, 불08, 리터01, 킬로헤르츠

도량형 단위사가 생략 구성으로 주로 나타나는 것은 특정 대상만을 단위화하여 단위화 대상이 나타나지 않아도 단위화 대상이 무엇인지 쉽게 알 수 있기 때문이다. '원', '달러', '엔', '불'은 '화폐'나 '가격'을, '퍼센트'나 '프로'는 '백분율'을, '분', '시간', '달', '개월', '초', '주일', '주'는 '시간'을, '미터', '킬로미터', '센티미터', '리', '인치'는 '길이'를, '톤', '킬로그램', '그램'은 '무게'를, '리터'는 '부피'를, '킬로헤르츠'는 '진동수'를 각각 단위화하는 표준 도량형이다. 따라서 이들 단위사는 다음의 예와 같이 단위화 대상이 나타나지 않는 것이 일반적이다.

〈예4.2.4.1-10〉 [신문]
가. 채권단은 8000억원 정도에 삼성차를 매각할 수 있다는 입장인 반면 르노는 절반인 4000억원 정도를 제시한 상태다.
나. 미국인의 65%는 과체중 내지 비만으로, 비만과 관련한 사망자만 연간 30만명으로 추산된다.
다. 남북 해군 간의 치열한 교전은 10분 동안 지속됐다.
라. 미드필드 한가운데서 볼을 잡은 박지성은 10m를 드리블한 뒤 문전으로 쇄도하는 롬메달에게 정확한 스루패스를 연결해 결승골을 도왔다.
마. 머리를 노랗게 물들인 최홍만은 160kg의 거구를 흔들며 첫 천하장사 타이틀을 자축했다.
바. 현재 나와 있는 김치독은 배추 4포기용의 9.3 ℓ 에서 20여포기까지 담을 수 있는 45 ℓ 까지 크기가 다양하다.

물론 도량형 단위사도 단위화 대상과 함께 단위사 구성을 이루어 '가격 8000억원/8000억원의 가격', '비율 65%/65%의 비율', '시간 10분/10분의 시간', '거리 10m/10m의 거리', '체중 160kg/160kg의 체중', '부피 9.3l/9.3l의 부피'와 같이 선·후행 구성으로 나타날 수도 있다. 그러나 도량형 단위사가 선·후행 구성으로 나타나는 경우는 주로 다음과 같이 도량형 단위사가 일반적으로 단위화하는 대상보다 더 구체적으로 단위화 대상을 드러내야 할 때이다.

〈예4.2.4.1-11〉 [신문]

가. 서울 구로구 선관위는 최근 식당에서 단체로 식사를 하고 출마자를 불러내 식사 값 41만원을 대신 내게 한 유권자들을 적발했다.

나. 쿼터백 브래드 존슨(35)은 통산 패스 성공률 61.6%로 NFL 역대 3위에 올라 있다.

다. 동경도는 TV 시청 시간과 홈에어컨 사용 시간을 1시간 단축하는 것을 권장하는 에너지 5% 감축 행동 계획을 14일 발표했다.

라. 이동식 장벽은 모두 78개의 관문으로 이뤄져 있고 각 관문은 두께 3.6~5m, 길이 18~20m, 높이 22~33m.

<예4.2.4.1-11>에서 단위사 '원', '퍼센트', '시간', '미터'가 단위화하는 대상은 각각 '식사 값', '패스 성공률', '사용 시간', '두께/길이/높이'인데 이러한 단위화 대상은 이들 단위사가 일반적으로 단위화하는 대상인 '값', '백분율', '시간', '길이'보다 구체적인 것이다.

한편, '무게'와 '부피'를 나타내는 도량형 단위사가 선·후행 구성을 이루면 구체적 대상이 단위화 대상으로 나타나는 것이 일반적이다. 다음의 예를 보자.

〈예4.2.4.1-12〉 [신문]

가. 유네스코 한국위원회가 북한에 영어 교과서 제작용 종이 200t을 지원한다.

나. 연합회 산하 광주 YMCA신협은 5월부터 지금까지 약 2백 40kg의 우유팩을 모아 솔로몬제지에 전달했다.

다. 그는 이라크 정부가 이미 1990년대 유엔 무기사찰단에 탄저균 8500L와 신경작용제인 VX가스를 몇 t 생산했음을 시인했다고 강조했다.

위의 예에서 도량형 단위사 '톤', '킬로그램', '리터'는 '무게'나 '부피'를 나타내지만 '무게'나 '부피' 그 자체가 단위화 대상이 되는 것이 아니라 '종이', '우유팩', '탄저균', 'VX 가스'와 같은 구체적 대상이 단위화 대상이 된다. 이는 '병', '그릇' 등의 용기 단위사가 '병', '그릇' 등의 용기를 나타내는 것이기는 하지만 그 자체가 단위화 대상이 되는 것이 아니라 '병'이나 '그릇'이 담고 있는 구체적 대상이 단위화 대상이 되는 것과 마찬가지로 도량형 단위사가 '무게'나 '부피'를 나타내어 주는 구체적 대상이 단위화 대상이 되는 것이라고 할 수 있다.

도량형 단위사뿐만 아니라 아래에 제시된 단위사도 단위사만으로 단위화 대상이 무엇인지를 쉽게 알 수 있기 때문에 생략 구성으로 주로 나타난다.

개국01, 조13, 개사, 타02, 게임, 학점, 과목, 글자, 칸, 팀

'개국'은 '개'와 '국(國)'이 결합된 것이고, '개사'는 '개'와 '사(社)'가 결합된 것이기 때문에 단위사만으

로도 각각 '나라'와 '회사'를 단위화한다는 것을 쉽게 알 수 있다. '조13'은 '조항'의 수를 나타내는 단위로서, 다른 대상은 단위화하지 않기 때문에 단위화 대상이 무엇인지 쉽게 파악할 수 있다. '타', '게임', '학점', '과목', '글자', '칸', '팀' 등은 모두 단위사가 지시하는 대상과 단위화 대상이 거의 동일하기 때문에 단위화 대상이 나타나지 않는 것이 일반적이다.

〈예4.2.4.1-13〉

가. 영어를 다 계산하고 나니까 **일 학점**이 남는 거예요. [대화]

나. 몇 문제 **두 칸**에 걸치게 글씨를 크게 써갖고 답만 베낄까. [소설]

다. 라데가 **7게임**을 치르는 동안 2개의 어시스트를, 황선홍이 지난 27일 LG전에서 장영훈의 선취 골에 도움을 기록한 것이 고작. [신문]

라. 이런 구분을 목차란에 기입할 때는 그 순서에 따라 한 **글자**나 두어 **글자** 정도 들여서 쓰는 것이 관례로 되어 있다. [학술]

<예4.2.4.1-13>의 '일 학점', '두 칸', '7 게임', '한 글자'는 각각 '학점 일 학점', '칸 두 칸', '경기(게임) 7게임', '글자 한 글자'로 나타날 수도 있다. 그러나 단위화 대상과 단위사가 지시하는 대상이 거의 동일하기 때문에 단위화 대상이 나타나지 않는 것이 보통이다. 그러나 이러한 단위사들도 단위화 대상을 구체적으로 언급할 필요가 있을 때에는 다음의 예에서와 같이 단위화 대상과 함께 단위사 구성을 이룬다.

〈예4.2.4.1-14〉

가. 근데 이번 학기 때는 **전공 몇 과목** 듣는다고 하더라. [대화]

나. 그처럼 자나 깨나 책을 입에 대다 보니 조금은 소화가 되었는지 네 살 무렵에는 눈치로 **한글 몇 글자**를 깨치게까지 되었다. [소설]

다. 이들 새바람 트리오가 대우전에서도 기량을 유감없이 발휘, 포항의 **부산 원정 경기 7게임** 연속 무패(3승4 무)를 이어 줄 것으로 코칭스태프는 철석 같이 믿고 있다. [신문]

라. 올해로 4돌째를 맞는 이 대회에는 지난해 우승 팀 한라위니아와 현대정유, 동원산업 등 **실업 3팀**과 연세대, 고려대, 광운대, 한양대, 경희대 등 **대학 5팀**이 참가한다. [신문]

<예4.2.4.1-14>에서 '과목', '글자', '게임', '팀'이 단위화하는 대상은 각각 '전공 (수업)', '한글', '부산 원정 경기', '실업 팀, 대학 팀'으로, 이들 단위사가 일반적으로 단위화하는 대상인 '과목', '글자', '게임(경기)', '팀'보다 구체적이다.

'타', '게임', '학점', '과목', '글자', '칸', '팀' 등은 모두 보통명사가 맥락에 따라 단위사로서 기능을 하는 것이다. 보통명사가 단위사로 사용되는 경우는 대개 단위사가 지시하는 대상과 단위화 대상이 거의 일치하기 때문에 주로 생략 구성으로 나타나는 것이 일반적이다. 특히, 단위사 중 생략 구성으로만 나타나는 단위사는 보통명사가 단위사적 용법으로 쓰이는 경우가 거의 대부분인데, 생략 구성으로만 나타나는 단위사에 대해서는 4.2.4.4에서 자세히 살펴볼 것이다.

• 서수 구성으로 주로 나타나는 단위사

서수 구성으로 주로 나타나는 단위사는 고빈도 100개 단위사 중 17개로 그 종류가 그리 많지는 않다. 그러나 '신문'을 제외한 모든 사용역에서 서수 구성의 사용 비율은 생략 구성 다음으로 가장 높고 '신문'에서는 서수 구성의 사용 비율이 가장 높다. 이는 앞서 언급했듯이 서수 구성으로 주로 나타나는 단위사가 그 종류는 많지 않지만 사용 빈도가 매우 높기 때문이다. 특히 서수 구성으로 주로 나타나는 '년', '일', '분'은 모든 사용역에서 고빈도로 사용되는 단위성 의존명사이다(4.2.1의 <표4.2.1-1> 참고).

한편, 서수 구성으로 주로 나타나는 단위사 중에서 '나이'를 나타내는 '살'과 '세', '온도'나 '각도'를 나타내는 '도'가 아래의 예와 같이 나타날 때에는 서수 구성을 이룬다고 보았다.

〈예4.2.4.1-15〉

가. 만 스물 살까지는 연기가 돼::, [대화]

나. 어머니의 새 남편에게는 12세가 된 아들 클라우스가 있었는데, 그와는 늘 한 집안에서 앙숙이었다. [소설]

다. 기상청은 5일 아침 최저 기온이 춘천 영하 16도, 수원 청주 영하 13도, 서울 영하 12도, 인천 대전 영하 11도, 광주 영하 5도, 부산 영하 4도 등 제주도를 제외한 전국이 영하로 내려가는 강추위가 계속되겠다고 예보했다. [신문]

라. 북반구에서는 대략 북위 60~70도까지가 삼림 지대의 한계이고, 산의 높이로는 열대(3,000m), 온대 (2,500m), 한대(1,000m)에 따라 차이가 있다. [학술]

<예4.2.4.1-15라>의 '각도'를 나타내는 '도'를 제외하고는 위의 예에서 보인 단위사 구성은 모두 양수 구성을 이루는 것으로 볼 수도 있는 것이다. '살', '세'가 나이의 양을 나타내고 '도'가 온도의 양을 나타낸다고 볼 수도 있기 때문이다. 그러나 여기서는 '살'이나 '세'가 '2013년'과 같이 기간 상의 특정 위치를 나타내어 주고 '도'가 온도계 눈금 상의 위치를 나타내어 준다고 판단하여 서수 구성을 이룬다고 보았다. 이들은 관점에 따라 서수 구성으로 볼 수도 있고 양수 구성으로도 볼 수 있는 것으로 이에 대한 자세한 논의는 피하기로 한다.

단위사 중에는 양수 구성으로는 나타나지 않고 서수 구성으로만 나타나는 것도 있는데 여기서는 선행 구성이나 후행 구성이 한 번이라도 나타나는 단위사를 대상으로 하였기 때문에 서수 구성으로만 나타나는 단위사에 대해서는 4.2.4.5에서 논의하게 될 것이다.

개별 단위사의 구성별 사용 비율 (■ 5%, ▪1% 이상 5% 미만)

단위사	범주	선행 구성	후행 구성	생략 구성	서수 구성
년02	의존명사	▪	▪	■■■■■■	■■■■■■■■■ ■■
일07	의존명사	▪	▪	■■	■■■■■■■■■■ ■■■■■■■
명03	의존명사	■■	■■■■■	■■■■■■■	
원01	의존명사	■▪	▪■	■■■■■■■■■■ ■■■■■■■■	

4장 의존명사 **295**

단위사	범주	선행 구성	후행 구성	생략 구성	서수 구성
개10	의존명사	■■■■■■■■■ ■	■■■	■■■	
퍼센트	의존명사	■	■	■■■■■■■■■ ■■■■■■	
번04	의존명사	■	■	■■■■■■■■ ■■	■■■
가지04	의존명사	■■■■■■■■■■ ■■	■■	■■■■■	
분08	의존명사	■	■	■■■■■■■■■ ■■	■■■■■■■■
사람	보통명사	■	■■	■■■■■■■■■ ■■■	
시간04	의존명사	■	■	■■■■■■■■ ■■■■■	
세기03	보통명사			■	■■■■■■■■ ■■■■
살04	의존명사	■	■	■■	■■■■■■■■ ■■■
달05	의존명사	■	■	■■■■■■■■■ ■■■■■■	
위05	의존명사		■		■■■■■■■■ ■■■
달러	의존명사	■■■	■■■	■■■■■■■■ ■■■	
회08	의존명사	■	■	■■■■■	■■■■■■■ ■■
개월	의존명사	■	■	■■■■■■■■ ■■■■	
점10 (점수)	의존명사	■	■	■■■■■■■■ ■■■■■	
미터02	의존명사	■	■■■	■■■■■■■ ■■	
차례01	보통명사	■■■■	■	■■■■■■■ ■■■	
장22	의존명사	■■■	■■■■■■■■ ■	■■■■■	
세13	의존명사	■	■	■	■■■■■■■■ ■■■
대15	의존명사	■■■■■■■■	■■■	■■■■■■	
배09	보통명사	■■■	■■■■	■■■■■■■ ■■	
면05	보통명사		■	■■	■■■■■■■■■ ■■■■■■

단위사	범주	선행 구성	후행 구성	생략 구성	서수 구성
평02	의존명사				
편09	의존명사				
곳01	보통명사				
자14	보통명사				
도05	의존명사				
인02	보통명사				
마리01	의존명사				
킬로미터	의존명사				
센티미터	의존명사				
개국01	의존명사				
권01	의존명사				
초07	의존명사				
주일03	의존명사				
톤01	의존명사				
건04	의존명사				
킬로그램	의존명사				
주26	의존명사				
종09	보통명사				
잔03	보통명사				
가구03	보통명사				
부15	의존명사				
단계03	보통명사				

단위사	범주	선행 구성	후행 구성	생략 구성	서수 구성
동15	의존명사		■	■	■■■■■■■■■ ■■■■■■■
단06	보통명사	■	■	■■■	■■■■■■■■■ ■■■■■■■
점10 (작품)	의존명사	■■■■■	■■■■■■■■ ■	■■■■	
군데	의존명사	■■■	■■■	■■■■■■■■■ ■■■	
척08	의존명사	■■■	■■■■■■■ ■■	■■■■■■■■■ ■■	
종류02	보통명사	■■■■■■■	■■	■■■■■■■■ ■	
주24	보통명사	■■■	■■■■■	■■■■■■■■■	
엔01	의존명사	■	■	■■■■■■■■■	
리02	의존명사	■		■■■■■■■■■ ■■■■■■■■	
타02	보통명사		■	■■■■■■■■■ ■■■■■■■	
조13	의존명사	■	■	■	■■■■■■■■■ ■■■■■■■
병05	보통명사	■	■■■■■■■■■ ■■■■■	■■■	
대01	의존명사	■	■■■■■■■■■ ■	■■■■■■■■■	
밀리미터	의존명사	■	■■■■	■■■■■■■■■ ■■■■■	
석08	의존명사	■■	■■■	■■■■■■■■■ ■■■	
줄01	보통명사	■■■	■■■	■■■■■■■■■	■
게임	보통명사		■	■■■■■■■■■ ■■■■■■■■■	
쪽02	보통명사	■■■	■■	■■■■■■■■■	■■■■
학점	보통명사		■	■■■■■■■■■ ■■■■■■■■■	
개사	의존명사	■	■■■	■■■■■■■■■ ■■■	
분01	의존명사	■	■■■■	■■■■■■■■■ ■■■	
놈01	의존명사		■■	■■■■■■■■■ ■■■■■■■	

단위사	범주	선행 구성	후행 구성	생략 구성	서수 구성
표04	보통명사				
푼01	의존명사				
칸01	보통명사				
바퀴01	의존명사				
그램	의존명사				
그루01	의존명사				
프로01	의존명사				
채08	의존명사				
쌍02	보통명사				
팀01	보통명사				
마디01	보통명사				
인치03	보통명사				
포인트	보통명사				
모금01	의존명사				
통12	의존명사				
불08	의존명사				
갈래	보통명사				
사18	보통명사				
송이01	보통명사				
분야	보통명사				
집01	보통명사				
자리01	보통명사				

단위사	범주	선행 구성	후행 구성	생략 구성	서수 구성
페이지	보통명사	■■■	■■	■■■■■■■■■■	■■■■■■
리터01	의존명사	■■■	■■■■	■■■■■■■■■■ ■■■■	
벌02	의존명사	■■■■	■■■■■■■■	■■■■■	
방울01	보통명사	■	■■■■■■■■ ■■■■	■■■■	
킬로헤르츠	의존명사			■■■■■■■■■ ■■■■■■■■■	
과목02	보통명사	■	■■■	■■■■■■■■■■ ■■■■■■■■■	
글자	보통명사		■	■■■■■■■■■■ ■■■■■■■■	
섬01	의존명사	■■	■■■■■■■■	■■■■■■■■■■ ■■	

4.2.4.2. 선행 구성

선행 구성은 '수량사-단위사'가 단위화 대상 앞에 오는 구성을 말한다. 앞서 언급했듯이 선행 구성은 '수량사-단위사'가 관형사절 내부에 나타나서 단위화 대상을 수식하는 것(관형사절 구성), 단위사에 관형격 조사 '의'가 결합한 것('의' 구성)과 그렇지 않은 것(∅ 구성)의 3가지 유형으로 나눌 수 있다.

'수량사-단위사'가 관형사절 내부에 나타나서 단위화 대상을 수식하는 관형사절 구성은 다음과 같이 어림수를 나타내는 경우에 많이 사용된다.

〈예4.2.4.2-1〉

가. 여덟 개 이상 되는 매트릭스를 갖고 있는 것은 사실 좀 못 봤어. [대화]

나. 네놈들이 아무리 장승도깨비 같이 겁 없고 당차다 한들 칠십여 명에 가까운 내 수하 사람들께 대적할까? [소설]

다. 두 작품 모두 96.6%의 객석 점유율에 주간 50만 달러에 이르는 순수익을 올리고 있다. [신문]

라. 주민은 약 60개를 헤아리는 여러 부족으로 이루어져 있으나, 그 중에서 남부 중심지에 살고 있는 폰족이 대표적인 부족이며, 종교는 부족 종교를 믿고 있다. [학술]

<예4.2.4.2-1>에서 '수량사-단위사'는 관형사절 내부에 나타나서 단위화 대상을 수식하고 있는데, 이때 '~ 이상 되는', '~에 가까운', '~에 이르는', '~을 헤아리는'은 모두 수량사가 가리키는 수량보다 더 많음을 나타내거나 수량사가 가리키는 수량과 비슷함을 나타내는 표현으로 정확한 수가 아니라 어림수를 나타내는 표현들이다.

'의' 구성과 ∅ 구성은 선행 구성 중 가장 일반적으로 사용되는 구성으로 그 예를 보이면 아래와 같다. <예4.2.4.2-2>는 '의' 구성의 예를 보인 것이고 <예4.2.4.2-3>은 ∅ 구성의 예를 보인 것이다.

〈예4.2.4.2-2〉

가. 자, 근데 백 명의 학생을 임의 추출했어. [대화]

나. 표철은 누나가 준 세 개의 작은 물건들을 뜯어 보았다. [소설]

다. 미국음반협회(RIAA)는 8일 인터넷에서 불법으로 음악 파일을 내려받거나 공유한 개인을 상대로 연방 법원에 261건의 고소장을 제출했다. [신문]

라. 이것은 부처가 깨달음을 얻은 후 근교의 사슴 동산까지 2백5십 킬로미터를 달려가 다섯 사람의 수행자에게 설법한 것인데, 그의 첫 가르침이었다 하여 초전법륜(初轉法輪)이라고 한다. [학술]

〈예4.2.4.2-3〉

가. 그냥 재밌는 한 편 드라마지. [대화]

나. 다희는 한 송이 보라빛 글라디올러스처럼 살고 싶었다. [소설]

다. 챔피언스 리그 통산 5회 우승의 위업을 쌓은 AC 밀란이 결승에 오른 것은 이번이 9번째로, 아약스 암스테르담(네덜란드)에 패해 2연패에 실패했던 94~95시즌 이후 8년 만이다. [신문]

라. 맹자에는 다음과 같은 세 가지 견해가 소개되어 있습니다. [학술]

'의' 구성과 ∅ 구성은 의미 차이가 거의 없고 자유롭게 교체가 가능한 경우가 많다. 이는 아래의 예를 통해서 확인할 수 있다.

〈예4.2.4.2-4〉

가. 영달이 흡사 사나운 비바람에 시달리면서도 꿋꿋이 뿌리를 박고 자라온 산골짜기나 들판의 잡초라면, 나는 온실 속에서 곱다랗게 피어난 한 송이{의/∅} 연약한 꽃에 지나지 않았다. [소설]

나. 홍 씨는 2500만 원{의/∅} 연봉을 받으면서도 자부심 하나로 버텨 왔다며 "21명의 심판 가운데 단 2명만이 자기 집이 있다는 사실을 농구 팬들이 아는지 모르겠다"고 아쉬워했다. [신문]

다. 무술을 격투기가 아닌 정신적 수련으로 본 그는 쿵후를 현대화한 절권도를 창시하고 이를 영화에서 선보여 전 세계에 폭발적인 선풍을 일으키나 32세{의/∅} 나이로 요절한다. [신문]

라. 결국 엘란트라의 개발은 수출시장에의 제도전과 국내 잠재수요의 충족이라는 두 가지{의/∅} 목표를 동시에 이룩하려는 계획이었던 것이다. [학술]

그러나 '의' 구성과 ∅ 구성의 교체가 늘 자연스러운 것만은 아니다. 아래의 예문을 통해 알 수 있듯이 '의' 구성에서 '의'를 생략하고 ∅ 구성을 이루면 어색해지는 경우가 발생한다.

〈예4.2.4.2-5〉

가. 앞쪽에 앉아 있던 두 쌍{의/ʔ∅} 외국인들조차도 그들의 거침없는 소란에 노골적으로 신경질을 냈다. [소설]

나. 그 광장들은 두 개{의/ʔ∅} 간선도로를 따라 나뉘었다가 제5호 광장에서 다시 만나게 되어 있다. [신문]

다. 72점{의/ʔ∅} 전시품들을 둘러보는 관람객들은 자연스레 동심의 세계로 인도되고 전시장을 나오면 입가에 저절로 웃음이 고인다. [신문]

라. 이 연구는 미국 국립과학재단과 위스콘신 주립대학 등의 지원 하에 1993년부터 1994년까지 위스콘신 주 내의 8개 학교 36명{의/ʔ∅} 교사가 참여하여 이루어졌는데, 서로간의 통신은 애플(Apple)컴퓨터의 통신망을 이용하였다. [학술]

이와는 반대로 '의 '구성보다 ∅ 구성이 더 자연스러운 경우도 있다.

〈예4.2.4.2-6〉
　가. 자네에게 딱 한 가지 일러둘 일이 있네. [소설]
　나. 헌데 한 가지 궁금한 것이 있네. [소설]
　다. 한 가지 아직도 걱정되는 증세가 남아 있기는 했다. [소설]
　라. 한 점 한 점 점수를 딸 때마다 와! [소설]
　마. 비어 있던 도로 위에도 한 대 두 대 차들이 모습을 드러내기 시작했다. [소설]
　바. 한 치 앞도 내다볼 수 없는 급변의 시대에 우리는 어디에 있고 또 어디로 가고 있는가? [신문]
　사. 속담에 말 한 마디로 천 냥 빚을 갚는다고 했듯이 말의 중요성은 아무리 강조해도 지나치지 않다. [학술]

<예4.2.4.2-6가, 나, 다>는 모두 '한 가지'가 단위화 대상에 앞에 오는 선행 구성으로 '한 가지' 뒤에 '의'가 나타날 수도 있으나 다소 어색하다. 이는 '한 가지'가 관형어가 아니라 부사어의 기능을 하는 측면이 강하기 때문이다. 이러한 사실은 <예4.2.4.2-6라, 마>의 경우에도 동일하게 적용된다. <예4.2.4.2-6라>의 '한 점'은 '한 점 한 점'의 반복 구성으로 나타나서 부사어로 기능하는 측면이 강한데 이때 '의'가 실현되면 어색해진다. <예4.2.4.2-6마>의 '한 대', '두 대'도 관형어보다는 부사어로 기능하는 측면이 강하기 때문에 '의' 구성보다는 ∅ 구성이 자연스럽게 느껴진다. <예4.2.4.2-6바, 사>의 '한 치 앞', '천 냥 빚'은 관용적으로 ∅ 구성으로 굳어진 표현이기 때문에 '의'가 나타나는 것이 어색해진다고 볼 수 있다.

또한 다음과 같은 경우에도 '의' 구성보다 ∅ 구성이 더 자연스럽다.

〈예4.2.4.2-7〉
　가. 13곳 선거구의 후보자들도 이날 서울 종로 등 8개 선거구에서 일제히 열린 합동연설회와 각 선거구의 거리유세 등을 통해 지지를 호소했다. [신문]
　나. 30m 길이의 대형 담장 벽화는 '21세기의 이미지'란 한국 현대 디자인 실험 작가 협회의 회원 30명이 그렸다. [신문]
　다. 요즘 60여 명의 주민들은 이곳 20여평 크기의 노인정에서, 때로 날씨 좋은 날엔 단지 내 잔디밭에서 아침마다 요가로 건강을 다지고 있다. [신문]
　라. 한 무더기 비둘기의 떼가 깃에 묻은 때를 씻는다. [학술]

위 예에서 '의' 구성이 다소 어색해지는 것은 복합 명사구 내부에 '의'가 중복되어 나타나기 때문이다. 위 예문은 모두 공통적으로 단위화 대상에 '의'가 결합되어 있는데, 이때 단위사에 '의'가 나타나는 '의' 구성이 쓰인다면 하나의 명사구 안에 '의'가 지나치게 많이 나타나게 되어 버린다. 이러한 이유로 단위화 대상에 '의'가 결합되어 나타나는 복합 명사구 내부의 단위사에는 '의'가 나타나지 않는 것이 일반적이다.

▶ 말뭉치 계량 결과 제시1

ㅣ • 전체 선행 구성별 사용 비율: '의' 구성 〉 ∅ 구성 〉 관형사절 구성

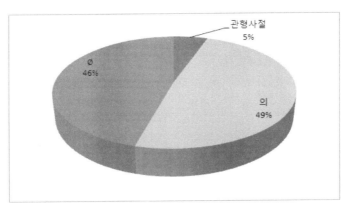

<그래프4.2.4.2-1> 전체 선행 구성별 사용 비율

▶▶ 말뭉치 계량 결과에 대한 논의1

　전체 말뭉치에서 나타나는 선행 구성별 사용 비율을 살펴보면, '의' 구성의 사용 비율이 ∅ 구성의 사용 비율보다 조금 더 높기는 하지만 거의 차이가 없다. '의' 구성과 ∅ 구성의 사용 비율이 전체 선행 구성의 약 95%를 차지하고 있는 것으로 보아, 선행 구성은 거의 대부분 '의' 구성이나 ∅ 구성으로 사용된다는 것을 알 수 있다. 관형사절 구성은 다른 구성에 비해 그 사용 비율이 매우 낮다. 이는 관형사절 구성이 명사구 형태인 다른 두 구성에 비해 통사적으로 더 복잡하고 길이도 더 긴 유표적인 구성이기 때문이다. 뿐만 아니라 관형사절 구성은 어림수의 의미를 나타내는 데 주로 쓰이기 때문에 그 용법상에 있어서도 '의' 구성이나 ∅ 구성에 비해 유표적이고 특수하다고 할 수 있는데 이러한 특수성도 관형사절 구성의 사용 비율이 낮은 이유가 될 것이다.

▶ 말뭉치 계량 결과 제시2

　1. '대화'의 선행 구성별 사용 비율: ∅ 구성 〉 '의' 구성 〉 관형사절 구성
　2. '소설'의 선행 구성별 사용 비율: '의' 구성 〉 ∅ 구성 〉 관형사절 구성
　3. '신문'의 선행 구성별 사용 비율: '의' 구성 〉 ∅ 구성 〉 관형사절 구성
　4. '학술'의 선행 구성별 사용 비율: ∅ 구성 ≧ '의' 구성 〉 관형사절 구성

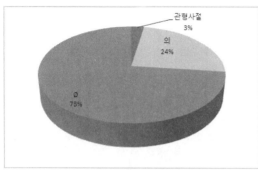

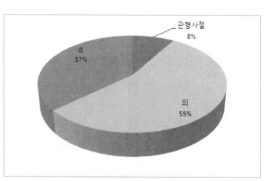

<그래프4.2.4.2-2> '대화'의 선행 구성별 사용 비율　　　<그래프4.2.4.2-3> '소설'의 선행 구성별 사용 비율

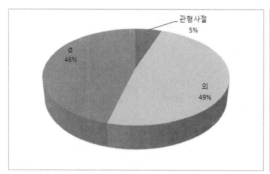

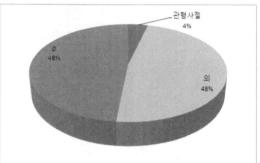

<그래프4.2.4.2-4> '신문'의 선행 구성별 사용 비율　　　<그래프4.2.4.2-5> '학술'의 선행 구성별 사용 비율

▶▶ 말뭉치 계량 결과에 대한 논의2

　　사용역에 따른 선행 구성별 사용 비율을 살펴보면, 우선 다른 사용역과 달리 '대화'에서 ∅ 구성의 사용 비율이 '의' 구성의 사용 비율보다 훨씬 더 높게 나타나는 것을 특징으로 지적할 수 있다. '대화'를 제외한 나머지 사용역에서는 '의' 구성의 사용 비율이 ∅ 구성의 사용 비율보다 더 높거나 거의 비슷하다. 그러나 '대화'에서는 ∅ 구성의 사용 비율이 '의' 구성의 사용 비율보다 무려 3배나 더 높게 나타난다. 이와 같이 '대화'에서 ∅ 구성의 사용 비율이 높게 나타나는 것은 '대화'에서 빈번히 일어나는 조사의 생략과 관련이 있다.

　　관형사절 구성의 사용 비율은 '대화'에서 가장 낮게 나타난다. 4.2.4.1에서 살펴보았듯이 '대화'에서 선행 구성의 사용 비율은 약 2%에 불과할 정도로 전체 단위사 구성 중 그 사용 비율이 매우 낮다. 이와 같이 선행 구성의 사용 비율이 매우 낮은 '대화'에서 전체 선행 구성 중 관형사절 구성이 차지하는 비율이 3%에 불과하다는 사실은 일상 대화에서 관형사절 구성은 거의 사용되지 않는다는 것을 알려 주는 것이다. '대화'에서 관형사절 구성이 잘 사용되지 않는 것은 관형사절 구성이 지니는 통사적 복잡성과 관련이 있다. 관형사절 구성은 단위사 구성 중 통사적으로 가장 복잡하고 길이도 길다. 따라서 실시간으로 발화가 오고 가는 '대화' 사용역에서는 이러한 표현이 선호되지 않는다. 화·청자가 실시간으로 발화를 주고받을 때에는 복잡한 구성을 이용하기보다는 간결한 구성을 이용하여 상대방의 발화에 최대한 빨리 반응하는 것이 대화를 이어나가는 데에 유리하기 때문이다.

‘소설’은 문어 사용역 중에서 ‘의’ 구성과 관형사절 구성의 사용 비율이 가장 높게 나타난다. 이는 ‘소설’의 서사 장르적 특성 때문으로 파악된다. 다음의 ‘의’ 구성의 예를 보자.

〈예4.2.4.2-8〉 [소설]
가. 컴컴한 터널 속으로 뻗친 반들반들한 두 줄의 쇳길이 그 자신의 몸속에서 번득이는 마음의 두 줄기처럼 보였다.
나. 제 어머니가 한 줌의 재가 되어 가는 현장을 신애는 외면하지도 않았다.
다. 비록 우리가 혜린의 어머니에게 쟝의 얘기를 해주더라도 그녀는 지금 쟝을 만날 수도 없는데다가 혹시 쟝이 병원에서 숨을 거두기라도 한다면 우리는 그녀에게 또 한 번의 절망과 한을 심어 주는 일밖에 안 되는 일이었다.

<예4.2.4.2-8>에서 ‘두 줄의’, ‘한 줌의’, ‘한 번의’는 수량의 의미를 나타내기는 하지만 수량의 의미에 중점을 두기보다는 수량의 의미에서 파생되는 표현적인 효과에 더 중점을 두고 있는 것이다. <예4.2.4.2-8가>의 ‘두 줄의’는 철로의 형상을, <예4.2.4.2-8나>의 ‘한 줌의’는 얼마 되지 않는 양을, <예4.2.4.2-8다>의 ‘한 번의’는 절망과 한을 주는 행위를 다시 주는 것임을 나타낸다. 이러한 표현적 효과는 후행 구성보다는 주로 선행 구성을 통해 나타나고 선행 구성 중에서도 ‘의’ 구성을 통해 주로 나타난다.

〈예4.2.4.2-9〉 [소설]
가. 얼굴을 보자마자 이십년쯤 되는 세월이 문대지면서 이름이 떠오르는 게 신기했다.
나. 스무 마리도 넘어 보이는 물소 떼는 쏟아지는 비를 맞으며 내리막길을 걸어 내려갔다.
다. 좌청우홍(左靑右紅)의 원동에 초록색 소매 달고 청황남색(靑黃藍色) 끝동을 단 더그레 떨쳐 입고 머리에 화관을 눌러 쓴 스무 명이나 넘는 행중들이 신명을 잡으며 장판으로 쏟아져 나와 길군악 칠채풍물(앞놀음)을 하늘이 찢어지게 울리니 십리에 뻗은 해장죽 숲이 가지를 떨고 갯가를 날던 갈매기가 놀라 뛰었다.

<예4.2.4.2-9>는 ‘소설’에서 관형사절 구성이 사용된 예를 보인 것이다. 앞서 언급했듯이 관형사절 구성은 단위화 대상의 수량이 어림수임을 나타내는 데 주로 쓰인다. 관형사절 구성이 어림수를 나타내기 위해서는 수량의 의미에 다양한 표현을 더해야 하는데 이러한 과정에서 표현적 효과를 부가적으로 얻을 수 있다. <예4.2.4.2-9가>에서 ‘이십년쯤 되는 세월’은 ‘이십년의 세월’과 비교했을 때 ‘오래된 기간’이라는 표현적 효과를 얻을 수 있고 <예4.2.4.2-9나, 다>의 ‘스무 마리도 넘어 보이는 물소 떼’, ‘스무 명이나 넘는 행중들’은 단위화 대상의 수가 꽤 많다는 화자의 태도를 드러낼 수 있다. 요컨대, ‘의’ 구성과 관형절 구성은 단위화 대상의 수량을 나타내는 동시에 다양한 표현적 효과를 부여할 수 있는데 이러한 표현적 효과가 풍부한 문체적 표현이 중요한 ‘소설’에서 관형사절 구성이 많이 사용되는 요인이 된다고 할 수 있다.

말뭉치 계량 결과 제시3

4.2.4.1에서는 선행 구성이나 후행 구성이 한 번이라도 나타나는 단위사 중 고빈도 100개를 대상으로 하여 개별 단위사의 구성별 사용 비율을 살펴보았다. 그런데 이 중에는 선행 구성의 빈도가 매우 낮은 경우도 있다. 이러한 단위사의 경우에는 선행 구성별 사용 비율을 유의미하게 해석하기 어렵다. 따라서 여기서는 4.2.4.1에서 논의하였던 단위사 중 선행 구성의 빈도가 10 이상인 57개의 단위사만을 대상으로 하여 선행 구성별 사용 비율을 보이고자 한다.

> 1. 관형사절 구성으로 주로 나타나는 단위사 (굵은 글씨는 두 가지 이상의 경우에 해당)
>   배09, 킬로그램, 채08, 분01

> 2. '의' 구성으로 주로 나타나는 단위사
>   년02, 일07, 명03, 원01, 퍼센트, 번04, 사람, 시간04, 살04, 달러, 개월, 장22, 세13, 대15, 배09, 평02, 편09, 곳01, 도05, 인02, 마리01, 킬로미터, 센티미터, 권01, 톤01, 건04, 킬로그램, 종09, 잔03, 가구03, 점10(작품), 군데, 척08, 종류02, 주24, 병05, 대01, 줄01, 분01, 그램, 그루01, 채08, 쌍02, 마디01, 모금01, 통12, 송이01, 벌02, 방울01

> 3. ∅ 구성으로 주로 나타나는 단위사
>   개10, 가지04, 시간04, 회08, 개월, 점10(점수), 미터02, 차례, 평02, 도05, 인02, 마리01, 킬로미터, 센티미터, 점10(작품), 군데, 대01, 바퀴01, 마디01, 송이01, 자리01, 벌02, 방울01

말뭉치 계량 결과에 대한 논의3

• 관형사절 구성으로 주로 나타나는 단위사

주로 관형사절 구성으로 나타나는 단위사는 '배09', '킬로그램', '채', '분01' 4개에 불과하다. 그러나 이들 단위사는 다른 구성으로도 자주 사용된다. '배09', '채', '분01'은 '의' 구성으로 사용되는 비율도 높으며, '킬로그램'은 ∅ 구성으로 사용되는 비율도 높다. 즉 이들은 모두 다른 구성으로도 자주 사용되지만, 관형사절 구성으로 사용되는 비율이 가장 높은 것이다.

• '의' 구성으로 주로 나타나는 단위사

단위사가 선행 구성으로 나타날 때에는 '의' 구성으로 나타나는 것이 가장 자연스럽다. 이는 '의' 구성으로 주로 나타나는 단위사의 종류가 가장 많다는 사실과 ∅ 구성이나 관형사절 구성으로 주로 나타나는 단위사도 '의' 구성으로 나타나는 비율이 높다는 사실을 통해 알 수 있다. 주로 '의' 구성으로 사용되는 단위사 중에서도 아래의 단위사들은 선행 구성으로 사용될 때 거의 대부분 '의' 구성으로만 나타나는 것들이다.

일07, 명03, 원01, 퍼센트, 사람, 달러, 장22, 세13, 대15, 편09, 곳01, 권01, 톤01, 건04, 종09, 가구03, 척08, 종류02, 주24, 병05, 줄01, 그램, 쌍02, 통12

위의 단위사들은 대부분 ∅ 구성으로 교체되어 사용되어도 크게 어색하지는 않으나 주로 '의' 구성으로 사용되는 경향이 있다. 그러나 이들 중에서 '의' 구성으로 나타나야만 자연스러운 단위사도 있는데 '사람', '대15', '병05', '편09', '척08', '통12', '종류02', '줄01', '쌍02'이 그러하다. 아래의 예에서 보듯이 이러한 단위사들은 ∅ 구성으로 나타나면 어색해진다.

〈예4.2.4.2-10〉
가. 두 사람{의/?∅} 사나이는 K가 하는 말을 알아듣지 못한 것 같았다. [소설]
나. 두 대{의/?∅} 자동차가 미끄러지듯 그 집 대문을 넘어 들어갔다. [소설]
다. 하루 두 병이나 세 병{의/?∅} 소주가 어미의 유일한 양식이었다. [소설]
라. 임종식이 4편{의/?∅} 글을 통해 인간게놈 프로젝트가 가져 올 사회 윤리적 충격, 안락사 논쟁, 배아연구를 둘러싼 논란 등 최근 생명공학을 둘러 싼 사회 윤리적 논쟁을 보여주고 있다면 김훈기는 동물복제와 인간배아 복제 기술이 가져다 줄 수 있는 산업적 효과를 제시하고 있다. [신문]
마. 50여 척{의/?∅} 배들이 일제히 어업 통제선을 넘었다. [신문]
바. 연방 중소 기업청 차장으로 지명되었던 진교훈 씨는 선거 기금의 유용 등을 밀고한 9통{의/?∅} 투서 때문에 상원 인준 청문회에서 집중 공격을 받고 사퇴했으며, 교육부 인권국 특별 보좌관 이진구 씨와 해리 방 씨도 투서 때문에 탈락했다. [신문]
사. 이에 대하여 Jensen은 우선 그러한 논의의 진부를 가리기 위하여 두 종류{의/?∅} 검사를 실시하였다. [학술]
아. 다른 감각에 비해 상대적으로 단순하다고 할 미각을 몇 줄{의/?∅} 인상적인 표현으로 부각하고 있음을 볼 수 있다. [학술]
자. Weiss는 한 쌍{의/?∅} 쥐를 Brady의 연구와 같이 묶어서 전기적인 충격을 일분에 한 차례씩 주었다. [학술]

• ∅ 구성으로 주로 나타나는 단위사

주로 ∅ 구성으로 나타나는 단위사는 총 23개로 이중 절반은 '의' 구성으로 나타나는 비율도 높다. 이들 중 아래의 단위사들은 선행 구성으로 사용될 때 거의 대부분 ∅ 구성으로만 사용되는 것들이다.

가지04, 미터02, 자리01

이들 단위사는 '의' 구성으로 나타나는 것이 전혀 불가능한 것은 아니다. 또한 ∅ 구성으로 나타나는 비율에 비하면 그 비율이 매우 낮지만 '의' 구성으로 나타나기도 한다. 즉 이들 단위사는 앞서 언급한 '사람', '대15', '병05', '편09', '척08', '통12', '종류02', '줄01', '쌍02'과는 달리 ∅ 구성으로만 사용되는 제약이 있다기보다 선행 구성으로 사용될 때는 주로 ∅ 구성으로 나타나는 사용상의 경향이 있다는 것이다.

(음영 부분: 선행 구성이 나타나지 않거나 선행 구성의 빈도가 매우 낮아 논의에서 제외되는 단위사)

단위사	범주	관형사절	의	∅
년02	의존명사	■■ ▪	■■■■■■■■ ■ ▪	■■■■■ ■ ▪
일07	의존명사	■ ▪	■■■■■■■■■■ ■■■■■■■ ▪	■ ▪
명03	의존명사	■ ▪	■■■■■■■■■■ ■■■■■■ ▪	▪
원01	의존명사	■■ ▪	■■■■■■■■■ ■■■ ▪	■ ■
개10	의존명사	▪	■■■■■■■■ ▪	■■■■■■■■■■
퍼센트	의존명사	▪ ▪	■■■■■■■■■ ■■■■ ▪	■
번04	의존명사	■ ▪	■■■■■■■■■■ ■ ▪	■■■■ ▪
가지04	의존명사	▪	■ ▪	■■■■■■■■■■ ■■■■■■
분08	의존명사			
사람	보통명사		■■■■■■■■■■ ■■■■■■■ ▪	▪
시간04	의존명사	■ ▪	■■■■■■■■■ ▪	■■■■■■ ▪
세기03	보통명사			
살04	의존명사		■■■■■■■■■ ■■ ▪	■■■■■■ ▪
달05	의존명사			
위05	의존명사			
달러	의존명사	■■ ▪	■■■■■■■■ ■■■■	▪
회08	의존명사	▪	■■■■■ ▪	■■■■■■■■■■ ■■ ▪
개월	의존명사	■■ ▪	■■■■■■ ▪	■■■■■ ▪
점10 (점수)	의존명사	■■	■■	■■■■■■■■■■ ■■■■■

단위사	범주	관형사절	의	∅
미터02	의존명사	■	■■■ ■	■■■■■■■■■■■ ■■■■■■
차례01	보통명사	■■ ■	■■■■■■ ■	■■■■■■■■■ ■
장22	의존명사	■■ ■	■■■■■■■■ ■■■ ■	■ ■
세13	의존명사	■	■■■■■■■■ ■■■■■■■	
대15	의존명사	■	■■■■■■■■ ■■■■ ■	■
배09	보통명사	■■■■■■■■ ■	■■■■ ■	■■■ ■
면05	보통명사			
평02	의존명사	■	■■■■■■■	■■■■■■■■ ■ ■
편09	의존명사	■ ■	■■■■■■■■ ■■■ ■	■
곳01	보통명사	■■ ■	■■■■■■■ ■■■■	■■ ■
자14	보통명사			
도05	의존명사		■■■■■■■■ ■	■■■■■■■
인02	보통명사		■■■■■■■ ■	■■■■■■■■ ■
마리01	의존명사	■	■■■■■■■	■■■■■■■ ■
킬로미터	의존명사	■ ■	■■■■ ■	■■■■■■■ ■ ■
센티미터	의존명사	■ ■	■■■■■■■	■■■■■■■■
개국01	의존명사			
권01	의존명사	■■ ■	■■■■■■■ ■■■ ■	■ ■
초07	의존명사			
주일03	의존명사			
톤01	의존명사	■ ■	■■■■■■■■ ■■■■ ■	■■■ ■

단위사	범주	관형사절	의	∅
건04	의존명사			
킬로그램	의존명사			
주26	의존명사			
종09	보통명사			
잔03	보통명사			
가구03	보통명사			
부15	의존명사			
단계03	보통명사			
동15	의존명사			
단06	보통명사			
점10 (작품)	의존명사			
군데	의존명사			
척08	의존명사			
종류02	보통명사			
주24	보통명사			
엔01	의존명사			
리02	의존명사			
타02	보통명사			
조13	의존명사			
병05	보통명사			
대01	의존명사			

단위사	범주	관형사절	의	∅
밀리미터	의존명사			
석08	의존명사			
줄01	보통명사	■ ▪	■■■■■■■■■■ ■■■■■■ ▪	■ ▪
게임	보통명사			
쪽02	보통명사			
학점	보통명사			
개사	의존명사			
분01	의존명사	■■■■■■■	■■■■■■■	■■■■
놈01	의존명사			
표04	보통명사			
푼01	의존명사			
칸01	보통명사			
바퀴01	의존명사		■■■■■ ▪ ■■ ▪	■■■■■■■■■■
그램	의존명사		■■■■■■■■■ ■■■■■■■■	
그루01	의존명사		■■■■■■■ ■■■■	■■■■
프로01	의존명사			
채08	의존명사	■■■■■■ ▪	■■■■■■■■ ■■ ▪	
쌍02	보통명사	▪	■■■■■■■■ ■■■■■■■	
팀01	보통명사			
마디01	보통명사	■ ▪	■■■■■■■	■■■■■■■ ▪
인치03	보통명사			

단위사	범주	관형사절	의	∅
포인트	보통명사			
모금01	의존명사		■■■■■■■■■ ■■■ ■	■■■■■ ■
통12	의존명사		■■■■■■■■■ ■■■■■■■	■
불08	의존명사			
갈래	보통명사			
사18	보통명사			
송이01	보통명사		■■■■■■■ ■ ■	■■■■■■■ ■
분야	보통명사			
집01	보통명사			
자리01	보통명사		■ ■	■■■■■■■■■ ■■■■■■■ ■
페이지	보통명사			
리터01	의존명사			
벌02	의존명사	■■ ■	■■■■■■ ■	■■■■■■ ■
방울01	보통명사		■■■■■■■■ ■■	■■■■■■
킬로헤르츠	의존명사			
과목02	보통명사			
글자	보통명사			
섬01	의존명사			

4.2.4.3. 후행 구성

후행 구성은 단위사가 단위화 대상 뒤에 오는 단위사 구성이다. 앞서 언급했듯이 후행 구성은 단위화 대상에 조사가 결합하느냐 그렇지 않느냐에 따라 크게 두 가지로 나누어 볼 수 있다. 첫째, 단위화 대상에 조사가 결합하는 조사 구성이고 둘째, 단위화 대상에 조사가 결합하지 않는 ∅ 구성이다.

〈예4.2.4.3-1〉
가. 아 근데 **끼니를** 세 **끼** 꼬박꼬박 먹는 사람은 잔병치레를 안 해요. [대화]
나. 며칠이 지나니, 봉선화는 또 예쁜 뾰족한 **잎이** 두 **개** 피고 박은 키가 버쩍 자란 위에 다섯 모진 넓적한
    잎이 피고, 그 위에 또 더 큰 잎이 피었다. [소설]
다. 대전시 중구 태평국교(교장직무대리 이홍규)는 최근 자체 제작한 **방송 학습장** 1천 **5백권을** 학생들에게
    무료로 나눠 주었다. [신문]
라. 위 논문은 원고 100 **매** 정도의 통상적인 연구논문이다. [학술]

<예4.2.4.3-1가, 나>는 단위화 대상에 조사가 결합된 후행 구성인 조사 구성을 보인 것이고, <예 4.2.4.3-1다, 라>는 단위화 대상에 조사가 결합하지 않는 후행 구성인 ∅ 구성을 보인 것이다. <4.2.4.3-1가, 나>와 같은 조사 구성은 단위화 대상이 주어이거나 목적어인 경우에만 가능한데 이때 단위화 대상 뒤에 나타나는 '수량사-단위사'도 주어와 목적어로 나타나 이른바 이중 주어 구성과 이중 목적어 구성을 이룬다.

〈예4.2.4.3-2〉
가. **지갑이 몇 개가** 있어 이렇게 내가 꼽아 놨어. [대화]
나. **박사 학위를 두 개를** 받어서 가지고 인제, [대화]
다. 대웅전 주변을 비롯한 경내에 홍매·백매·청매 등 다양한 종류의 20~50년생 **매화가** 100여 **그루** 있다. [신문]
라. 오 반장과 김 형사가 아침을 다 먹고 **담배를 한 대** 피울 동안에도 녀석들의 움직임은 전혀 없었다. [소설]

<예4.2.4.3-2>는 조사 구성의 예를 보인 것이다. <예4.2.4.3-2가, 나>는 단위화 대상과 단위사에 주격조사와 목적격조사가 결합된 후행 구성으로 이른바 주격 중출 구성과 목적격 중출 구성으로 파악되는 것이다. 그런데 <예4.2.4.3-2가, 나>에서처럼 단위화 대상과 단위사에 주격조사나 목적격조사 가 동시에 출현하는 조사 구성은 매우 드물고 <예4.2.4.3-2다, 라>와 같이 단위화 대상에는 조사가 결합하지만, 단위사에는 조사가 결합하지 않는 조사 구성이 일반적으로 나타난다. 한편, 조사 구성은 단위화 대상이 주어이거나 목적어일 때에만 나타나지만 단위화 대상에 주격조사나 목적격조사만 결합되는 것은 아니다.

〈예4.2.4.3-3〉
가. 배탈 나는 거 아니야 이거 **아이스크림만 두 개** 먹네. [대화]
나. **전과는 두어 개** 있지만 폭력이지 뿌려진 칼(절도전과)은 없수다. [소설]
다. 태극기는 월드컵 개최 이후 전국적으로 100만장, 한국 대표팀 **복제인형은** 70만개가 팔렸다. [신문]
라. 제5공화국 출범 이후에도 다른 시기와 마찬가지로 무사안일이 7건으로 제일 빈도가 높았으며, 특징적으로

뇌물수수에 대한 보도가 5건이나 되었으며, 부정축재 사설도 4건이나 게재되었다. [학술]

<예4.2.4.3-3>에서 확인할 수 있는 바와 같이 단위화 대상에 조사가 결합하는 조사 구성에서는 단위화 대상에 '은', '는', '도', '만' 등과 같은 보조사가 결합되어 나타나는 것도 매우 일반적이다.

〈예4.2.4.3-4〉
가. 아니 내가 어제 **점심 한 끼** 얻어먹은 거밖에 없어. [대화]
나. 소년을 호주머니를 뒤져 **담배 한 대**를 피워 문다. [소설]
다. 한국 해군 **함정 2척**이 사상 최초로 영해 밖 이국적 해군 해상 훈련에 참가하기 위해 24일 진해항을 떠났다. [신문]
라. 작은 **낙지 두세 마리**만 끓여내는 연포탕도 시원하고 담백하다. [신문]

<예4.2.4.3-4>는 단위사 구성에서 가장 전형적이고 자연스러운 구성으로 알려진, 후행 구성에서 단위화 대상에 조사가 결합하지 않는 ∅ 구성을 보인 것이다. 이러한 ∅ 구성은 <예4.2.4.3-2, 3>에서 보인 조사 구성과 의미적 차이를 보인다.

〈예4.2.4.3-5〉 [소설]
가. "취하고 싶어서 **소주를 두 병**이나 마셨는데도 정신이 말짱한 거 있지."
나. 음대 3학년생, 부잣집 고명딸, 피자와 스파게티를 좋아하고 밥은 굶어도 **커피는 하루 다섯 잔** 정도 꼭 마셔야 되며, 저녁 아홉 시 무렵 신선한 과일을 먹지 않고는 인생 살맛을 못 느끼는 여대생!
다. 이부자리를 정리하고 진우는 부엌으로 나가 **토스트와 우유 한 잔**으로 간단히 아침을 해결했다.
라. **막걸리 일곱 병**과 **소주 두 병**을 먹는 동안 무슨 얘기를 나눴는지 타이피스트는 깡그리 잊어버렸다.

<예4.2.4.3-5가, 나>는 조사 구성을 보인 것이고 <예4.2.4.3-5다, 라>는 ∅ 구성을 보인 것이다. <예4.2.4.3-5가>에서 화자는 '취하고 싶어서 마시는 대상'이 '맥주'나 '칵테일' 같이 도수가 낮은 술이 아니라 도수가 높은 '소주'임을 강조하고 있으며, <예4.2.4.3-5나>에서 화자는 '밥'과의 대조 관계를 통하여 '커피'라는 단위화 대상을 강조하여 나타낸다. 이와 같이 조사 구성으로 나타나는 후행 구성은 단위화 대상을 강조하거나 초점화하는 기능을 지닌다. 반면에 <예4.2.4.3-5다>에서 화자는 아침으로 토스트와 함께 우유를 먹는데, 이때 마시는 우유의 양이 '한 잔'이라는 사실에 초점을 둔다. 이와 마찬가지로 <예4.2.4.3-라>에서도 화자는 단위화 대상인 '막걸리', '소주'에 초점을 두기보다는 '일곱 병', '두 병'이라는 수량에 초점을 두고 있다. 요컨대 조사 구성은 단위화 대상에 초점을 두는 구성이라면, ∅ 구성은 단위사가 나타내는 수량에 초점을 두는 구성이라고 할 수 있다.

단위사 구성은 선행 구성과 후행 구성 모두 단위화 대상의 수량을 나타내고 단위화 대상의 종류가 무엇인지를 나타낸다는 점에서는 그 기능이 동일하다. 그러나 선행 구성은 '수량사-단위사'와 단위화 대상이 수식 구성을 이루는 데 반해 후행 구성(∅ 구성)은 '수량사-단위사'와 단위화 대상이 동격 구성을 이룬다는 차이가 있다. 다시 말해서, 선행 구성에서는 수량이 단위화 대상의 속성인 반면에 후행 구성(∅ 구성)에서는 수량이 단위화 대상과 동일 지시되는 것이다. 따라서 화자가 수량에 좀 더 중점을 두고 표현하고자 하는 경우에는 후행 구성을 사용하고, 단위화 대상에 더 중점을 두고 표현하고자 하는 경우에는 선행 구성을 사용하게 되는 것이 일반적이다.

〈예4.2.4.3-6〉

가. 하루 세 **병**의 소주가 어미의 유일한 양식이었다.

나. 하루 소주 세 **병**이 어미의 유일한 양식이었다.

선행 구성인 〈예4.2.4.3-6가〉에서 화자가 중점을 두는 것은 단위화 대상의 수량보다는 단위화 대상인 '소주'이다. 〈예4.2.4.3-6나〉는 선행 구성을 후행 구성으로 바꾸어 제시한 것인데, 화자는 단위화 대상인 '소주'보다는 단위화 대상의 수량인 '세 병'에 중점을 두고 있다. 단위화 대상의 수량과 단위화 대상 중 어느 것에 더 중점을 두느냐의 문제는 단위화 대상의 수량과 단위화 대상 중에 어느 것에 초점을 부여하느냐와는 다른 문제이다. 여기서 말하는 '중점'은 화자의 표현 의도와 관련되는 것이고 '초점'은 정보구조상에서의 신정보나 대조 초점과 관련되는 것이다.

〈예4.2.4.3-6가, 나〉를 통해 알 수 있듯이 후행 구성과 선행 구성은 상호 교체가 가능하다. 그러나 모든 단위사 구성들이 선행 구성과 후행 구성으로 상호 교체되어 쓰일 수 있는 것은 아니다.

〈예4.2.4.3-7〉

가. 여기 소주 **한 병** 더 주세요 [소설]

나. [?]여기 **한 병**의 소주 더 주세요

다. 닭들은 **한 방울**의 비라도 덜 맞기 위해 자꾸 살구나무 밑으로, 밑으로만 꾀어든다. [소설]

라. 닭들은 **비 한 방울**이라도 덜 맞기 위해 자꾸 살구나무 밑으로, 밑으로만 꾀어든다.

마. 그녀는 **땀 한 방울** 흘리지 않았고 표정 하나 바뀌지 않았다. [소설]

바. 그녀는 **한 방울**의 땀(도) 흘리지 않았고 표정 하나 바뀌지 않았다.

〈예4.2.4.3-7가〉의 후행 구성은 〈예4.2.4.3-7나〉와 같이 선행 구성으로 바뀌게 되면 매우 어색해진다. 이는 아마도 수량화에 더 중점을 두어야 하는 상황에서 즉, 소주의 양을 몇 병 더 달라고 하는가가 중요한 정보가 되는 상황에서 수량화보다는 단위화 대상에 더 중점을 두는 선행 구성이 사용되었기 때문이라고 생각된다. 그러나 〈예2.4.3-7다~바〉에서 보는 바와 같이 선행 구성을 후행 구성으로, 혹은 후행 구성을 선행 구성으로 바꾸어도 어색해지지 않는 경우도 존재한다. 그러나 그 의미가 완전히 동일하다고 보기는 힘들다. 가령, 〈예4.2.4.3-7마〉에서는 '땀'보다 '한 방울'이라는 수량에 보다 중점을 두고 있고 〈예4.2.4.3-7바〉에서는 '한 방울'이라는 수량보다 '땀'에 보다 중점을 두고 있는 것이다. 이러한 점을 고려한다면 선행 구성과 후행 구성은 수량화와 단위화 대상 중 어느 것에 더 중점을 두어야 하느냐에 따라 달리 사용될 수 있지만 이러한 차이가 문법적 특성에 미치는 영향은 거의 없다고 볼 수 있다.

한편, 후행 구성은 단위화 대상이 나타내는 개체가 담화 상에 새로이 도입되는 경우에 주로 사용된다고 할 수 있다.

〈예4.2.4.3-8〉 [신문]

북한은 미사일 발사의 전단계로 레이더를 가동해 해군 함정 등 목표물에 대한 탐지 추적에 나섰다. 이 레이더 탐지로 목표물의 위치를 확인하면 미사일을 곧바로 발사할 수 있는 상황에 이르게 된다. 스틱스 미사일의 사정 거리는 46km, 신형의 경우 80km이다. 이 정도의 거리라면 교전수역에 포진하고 있던 **고속정 6척**은 스틱스

미사일 조준 거리에 들어간다.

<예4.2.4.3-8>에서 굵은 글쓰기 표시된 '고속정'은 신문 기사에서 새로이 도입되는 대상이다. 이러한 경우에는 '고속정 6척'과 같이 후행 구성으로 나타나는 것이 자연스럽다. 단위화 대상이 나타내는 개체가 담화 상에 새로이 도입될 때 후행 구성이 주로 사용된다는 것은 후행 구성이 담화의 도입부에 주로 나타난다는 사실을 통해서 확인할 수 있다.

〈예4.2.4.3-9〉 [신문]
가. 9일 현재 강원 지역 산불 피해는 사상자 8명, 산림 3000ha, 가옥 등 건조물 263동, 가축 85마리, 이재민 463명 등으로 집계됐다. 도는 산불 피해 복구에 210억원 정도가 소요될 것으로 추산, 정부에 121억원의 지원을 요청키로 했다. 농림부는 이번 산불 이재민에게 홍수, 태풍 등 자연재해 이재민과 동일하게 보상하기로 하고, 주택 전파(全破)의 경우 최고 2700만원까지 보상하는 등의 보상안을 마련했다.
나. 박모(43·주부)씨는 이날 오전 신세계백화점 10만원짜리 상품권 2장을 장당 9만 3000원에 구입했다. 1평이 채 못 되는 구두 수선점 한 곳에서 하루 수천만원대의 상품권이 유통되고 있었다. 'A티켓' 임문희(60·가명)씨는 "업소들마다 평균 3000만~4000만원 어치의 상품권 물량을 확보하고 있다"고 말했다.

<예4.2.4.3-9>에서 확인할 수 있듯이 기사의 도입부에 후행 구성이 나타나고 있는데. 이와 같이 단위화 대상이 담화 상에 처음 도입될 때에는 후행 구성이 주로 사용된다. 그러나 담화의 도입부에서 선행 구성이 나타난다고 하더라도 전혀 어색하지 않다. 따라서 선행 구성과 후행 구성이 화용적 특성에 있어 차이가 있으나 이러한 차이가 문법적 특성에 미치는 영향은 거의 없다고 할 수 있다.

▶ **말뭉치 계량 결과 제시1**

| • 전체 후행 구성별 사용 비율: ∅ 구성 〉 조사 구성

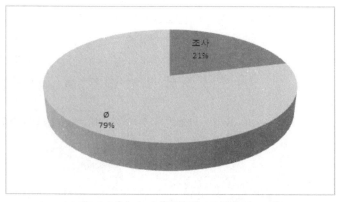

<그래프4.2.4.3-1> 전체 후행 구성별 사용 비율

▶▶ 말뭉치 계량 결과에 대한 논의1

전체 말뭉치에서 나타나는 후행 구성별 사용 비율을 살펴보면, ∅ 구성의 사용 비율이 조사 구성의 사용 비율보다 훨씬 높다. 이와 같이 ∅ 구성의 사용 비율이 압도적으로 높은 것은 ∅ 구성은 단위화 대상에 대한 수량에 초점을 두는 단위사 구성인 데에 반해 조사 구성은 단위화 대상에 조사가 결합됨으로써 단위화 대상에 초점이나 대조초점을 주는 구성이기 때문이다. ∅ 구성은 수량에 초점을 두는, 수량 한정 기능에 충실한 무표적인 후행 구성인 데 반해 조사 구성은 수량화 대상에 조사가 결합하여 수량의 의미보다 수량화 대상에 초점을 주는 유표적 후행 구성이라고 할 수 있다. 뿐만 아니라 조사 구성은 단위화 대상의 문법 기능이 주어나 목적어일 때에만 나타날 수 있다는 제약이 있기 때문에 ∅ 구성보다 그 통사적 분포가 좁다. 따라서 통사적 분포가 좁은 조사 구성이 그 분포가 넓은 ∅ 구성에 비해 사용 비율이 낮은 것은 자연스러운 결과라고 할 수 있다.

▶ 말뭉치 계량 결과 제시2

1. '대화'의 후행 구성별 사용 비율: 조사 구성 〈 ∅ 구성
2. '소설'의 후행 구성별 사용 비율: 조사 구성 〈 ∅ 구성
3. '신문'의 후행 구성별 사용 비율: 조사 구성 〈 ∅ 구성
4. '학술'의 후행 구성별 사용 비율: 조사 구성 〈 ∅ 구성

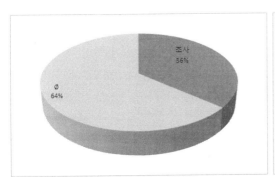

<그래프4.2.4.3-2> '대화'의 후행 구성별 사용 비율

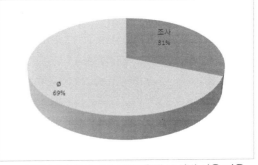

<그래프4.2.4.3-3> '소설'의 후행 구성별 사용 비율

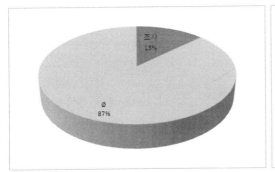

<그래프4.2.4.3-4> '신문'의 후행 구성별 사용 비율

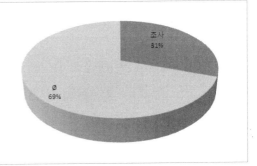

<그래프4.2.4.3-5> '학술'의 후행 구성별 사용 비율

 사용역에 따른 후행 구성별 사용 비율을 살펴보면, 모든 사용역에서 공통적으로 조사 구성보다 ∅ 구성의 사용 비율이 더 높다. 특히 '신문'에서는 ∅ 구성의 사용 비율이 다른 사용역에 비해 훨씬 더 높게 나타난다. '신문'에서 ∅ 구성의 사용 비율이 다른 사용역보다 현저하게 더 높게 나타나는 것은 신문 기사에서 조사의 결합 없이 복합 명사구를 이루는 경우가 다른 사용역보다 빈번히 나타난다는 사실과 관련이 있다. 다음의 예를 보자.

〈예4.2.4.3-10〉[신문]
 가. 청문회의 핵심 쟁점이었던 위장전입과 **부동산 투기** 의혹, 아들의 국적문제와 **의료보험 혜택 논란** 등을 장총리서리 스스로 흔쾌하게 정리하지 못한 탓이다.
 나. 건설부는 **택지 소유 상한법**, 개발 이익 **환수법**, 토지 관리 및 지역 **균형** 개발 **특별회계법** 등 토지 공개념 관련 3개 법안의 시행령안을 오는 10일까지 만들어 입법 예고키로 했다.
 다. 이성강 감독의 단편 **애니메이션 6편**이 중앙극장에서 매일 저녁 상영되고 있다.
 라. 가을 무대에 특색있는 출연진의 재미있는 **연극 두 편**이 올려져 관심을 끌고 있다.
 마. 설날 부담없이 볼 만한 **코믹비디오 여덟편**…세배 끝난뒤에 '호호-껄껄'

 '신문'은 한정된 지면을 통해 많은 양의 정보를 전달해야 하기 때문에 <예4.2.4.3-10가, 나>에서와 같이 조사가 생략된 채로 명사만이 연결된 복합 명사구 구성이 많이 사용된다. 이러한 복합 명사구 구성은 동격 구성은 아니지만 명사구 내부에 조사가 나타나지 않는다는 점에서 표면적으로는 <예 4.2.4.3-10다, 라, 마>의 ∅ 구성과 동일한 형태를 띤다. 즉 ∅ 구성은 '신문'에서 흔히 사용되는 명사구와 동일한 형태를 띠는 것이므로 그 사용 비율이 높은 것이라고 볼 수 있다.

 4.2.4.1에서는 선행 구성이나 후행 구성이 한 번이라도 나타나는 단위사 중 고빈도 100개의 단위사를 대상으로 단위사 구성별 사용 비율을 살펴보았다. 그런데 이 중에는 후행 구성의 빈도가 매우 낮은 경우도 있다. 이러한 단위사의 경우에는 후행 구성별 사용 비율을 유의미하게 해석하기 어렵다. 따라서 여기서는 4.2.4.1에서 논의했던 단위사 중 후행 구성의 빈도가 10 이상인 66개의 단위사만을 대상으로 하여 후행 구성 종류별 사용 비율을 보이고자 한다.

 1. 조사 구성이 높은 비율을 보이는 단위사
  번04, 가지, 차례, 배09, 군데, 그루01, 포인트, 모금01, 통12

2. ∅ 구성이 높은 비율을 보이는 단위사 (굵은 글씨는 ∅ 구성만으로만 나타나는 단위사)

　　년02, 명03, 원01, 개10, 퍼센트, 사람, 시간04, 위05, 달러, 회08, 개월, 점10(점수), 점10(작품), 미터 02, 세13, 대15, 평02, 편09, 곳01, 자14, **인02**, 마리01, 킬로미터, 센티미터, 개국01, 권01, 톤01, 건04, 킬로그램, 종09, 전03, 가구03, 절01, **척08**, 주24, 병05, 대01, **밀리미터**, 석08, 개사, 분01, 놈01, 표04, 칸01, 바퀴01, **그램**, 쌍02, 불08, 사18, 송이01, 리터01, 벌02, 방울01, 섬01

3. 조사 구성과 ∅ 구성의 비율이 유사한 단위사

　　도05, 부15, 줄01, 채08

▶▶ 말뭉치 계량 결과에 대한 논의3

- **조사 구성이 높은 비율을 보이는 단위사**

후행 구성 중 조사 구성의 사용 비율이 높은 단위사는 9개에 불과하다. 조사 구성의 사용 비율이 높은 단위사가 사용된 예를 보이면 다음과 같다.

〈예4.2.4.3-11〉
가. 눈치를 보니까 화장실에서 **오바이트를 한 번** 하고 온 것 같애. [대화]
나. 오씨는 조심스럽게 옆으로 돌아앉아 술병째 들고 **소주를 몇 모금** 마셨다. [신문]
다. 24일 종합주가지수는 13.3포인트 내린 채 마감된 반면, **코스닥지수는 17.81포인트** 급등해 단숨에 260선을 돌파했다. [신문]
라. 다음 글을 참고하여 여학생이 남학생보다 스타에 대해서 더 열광하는 **이유를 세 가지** 이상 들어 논리적으로 서술해 보시오. [학술]

- **∅ 구성이 높은 비율을 보이는 단위사**

∅ 구성으로 주로 나타나는 단위사는 66개의 단위사 중 모두 53개로 약 90%에 이른다. 이는 ∅ 구성이 조사 구성보다 무표적인 구성으로서 후행 구성 중 가장 자연스러운 구성이기 때문이다. ∅ 구성으로 주로 사용되는 단위사가 사용된 예를 보이면 다음과 같다.

〈예4.2.4.3-12〉
가. 그때 **닭 한 마리** 먹고 체해 가지구, [대화]
나. 낮은 음성이었지만, 짱구의 **이름 석 자**는 불호령과도 같은 위협이었다. [소설]
다. 이스라엘 의회는 24일 노동당 소속인 에제르 와이즈만 전 국방장관(68)을 **임기 5년**의 제 7대 대통령으로 선출했다. [신문]
라. 지금부터 약 1백여 년 전에 **덴마크의 여러 학자 몇 사람**이 단순한 호기심으로 고분(古墳)을 캐어 거기서 나오는 여러 가지 유물을 모으기를 시작하였다. [학술]

한편, ∅ 구성의 비율이 높은 단위사들 중에서 도량형 단위사들이 많은 수를 차지하고 있다. ∅ 구성의 비율이 높은 단위사 중 도량형 단위사를 보이면 다음과 같다.

년02, 원01, 퍼센트, 시간, 달러, 개월, 미터02, 세13, 평02, 킬로미터, 센티미터, 톤01, 킬로그램, 밀리리터, 그램, 불08, 리터

'미터', '킬로미터', '센티미터', '킬로그램' 등과 같은 도량형 단위사는 4.2.4.1에서 언급했듯이 단위화 대상이 굳이 나타나지 않더라도 단위화 대상이 무엇인지 알 수 있기 때문에 주로 생략 구성으로 나타난다. 그러나 도량형 단위사가 후행 구성으로 나타날 때에는 조사 구성보다는 〈예4.2.4.3-13〉과 같이 ∅ 구성으로 나타나는 것이 일반적이다.

〈예4.2.4.3-13〉
가. 몸무게 육십 키로 안 나갈 거다 아마. [대화]
나. 소라는 높이 1미터 90센티미터, 무게 20킬로그램의 더블베이스를 전공하는 수혜의 과 친구였다. [소설]
다. 이들 장소에서 파는 태극기는 가정용의 경우 가로 90㎝ 세로 60㎝ 등의 여러 가지 크기가 나와 있고, 깃대는 2단과 3단형이 선보이고 있다. [신문]
라. 아프리카코끼리의 상아가 특히 질이 좋으며, 큰 것은 길이 3m, 무게 90㎏쯤인 것도 있다. [학술]

그런데 이는 도량형 단위사에만 해당되는 특성이라기보다는 거의 모든 단위사가 지니는 특성이라고 할 수 있다. 즉 단위사가 후행 구성으로 나타날 때에는 유표적인 조사 구성보다는 무표적인 ∅ 구성으로 나타나는 것이 일반적인 것이다. 다만, 단위사 중에서 도량형 단위사가 차지하는 비중이 크기 때문에 ∅ 구성으로 주로 나타나는 단위사 중에서도 도량형 단위사가 많이 나타나는 것이다. ∅ 구성으로 주로 나타나는 단위사들도 그 비율이 낮기는 하지만 다음과 같이 조사 구성으로도 나타난다.

〈예4.2.4.3-14〉 [신문]
가. 폴크스바겐은 올해 초 아태 본부를 상하이로 옮기면서 2009년에 끝나는 상하이 대중기차(합작법인)의 합작 기간을 20년 더 연장했다.
나. 현재 아체 지역에는 정부군이 3만명 이상 주둔해 있으며 반군 규모는 5000명 정도다.
다. 한 백화점의 베이직 매장에서는 16만8천원 하는 멜방 데님 원피스가 하루에 수십 벌씩 팔리고 있으며, GV2 매장에서도 멜방 데님 스커트가 날개 돋친 듯 팔려나가고 있다.

한편, 조사 구성으로는 나타나지 않고 ∅ 구성으로만 나타나는 단위사들도 존재한다.

〈예4.2.4.3-15〉 [신문]
가. 한국 축구 대표팀이 다음달 18일 오후 7시 한국(장소 미정)에서 FIFA랭킹 31위인 불가리아와 평가전을 갖는다.
나. 이 조사에서 응답자의 절대 다수인 95.7%가 방송 3사간 시청률 경쟁이 근래 더욱 치열해졌다고 대답했다.
다. 14일 관련 업계에 따르면 전국의 상호 신용 금고 2백 37개사 중 73개사가 실질적으로 대기업과 은행 및 제 2금융권 소유로 되어 있어 서민 금융보다는 이들 모회사의 자금줄 역할을 하고 있다는 비판을 받고 있다.

<예4.2.4.3-15>에서 보인 단위사는 ∅ 구성으로만 나타나는데, 이들 단위사는 조사 구성으로 나타날

수 없는 제약이 있는 듯하다. 위의 예에서 제시된 ∅ 구성은 조사 구성으로 바꿀 수 없는데, 가령 <예4.2.4.3-15나>의 '방송 3사'는 '방송이 3사가', '방송을 3사를'과 같이 조사 구성으로 바꾸어 표현할 수 없다. 그러나 이들 단위사를 제외한, ∅ 구성으로만 나타나는 단위사는 조사 구성으로 나타날 수 없다는 제약이 있는 것은 아니고 그 사용 양상에 있어서 조사 구성이 나타나지 않은 것뿐이라고 할 수 있다.

개별 단위사의 후행 구성별 사용 비율 (■ 5%, ▪1% 이상 5% 미만)
(음영 부분은 후행 구성이 나타나지 않거나 후행 구성의 빈도가 매우 낮은 단위사)

단위사	범주	조사	∅
년02	의존명사		
일07	의존명사		
명03	의존명사		
원01	의존명사		
개10	의존명사		
퍼센트	의존명사		
번04	의존명사		
가지04	의존명사		
분08	의존명사		
사람	보통명사		
시간04	의존명사		
세기03	보통명사		
살04	의존명사		
달05	의존명사		
위05	의존명사		
달러	의존명사		
회08	의존명사		
개월	의존명사		
점10 (점수)	의존명사		
미터02	의존명사		
차례01	보통명사		
장22	의존명사		
세13	의존명사		
대15	의존명사		
배09	보통명사		
면05	보통명사		
평02	의존명사		
편09	의존명사		
곳01	보통명사		

단위사	범주	조사	∅
자14	보통명사	■■■	■■■■■■■■■■■■■■■■■■■
도05	의존명사	■■■■■■■■	■■■■■■■■■■■■■
인02	보통명사		■■■■■■■■■■■■■■■■■■■■
마리01	의존명사	■■	■■■■■■■■■■■■■■■■■■
킬로미터	의존명사	■	■■■■■■■■■■■■■■■■■■■
센티미터	의존명사	■■■	■■■■■■■■■■■■■■■■■■■■
개국01	의존명사		■■■■■■■■■■■■■■■■■■■■
권01	의존명사	■■■■	■■■■■■■■■■■■■■■■■■
초07	의존명사		
주일03	의존명사		
톤01	의존명사	■■■	■■■■■■■■■■■■■■■■■
건04	의존명사	■■■■■■	■■■■■■■■■■■■■
킬로그램	의존명사	■■■■	■■■■■■■■■■■■■■■■■■
주26	의존명사		
종09	보통명사	■	■■■■■■■■■■■■■■■■■■■■
잔03	보통명사	■■■■	■■■■■■■■■■■■■■■■■■
가구03	보통명사	■	■■■■■■■■■■■■■■■■■■■■
부15	의존명사	■■■■■■■■	■■■■■■■
단계03	보통명사		
동15	의존명사		
단06	보통명사		
그루01	의존명사	■■■■■■■■■■■■■	■■■■■■
프로01	의존명사		
채08	의존명사	■■■■■■■■■■	■■■■■■■■
쌍02	보통명사	■■■■■■	■■■■■■■■
팀01	보통명사		
마디01	보통명사		
인치03	보통명사		
포인트	보통명사	■■■■■■■■■■■■■■■■	■
모금01	의존명사	■■■■■■■■■■■	■■■■■■
통12	의존명사	■■■■■■■	■■■■■■
불08	의존명사	■■■	■■■■■■■■■■■■■■■■■■
갈래	보통명사		
사18	보통명사		■■■■■■■■■■■■■■■■■■
송이01	보통명사	■	■■■■■■■■■■■■■■■■■■■
분야	보통명사		
집01	보통명사		
자리01	보통명사		
페이지	보통명사		

단위사	범주	조사	∅
리터01	의존명사	██	████████████████████
벌02	의존명사	█████	███████████████████
방울01	보통명사	█████	███████████████████
킬로헤르츠	의존명사		
과목02	보통명사		
글자	보통명사		
섬01	의존명사	██████	████████████████████
점10 (작품)	의존명사	███	████████████████████
군데	의존명사	████████████	██████████
척08	의존명사	█	█████████████████████
종류02	보통명사		
주24	보통명사	██	████████████████████
엔01	의존명사		
리02	의존명사		
타02	보통명사		
조13	의존명사		
병05	보통명사	███	████████████████████
대01	의존명사	████████	████████████
밀리미터	의존명사		████████████████████
석08	의존명사	██	█████████████████████
줄01	보통명사	██████████	██████████
게임	보통명사		
쪽02	보통명사		
학점	보통명사	██████████	
개사	의존명사		███████████████████
분01	의존명사	███	█████████████████████
놈01	의존명사		███████████████████
표04	보통명사	█	███████████████████
푼01	의존명사		
칸01	보통명사	█████	████████████████████
바퀴01	의존명사	██	█████████████████████
그램	의존명사		██████████████████████

4.2.4.4. 생략 구성

생략 구성은 단위화 대상이 나타나지 않고 '수량사-단위사'만으로 구성을 이루는 단위사 구성을 말한다. 생략 구성은 4가지 유형의 단위사 구성 중에서 가장 빈번히 나타나는 단위사 구성이며, 보통명사가 단위사로 사용될 때 주로 나타나는 단위사 구성이기도 하다. 4.2.4.1에서 생략 구성이 무엇이며 생략 구성이 출현하는 이유와 그 예를 자세히 확인하였으므로 여기서는 생략 구성으로만 나타나는 단위사들의 특성과 그 종류에 대해서 자세히 살펴보도록 하겠다.

▶ 말뭉치 계량 결과 제시1

1. 생략 구성으로만 나타나는 단위사의 전체 유형 빈도: 208
2. 생략 구성으로만 나타나는 단위사의 종류별 유형 빈도: 보통명사(138) 〉 의존명사(70)

의존명사	승12, 해01, 패01, 박10, 발짝01, 무08, 관왕, 헤르츠03, 돌01, 길06, 센트, 전32, 개년02, 국10, 비트04, 전24, 베크렐01, 위안04, 미터02(속도), 칼로리, 홉01, 녀석, 메가헤르츠, 첩02, 크루제이루, 루블, 보04, 탕01, 동19, 자18, 파운드01, 미크론, 부04, 루피아, 부99, 조20, 척06, 컬러01, 킬로바이트(속도), 페소03, 펜스02, 포06, 개권, 럭스, 번수02, 버크렐, 식99, 퀴리01, 킬로바이트, 킬로볼트, 텍스, 헤알, 개공, 개연, 데시벨, 드라크마, 마력01, 마일02(속도), 메가톤, 세제곱밀리미터, 이스피에프, 에이유, 에이커, 온스, 절지, 족정, 파섹, 퍼밀, 합01, 해리01, 단어, 학급
보통명사	강10, 걸음, 골14, 사12, 경기11, 연승03, 대04, 안타01, 밴드99, 언더파, 문제06, 이닝, 부분01, 발01, 어시스트, 연패01, 비99, 리바운드, 타수02, 실점, 연패02, 요소04, 오버파, 타점03, 단체02, 문장02, 지역03, 계단04, 장면04, 발자국, 득점, 제곱, 작품01, 홈런, 고을, 대목01, 도11, 유형07, 낱말02, 음절, 도루, 배속99, 선승01, 연전03, 세이브, 음보01, 정거장, 피04, 계급02, 동강01, 타석02, 단락01, 항목, 도움, 바늘, 정류장, 코02, 계절01, 노선01, 기압02, 몫, 볼넷, 블록02, 식경01, 탈삼진, 퍼트02, 행정02, 바이알, 배수06, 어절, 음계01, 품종, 획02, 잘구, 주05, 괴04, 갑절, 끼니, 단지01, 동이01, 벌타, 봉우리01, 절기, 좌석, 직종, 테이블, 화소03, 계좌02, 군06, 체급02, 사구04, 사사구, 사이클, 삼진01, 승10, 찬04, 포볼, 구05, 두렁88, 밤01, 배미01, 칼로리, 트럭, 편08, 거래일, 봉11, 콜02, 블록슛, 섹션, 인터셉트, 조목01, 조항02, 층계, 템포, 픽셀, 강의02, 강좌, 곡조, 공정01, 구절, 라인01, 마당, 발01, 봉08, 사이즈01, 살림01, 젓가락, 주야, 지게01, 칼럼, 포대03, 절기07, 배수, 촌03, 학년제, 자모03

▶▶ 말뭉치 계량 결과에 대한 논의1

생략 구성으로만 나타나는 단위사의 2/3가 보통명사이다. 생략 구성으로만 나타나는 단위사의 절반 이상을 보통명사가 차지하는 이유는 보통명사가 가진 구체적 의미 때문이다. 일반적으로 보통명사는 의존명사에 비해 그 의미가 더 구체적이다. 따라서 보통명사가 단위사로 사용될 때에는 매우 한정된 부류만을 단위화 대상으로 삼거나, 혹은 단위사로 사용되는 보통명사가 곧 단위화 대상을 지시하는 경우가 많다. 단위사가 한정된 대상만을 단위화 대상으로 삼으면 단위사만 있어도 단위화 대상이 무엇인지 쉽게 알 수 있으며, 단위사가 곧 단위화 대상을 지시한다면 단위화 대상이 나타나는 것이 잉여적이다. 따라서 생략 구성으로만 나타나는 단위사는 의존명사보다 보통명사가 훨씬 더 많은 것이다.

말뭉치 계량 결과에서 제시한, 생략 구성으로만 나타나는 단위성 의존명사는 대부분 단위화 대상이 매우 한정적이다. 따라서 이들 의존명사는 단위화 대상을 쉽게 추론할 수 있기 때문에 생략 구성으로만 나타나는 것으로 보인다. 이러한 사실은 생략 구성으로만 나타나는 단위성 의존명사 70개 중 43개가 도량형 단위사라는 사실을 통해 쉽게 확인할 수 있다.

〈예4.2.4.4-1〉
가. 1 Mt의 탄두를 운반할 수 있는 중국의 새 ICBM은 과거 소련의 최신형 미사일인 SS18-모드 5와 같은 위력을 낼 수 있으며 새 ICBM은 지금까지 배치된 소규모 ICBM을 대체하게 될 것이라고 이 신문은 덧붙였다. [신문]
나. 월요일 밤까지 2천 8백 크루제이로로 사 먹을 수 있었던 샌드위치가 화요일 아침에는 3천 5백 크루제이로를 지불해야 했다. [신문]
다. 실의 길이 1km의 질량이 2 m이면 2텍스라고 한다. [학술]

위의 예에서 단위사 '메가톤', '크루제이로', '텍스'는 각각 '무게', '화폐', '실의 굵기'를 단위화 대상으로 한다. 즉 이들 도량형 단위사들은 매우 제한된 대상을 단위화하므로 그 대상이 생략되어도 단위화 대상이 무엇인지 쉽게 알 수 있다. 따라서 이들 단위사는 모두 생략 구성으로만 나타나는 것이다. <예4.2.4.4-1>에서 제시한 단위사 외에도 생략 구성으로만 나타나는 단위성 의존명사 중에서 도량형 단위사를 보이면 아래와 같다.

헤르츠03, 길06, 센트, 비트04, 전24, 베크렐01, 위안04, 미터02(속도), 칼로리, 홉01, 메가헤르츠, 크루제이루, 루블, 보04, 동19, 파운드01, 미크론, 부04, 루피아, 킬로바이트(속도), 페소03, 펜스02, 럭스, 버크렐, 퀴리01, 킬로바이트, 킬로볼트, 텍스, 헤알, 데시벨 드라크마, 마력01, 마일02(속도), 메가톤, 세제곱밀리미터, 이스피에프, 에이유, 에이커, 온스, 족정, 파섹, 퍼밀, 해리01

도량형 단위사와 같이 단위화 대상이 한정적인 단위사라고 하더라도 늘 생략 구성으로만 나타나야 한다는 제약이 있는 것은 아니다. 4.2.4.1에서 확인하였듯이 도량형 단위사를 포함하여 단위화 대상이 한정적인 단위사도 선행 구성이나 후행 구성으로 나타날 수 있다. 따라서 위에서 제시한 도량형 단위사들이 생략 구성으로만 나타난 것은 이들 단위사가 생략 구성으로 나타날 확률이 높은데 개별 단위사의 사용 빈도가 낮아서 다른 구성이 출현하지 않았기 때문일 것이다.

생략 구성으로만 나타나는 단위성 의존명사의 대부분은 도량형 단위사지만 일부는 도량형 단위사가 아닌 경우도 있다. <예4.2.4.4-2>에서 확인할 수 있듯이 일부 단위성 의존명사는 단위화하는 대상과 단위사가 지시하는 대상이 일치해서 단위화 대상의 출현이 매우 제약적이다.

〈예4.2.4.4-2〉
가. 고아원에서 도망해 나온 지 꼭 스무 해 만에 그녀는 자기 소유의 땅과 건물을 갖게 되고 그 전날까지 가슴 벅찬 설레임은 그만큼의 허무로 그녀에게 다가왔다. [소설]
나. 어머니는 잠깐 멈춰 서 있다가 이내 걸음을 내디뎠고, **한두 발짝** 걸은 다음 신중하게, 아버지가 아무 말씀도 하지 않더냐고 말문을 열었다. [소설]
다. 고대 신입생 2천 5백여 명은 지난 22일 재학생 5백여 명과 함께 전세 버스 70여 대를 이용, 설악산, 수안보, 경주 등지로 2박 3일간의 합숙 신입생 오리엔테이션을 떠났다. [신문]

위의 예에서 '해', '발짝', '박'은 각각 '지구가 해를 한 바퀴 도는 동안', '발을 한 번 떼어 놓는 걸음', '객지에서 묵는 밤의 횟수'를 나타내는데 이들 단위사는 단위사가 곧 단위화 대상을 나타내기 때문에 단위화 대상이 나타나면 오히려 어색해지게 된다.

생략 구성으로만 나타나는 단위사 중 보통명사인 단위사들은 단위화하는 대상이 매우 한정되어 있을 뿐만 아니라 단위사가 단위화하는 대상 그 자체를 가리키는 경우가 많다. 따라서 단위화 대상이 나타나는 것은 잉여적이기 때문에 단위화 대상은 나타나지 않게 된다.

〈예4.2.4.4-3〉
가. 내가 들을 수 있는 게 **두 강좌**가 있거든? [대화]
나. 그 배우는 안토니의 대사를 읊지 못하고 **두 걸음** 뒤로 물러났다. [소설]
다. 몇 날 **몇 밤** 무섭게 고통스러워 하다가 남자는 자신의 고향으로 만신창이가 되어 돌아갑니다. [소설]
라. 품사가 있는 어휘 중에서 가장 긴 것은 **16음절**로 된 '감지금니대방광불화엄경보현행원품'이었다. [신문]
마. 하늘 아래를 내려다보고 **세 봉우리**로 솟은 태백산 언저리가 널리 인간 세상을 이롭게 할 수 있는 곳이라고 생각하였다. [학술]
바. 외래어는 국어의 **24자모**만으로 적는다. [학술]

위의 예에서 '강좌', '걸음', '밤', '음절', '봉우리', '자모'는 모두 보통명사 단위사인데, 이들 단위사는 모두 단위화하는 대상 그 자체를 가리킨다. 따라서 이러한 단위사들은 생략 구성으로만 나타나게 되는 것이다. 단위사가 곧 단위화 대상을 가리키는 것은 스포츠 용어로 사용되는 단위사의 경우에서 특히 많이 나타난다.

〈예4.2.4.4-4〉 [신문]
가. 현대 외국인 투수 바워스가 가장 먼저 **10승** 고지에 오르며 다승 단독 선두가 됐다.
나. 김창윤이 중간 합계 **8언더파**로 3위를 달렸고, 고교생 국가대표 김경태는 박도규 등 프로 3명과 공동 4위(합계 **6언더파**) 그룹에 이름을 올렸다.
다. 현재까지 프로축구에서 노상래는 **5골 3어시스트**, 김도훈은 **5골 2어시스트**를 기록하며 확실한 주전 공격수로 자리를 잡았다.
라. 이미 633개의 홈런을 기록 중인 본즈는 이로써 메이저리그 사상 통산 **500홈런**과 **500도루**를 함께 기록한 첫 번째 선수가 됐다.

위의 예문에서 '승', '언더파', '골', '어시스트', '홈런', '도루'는 보통명사가 단위사로 사용된 경우에 해당한다. 이들 단위사는 곧 단위화 대상과 정확하게 일치하는 것으로 생략 구성으로만 나타난다. <예4.2.4.4-4>에서 제시된 단위사 외에도 스포츠 용어로 사용되는 단위사는 아래와 같다.

> 강10, 골14, 사12, 경기11, 연승03, 연타01, 언더파, 이닝, 어시스트, 연패01, 리바운드, 타수02, 실점, 연패02, 오버파, 타점, 득점, 홈런, 도루, 선승01, 연전03, 세이브, 타석02, 도움, 볼넷, 탈삼진, 퍼트02, 벌타, 사구04, 사사구, 삼진01, 승10, 포볼, 구05, 블록슛, 인터셉트

> 패01, 관왕, 전32, 무08

위의 단위사는 스포츠 관련 기사에서 주로 나타나는 단위사로 모두 생략 구성으로만 나타난다. 이중 '패', '관왕', '전', '무'를 제외하고는 모두 보통명사이다.

4.2.4.5. 서수 구성

단위사 구성 중에서 단위사 앞에 양수가 아닌 서수가 오는 단위사 구성을 서수 구성이라고 한다. 서수 구성은 선행 구성이나 후행 구성과 같이 단위사가 단위화 대상의 수량을 한정하는 기능을 하지 않기 때문에 단위화 대상이 나타나지 않는다. 그러나 서수 구성도 단위사를 통해 연속되는 좌표상의 특정한 순서나 위치 등을 나타내고 있기 때문에 서수 구성에서도 단위사가 단위의 기능을 하고 있는 것이라고 볼 수 있다. 4.2.4.1에서 서수 구성이 무엇이며 그 예를 확인하였으므로 여기서는 서수 구성으로만 나타나는 단위사들의 특성과 그 종류에 대해서 자세히 살펴보도록 하겠다. 한편, 단위사 중에는 선행 구성과 후행 구성이 나타나지 않고 서수 구성과 생략 구성만 나타나는 단위사도 있는데 여기서는 이러한 단위사들에 대해서도 간략히 살펴보기로 한다.

▶ **말뭉치 계량 결과 제시1**

> 1. 서수 구성으로만 나타나는 보통명사 단위사
>
>> 급04, 기21, 번지03, 호실01, 구16, 쇄02, 리03, 학년생, 학군, 보11, 회계연도, 경02, 인칭, 섹터, 분단 02, 권역, 그리드02, 조02

> 2. 서수 구성으로만 나타나는 단위성 의존명사
>
>> 월02, 시10, 차03, 년대, 번째, 주년02, 세07, 심99, 교시03, 집03, 품06, 년생, 탄04, 피리어드, 주기08, 진33, 등성02

위에서 제시한 말뭉치 계량 결과는 연구 대상 말뭉치에서 출현하는 전체 단위사 645개 중에서 서수 구성으로만 나타나는 단위사를 보통명사와 의존명사를 구별하여 제시한 것이다.

- **서수 구성으로만 나타나는 보통명사 단위사**

서수 구성만으로 나타나는 보통명사 단위사는 모두 18개이다. 이 중에서 몇 개의 예를 보이면 다음과 같다.

〈예4.2.4.5-1〉 [신문]

가. 지난해의 경우, 병역 신체검사를 받은 사람은 36만7천여 명이고, 이 중 병역면제에 해당하는 5~6급 판정을 받은 사람은 9262명이다.

나. 가평군 쪽은 "이 별장 건물은 실제 473-19번지와 473-18번지에 걸쳐 들어서 있는데, 건축물대장의 지번은 473-18번지외 1필지로 돼 있으며 한 월간지 편집장인 조아무개 씨가 대표 소유자로 12명이 공동소유하고 있다"고 말했다.

다. 이날 생명 사슬의 첫 고리를 만들어 낸 허정자 씨(49·여)가 기증한 신장을 떼내기 위해 입원해 있는 한양대병원 2105호실을 찾은 안 씨와 안 씨의 남편 김정회 씨(42), 김 씨로부터 신장을 받게 된 이현태 씨(53)와 부인 임양임 씨(52)는 허 씨의 이웃 사랑에 고마움을 전했다.

라. 올해 의무교육이 확대 실시되는 중학 1·2학년생의 경우 대안교육을 위한 자퇴를 금하고 있으나 제도권 내의 중학생 대안교육은 여전히 제자리걸음이어서 대책이 시급하다는 지적이다.

<예4.2.4.5-1>의 '급', '번지', '호실', '학년생' 등과 같은 단위사들은 일정한 등급, 혹은 순서나 차례를 나타내는 의미를 지닌 것들로서 어느 특정 위치나 지점을 가리키는 경우에 사용되기 때문에 서수 구성으로만 나타날 수 있다.

- **서수 구성으로만 나타나는 단위성 의존명사**

서수 구성만으로 나타나는 단위성 의존명사는 모두 17개이다. 이 중에서 일부 예를 보이면 다음과 같다.

〈예4.2.4.5-2〉 [신문]

가. 가평 제2꽃동네(회장 오웅진 신부)의 정신요양원과 노인요양원이 10월 7일 오후 3시 김수환 추기경과 정진석 주교(청주교구장)의 축성으로 문을 연다.

나. 작센주 비텐코프 주지사는 현재의 동독 지역 경제가 20년대 대공황보다 절망적이라고 한탄했다.

다. 황선홍이 이날 넣은 골은 한국 축구가 월드컵에서 따낸 12번째 골이자, 두 번째 선취골이었다.

라. 로가초프 차관은 또 오는 9월 KAL기 피격 8주기를 맞아 유가족들의 사할린 근해 사고 현장 방문을 허용하겠다고 밝혔다.

마. 3피리어드 5분22초와 5분49초에 조종하·신현대가 추가골을 넣으며 승리를 굳혔다.

서수 구성으로만 나타나는 '월', '시', '년대' 등과 같은 단위사들은 기간의 양이 아니라 기간상의 특정 지점을 나타낸다. 이와 유사하게 '번째', '주기', '피리어드' 등과 같은 단위사들도 정해져 있는 순서상의 특정 위치나 차례를 나타낸다. 여기서 주목할 만한 점은 서수 구성으로만 나타나는 '월', '시'가 아래의 예와 같이 기간의 양을 나타낼 때에는 '개월'이나 '달', '시간'이 사용된다는 것이다.

〈예4.2.4.5-3〉 [신문]

　가. 그러나 개정안은 상표권자가 부주의로 이 기간 내에 출원하지 못한 경우 만료 후 6개월 동안에는 추가로 갱신 출원할 수 있는 유예기간을 설정했다.

　나. 그러나 "우풍금고 예금자는 예금자보호법에 의해 보호를 받기 때문에 예금보험공사로부터 자금을 지원받아 석 달 내에 예금을 모두 내 줄 것"이라고 금감원은 밝혔다.

　다. 금속노조와 사용자측 대표들은 27일 오후부터 28일 16시간 동안 오전까지 동안 밤샘 마라톤 협상을 벌였으나 끝내 합의점을 찾지 못했다.

한편, '월', '시'와 같은 단위사들은 각각 '1월~12월', '1시~24시'와 같이 단위사 앞에 오는 서수에 일정한 제한을 보인다. 이는 이들 단위사가 일정하게 정해진, 한정된 좌표상의 위치를 나타내는 데 쓰이기 때문이다. 이렇게 단위사 앞에 오는 서수에 제한을 보이는 것들의 예를 더 들어 보이면 다음과 같다.

〈예4.2.4.5-4〉

　가. 곧장 진흙 밟는 소리가 낭자하고 늑골이 얼얼하도록 몇 합을 이루고 나서 잠든 것이 4경이 넘어서었는데, 날이 희뿜하니 새는 인시 말쯤 해서 느닷없이 삽짝을 흔드는 소리가 들려왔다. [소설]

　나. 수필의 첫 번째 특성을 1인칭의 문학이라 한 것은 결국 이러한 자기 고백적, 심경적 성격을 지적한 것이라 할 수 있다. [학술]

　다. 법원에 의한 구속기간은 2개월을 원칙으로 하나, 심급마다 2차에 한하여 연장할 수 있고, 따라서 제1심 법원은 구속 후 6개월 이내(수사 단계에서의 구속도 법원에 의한 것이므로 경찰 10일, 검찰 1회 연장할 경우 20일의 제한을 포함 2개월의 제한이 있고, 이것을 포함 1심 법원에서 2회 연장할 수 있는 것을 감안하면 최장 6개월이 된다)에 2,3심 법원은 항소 및 상고제기 후 4개월 이내(단 전심에서 구속기간이 연장된 후 다 사용하지 않은 기간이 있을 경우에는 그만큼의 기간을 추가로 사용할 수 있다)에 판결을 선고해야 한다. [학술]

<예4.2.4.5-4가, 나>에서 보인 '경02', '인칭' 등과 같은 단위사 앞에 오는 서수는 매우 한정적이다. '경'은 '일몰부터 일출까지 하룻밤을 다섯으로 나누어 부르는 시간의 이름'으로 저녁 7시부터 시작하여 두 시간씩 나누어 각각 '초경', '이경', '삼경', '사경', '오경'으로만 나타난다. '인칭'의 경우도 '1인칭', '2인칭', '3인칭'으로만 나타난다. <예4.2.4.5-4다>에서 '심판'의 뜻을 나타내는 '심'도 '일심', '이심', '삼심'으로만 나타난다.

▶ 말뭉치 계량 결과 제시2

1. 생략 구성의 비율이 높은 단위사

홀12, 차원01, 날01

2. 서수 구성의 비율이 높은 단위사

학년, 층02, 호14, 판10, 누08, 학기02, 분기02, 대06, 장25, 라운드, 학번, 등04, 학년도, 회전03, 수04, 쿼터01, 막05, 부15, 시즌, 순위

3. 생략 구성과 서수 구성의 비율이 유사한 단위사

세대02, 조15

▶▶ 말뭉치 계량 결과에 대한 논의2

이상에서 제시한 말뭉치 계량 결과는 선행 구성이나 후행 구성은 나타나지 않고 서수 구성과 생략 구성으로만 나타나는 단위사의 사용 양상을 보인 것이다. 선행 구성이나 후행 구성은 나타나지 않고 서수 구성과 생략 구성으로만 나타나는 단위사는 모두 45개이다. 이 중에서 보통명사는 30개, 단위성 의존명사는 15개로 여기서는 고빈도 25개 단위사만을 대상으로 하여 서수 구성과 생략 구성의 비율을 보였다.

• 생략 구성의 비율이 높은 단위사

선행 구성과 후행 구성은 나타나지 않고 서수 구성과 생략 구성으로만 나타나는 고빈도 25개 단위사 중에서 생략 구성의 비율이 높은 단위사는 3개이다. 그 예를 보이면 다음과 같다.

〈예4.2.4.5-5〉
가. 꽤 여러 날이 지나도록 나는 그와 서너 마디 이상의 말을 나눠 보지 못했다. [소설]
나. 10번 홀에서 출발한 '인디언' 비게이 3세는 18번홀(파4)에서만 버디를 잡았다면 10홀 연속 버디라는 PGA 투어의 새 기록을 만들 뻔했다. [신문]
다. 사회과학은 흔히 분류에 있어서 이론, 역사, 그리고 응용 또는 정책의 세 차원에서 식별된다. [학술]

• 서수 구성의 비율이 높은 단위사

선행 구성과 후행 구성이 나타나지 않고 서수 구성과 생략 구성으로만 나타나는 고빈도 25개의 단위사 중에서 서수 구성의 비율이 높은 단위사는 20개이다. 이중 '호14', '판10', '분기02', '장25', '등04', '학년도', '부15'와 같은 단위사는 서수 구성의 비율이 압도적으로 높다.

〈예4.2.4.5-6〉

가. 효철 씨는 믿지 않을지 모르지만, 중학교 다닐 때까지 나 반에서 5등 안에 꼭꼭 들었었다. [소설]

나. 이 작품은 탈 중에서 유일하게 국보 121호로 지정된 하회탈과 중요무형문화재 69호인 신굿탈놀이를 소재로 풍자와 해학의 미학을 담았다. [신문]

다. 삼성경제연구소가 9일 발표한 '3분기 소비자 태도 조사' 자료를 보면, 3분기 소비자 태도 지수는 55.5로 전분기 57.1에 견주어 1.6 하락했다. [신문]

라. 본격적인 글쓰기로 넘어가면 2장 정서적인 글, 3장 과학적인 글, 4장 실용적인 글로 구분하여 각기 성격이 다른 글을 쓰는 데 있어서 구체적인 과정과 특성을 익힐 수 있도록 했다. [학술]

서수 구성의 비율이 높은 단위사들은 주로 등급을 나눈 구간에서의 특정 위치나 순서나 차례를 나타내는데 이러한 특성은 서수 구성으로만 나타나는 단위사와 그 의미적 특성이 유사하다고 볼 수 있다.

생략 구성과 서수 구성으로만 나타나는 단위사의 구성별 사용 비율 (■ 5%, ▪ 1% 이상 5% 미만)

단위사	범주	생략 구성	서수 구성
학년	보통명사	■▪	■■■■■■■■■■■■■■■■■■▪
층02	보통명사	■■■■▪	■■■■■■■■■■■■■■■■▪
호14	의존명사	▪	■■■■■■■■■■■■■■■■■■■▪
판10	보통명사	▪	■■■■■■■■■■■■■■■■■■■▪
누08	보통명사	■■▪	■■■■■■■■■■■■■■■■■▪
학기02	보통명사	■■■■■■▪	■■■■■■■■■■■■■■■■▪
분기02	보통명사	▪	■■■■■■■■■■■■■■■■■■■
대06	의존명사	■■■▪	■■■■■■■■■■■■■■■■■▪
장25	보통명사	▪	■■■■■■■■■■■■■■■■■■■
라운드	보통명사	■■▪	■■■■■■■■■■■■■■■■■▪
학번	보통명사	■■▪	■■■■■■■■■■■■■■■■■■
등04	의존명사	▪	■■■■■■■■■■■■■■■■■■
학년도	보통명사	▪	■■■■■■■■■■■■■■■■■■
회전03	의존명사	■▪	■■■■■■■■■■■■■■■■■▪
수04	의존명사	■■■■■▪	■■■■■■■■■■■■■■■■▪
쿼터01	보통명사	■▪	■■■■■■■■■■■■■■■■■▪
막05	의존명사	■■▪	■■■■■■■■■■■■■■■■■▪
홀12	보통명사	■■■■■■■■■■■	■■■■
부15	보통명사	▪	■■■■■■■■■■■■■■■■■■▪
세대02	보통명사	■■■■■■■■■	■■■■■■■▪
시즌	보통명사	■■■■	■■■■■■■■■■
차원01	보통명사	■■■■■■■■■▪	■■■■■▪
날01	의존명사	■■■■■■■■■■■▪	■▪
조15	보통명사	■■■■■■■▪	■■■■■■■▪
순위	보통명사	■■■■▪	■■■■■■■■■■■■■■■▪

참고 문헌

강범모(2007), 「복수성과 복수 표지: "들"을 중심으로」, 『언어학』 47, 3-31

강범모(2011), 『언어, 컴퓨터, 코퍼스언어학(개정판)』, 고려대학교 출판부.

강범모·김흥규(2009), 『한국어 사용 빈도: 1500만 어절 세종 형태 의미 분석 말뭉치 기반』, 한국문화사.

강범모·김흥규·허명희(2000), 『한국어의 텍스트 장르, 문체, 유형』, 태학사.

고영근·구본관(2008), 『우리말문법론』, 집문당.

구본관(2001), 「수사와 수관형사의 형태론」, 『형태론』 3-2, 265-284.

국립국어연구원(1999), 『표준국어대사전』, 두산동아.

국립국어원(2005), 『21세기 세종계획 국어 기초자료 구축』, 국립국어원.

국립국어원(2007), 『21세기 세종계획 국어 특수자료 구축』, 국립국어원.

국립국어원(2007), 『21세기 세종계획 전자사전 개발』, 국립국어원.

김규현(2000), 「담화와 문법: 대화분석적 시각을 중심으로」, 『담화와 인지』 7-1, 155-184

김미형(1995), 『한국어 대명사』, 한신문화사.

김수진(2003), 『국어 명사의 단위적 용법 연구: 분포적 특성을 중심으로』, 연세대학교 석사학위 논문.

김영희(2006), 『한국어 셈숱화 구문의 통사론』, 한국학술정보.

김은일·박기성·채영희 역(2002), 『기능 영문법』, 박이정.(Givón, T.(1992), *English Grammar, a Functional-Based Introduction*, John Benjamins.)

김의수(2006), 『한국어의 격과 의미역』, 태학사.

김인균(2005), 『국어의 명사 문법 I』, 역락.

남기심 외(2006), 『왜 다시 품사론인가』, 커뮤니케이션북스.

남기심(2001), 『현대국어통사론』, 태학사.

남기심·고영근(2011), 『표준국어문법론(제3판)』, 탑출판사.

노대규(1977), 「한국어 수량사구의 문법 (1)」, 『어문논집』 18, 209-226.

민경모(2009), 「한국어 지시사 연구」, 연세대학교 박사학위 논문.

민경모(2011), 「지시사 수식 명사구의 유형 및 특징에 대하여」, 『국어학』 60, 123-145.

민경모(2012), 「Deixis의 개념 정립에 대한 일고찰」, 『한국어 의미학』 37, 27-52.

박나리(2012), 「'-는 것이다' 구문 연구」, 『국어학』 65, 251-279.

박소영(2009), 「수량사 구성의 형태-통사론적 분석」, 『형태론』 11-1, 1-27.

박재연(2006), 『한국어 양태 어미 연구』, 태학사

박재연(2011), 「고유명 의미의 지시와 내포」, 『한국어 의미학』 37, 183-211.

박진호(2007), 「유형론적 관점에서 본 한국어 대명사 체계의 특징」, 『국어학』 50, 115-147.

박진호(2008), 「자리채우미(placeholders)」, 『KLing』 2, 1-6.

박진호(2010가), 「언어학에서의 범주와 유형」, 『인문학연구』 17, 265-292.

박진호(2010나), 「자리채우미(placeholder)에 대한 補論」, 『2010 국어학회 여름학술대회 발표자료집』, 105-118.

박진호(2011), 「연세대학교 대학원 '현대 언어학 연구' 강의록」.

박철우(2011), 「화시의 기능과 체계에 대한 고찰」, 『한국어 의미학』 36, 1-37.

배진영·손혜옥·김민국(2013), 『(말뭉치 기반) 구어 문어 통합 문법 기술의 탐색』, 박이정.

배진영·최정도·김민국(2013), 『(말뭉치 기반) 구어 문어 통합 문법 기술1-어휘 부류』, 박이정.

서상규 외(2013), 『한국어 구어 말뭉치 연구』, 한국문화사.

서상규(2014), 『한국어 기본어휘 의미빈도 사전』, 한국문화사.

서상규·구현정 편(2002), 『한국어 구어 연구1』, 한국문화사.

서상규·구현정 편(2005), 『한국어 구어 연구2』, 한국문화사.

서상규·김형정(2005), 「구어 말뭉치 설계의 몇 가지 조건」, 『언어정보와 사전편찬』 14,15,16 합집, 5-29.

서상규·한영균(1999), 『국어정보학 입문』, 태학사.

서태룡 외(1998), 『문법 연구와 자료』, 태학사.

시정곤(2000), 「국어 수량사구의 통사구조」, 『언어』 25-1, 73-101.

안효경(2001), 『현대국어의 의존명사 연구』, 역락.

우형식(2001), 『한국어 분류사의 범주화 기능 연구』, 박이정.

유현경 외(2011), 『(7인의 젊은 학자들이 본) 한국어 통사론의 현상과 이론』, 태학사.

유현경(2007), 「'에게'와 유정성」, 『형태론』 9-2, 257-275.

윤평현(2008), 『의미론』, 역락.

이선웅(2005), 『국어 명사의 논항 구조 연구』, 월인.

이해윤 역(2009), 『화용론』, 한국어외국어대학교출판부.(Yan Huang(2004), *Prgmatics*, Oxford University Press.)

임동훈(1991), 『현대국어 형식명사 연구』, 서울대학교 석사학위 논문.

임동훈(2001), 「'-겠-'의 용법과 그 역사적 해석」, 『국어학』 37, 115-147.

임동훈(2007), 「한국어 조사 '만'과 '도'의 의미론」, 『조선학보』 125, 1-20.

임동훈(2008), 「한국어의 서법과 양태 체계」, 『한국어 의미학』 26, 211-249.

임동훈(2011), 「화시의 범주와 의미: 담화 화시와 사회적 화시」, 『한국어 의미학』 36, 39-63.

임동훈(2012), 「'은/는'과 종횡의 의미 관계」, 『국어학』 64, 217-271.

임동훈(2012), 「복수의 형식과 의미」, 『한국어 의미학』 39, 25-49.

장경희(1980), 「指示語 '이, 그, 저'의 意味 分析」, 『어학연구』 16-2, 167-184.

장경희(1989), 「지시사 '이, 그, 저'의 범주 지시」, 『인문논총』 17, 5-27.

정희정(2000), 『한국어 명사 연구』, 한국문화사.

채옥자(2012), 「한국어의 동작이나 사건의 횟수를 세는 동작단위사에 대하여」, 『국어학』 64, 301-325.

채완(1983), 「국어 수사 및 수량사구의 유형적 고찰」, 『어학연구』 19-1, 19-34.

채완(1990), 「국어 분류사의 기능과 의미」, 『진단학보』 70, 167-180.

채완(2001), 「수의 표현과 의미」, 『한국어 의미학』 8, 109-132

최경봉(1998), 『국어 명사의 의미 연구』, 태학사.

최기용(2001), 「한국어 수량사 구성의 구조와 의미: 비속격형을 중심으로」, 『어학연구』 37-3, 445-482.

최정도(2007), 「구어에서 나타나는 의존명사 구성에 대한 연구: "이다" 결합형을 중심으로-」, 『언어정보와 사전편찬』 17,18,19,20,21 합집, 115-132.

최정도(2007), 『국어 의존명사 구성에 대한 연구: 분포 제약의 계량적 특성을 중심으로』, 연세대학교 석사학위 논문.

최정혜(2000), 「한국어 명사의 단위성 획득에 대하여: 은유와 환유에 의한 의미 해석」, 『어문논집』 42,

301-329.

한송화(1999), 「수사와 수량사구」, 『사전편찬학연구』 9, 265-289.

한송화(2013), 「재귀대명사 '자기'의 의미와 기능 연구: '자기'와 '자신'의 말뭉치 용례를 중심으로」, 『외국어로서의 한국어교육』 38, 279-303.

Biber 외(1999), *Longman Grammar of Spoken and Written English*, Longman.

Biber, D. & Conrad, S. & Reppen, R.(1998), *Corpus Linguistics*, Cambridge University Press.

Biber, D.(1998), *Variation across Speech and Writing*, Cambridge University Press.

Carter, R. A. & McCarthy, M.(2006), *Cambridge Grammar of English*, Cambridge University Press.

Croft, W.(2003), *Typology and Universals* (2nd edition), Cambridge University Press.

Givón, T.(2001), *Syntax*, John Benjamins.

Halliday, M. A. K.(2004), *An Introduction to Functional Grammar*(3rd edition), Arnold.

Huddleston, R. D. and Pullulm, G. K.(2002), *The Cambridge Grammar of The English Language*, Cambridge University Press.

MaCathy, M.(1998), *Spoken language and applied linguistics*, Cambridge University Press.

Quirk 외(1985), *A Comprehensive Grammar of the English Language*, Longman.

Thompson, G.(2004), *Introducing Functional Grammar*, Oxford University Press.

1. '대화' 말뭉치

일상 대화									
구축 연도	말뭉치 종류	단계	주석파일명	원시파일명	자료명	내용	분류기호	어절수	변경파일명
2001	구어	형태소분석	5CT_0013	4CM00014	일상대화_교통수단,하루생활	대화/일상	M2801	3,711	대화_일상_1
2001	구어	형태소분석	5CT_0014	4CM00018	일상대화_날씨에대해	대화/일상	M2801	4,067	대화_일상_2
2001	구어	형태소분석	5CT_0015	4CM00028	일상대화_물품구입	대화/일상	M2801	5,453	대화_일상_3
2001	구어	형태소분석	5CT_0016	4CM00029	일상대화_미팅	대화/일상	M2801	14,194	대화_일상_4
2001	구어	형태소분석	5CT_0017	4CM00034	일상대화_삼십대	대화/일상	M2801	14,856	대화_일상_5
2001	구어	형태소분석	5CT_0018	4CM00048	일상대화_식사중대학생3인	대화/일상	M2801	4,112	대화_일상_6
2001	구어	형태소분석	5CT_0019	4CM00050	일상대화_식사중회사원3인	대화/일상	M2801	2,990	대화_일상_7
2001	구어	형태소분석	5CT_0020	4CM00051	일상대화_식생활에대해	대화/일상	M2801	4,589	대화_일상_8
2001	구어	형태소분석	5CT_0021	4CM00054	일상대화_아버지의학교생활	대화/일상	M2801	4,242	대화_일상_9
2001	구어	형태소분석	5CT_0022	4CM00066	일상대화_운전면허에대해	대화/일상	M2801	4,548	대화_일상_10
2001	구어	형태소분석	5CT_0023	4CM00077	일상대화_취미	대화/일상	M2801	1,709	대화_일상_11
2003	구어	형태소분석	6CT_0027	4CM00003	일상대화_가족과사랑에대해	대화/일상	M2801	9,127	대화_일상_12
2003	구어	형태소분석	6CT_0028	4CM00005	일상대화_강의시작전7인#1	대화/일상	M2801	1,015	대화_일상_13
2003	구어	형태소분석	6CT_0029	4CM00006	일상대화_강의시작전7인#2	대화/일상	M2801	3,594	대화_일상_14
2003	구어	형태소분석	6CT_0030	4CM00011	일상대화_관광명소에대해	대화/일상	M2801	7,558	대화_일상_15
2003	구어	형태소분석	6CT_0031	4CM00013	일상대화_교육에대해#2	대화/일상	M2801	4,096	대화_일상_16
2003	구어	형태소분석	6CT_0032	4CM00019	일상대화_대학생2인잡담#1	대화/일상	M2801	1,099	대화_일상_17
2003	구어	형태소분석	6CT_0033	4CM00020	일상대화_대학생2인잡담#2	대화/일상	M2801	977	대화_일상_18
2003	구어	형태소분석	6CT_0034	4CM00021	일상대화_대학생3인잡담	대화/일상	M2801	2,103	대화_일상_19
2003	구어	형태소분석	6CT_0035	4CM00022	일상대화_대학생4인잡담	대화/일상	M2801	5,307	대화_일상_20
2003	구어	형태소분석	6CT_0036	4CM00023	일상대화_도서관에서	대화/일상	M2801	2,003	대화_일상_21
2003	구어	형태소분석	6CT_0037	4CM00025	일상대화_동아리	대화/일상	M2801	680	대화_일상_22
2003	구어	형태소분석	6CT_0038	4CM00027	일상대화_머리에대해서#2	대화/일상	M2801	1,492	대화_일상_23
2003	구어	형태소분석	6CT_0039	4CM00030	일상대화_방학에대해	대화/일상	M2801	3,883	대화_일상_24
2003	구어	형태소분석	6CT_0040	5CM00016	일상대화_버스에서친구들과	대화/일상	M2801	2,106	대화_일상_25
2003	구어	형태소분석	6CT_0041	4CM00041	일상대화_수강신청과목	대화/일상	M2801	2,706	대화_일상_26
2003	구어	형태소분석	6CT_0042	4CM00046	일상대화_식사중대학생2인#1	대화/일상	M2801	2,308	대화_일상_27
2003	구어	형태소분석	6CT_0043	4CM00047	일상대화_식사중대학생2인#2	대화/일상	M2801	1,883	대화_일상_28
2003	구어	형태소분석	6CT_0044	4CM00055	일상대화_여대생10인잡담	대화/일상	M2801	3,665	대화_일상_29
2003	구어	형태소분석	6CT_0047	4CM00075	일상대화_재수강과목에대해	대화/일상	M2801	1,921	대화_일상_30
2003	구어	형태소분석	6CT_0048	4CM00085	일상대화_후배들과대화	대화/일상	M2801	517	대화_일상_31
2003	구어	형태소분석	6CT_0049	4CM00086	일상대화_후배와의대화	대화/일상	M2801	2,021	대화_일상_32
2003	구어	형태소분석	6CT_0051	4CM00089	주점대화_대학생3인	대화/일상	M2801	12,444	대화_일상_33
2004	구어	형태소분석	7CT_0019	6CM00017	구매대화_화장품	대화/일상	M2801	1,590	대화_일상_34

2004	구어	형태소분석	7CT_0020	6CM00046	수업대화_과외지도	대화/일상	M2871	4,322	대화_일상_35
2004	구어	형태소분석	7CT_0023	6CM00048	일상대화_개인담#1	대화/일상	M2801	7,517	대화_일상_36
2004	구어	형태소분석	7CT_0024	6CM00051	일상대화_대학생놀이문화	대화/일상	M2801	8,729	대화_일상_37
2004	구어	형태소분석	7CT_0025	6CM00054	일상대화_미팅_#2	대화/일상	M2801	5,488	대화_일상_38
2004	구어	형태소분석	7CT_0026	6CM00056	일상대화_수강과목	대화/일상	M2801	1,602	대화_일상_39
2004	구어	형태소분석	7CT_0027	6CM00057	일상대화_식사	대화/일상	M2801	2,559	대화_일상_40
2004	구어	형태소분석	7CT_0028	6CM00058	일상대화_식사잡담	대화/일상	M2801	976	대화_일상_41
2004	구어	형태소분석	7CT_0029	6CM00062	일상대화_인터넷사이트	대화/일상	M2801	2,835	대화_일상_42
2004	구어	형태소분석	7CT_0030	6CM00064	일상대화_정치와경제	대화/일상	M2801	10,004	대화_일상_43
2004	구어	형태소분석	7CT_0031	6CM00067	일상대화_질병과건강	대화/일상	M2801	2,845	대화_일상_44
2004	구어	형태소분석	7CT_0032	6CM00071	일상대화_칠레	대화/일상	M2801	2,492	대화_일상_45
2004	구어	형태소분석	7CT_0033	6CM00074	일상대화_휴식시간	대화/일상	M2801	2,322	대화_일상_46
2004	구어	형태소분석	8CT_0018	7CM00010	수업대화_오디오EQ	대화/일상	M2871	7,648	대화_일상_47
2004	구어	형태소분석	8CT_0019	7CM00011	강의_콘솔#1	대화/일상	M2801	6,477	대화_일상_48
2004	구어	형태소분석	8CT_0021	7CM00045	진료대화_식이요법	대화/일상	M2801	2,530	대화_일상_49
2004	구어	형태소분석	8CT_0024	7CM00008	수업대화_과외수업#2	대화/일상	M2801	5,510	대화_일상_50
2004	구어	형태소분석	8CT_0025	7CM00009	수업대화_과외수업#3	대화/일상	M2801	12,950	대화_일상_51
2004	구어	형태소분석	8CT_0042	7CM00026	일상대화_저녁식사#2	대화/일상	M2801	8,157	대화_일상_52
2004	구어	형태소분석	8CT_0043	7CM00028	일상대화_점심식사	대화/일상	M2801	4,581	대화_일상_53
소계									238,110

토론과 회의

구축연도	말뭉치종류	단계	주석파일명	원시파일명	자료명	내용	분류기호	어절수	변경파일명
2001	구어	형태소분석	5CT_0035	4CM00094	회의와스터디#1	토론/회의	M2805	4,339	대화_토론_1
2001	구어	형태소분석	5CT_0042	4CM00103	토론_언어생활#1	토론/회의	M2855	3,214	대화_토론_2
2001	구어	형태소분석	5CT_0043	4CM00104	토론_언어생활#2	토론/회의	M2855	4,187	대화_토론_3
2001	구어	형태소분석	5CT_0044	4CM00105	토론_언어와사회#1	토론/회의	M2855	2,081	대화_토론_4
2001	구어	형태소분석	5CT_0045	4CM00106	토론_언어와사회#2	토론/회의	M2855	3,122	대화_토론_5
2004	구어	형태소분석	8CT_0022	7CM00054	토론_세계화세미나#1,2	토론/회의	M2805	13,626	대화_토론_6
2004	구어	형태소분석	8CT_0023	7CM00055	회의_총학생회전체회의	토론/회의	M2805	9,107	대화_토론_7
소계									39,676

주제 대화

구축연도	말뭉치종류	단계	주석파일명	원시파일명	자료명	내용	분류기호	어절수	변경파일명
2003	구어	형태소분석	6CT_0052	5CM00040	주제대화_감기이야기	대화/일상	M2801	3,336	대화_주제_1
2003	구어	형태소분석	6CT_0053	5CM00041	주제대화_건강이야기	대화/일상	M2801	5,671	대화_주제_2
2003	구어	형태소분석	6CT_0054	5CM00042	주제대화_생일결혼이야기	대화/일상	M2801	1,331	대화_주제_3
2003	구어	형태소분석	6CT_0055	5CM00043	주제대화_연애에피소드	대화/일상	M2801	7,999	대화_주제_4
2003	구어	형태소분석	6CT_0056	5CM00044	주제대화_직장생활	대화/일상	M2801	2,884	대화_주제_5
2003	구어	형태소분석	6CT_0057	5CM00045	주제대화_학원강사와고등학생	대화/일상	M2801	7,055	대화_주제_6
2003	구어	형태소분석	6CT_0058	5CM00046	주제대화_향수와영화	대화/일상	M2801	9,035	대화_주제_7
2003	구어	형태소분석	6CT_0059	5CM00047	주제대화_황사	대화/일상	M2801	976	대화_주제_8
2004	구어	형태소분석	7CT_0022	6CM00107	주제대화_언어와사회토론	대화/일상	M2801	3,713	대화_주제_9

2004	구어	형태소분석	7CT_0037	6CM00079	주제대화_교육	대화/일상	M2801	2,739	대화_주제_10
2004	구어	형태소분석	7CT_0038	6CM00082	주제대화_대통령선거	대화/일상	M2801	1,776	대화_주제_11
2004	구어	형태소분석	7CT_0039	6CM00083	주제대화_대학생동아리문화	대화/일상	M2801	6,151	대화_주제_12
2004	구어	형태소분석	7CT_0040	6CM00088	주제대화_병역	대화/일상	M2801	3,186	대화_주제_13
2004	구어	형태소분석	7CT_0041	6CM00090	주제대화_연예가	대화/일상	M2801	3,179	대화_주제_14
2004	구어	형태소분석	7CT_0042	6CM00092	주제대화_영화#2	대화/일상	M2801	4,043	대화_주제_15
2004	구어	형태소분석	7CT_0043	6CM00098	주제대화_이야기만들기	대화/일상	M2801	4,987	대화_주제_16
2004	구어	형태소분석	7CT_0044	6CM00099	주제대화_일상#1	대화/일상	M2801	3,133	대화_주제_17
2004	구어	형태소분석	7CT_0045	6CM00104	주제대화_학생운동	대화/일상	M2801	3,097	대화_주제_18
2003	구어	형태소분석	8CT_0034	6CM00094	주제대화_영화와배우	대화/일상	M2801	7,085	대화_주제_19
2003	구어	형태소분석	8CT_0035	6CM00095	주제대화_영화와연극	대화/일상	M2801	3,014	대화_주제_20
2003	구어	형태소분석	8CT_0036	6CM00096	주제대화_외국어시험	대화/일상	M2801	2,884	대화_주제_21
2003	구어	형태소분석	8CT_0037	6CM00097	주제대화_이라크전쟁과한반도	대화/일상	M2801	3,582	대화_주제_22
2003	구어	형태소분석	8CT_0038	6CM00103	주제대화_촛불시위	대화/일상	M2801	2,254	대화_주제_23
2003	구어	형태소분석	8CT_0039	6CM00105	주제대화_광고토론	대화/일상	M2801	11,046	대화_주제_24
2003	구어	형태소분석	8CT_0040	6CM00078	주제대화_PC방문화	대화/일상	M2801	1,130	대화_주제_25
2003	구어	형태소분석	8CT_0041	6CM00080	주제대화_군대#1	대화/일상	M2801	9,950	대화_주제_26
2004	구어	형태소분석	8CT_0044	7CM00042	주제대화_대학진학	대화/일상	M2801	9,067	대화_주제_27
2004	구어	형태소분석	8CT_0045	7CM00044	주제대화_취업	대화/일상	M2801	3,838	대화_주제_28
2003	구어	형태소분석	8CT_0047	6CM00093	주제대화_영화와민족	대화/일상	M2801	3,285	대화_주제_29
소계								131,426	

전화 대화									
구축 연도	말뭉치 종류	단계	주석파일명	원시파일명	자료명	내용	분류기호	어절수	변경파일명
2001	구어	형태소분석	5CT_0029	4CM00090	전화대화_20대2인	대화/전화	M2802	328	대화_전화_1
2001	구어	형태소분석	5CT_0030	4CM00091	전화대화_대학생2인	대화/전화	M2802	1,070	대화_전화_2
2001	구어	형태소분석	5CT_0031	4CM00092	전화대화_여대생2인	대화/전화	M2802	1,212	대화_전화_3
2001	구어	형태소분석	5CT_0032	4CM00093	전화대화_이십대남자2인	대화/전화	M2802	388	대화_전화_4
2003	구어	형태소분석	6CT_0050	5CM00048	전화대화_자료수집	대화/전화	M2802	307	대화_전화_5
2004	구어	형태소분석	7CT_0034	6CM00075	전화대화_#1	대화/전화	M2802	4,282	대화_전화_6
2004	구어	형태소분석	7CT_0035	6CM00076	전화대화_#2	대화/전화	M2802	4,739	대화_전화_7
2004	구어	형태소분석	7CT_0036	6CM00077	전화대화_#3	대화/전화	M2802	999	대화_전화_8
2004	구어	형태소분석	8CT_0046	7CM00039	전화대화_전화통화	대화/일상	M2801	326	대화_전화_9
소계								13,651	
대화 전체 합계								422,863	

2. '소설' 말뭉치

구축 연도	말뭉치 종류	단계	주석파일명	원시파일명	자료명	저자	출판연도	분류 기호	원어절수	조정 어절수	변경 파일명
2005	문어	형태의미분석	BSBF0269	BRBF0269	어떤 서울 사람	구인환	1992	M1118	4,986	4,986	소설_1
2001	문어	형태의미분석	BSEO0075	BREO0075	식물들의 사생활	이승우	2000	M1331	49,170	29,006	소설_2
2001	문어	형태의미분석	BSEO0076	BREO0076	그리운 흔적	이윤기	2000	M1331	30,360	29,006	소설_3
2001	문어	형태의미분석	BSEO0077	BREO0077	마이너리그	은희경	2001	M1331	45,072	28,989	소설_4
2001	문어	형태의미분석	BSEO0078	BREO0078	나비, 봄을 만나다	차현숙	1997	M1331	48,539	29,004	소설_5
1998	문어	형태의미분석	BSEO0080	BREO0080	포구	한승원	1994	M1331	55,619	29,001	소설_6
1998	문어	형태의미분석	BSEO0081	BREO0081	시간속의 도적	채영주	1983	M1331	49,736	29,003	소설_7
1998	문어	형태의미분석	BSEO0085	BREO0085	슬픈 시인의 바다	유홍종	1994	M1331	32,578	29,004	소설_8
1998	문어	형태의미분석	BSEO0087	BREO0087	마지막 연애의 상상	이인성	1992	M1331	31,466	28,995	소설_9
1998	문어	형태의미분석	BSEO0090	BREO0090	한평 구흡의 안식	채희윤	1993	M1331	61,956	29,300	소설_10
1998	문어	형태의미분석	BSEO0092	BREO0092	어느 화가의 승천	안재성	1992	M1331	64,043	29,302	소설_11
1998	문어	형태의미분석	BSEO0093	BREO0093	숨은 사랑	정종명	1993	M1331	77,504	29,300	소설_12
2000	문어	형태의미분석	BSEO0281	BREO0281	춤추는 사제	이청준	1979년 최초 창작 1993년 부분 개작	M1118	51,141	29,013	소설_13
2002	문어	형태의미분석	BSEO0282	BREO0282	냉장고	김현영	2000	M1118	54,295	29,005	소설_14
2002	문어	형태의미분석	BSEO0290	BREO0290	경성애사	이선미	2001	M1118	63,641	29,306	소설_15
2002	문어	형태의미분석	BSEO0291	BREO0291	오디션	민해연	2001	M1118	52,624	29,008	소설_16
2002	문어	형태의미분석	BSEO0292	BREO0292	햄릿의 연인	김지혜	2001	M1118	28,817	28,817	소설_17
2002	문어	형태의미분석	BSEO0293	BREO0293	꽃그늘 아래	이혜경	2002	M1118	45,076	29,002	소설_18
2002	문어	형태의미분석	BSEO0295	BREO0295	멋진 한세상	공선옥	2002	M1118	48,221	29,001	소설_19
2002	문어	형태의미분석	BSEO0300	BREO0300	묵시의 바다	윤흥길	1987	M1118	55,558	29,005	소설_20
2003	문어	형태의미분석	BSEO0303	BREO0303	펭권의 날개	오정은	2002	M1118	65,737	28,996	소설_21
2003	문어	형태의미분석	BSEO0308	BREO0308	발로자를 위하여	송영	2003	M1118	47,485	29,002	소설_22
2004	문어	형태의미분석	BSEO0312	BREO0312	랍스터를 먹는 시간	방현석	2003	M1118	49,853	29,007	소설_23
2004	문어	형태의미분석	BSEO0313	BREO0313	이상한 나라에서 온 스파이	최인석	2003	M1118	75,215	29,300	소설_24
2004	문어	형태의미분석	BSEO0314	BREO0314	꼭두의 사랑	이명훈	2004	M1118	40,418	29,000	소설_25
2004	문어	형태의미분석	BSEO0315	BREO0315	날마다 축제	강영숙	2004	M1118	38,899	28,997	소설_26
2003	문어	형태의미분석	BSEO0319	BREO0319	어둠의 자식들	황석영	1980	M1331	28,010	28,007	소설_27
1998	문어	형태의미분석	BSEO0329	BREO0329	아름다운 그 시작	유기성	1994	M1118	51,544	29,005	소설_28
1998	문어	형태의미분석	BSEO0332	BREO0332	경마장에서 생긴 일	하일지	1993	M1118	46,318	29,009	소설_29
1998	문어	형태의미분석	BSEO0334	BREO0334	객주5	김영주	1982	M1118	56,859	28,998	소설_30
1998	문어	형태의미분석	BSEO0338	BREO0338	보이지 않는 나라	김지용	1993	M1331	64,659	29,297	소설_31
2003	문어	형태의미분석	BSEO0339	BREO0339	낯선 여름	구효서	1996	M1118	50,395	28,992	소설_32
1999	문어	형태의미분석	BSGO0341	BRGO0341	웃음이 터지는 교실	이오덕	1991	M1118	26,449	26,449	소설_33
1998	문어	형태의미분석	BSGO0359	BRGO0359	작은 어릿광대의 꿈	손춘익	1980	M1118	25,565	25,565	소설_34
1998	문어	형태의미분석	BSGO0360	BRGO0360	고향을 지키는 아이들	박상규	1981	M1118	21,604	21,604	소설_35
1998	문어	형태의미분석	BSGO0361	BRGO0361	사슴과 사냥개	마해송	1990	M1118	21,826	21,826	소설_36
소설 전체 합계									1,661,238	1,000,117	

3. '신문' 말뭉치

경제

구축 연도	말뭉치 종류	단계	주석 파일명	원시 파일명	자료명	출판 연도	내용	분류 기호	원 어절수	조정 어절수	변경파일명
1998	문어	형태의미분석	BSAA0002	BRAA0002	조선일보 경제(90)	1990	경제	M1113	46,994	20,668	신문_경제_1
1998	문어	형태의미분석	BSAA0007	BRAA0007	조선일보 경제(93)	1993	경제	M1113	19,064	19,064	신문_경제_2
1998	문어	형태의미분석	BSAA0008	BRAA0008	조선일보 경제(93)	1993	경제	M1113	1,141	1,141	신문_경제_3
2002	문어	형태의미분석	BSAA0155	BRAA0155	조선일보 2001년 기사: 경제	2001	경제	M1118	60,022	20,671	신문_경제_4
2003	문어	형태의미분석	BSAA0159	BRAA0159	조선일보 2002년 기사: 경제	2002	경제	M1118	29,196	20,663	신문_경제_5
2003	문어	형태의미분석	BSAB0170	BRAB0170	동아일보 2002년 기사: 경제	2002	경제	M1118	26,685	20,661	신문_경제_6
2003	문어	형태의미분석	BSAD0188	BRAD0188	중앙일보 2002년 기사: 경제	2002	경제	M1118	29,904	20,672	신문_경제_7
소계									213,006	123,540	

사설, 오피니언, 칼럼

구축 연도	말뭉치 종류	단계	주석 파일명	원시 파일명	자료명	출판 연도	내용	분류 기호	원 어절수	조정 어절수	변경파일명
1998	문어	형태의미분석	BSAA0004	BRAA0004	조선일보 사설(91)	1991	사설	M1118	22,758	15,436	신문_사설_1
1998	문어	형태의미분석	BSAA0005	BRAA0005	조선일보 칼럼(90)	1990	칼럼	M1119	38,966	15,458	신문_사설_2
1998	문어	형태의미분석	BSAA0006	BRAA0006	조선일보 사설(92)	1992	사설	M1118	22,182	15,431	신문_사설_3
2003	문어	형태의미분석	BSAA0158	BRAA0158	조선일보 2002년 기사: 오피니언	2002	오피니언	M1118	31,251	15,450	신문_사설_4
1998	문어	형태의미분석	BSAA0161	BRAA0161	조선일보, 사설(90)	1990	사설	M1118	25,856	15,446	신문_사설_5
1998	문어	형태의미분석	BSAA0162	BRAA0162	조선일보, 칼럼(90)	1990	칼럼	M1118	48,360	15,436	신문_사설_6
2003	문어	형태의미분석	BSAB0172	BRAB0172	동아일보 2002년 기사: 오피니언	2002	오피니언	M1118	23,284	15,443	신문_사설_7
2001	문어	형태의미분석	BSAE0199	BRAE0199	한겨레신문, 사설(99)	1999	사설	M1118	35,240	15,453	신문_사설_8
소계									247,897	123,553	

문화

구축 연도	말뭉치 종류	단계	주석 파일명	원시 파일명	자료명	출판 연도	내용	분류 기호	원 어절수	조정 어절수	변경파일명
1998	문어	형태의미분석	BSAA0009	BRAA0009	조선일보 문화(93)	1993	문화	M1114	13,051	13,051	신문_문화_1
1998	문어	형태의미분석	BSAA0010	BRAA0010	조선일보 문화(93)	1993	문화	M1114	13,962	13,962	신문_문화_2
2003	문어	형태의미분석	BSAA0157	BRAA0157	조선일보 2002년 기사: 문화	2002	문화	M1118	28,698	19,310	신문_문화_3
2003	문어	형태의미분석	BSAB0169	BRAB0169	동아일보 2002년 기사: 문화	2002	문화	M1118	30,897	19,311	신문_문화_4
2004	문어	형태의미분석	BSAB0173	BRAB0173	동아일보 2003년 기사: 문화	2003	문화	M1118	90,846	19,304	신문_문화_5
2002	문어	형태의미분석	BSAE0200	BRAE0200	한겨레신문 2001년 기사: 문화	2001	문화	M1118	52,193	19,306	신문_문화_6
2003	문어	형태의미분석	BSAE0203	BRAE0203	한겨레신문 2002년 기사: 문화	2002	문화	M1118	23,501	19,297	신문_문화_7
소계									253,148	123,541	

생활

구축 연도	말뭉치 종류	단계	주석 파일명	원시 파일명	자료명	출판 연도	내용	분류 기호	원 어절수	조정 어절수	변경파일명
1999	문어	형태의미분석	BSAA0001	BRAA0001	조선일보 생활(93)	1993	생활	M1115	19,335	19,335	신문_생활_1
1998	문어	형태의미분석	BSAA0011	BRAA0011	조선일보 생활(93)	1993	생활	M1115	47,893	45,596	신문_생활_2
2003	문어	형태의미분석	BSAD0189	BRAD0189	중앙일보 2002년 기사: 생활	2002	생활	M1118	13,028	13,027	신문_생활_3
2004	문어	형태의미분석	BSAE0207	BRAE0207	한겨레신문 2003년 기사: 생활여성	2003	생활	M1118	51,081	45,580	신문_생활_4

					소계				131,337	123,538	

과학

구축 연도	말뭉치 종류	단계	주석 파일명	원시 파일명	자료명	출판 연도	내용	분류 기호	원 어절수	조정 어절수	변경파일명
1998	문어	형태의미분석	BSAA0012	BRAA0012	조선일보 과학(93)	1993	과학	M1115	2,075	2,075	신문_과학_1
1998	문어	형태의미분석	BSAA0013	BRAA0013	조선일보 과학(93)	1993	과학	M1115	70,571	70,571	신문_과학_2
					소계				72,646	72,646	

사회

구축 연도	말뭉치 종류	단계	주석 파일명	원시 파일명	자료명	출판 연도	내용	분류 기호	원 어절수	조정 어절수	변경파일명
2002	문어	형태의미분석	BSAA0156	BRAA0156	조선일보 2001년 기사: 사회	2001	사회	M1118	48,425	30,252	신문_사회_1
1998	문어	형태의미분석	BSAA0164	BRAA0164	조선일보, 사회(91)	1991	사회	M1118	9,078	9,078	신문_사회_2
1998	문어	형태의미분석	BSAA0165	BRAA0165	조선일보, 사회(92)	1992	사회	M1118	64,359	30,245	신문_사회_3
2003	문어	형태의미분석	BSAB0171	BRAB0171	동아일보 2002년 기사: 사회	2002	사회	M1118	23,719	23,719	신문_사회_4
2004	문어	형태의미분석	BSAE0206	BRAE0206	한겨레신문 2003년 기사: 사회	2003	사회	M1118	68,458	30,259	신문_사회_5
					소계				214,039	123,553	

외신

구축 연도	말뭉치 종류	단계	주석 파일명	원시 파일명	자료명	출판 연도	내용	분류 기호	원 어절수	조정 어절수	변경파일명
1998	문어	형태의미분석	BSAA0014	BRAA0014	조선일보 외신(93)	1993	외신	M1112	28,086	28,086	신문_외신_1
2004	문어	형태의미분석	BSAB0174	BRAB0174	동아일보 2003년 기사: 국제 외신	2003	외신	M1118	51,042	51,042	신문_외신_2
					소계				79,128	79,128	

종합

구축 연도	말뭉치 종류	단계	주석 파일명	원시 파일명	자료명	출판 연도	내용	분류 기호	원 어절수	조정 어절수	변경파일명
1998	문어	형태의미분석	BSAA0163	BRAA0163	조선일보, 종합(91)	1991	종합	M1118	63,453	20,602	신문_종합_1
2003	문어	형태의미분석	BSAD0187	BRAD0187	중앙일보 2002년 기사: 종합	2002	종합	M1118	34,673	20,590	신문_종합_2
2003	문어	형태의미분석	BSAD0190	BRAD0190	중앙일보 2002년 기사: 종합	2002	종합	M1118	31,698	20,585	신문_종합_3
2003	문어	형태의미분석	BSAE0201	BRAE0201	한겨레신문 2002년 기사: 종합	2002	종합	M1118	48,639	20,591	신문_종합_4
2003	문어	형태의미분석	BSAE0202	BRAE0202	한겨레신문 2002년 기사: 종합	2002	종합	M1118	39,991	20,591	신문_종합_5
2003	문어	형태의미분석	BSAE0205	BRAE0205	한겨레신문 2002년 기사: 종합	2002	종합	M1118	35,416	20,582	신문_종합_6
					소계				253,870	123,541	

스포츠

구축 연도	말뭉치 종류	단계	주석 파일명	원시 파일명	자료명	출판 연도	내용	분류 기호	원 어절수	조정 어절수	변경파일명
2004	문어	형태의미분석	BSAA0160	BRAA0160	조선일보 2003년 기사: 스포츠	2003	스포츠	M1118	43,883	43,883	신문_스포츠_1
1998	문어	형태의미분석	BSAL0058	BRAL0058	스포츠서울 95 스포츠	1995	스포츠	M1117	11,645	11,645	신문_스포츠_2
1998	문어	형태의미분석	BSAL0059	BRAL0059	스포츠서울 98-10 야구	1998	스포츠	M1117	24,730	24,729	신문_스포츠_3
1998	문어	형태의미분석	BSAL0060	BRAL0060	스포츠서울 98-10 일반	1998	스포츠	M1117	3,777	3,777	신문_스포츠_4
1998	문어	형태의미분석	BSAL0061	BRAL0061	스포츠서울 98-10 축구	1998	스포츠	M1117	3,119	3,119	신문_스포츠_5
1998	문어	형태의미분석	BSAL0218	BRAL0218	스포츠서울	1995	스포츠	M1118	19,820	19,820	신문_스포츠_6
					소계				106,974	106,973	
					신문 전체 합계				1,608,576	1,000,013	

4. '학술' 말뭉치

인문

구축말뭉치 연도	종류	단계	주석 파일명	원시 파일명	자료명	저자	출판사	출판 연도	내용	분류 기호	원어 절수	조정 어절수	변경파일명
1998	문어	형태의미분석	BSHO0107	BRHO0107	언어와 사상 - 전통문화와 민족정신	고려대 대학국어편찬실	고려대학교 출판부	1994	인문, 한국문화 일반	M1351	16,195	16,195	학술산문_인문_1
1998	문어	형태의미분석	BSHO0108	BRHO0108	언어와 사상 - 언어와 문화	고려대학교 대학국어편찬실	고려대학교 출판부	1994	인문, 언어	M1352	14,322	14,321	학술산문_인문_2
1998	문어	형태의미분석	BSHO0124	BRHO0124	우리 학문의 길	조동일	지식산업사	1993	인문, 일반	M1350	61,168	32,000	학술산문_인문_3
1998	문어	형태의미분석	BSHO0125	BRHO0125	동양철학 에세이	김교빈, 이현구	동녘	1993	인문, 철학	M1353	41,330	32,002	학술산문_인문_4
1998	문어	형태의미분석	BSHO0126	BRHO0126	일본인과 한국인의 의식구조	김용운	한길사	1985	인문, 심리	M1357	46,439	32,000	학술산문_인문_5
1998	문어	형태의미분석	BSHO0131	BRHO0131	인간과 사회-전통윤리와 현대풍조의 갈림길에서	김유혁	신양사	1996	인문, 철학, 사상	M1353	11,499	11,499	학술산문_인문_6
1998	문어	형태의미분석	BSHO0420	BRHO0420	한국의 사상	정용선	한샘출판사	1994	인문, 사상	M1353	52,455	32,008	학술산문_인문_7
1998	문어	형태의미분석	BSHO0421	BRHO0421	한국사	강만길 외	한길사	1994	인문, 역사	M1355	77,069	31,999	학술산문_인문_8
1998	문어	형태의미분석	BSHO0423	BRHO0423	한국의 복식미	김영자	민음사	1992	인문, 민속	M1356	42,755	32,009	학술산문_인문_9
2004	문어	형태의미분석	BSHO0406	BRHO0406	역사와 민족	함석헌	한길사	1983	인문, 일반	M1350	28,840	28,840	학술산문_인문_10
2005	문어	형태의미분석	BSHO0409	BRHO0409	심리학개론	곽기상	재동문화사	1991	인문, 철학, 사상	M1353	21,813	21,813	학술산문_인문_11
소계											413,885	284,688	

사회

구축말뭉치 연도	종류	단계	주석 파일명	원시 파일명	자료명	저자	출판사	출판 연도	내용	분류 기호	원어 절수	조정 어절수	변경파일명
1998	문어	형태의미분석	BSHO0112	BRHO0112	알기 쉬운 인권 지침	민주주의 민족통일 전국연합 인권 위원회	도서출판 녹두	1992	사회, 법	M1363	22,102	22,102	학술산문_사회_1
1998	문어	형태의미분석	BSHO0114	BRHO0114	대중 문화의 겉과 속	강준만	한샘출판사	1994	사회, 대중문화	M1368	52,358	43,005	학술산문_사회_2
1998	문어	형태의미분석	BSHO0116	BRHO0116	인간을 위하여 미래를 위하여	김광식	도서출판 열린세상	1995	사회, 정치론	M1362	56,165	43,014	학술산문_사회_3
1998	문어	형태의미분석	BSHO0132	BRHO0132	언론과 부정부패(言論과 不正腐敗)	정대철 · 김재범 · 김동민	집문당	1995	사회, 매스컴, 대중문화	M1368	15,283	15,283	학술산문_사회_4
1998	문어	형태의미분석	BSHO0425	BRHO0425	한국의 마케팅 사례	이두희	박영사	1993	사회, 경영	M1365	48,794	43,005	학술산문_사회_5
1998	문어	형태의미분석	BSHO0433	BRHO0433	한국언론의 좌표	이효성	박영률 출판사	1996	사회, 매스컴	M1368	79,054	43,001	학술산문_사회_6
2003	문어	형태의미분석	BSHO0381	BRHO0381	글로벌 가버넌스와 NGO	주성수	아르케	2000	사회, 사회학, 사회론, 사회운동	M1361	39,591	39,591	학술산문_사회_7
2003	문어	형태의미분석	BSHO0382	BRHO0382	한국의 여성환경 운동: 그 역사,주체, 그리고 운동유형들	문순홍	아르케	2001	사회, 여성	M1369	25,959	25,959	학술산문_사회_8
2005	문어	형태의미분석	BSHO0439	BRHO0439	일본경제 - 초일류의 현장	송희영	조선일보사	1993	사회, 경제, 금융, 경영	M1365	7,262	7,262	학술산문_사회_9
소계											346,568	282,222	

자연

구축말뭉치 연도	종류	단계	주석 파일명	원시 파일명	자료명	저자	출판사	출판 연도	내용	분류 기호	원어 절수	조정 어절수	변경파일명
1998	문어	형태의미분석	BSHO0118	BRHO0118	컴퓨터 이야기	조환규	창작과 비평사	1992	자연, 컴퓨터	M1373	23,680	23,680	학술산문_자연_1

1998	문어	형태의미분석	BSHO0127	BRHO0127	과학혁명 - 근대과학의 출현과 그 배경	김영식	민음사	1984	자연, 일반	M1370	31,661	31,661	학술산문_자연_2
1998	문어	형태의미분석	BSHO0133	BRHO0133	정보교육	김광조 외	박영률 출판사	1997	자연, 컴퓨터, 정보 통신	M1373	36,178	36,178	학술산문_자연_3
소계											91,519		91,519

교육

구축 말뭉치 연도	종류	단계	주석 파일명	원시 파일명	자료명	저자	출판사	출판 연도	내용	분류 기호	원어 절수	조정 어절수	변경파일명
1998	문어	형태의미분석	BSHO0103	BRHO0103	언어와 표현	고려대 대학국어편찬실	고려대학교 출판부	1994	교육자료, 작문/ 대학	M1328	52,887	52,883	학술산문_교육_1
1998	문어	형태의미분석	BSHO0140	BRHO0140	대학의 뜻	연세교양교육위편	연세대학교 출판부	1979	교육자료, 일반	M1320	18,107	18,107	학술산문_교육_2
1998	문어	형태의미분석	BSHO0413	BRHO0413	창조적인 글쓰기	박은아	새길	1994	교육자료, 작문/ 중등	M1327	29,287	29,286	학술산문_교육_3
1998	문어	형태의미분석	BSHO0414	BRHO0414	논술의 정석	조형근	새길	1994	교육자료, 작문/ 중등	M1327	46,965	46,965	학술산문_교육_4
2002	문어	형태의미분석	BSHO0375	BRHO0375	글쓰기의 새로운 지평	이화형, 유진월	박이정	2001		M1118	51,708	51,708	학술산문_교육_5
소계											198,953		198,949

기타

구축 말뭉치 연도	종류	단계	주석 파일명	원시 파일명	자료명	저자	출판사	출판 연도	내용	분류 기호	원어 절수	조정 어절수	변경파일명
1998	문어	형태의미분석	BSDO0276	BRDO0276	계몽사학생백과사전(CD판)	계몽사편집부	계몽사	1994	총류, 일반	M1300	24,894	24,894	학술산문_기타_1
1998	문어	형태의미분석	BSDO0277	BRDO0277	계몽사학생백과사전(CD판)	계몽사편집부	계몽사	1994	총류, 일반	M1300	25,186	25,185	학술산문_기타_2
2000	문어	형태의미분석	BSDO0275	BRDO0275	계몽사학생백과사전(CD판)	계몽사편집부	계몽사	1994	총류, 일반	M1300	31,453	31,453	학술산문_기타_3
2000	문어	형태의미분석	BSDO0278	BRDO0278	계몽사학생백과사전(CD판)	계몽사편집부	계몽사	1994	총류, 일반	M1300	34,316	34,314	학술산문_기타_4
2005	문어	형태의미분석	BSHO0442	BRHO0442	영화 사랑 영화예술 그리고 우리들의 영화 이야기	안병섭	(주)신영 미디어	1993	예술론, 연극, 영화, 방송극론	M1382	5,376	5,376	학술산문_기타_5
1999	문어	형태의미분석	BSHO0367	BRHO0367	미학 오디세이	진중권	새길	1994		M1118	26,723	26,723	학술산문_기타_6
소계											147,947		147,945
학술 산문 전체 합계											1,198,874		1,005,328